JN301526

フランス語における
証拠性の意味論

渡邊 淳也

早美出版社

謝　辞

　本書はわたしが 2002 年に筑波大学に提出し、2003 年に「博士 (言語学)」の学位をさずけられた博士論文にもとづいております。証拠性の問題について考えはじめた 1995 年から、論文を完成させるまでの 7 年間におよぶ研究の過程では、多くのかたがたのご指導、ご協力をあおぐことができました。この場をおかりして、深甚の謝意を申しそえたく存じます。

　筑波大学の古川直世先生からは、わたしが大学 2 年生になってフランス語学を専門にしようときめた 1988 年当時からこんにちまで、さまざまのかたちでご指導、ご叱正をたまわりました。とらえがたい言語事象の背後にながれる理法を、厳密に、しかし柔軟につかみとる学的な姿勢をご教示いただけたおかげで、これまでまがりなりにも歩んでまいることができました。

　また、青木三郎先生も、同様に大学 2 年生のときから、ながらくご指導くださいました。ことばについての議論がいかに刺戟的なものであるかを、こころがはずむようなふだんのお話のなかから、あざやかにお示しくださいました。

　1997 年から 1999 年まで、パリの高等社会科学研究院 (Ecole des Hautes Etudes en Sciences Sociales) 博士課程への留学を受けいれてくださった Irène Tamba 先生からは、メタ言語の構築に際してはらうべき注意について、多くを学ぶことができました。

　博士論文提出の際は、古川直世先生、青木三郎先生のほか、中右実先生、廣瀬幸生先生、竹沢幸一先生も、ご面倒をいとわず審査にくわわってくださり、貴重なご助言をたまわりました。

　本書のもとになった研究に関しては、とくに川口順二先生、藤田知子先生、若桑毅先生、林迪義先生、小熊和郎先生、前島和也さん、大久保朝憲さん、中島晶子さん、安西記世子さん、塩田明子さん、喜田浩平さん、　伊藤達也さん、上田誠人さん、杉山桂子さん、川島浩一郎さん、髭郁彦さん、住井清高さん、三宅知宏さん、細野真理子さんから、多くの有益なご意見をたまわり、また、さまざまな議論をさせていただきました。

　フランス語のインフォーマントとして、Sylvie Gillet-Suzuki 先生、Jean-Gabriel Santoni 先生、Joël Bouderlique 先生、Catherine Alassimone さん、Nathalie Cavasin さん、Maud Yates さん、Charles Chansardon さんのご協力にめぐまれました。

早瀬尚子さん、戸部篤さん、目黒ゆりえさんは、資料や情報の収集のために便宜をはかってくださいました。
　すでにお名まえをしるしたかたがた以外にも、ともだちや知りあい、とくに新居朋子さん、花村久代さん、厨子直人さん、田中康雅さん、栗原仁さん、ウ・ジョンウン(禹昌恩)さん、木村琢也さん、古屋雄一郎さん、青木孝司さん、白勢美咲さんは、ときおり精神が失速してしまうわたしを、やすらかな許諾をもって遇してくださり、いくたびもの窮状から救いだしてくださいました。
　わたくしごとで恐縮ですが、わたしがほしいままに研究にとりくむことができたのは、家族の理解と協力のおかげでした。とりわけ、妻の陽子の寛容と慈愛には、絶大な恩義を負うています。また、論文の完成とほとんど時をおなじくして元気にうまれてきた息子の高士がまだ胎児だったころ、その胎動にふれながら論文の追いこみにはげんだことは、一生忘れられない、たのしい経験になりました。
　本書の出版については、早美出版社の山崎雅昭さんにひとかたならずお世話になりました。
　これまで、わたしのたどたどしいあゆみを助けてくださったすべてのかたがたに、こころより感謝申しあげます。まことにありがとうございました。

　　　2004年6月
　　　　　　　　　　　　　　　　　　　　　　　　　　　渡邊　淳也

目　次

序　論 10

第1部　前提と方法論 13

第1章　先行研究における証拠性の概念化 15
1.1. はじめに 15
1.2. アメリカの記述言語学における証拠性 16
 1.2.1. Jakobson (1957) 16
 1.2.2. Jacobsen (1986) 18
 1.2.3. Mithun (1986) 19
 1.2.4. Chafe (1986) 20
 1.2.5. Anderson (1986) 21
 1.2.6. Palmer (1986) 21
 1.2.7. Willett (1988) 23
1.3. フランス語学、フランスの言語学における証拠性 24
 1.3.1. 証言性 (testimonial) 24
 1.3.2. Co Vet (1988) 26
 1.3.3. Dendale et Tasmowski (1994) 27
 1.3.4. Guentchéva (1993, 1994)：メディアティフ 29
 1.3.5. メディアティフのさまざまな概念化 33
 1.3.6. Hagège (1995)：メディアフォール 36
1.4. 日本語学、日本の言語学における証拠性 37
 1.4.1. 寺村 (1984)：概言と確言 38
 1.4.2. 森山 (1989)：状況把握と情報把握 42
 1.4.3. 神尾 (1990)：情報のなわ張り理論 43
 1.4.4. 三宅 (1994)：実証的判断 48
1.5. まとめ 50

第 2 章　証拠性の新しい概念化と接近法 ... 53
　2.1. はじめに ... 53
　2.2.「証拠性」という総称語の採用 ... 53
　2.3. 証拠性の新しい概念化 ... 54
　　2.3.1. 発話の「根拠」は先験的ではない ... 54
　　2.3.2. 発話行為による関係づけとしての証拠性 ... 57
　2.4. 証拠性とモダリティ ... 60
　　2.4.1. モダリティとその類型 ... 60
　　2.4.2. 証拠性とモダリティとの関係 ... 64
　2.5. マーカー研究の基盤と指針 ... 66
　　2.5.1. 証拠性と文法的マーカー ... 66
　　2.5.2. 語意義論 (sémasiologie) ... 70
　　2.5.3. 多義性への接近法 ... 72
　　2.5.4. 機能的形態素とその本質的機能 ... 83

第 2 部　事例研究 ... 93

第 3 章　il semble que... について ... 95
　3.1. はじめに ... 95
　3.2. il semble que... について ... 95
　　3.2.1. Nølke (2001) の所説とその意味合い ... 96
　　3.2.2. il semble que... は証拠性マーカーとモダリティ表現を兼ねる ... 99
　　3.2.3. 仮説を支持する現象 ... 101
　　3.2.4. il semble que... と疑問 ... 103
　　3.2.5. il semble que... と否定 ... 104
　　3.2.6. il semble que... と時制 ... 106
　3.3. il semble à qqn. que... について ... 109
　　3.3.1. Nølke (2001) の所説とその意味合い ... 109
　　3.3.2. à qqn. は知覚主体を明示する ... 110
　　3.3.3. 知覚主体が 1 人称でないとき ... 116
　　3.3.4.「責任」の引きうけと発話行為 ... 118
　3.4. モダリティ表現説の再検討 ... 120

3.5. sembler の本質的機能について 125
　3.5.1. sembler の本質的機能についての仮説 125
　3.5.2. sembler + 属詞 127
　3.5.3. sembler + 不定法 130
3.6. おわりに 134

第4章　il paraît que... について 136
4.1. はじめに 136
4.2. 動詞 paraître について 137
　4.2.1. 出現をあらわす用法 137
　4.2.2. 顕在をあらわす用法 140
　4.2.3. paraître の本質的機能 140
4.3. il paraît que... について 141
　4.3.1.「伝聞」のメカニズムと本源的断定 (者) 141
　4.3.2. 発話者の関与の稀薄さ 144
　4.3.3. il paraît que... と paraître との相関 147
　4.3.4. il paraît que... への統辞的制約 149
4.4. il paraît à qqn. que... について 156
4.5. 知覚される現象とその文法化 159
　4.5.1. 語彙的意味における動詞 paraître の特徴 159
　4.5.2. il paraît que..., il paraît (à qqn.) que... と文法化 162
4.6. paraître の属詞用法、不定法用法について 167
4.7. おわりに 174

第5章　他者の言説をあらわす条件法について 175
5.1. はじめに 175
5.2. 先行研究における機能分析 178
　5.2.1.《形態論の四辺形》 178
　5.2.2. 条件節の再構 179
　5.2.3. 主文の再構 180
　5.2.4. 発語内的分析 181
　5.2.5. 可能世界の条件法と領域移動の条件法 182

- 5.2.6. 仮構的定位からの照準 184
- 5.2.7. 状況への関与性 187
- 5.2.8. 証拠性マーカーとしての分析 190
- 5.2.9. まとめ 192
- 5.3. 他者の言説をあらわす用法 192
  - 5.3.1. 具体的な人物・機関の発言・発表を伝える例 192
  - 5.3.2. 標示された本源が思考内容である例 195
  - 5.3.3. 他者の言説をあらわす条件法の機能に関する仮説 199
  - 5.3.4. 他者の言説をあらわす条件法のさまざまな例 200
- 5.4. 条件法の本質的機能 205
  - 5.4.1. 条件法の本質的機能に関する仮説 205
  - 5.4.2. 形態論的事実との整合性 208
  - 5.4.3. 時制的用法 212
  - 5.4.4. 仮定的用法 213
  - 5.4.5. その他の用法 216
- 5.5. il semblerait que... , il paraîtrait que... について 218
  - 5.5.1. il semblerait que... 218
  - 5.5.2. il paraîtrait que... 222
- 5.6. おわりに 236

第6章 devoirの認識的用法について 237
- 6.1. はじめに 237
- 6.2. devoirは本質的に証拠性を標示するか 238
- 6.3. devoir三義説とその問題点 241
- 6.4. devoirの本質的機能 247
  - 6.4.1. devoirの本質的機能に関する仮説 248
  - 6.4.2. 文脈的観察による例証 251
  - 6.4.3. 単純未来の推量的用法との対比 257
- 6.5. 認識的用法のさまざまな例 260
  - 6.5.1. 推論の前提(のいずれか)が示されている場合 261
  - 6.5.2. 推論の前提が示されていない場合 263
  - 6.5.3. 推論過程の存在自体がうたがわしい場合 266

6.6. devoir の認識的用法と条件法 270
  6.6.1. doit / devrait の意味効果と使用制約 271
  6.6.2. 従来の説明とその問題点 273
  6.6.3. 条件法の機能に関する仮説からの説明 276
  6.6.4. 意味効果・使用制約への連関 282
  6.6.5. devoir の本質的機能とのかかわり 285
6.7. おわりに 286

第 3 部　総括と展望 287

第 7 章　マーカーの本質的機能から証拠性への連関 289
7.1. はじめに 289
7.2. sembler の本質的機能から証拠性への連関 290
7.3. paraître の本質的機能から証拠性への連関 292
7.4. 条件法の本質的機能から証拠性への連関 293
7.5. devoir の本質的機能から証拠性への連関 294
7.6. 構築される価値としての証拠性 296

第 8 章　証拠性と発話行為 298
8.1. はじめに 298
8.2. 隠喩との関係 298
8.3. 近似表現 (approximatif) との関係 301
8.4. 論証 (argumentation) との関係 304
8.5. 報告話法・引用との関係 308
8.6. 言語活動全般との関係 309

結　　論 311

参考文献 316

序　論

　本書は，フランス語における「証拠性」(évidentialité) について，具体的な表現の分析を通じて明らかにすることを目的とする．

　証拠性とは，もともとはブルガリア語やマケドニア語などの南スラヴ諸語の動詞の叙法にみられる，発話者が内容を直接経験したのか，間接的に知りえたのかの区別をもとにして，ヤコブソンが提唱した概念である．その後，アメリカの記述言語学の潮流で，同様の区別が広汎に存在する南北アメリカ大陸の先住諸民族の言語を対象とする研究がさかんになされた．それらの言語とは違って，動詞語尾や接尾辞など，形態論的に明白な証拠性のパラダイムが存在しないフランス語においては，証拠性という概念をもちいた研究は，最近までほとんどなされていなかった．しかし，発話内容の根拠にかかわるなんらかの言及は，言語をとわず，発話行為のなかでしばしばなされていることであると考えられ，形態論的なレヴェルに対象を限定しなければ，フランス語にもまた，証拠性を表現する手段はひろく存在するといえる．言語研究において，発話行為を重視する近年の方向性のなかで，1990年代なかばから，フランス語を対象とする証拠性に関する研究もすすんできた．ただしそのなかには，従前の証拠性の概念化からはかなり異質の概念化を提唱している研究もあり，その異同は，研究そのものの方向性を規定するものとして，仔細に検討されるべきものがある．また，モダリティなど，従来ほかのカテゴリーのわく内で研究されてきた対象を，証拠性研究の文脈に置きなおそうとする研究もあるが，当然ながらその当否も議論するべきであろう．

　このように，フランス語学における証拠性の研究は，やや混乱した状況にあるため，一定の視点を示す意味で，本書では，証拠性のカテゴリーをめぐる一般的な問題についても議論をするが，その一方で，そうした議論をより有効なものにするためにも，証拠性をあらわすと思われる具体的なマーカーが，それぞれどのような機能を果たしているのか，そして，それらのマーカーをもちいることにより，発話者はどのような操作をしているのかをつまびらかに分析することを，とくに重要な課題としたい．

　本書の全体的な構成は，つぎに示すとおりである．

第1部は総論であり，本書における研究対象の画定と，研究指針の確立をめざして，予備的考察をおこなう．そのうち，まず第1章では，先行研究における証拠性や，それに類似する概念化をいくつかとりあげて検討し，それらのあいだでの継承関係と異同を明らかにすることにより，証拠性の概念化をめぐる問題点を明らかにする．つぎに，第2章において，本書の準拠する証拠性の規定を提出したあと，実際的な研究の対象として，いくつかの機能的(文法的)マーカーをえらび，さらに，それらをどのように分析するべきかについても論ずる．

　第2部は各論であり，それぞれのマーカーの具体的な分析をすすめてゆく．そのうち，第3章では il semble que...，第4章では il paraît que...，第5章では他者の言説をあらわす条件法，第6章では devoir の認識的用法をそれぞれ中心的な考察の対象とする．なお，各マーカーをこの順序であつかうことにしたのは，まえの章の内容をふまえてあとの章での論述をおこなうようにし，その逆にはしないための配列である．それぞれの章をつらぬく研究指針は，第2章でも議論するが，たとえ中心的な関心は当該マーカーの証拠性的な用法にむけられるにしても，それだけに観察の対象を局限することなく，ひろく多様な用法を視野におさめ，そのマーカーに本質的な機能を見さだめるようにつとめる，ということである．一見，証拠性的な解釈とは関係のないように見える別の用法とも共通して，そのマーカーに内在していると認められる本質的機能を究明し，あくまでもその本質的機能を通じて，あらためて証拠性的な解釈を見なおすことは，当の証拠性的解釈における諸特徴にもあらたな説明をもたらしうる．そのことは，第2部における考察の随所で，くりかえし確認されることになる．

　第3部は総括と展望である．第7章で，マーカーの本質的機能から出発して，どのような過程をたどることで，多様な証拠性的な解釈が生ずるのかを跡づけ，それにもとづいて，マーカーと証拠性の関係を再規定する．おわりに第8章で，証拠性と，いくつかのその関連領域とのかかわりについて論じ，発話行為，ひいては言語活動全般に対する証拠性のかかわりについて考察する．

第1部

前提と方法論

第1章

先行研究における証拠性の概念化

1.1. はじめに

　証拠性を対象とする研究をしようとするとき，いやおうなく，はじめに取りくまざるを得ない問題は，当然ながら，「証拠性 (évidentialité)」とはなにか，ということである．対象を画定しておくことは，あらゆる研究において重要なことであるが，証拠性に関しては，そこに格別の意味があるように思われる．というのも，第1に，証拠性の概念については，先行研究において，かならずしも共通理解がうちたてられていないからである．証拠性をどのようなものとしてとらえるのかを明確にしておくことは，ありうる混乱をさけるためにも，きわめて重要であると思われる．第2に，いくつかの先行研究は，「証言性 (testimonial)」，「メディアティフ (médiatif)」，「メディアフォール (médiaphore)」などの，類似のほかの概念をもちいており，それらはたんに名称がちがうだけではなく，内容的にもそれぞれに異なっている．証拠性の概念化についての私見を提出するまえに，先行研究における諸概念の比較考量をおこなっておくことも，のちの議論に対して，きわめて重要な前提的意義をもちうることであると思われる．実際，先行研究をみていると，どのように証拠性を概念化しているかが，個々のマーカーの分析のしかたにも決定的な影響をあたえていることは明らかである．したがって，用語と定義だけの矮小な問題ではなく，研究のわく組みを問いなおす作業として，証拠性の概念化を検討しておくことが必要であると考えられるのである．そこでまず，この章では，先行研究における証拠性，およびそれに関係すると思われる概念化をいくつかとりあげて，原文に即して批判的に検討することによって，本書の予備的な考察としたい．
　本章のこれ以降の構成は，つぎに示すとおりである．
　1.2. アメリカの記述言語学における証拠性
　1.3. フランス語学，フランスの言語学における証拠性
　1.4. 日本語学，日本の言語学における証拠性
　1.5. まとめ
　このうち，1.2節では，証拠性の概念の源流となったアメリカの記述言語学

第1部　前提と方法論

における概念化について，先行研究をいくつか順に検討してゆく．つぎに，1.3節では，フランス語学，フランスの言語学における，証拠性の概念のアメリカからの受容と，そこからフランス(語圏)における研究の進展にともなって，概念化にさまざまな改変がみられたり，類似の別の概念が提唱されてきたことを，先行研究に即して確認するとともに，それらの概念の比較考量をおこなう．さらに，1.4節では，日本語学，日本の言語学にみられる証拠性に類するいくつかの概念について検討し，1.2.— 1.3節で見てきたいくつかの概念化と比較する．おわりに，1.5節において，本章で検討してきたことをまとめて，次章以降の議論の準備とする．

1.2. アメリカの記述言語学における証拠性

証拠性は，言語学においては比較的新しい概念であり，アメリカの記述言語学にその源流をみることのできる概念である．そのなかでも，はじめて明示的に提唱したのは Jakobson (1957) であるといってよい．Jakobson 以前にも，散発的に類似の概念はあったようであるが，それらは断片的であり，まとまったカテゴリーをなすものとして考えられたものではなく，むしろアメリカ先住民の言語において観察された現象の，直観的な記述として解せられるものであった[1]．したがって，以下ではまず Jakobson からはじめて，フランスへの移入の源泉になったと思われる範囲において，アメリカの記述言語学の諸研究による証拠性の概念化について検討してゆくことにしよう．

1.2.1. Jakobson (1957)

Roman Jakobson は，«Shifters, Verbal Categories, and the Russian Verb» と題する論文(原版 1957 年)において，英語で «evidential» という概念を提唱した．以下では便宜上，フランス語版で引用を見ておくことにする．

«Nous proposons d'appeler **testimonial** (anglais *evidential*) la catégorie verbale qui fait entrer en ligne de compte trois procès - le procès de l'énoncé, le procès de l'énonciation, et un «procès d'énonciation énoncé», à savoir la source d'information alléguée relativement au procès de l'énoncé. Le locuteur rapporte un procès sur la base

---

[1] Jakobson 以前の研究小史については，Jacobsen (1986)を参照．

第1章　先行研究における証拠性の概念化

du rapport fait par quelqu'un d'autre (preuve par ouï-dire), sur la base d'un rêve (preuve par révélation), d'une conjecture (preuve par présomption) ou de sa propre expérience antérieure (preuve par la mémoire). » (Jakobson 1963, p.183)

　この概念化に関しては，注目にあたいするいくつかの特徴がある．
　第1に，Jakobsonは，証拠性を，人称，態，時制などと同様に，「動詞カテゴリー (catégorie verbale)」であるとしていることである．これは，ブルガリア語，マケドニア語などの一部のスラヴ語には，動詞のあらわす内容が，伝聞など，直接経験以外の経路によって得られたものであることをあらわす形態論的手段，すなわち，動詞語尾が存在することを下じきにした概念化である．
　第2に，Jakobsonによる証拠性の定義のなかで，かぎとなる概念は，発話者が，自分の発話内容をひきだしてくる「情報源 (source d'information)」であるということを指摘しておきたい．こうした概念化の背景には，発話者 (Jakobsonには「発信者 (destinateur)」とよばれる) が，つたえるべき情報をコード化 (codage) して，そのコードを対話者 (「受信者 (destinataire)」) にむけて発する，そして対話者は，コード解読 (décodage) をおこなうという，Jakobson流の通信理論的な言語伝達のモデルが前提されていると考えられる．この言語伝達のモデルによれば，発話者の行為は，情報がながれてゆく中継点 (relais) にすぎず，メッセージの内容となる情報は，発話者のいわば「上流」に源泉があるということになるであろう．そのように考えると，Jakobsonが証拠性のカテゴリーの先駆的提唱者であったことも，けっして偶然ではないと思われる．彼の証拠性の概念化が，「情報源」にもとづいているということは，このあとほかの観点と比較してゆくためにおさえておくべき点である．
　第3に，そのようにうち立てられたカテゴリーが，各種の「証拠 (preuve)」によって下位分類されているということである．そして，それらの「証拠」として枚挙されている4つのタイプは，情報源ごとに内在的にみとめられる性質のようなものとして考えられている．ちなみに，ここにいう「証拠」は，英語版では «evidence» となっており，evidential, evidentiality は，もちろんそこからの派生によってつくられた語である．しかし，英語の «evidence» (証拠) とフランス語の «évidence» (明証性) とは翻訳論でいう faux amis の関係にあり，フランス語で証拠性に言及するときにも，意味のうえでの誤解が生ずるおそれがある．このため，フランス語版のJakobson (1963) の訳者であった Nicolas Ruwet は，«évidentiel» をさけ，上記で引用したくだりにもあらわれている，«testimonial» なる訳語をあみ出した．これについては，のちに1.3.1.節でふれることにする．

第1部 前提と方法論

1. 2. 2. Jacobsen (1986)

1980年代になって,証拠性は,一般言語学の重要なテーマとなり,とくに南北アメリカ大陸の先住民族の言語を主たる対象として,多くの研究がなされた.なかんづく,Wallace Chafe et Johanna Nichols (éds.) (1986) : *Evidentiality: the linguistic coding of epistemology,* Ablex. は,その研究の潮流のもっとも大きな成果として,欠かすことのできない論文集である.このなかで,それぞれのマーカーをさす evidential,カテゴリー全般をさす evidentiality という用語の慣用もうちたてられたと思われる.

しかし,この書物を通覧して確認できることは,evidential, evidentiality の概念の定義はあまり厳密にはなされていないこと,そして,定義をあげている複数の論者のあいだで,規定のしかたはたいへん異なっているということである.そのことは,おそらく,大部分の論者が,南北アメリカ大陸の先住民族の言語を対象としており,それらの言語では,証拠性をあらわすマーカーのなす(動詞語尾や接尾辞のかたちで)形態論的に画定されたパラダイムが存在することから,証拠性というカテゴリーの画定はほとんど自明で,わざわざ取りあげるほどの問題にはならなかったからであろう.しかし,Chafe, Anderson, その他の論者のように,証拠性をあらわす形態論的体系をもたない言語を対象として,しかしそうした言語にも証拠性は存在すると仮定して研究しようという場合には,証拠性のカテゴリーをいかに規定するかという問題にまず取りくまざるを得なくなるのである.そのようなわけで,以下では,Chafe et Nichols (éds.) (1986) に見えるいくつかの証拠性の定義を概観してみたい.

William H. Jacobsen Jr. は,それに関して,つぎのようにいっている.

«I take evidentials to constitue a linguistic category which applies to predications that the speaker assumes have a reasonable likelihood of being true, but which he cannot vouch out of direct observation or experience. This is distinct from mood, in which the speaker disavows the factual truth of predication. » (Jacobsen 1986, p.3)

この定義の,ほかときわだってことなる特徴は,「直接の観察ないし経験 (direct observation or experience)」を,証拠性からは除外しているということである.この除外は,「直接経験」が,さまざまな言語において,とくになんのマーカーもおびていない場合が多く,フランス語の直説法現在と同様に,「無標 (non-marqué)」の場合であると考えられるからである.このあたりの事情は,モダリティ論において,「定言的断定 (assertion catégorique)」が,無標であると

して，なんのモダリティも帯びていないようにあつかわれる場合があることと類似している．しかし，この Jacobsen の立場は，アメリカやフランスにおける証拠性の概念化のなかでは，少数派であるといえる．

1. 2. 3. Mithun (1986)

Marianne Mithun は，証拠性マーカーをつぎのように定義している．

«Evidential markers qualify the reliability of information communicated in four primary ways. They specify the source of evidence on which statements are based, their degree of precision, their probability, and expectations concerning their probability.»

(Mithun 1986, p.89)

この定義は，情報源がなにであるかということだけでなく，情報の信頼性 (reliabilty, fiabilité) に重点をおいている．そして，情報源がなにであるかということも，概念的には，情報の信頼性のなかにふくまれているのである．情報の信頼性が包含する範囲はたいへん広いので，Mithun による証拠性が射程におさめる範囲もたいへん広くなっており，命題内容に対するなんらかの観点をあらわす主観的要素をほとんどすべて包含するものであるとさえいえる．

そのことを確認するためにも，上の引用にある4つの場合を順にみてみよう．Mithun は，それぞれの場合に対して，つぎのような下位クラスを想定しており，例示のため英語で例文をあげている．

(i) 証拠の源泉 (source of evidence) をあらわす場合には，推論 ('I guess he doesn't like Roquefort', 'That dress must have been awfully expensive')，　外見 ('He looks tired', 'It smells like something's burning')，伝聞 ('They say he supports six former wives', 'I hear she has twenty-seven cats') がふくまれる (ibidem, p.89).

(ii) 精確さの度合い (degree of precision) のタイプとしては，かなりの精確さがあると話者が請けあう場合 ('It hit me right here', 'We were completely exhausted') と，精確さに留保がつく場合 ('It weights maybe four pounds', 'He is somewhere around fifty', 'He sort of crawled toward the door', 'She's somewhere in France', 'It was nearly noon', 'She was almost shouting') がある (ibidem, pp.89-90).

(iii) 蓋然性 (probability) にかかわる標示 ('The bakery is probably closed by now', 'She may decide to return', 'It is highly improbable that Sam is our thief') (ibidem, p.90).

(iv) 予測 (expectations) に関しては，予測と一致する場合 ('Sure enough, Sam failed the lie detecter test') と，予測と衝突する場合 ('Sam escaped after all') がある (idem).

たとえば,「蓋然性」の概念は，通常，認識的モダリティの典型的な構成要素のひとつとされるものであるが，ここでは証拠性の一部をなすとあつかわれている.「精確さの度合い」や「予測」に関しては，一般に，ひろい意味でのモダリティの概念にふくめることが多い. したがって，Mithun によるこの定義は，証拠性をきわめて広義に概念化するものであるといえる.

しかし，これらのクラス(および，とくに下位クラス)は相互に排他的ではなく，互いの関係も明らかにされていないという点，また，示されている例文が，あきらかに分類を正当化するために作られた作例のみからなっている点は問題であると思われる.

1. 2. 4. Chafe (1986)

Wallace Chafe も，つぎの引用にみるように，広義の概念化を選択している.

«[...] I am using the term 'evidentiality' in its broadest sense, not restricting it to the expression of 'evidence' *per se*. I will be discussing a range of epistemological considerations that are linguistically coded in spoken and written English. 'Evidence', taken literally, is one of these considerations, but not the only one.»

(Chafe 1986, p.262)

ここでもまた,「情報源」は，証拠性の定義において一要素であるにすぎない. Chafe によると，証拠性は，(i) 情報源，(ii) 情報の信頼性のほかに，(iii) 情報獲得の様態 (mode of knowing), (iv) 知識の，言語的材料との調整, 期待との調整 (matching of knowledge against verbal resources / against expectations) をふくむ概念である (ibidem, pp.262-264).

(iv) のふたつの場合に関して，Chafe はつぎのような例をあげている. « I feel sort of creepy» (ibidem, p.264) は,「言語的材料との調整」の例であり, «Oddly enough it feels good» (idem) は,「期待との調整」の例である. これを見ると，このふたつの場合は，それぞれ，Mithun のいう「精確さの度合い」と「予測」の概念に相当するものであるということが理解できる. つまり, Chafe の概念化は, Mithun とたいへん近いものであるということである.

第1章　先行研究における証拠性の概念化

1. 2. 5. Anderson (1986)

Lloyd B. Anderson は，多くの言語を対照する接近法をとっており，そのためか，証拠性に詳細な定義をあたえている．

«(a) Evidentials show the kind of justifications for a factual claim which is available to the person making that claim, whether direct evidence plus observation (no inference needed), evidence plus inference, inference (evidence unspesified), resoned expectation from logic and other facts, and whether the evidence is auditory, or visual etc.

(b) Evidentials are not themselves the main predications of the clause, but are rather a specification added to a claim about something else.

(c) Evidentials have the indication of evidence as in (a) as their primary meaning, not only as a pragmatic inference.

(d) Morphologically, evidentials are inflections, clitics, or other free syntactic elements (not compounds derivational forms). » (Anderson 1986, p.274-275)

このなかで，(a) に「正当化 (justification)」という辞項があらわれているのが注目されるが，これは，命題内容を正当化する動的な過程としてではなく，むしろ「正当化の手段」ないしは「証拠」として理解するべきものであると思われる．(a) の後半に，いくつかのタイプの証拠 (あるいは情報源) がしるされていることからも，それは明らかであろう．そうであるなら，この概念化は，「情報源」に依拠した概念化のヴァリアントであり，また，狭義での概念化のひとつにかぞえられると考えてよいであろう．

1. 2. 6. Palmer (1986)

Mood and Modality と題するモノグラフィーのなかで，F. R. Palmer は，モダリティの概念と緊密にむすびついた形での証拠性の概念化を提唱している．彼が総括的な概念として採用している「認識的モダリティ (epistemic modality)」という辞項は，Mithun や Chafe における「証拠性」(1.2.3.—1.2.4. を参照) に対応するものである．Palmer は，「認識的モダリティ」を，« any modal system that indicates the degree of commitment by the speaker to what he says » (Palmer 1986, p.51) を指示するためにもちいている．そしてそれを，話者がそれぞれ，つぎの4つのことを示す場合へと下位分類している．

« (i) that he is speculating about it [Speculative とよばれる．渡邊註]

21

第1部　前提と方法論

(ii) that he is presenting it as a deduction [Deductive]
(iii) that he has been told about it [Quotative]
(iv) that it is a matter only of appearence, based on the evidence of (possibly fallible) senses [Sensation] » (idem)

そして，その例示として，Palmer は，これら 4 つの場合それぞれに，つぎのような言いかえを提示している．

« (i) It is possible that... ／ I think that...
(ii) It is to be concluded that... ／ I conclude that...
(iii) It is said that... ／ X said that...
(iv) It appears that... » (ibidem, p.52)

(i) ― (ii) の場合が，Palmer の用語法でいうと「判断 (Judgements)」であり，(iii) ― (iv) の場合が「証拠性表現 (Evidentials)」であるということになる．したがって，彼の分類は，つぎのようにまとめることができる．

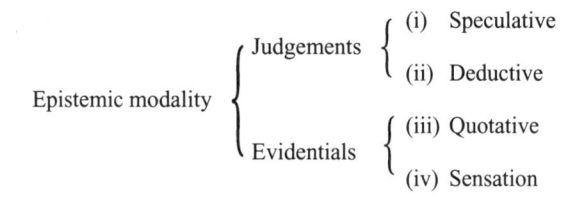

$$\text{Epistemic modality} \begin{cases} \text{Judgements} \begin{cases} \text{(i)} & \text{Speculative} \\ \text{(ii)} & \text{Deductive} \end{cases} \\ \text{Evidentials} \begin{cases} \text{(iii)} & \text{Quotative} \\ \text{(iv)} & \text{Sensation} \end{cases} \end{cases}$$

認識的モダリティのこれらふたつの発現のしかた，すなわち，「判断」と「証拠性表現」とのあいだで，さまざまな言語によってことなった重点のかけかたがなされていると Palmer は主張している．それによると，たとえば英語は，文法的な体系としては，「判断」のみをもっているのに対して，コロンビア，ブラジルで話されているトゥユカ語 (tuyuca) においては，純然たる「証拠性表現」の体系がみられるという．下記の 5 つの例が，Barnes (1984, p.257) から Palmer が引用しているトゥユカ語の例であるが，みごとに情報源ごとに動詞語尾がことなっていることが注目される (そのためか，おどろくほど頻繁に，後続の証拠性研究に孫びきされている)．

(i)　díiga apé-wi (*visual*)
(ii)　díiga apé-ti (*non-visual*)
(iii)　díiga apé-yi (*apparent*)

(iv) díiga apé-yigi (*secondhand*)
(v) díiga apé-hîyi (*assumed*)　　(Palmer 1986, p.67)

これら5つの例は，いずれも「彼はサッカーをした」という同じ内容であるが，証拠性の点でことなっている．やはり Palmer の註釈によると，つぎのようなちがいがあるという．

(i) "I saw him play"
(ii) "I heard the game and him, but I did not see it or him"
(iii) "I have seen evidence that he played : his distictive shoe print on the playing fields. But I did not see him play"
(iv) "I obtained the informations from someone else"
(v) "It is reasonable to assume that he did"　　(idem)

さて，以上概観してきた Palmer の概念化のもっとも重要な特徴は，証拠性が，認識的モダリティのなかへと，1類型として包摂されているということである．というのは，Palmer のように，認識的モダリティを，「話者がみずからの言うことに対する関与の度合い」として概念化するならば，それは上記でみてきた Mithun や Chafe とは逆方向の考えかたということになるからである．この比較は，たんに証拠性が認識的モダリティの部分をなすか，それとも認識的モダリティが証拠性の一部分をなすかという包含の方向性の問題だけではなく，ましてや，なにを証拠性や認識的モダリティとよぶかという用語法の問題にとどまるものではない．むしろ，証拠性の概念化の提唱者たちが言語活動をどのようにとらえているかを直接反映しているものと考えられる．

ここで問題になっている対比は，つぎのようにまとめることができよう．Mithun や Chafe は，情報の源泉や信頼度を上位カテゴリー (catégorie hypéronymique) の位置に置いていることから，言語活動に関しては，なによりもまず情報の伝達という次元を重くみているということになる．それに対して，Palmer は，話者の関与という次元に重点をおいており，そのことから，認識的モダリティが証拠性の上位カテゴリーに立っていると考えられるのである．

1. 2. 7. Willett (1988)

Thomas Willett は，多くの言語を対象として証拠性カテゴリーを調査する研究をおこなっているが，「情報源」をかぎにした，狭義の概念化を選択している．

第1部　前提と方法論

«I here choose to consider evidentiality in the narrower sense of 'information source'» (Willett 1988, p.56)

この狭義の概念化の選択の理由は，彼によれば，認識的マーカーの通時的な意味変化 (および文法化) の研究をするためには，«what are purely evidential contrasts that occur in languages and how they are marked» (idem) があらかじめさだめられなければならないからである．じっさい，Willett の提唱する証拠性の下位分類は，以下のような，純然たる情報源の分類にもとづいている．

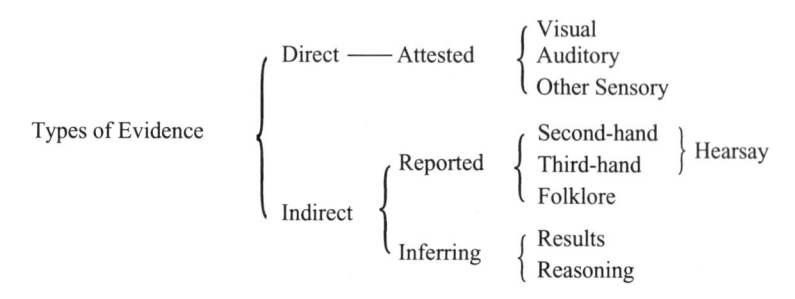

Types of Evidence
- Direct —— Attested
  - Visual
  - Auditory
  - Other Sensory
- Indirect
  - Reported
    - Second-hand ⎫
    - Third-hand ⎬ Hearsay
    - Folklore   ⎭ (注: Folklore は Hearsay に含まれない)
  - Inferring
    - Results
    - Reasoning

しかしながら，いったいなにをもって，情報源の分類を「純粋に証拠性的な対立 (purely evidential contrasts)」であるといえるのかという疑問が生ずる余地がある．Willett (1988) は，Palmer (1986) の体系化に少し言及はしているものの，その点については明示していない．

1.3. フランス語学，フランスの言語学における証拠性

1. 3. 1. 証言性 (testimonial)

証拠性の概念をはじめてフランスに移入したのは，Jakobson (1963) の翻訳者，Nicolas Ruwet であった．しかし Ruwet は，1. 2. 1 節でものべたように，英語の «evidential» を，«testimonial» (証言性) と仏訳した [2]．このことはまず，英語の «evidence» (証拠) と，フランス語の «évidence» (明証性) という faux amis の問題を回避するためであるが，もうひとつの大きな理由としては，Jakobson があげているブルガリア語の例をあげることができると思われる．

---

[2] Jakobson (1963) の和訳書（川本茂雄監修 (1973)：『一般言語学』みすず書房）は，フランス語版からの和訳であるため，«testimonial» を下敷きにした「証言性」という訳語が見える．本書では「証言性」という日本語は «testimonial» の訳語としてのみ用いることにする．

第1章　先行研究における証拠性の概念化

«A notre question, «qu'est-il arrivé au steamer Evdokija?» un Bulgare répondit d'abord : *zaminala* «on prétend qu'il est parti» puis ajouta : *zamina* «j'en porte témoignage, il est parti»» (ibidem, pp.183-184)

よりこまかくいうと，«testimonial» という用語が案出されたのは，ブルガリア語の «zamina» という例の，たんなる註釈としてあがっている，«j'en porte témoignage» の延長線上においてである可能性が高い．しかしこの，註釈から出てきた翻訳は，証拠性の本義をかなりゆがめるおそれがある．証拠性において問題になっているのは，「証言」することではないからである．Jakobson が重点をおいていたのは，むしろ，ひろい意味での情報の伝達であり，とりわけ，話者が情報を入手する際のさまざまな様態であったので，「証言」という，発話行為の段階とはまったくことなっているといえる．「証言性」は，いわば，翻訳によってあみだされた誤った概念である．

もちろん，訳語自体としてはやや不正確であっても，のちに研究上有益な概念となればよいのであるが，«testimonial» はその点でもまた問題があり，批判にさらされることになる．Ducrot et Schaeffer (1995) は，つぎのように言っている．

«L'ambiguïté tient à ce qu'on ne précise pas qui est le témoin : le locuteur lui-même, ou la source à laquelle il se réfère ? » (ibidem, p.585)

この問いにこたえてみることは，興味ぶかいことである．Ruwet にとっては，「証言をする」のは，もちろん話者なのであるが，たいへん皮肉なことに，Ducrot たちのもうひとつの選択肢，すなわち，話者が言及する情報源こそが，Jakobson の解釈としては正しいということになるのである．

さらにもうひとつ不都合な点がつけくわわる．そもそも「証言 (témoignage)」をおこなうことができるのは，Jakobson のあげている «zamina» の例におけるごとく，問題となる状況を直接目撃した場合にかぎられる．しかし一般的に，証拠性の概念は，発話内容を構築する根拠として，推論，伝聞など，かならずしも「証言」には適合しないような，多様な根拠をふくんでいるものである．したがって，「証言性」という概念は，その原語であったはずの「証拠性」と矛盾してしまうことになるのである[3]．

3　この点については，さらに Hagège (1995b, p.88) によるつぎの指摘も参照．«Il règne autour de ce terme [«testimonial»] une certaine confusion : on dit souvent, juste à l'inverse, «testimonial» au lieu de «non testimonial», en entendant par là le locuteur parle d'après un autre témoignage, et non directement.»

25

第1部　前提と方法論

1. 3. 2. Co Vet (1988)

証拠性の概念が本格的にフランス(およびフランス語圏)の言語学界に移入したのは，1988年にCo Vetによって書かれた，Chafe et Nichols (éds.) (1986)に対する論評による．Vetはそこでは，英語の«evidential», «evidentiality»を，«évidentiel», «évidentialité»とそのままフランス語におきかえた(ただし，とくにその「翻訳」法を正当化するような註釈はない[4])．

彼自身は，証拠性の独自の定義をあたえてはいないが，«moyens linguistiques [par lesquels] on indique la source et la fiabilité de l'information qu'on communique» (Vet 1988, p.65)というように，Chafe et Nichols (éds.) (1986)の最大公約数をひきだしている．

そして，以下がVetの議論である．

Lyons (1980)による，[neustique [tropique [phrastique]]] (ibidem, pp.368 sqq.)という有名な階層的モデルを発展させることによって，Vetは，つぎのような，発話行為の階層的構造の図式をえがいている[5]．

π_0　　　[π_1　　　[π_2　　　[π_3　　　[π_4　　　[p]]]]]
locuteur　　attitude du　　acte de　　temps　　aspect
physique　　locuteur　　parole
(l_0)　　psychique (L_0)

　　énonciation (moi-ici-maintenant)　　　　　proposition

(ibidem, p.69)

そして，Vetは，大多数の証拠性マーカーを，π_1とπ_2の位置に来るものであるとしている．たとえば，フランス語の条件法に関して，つぎのようにいっている．

«[le conditonnnel du français], qui occupe normalement π_3, peut être utilisé pour

---

[4] さらに奇妙なことに，Vet (1988)は，つぎの引用の太字にした部分にあるように，フランス語の«évidence»を，英語の«evidence»とおなじ意味でもちいている．«le kashaya possède des évidentiels qui indique que l'**évidence** est acquise du temps et au lieu du procès» (ibidem, p.72)

[5] この図式化は，Vetの共同研究者でもあった，J. Nuyts, S. C. Dik, K. Hengeveldらとともにさらに発展させられ，Nuyts et alii (éds.) (1990)にみられるような「層位化表示(Layered representation)」という理論にまとめられている．この潮流の研究で，証拠性研究の観点からもっとも注目されるのは，Nuyts (1993)の，認識的モダリティと証拠性との関係を論じたものであり，本論文でものちに言及する．

第1章　先行研究における証拠性の概念化

marquer la non-identité de l₀ et L₀. Dans ce cas, il n'appartient plus au domaine de la proposition, mais à celui de l'énonciation, où il spécifie $π_1$»　　　　　(idem)

しかし，たんに証拠性が発話行為のレヴェルに属するというだけでは—たとえそれが $π_1$ であろうと $π_2$ であろうと—，あまりにも漠然としすぎていて，実はたいした意味はないように思われる．なぜ，いかに証拠性が発話行為のレヴェルに属しているのか，そしてとりわけ，証拠性が発話行為のレヴェルに対してどのような貢献をしているのかを明確にするべきであると思われる．

1. 3. 3. Dendale et Tasmowski (1994)

Patrick Dendale と Liliane Tasmowski が編者となって，1994年に，証拠性の概念をフランス語に適用した研究としては，はじめてのまとまった論文集, *Les sources du savoir et leurs marques linguistiques* (*Langue Française*, 102) が出版された．

1. 2. 2節でも少しふれたように，当初証拠性の概念が適用された言語は，おもに南スラヴ諸語や，南北アメリカ大陸の先住民族の言語などで，証拠性を標示する，明白な形態論的パラダイムをもつ言語であったのに対して，フランス語のように，証拠性をあらわす，均質でまとまった文法的なパラダイムの存在しない言語(じっさい，下記で見る Dendale et Tasmowski が証拠性を標示しているとみとめるフランス語のマーカーは，準助動詞の devoir，動詞の条件法活用語尾，語彙的手段としての知覚動詞 voir など，文法的にもさまざまなレヴェルにわたっている) に対して証拠性の概念を適用しようとする場合には，もはや明白ではない証拠性のカテゴリーを，概念的にはっきりと画定しておくことが，前提条件としてとくに欠くことのできない作業となる．

以下，Dendale et Tasmowski による証拠性の規定をみてゆこう．

彼らは，«évidentialité» という用語を，«pour des raisons d'identifiabilité» (Dendale et Tasmowski 1994, p.3) という理由で採用し，同時に，狭義の概念化を選択するといっている．

«Il nous semble qu'on ne peut que gagner en clarté si l'on oppose, plutôt qu'on n'intègre, les concepts de modalité et d'évidentialité et qu'on réserve le terme de modalité à l'expression de l'attitude du locuteur et celui d'évidentialité à l'expression du mode de création et/ou de récolte de l'information [...]»　　　　　(ibidem, p.4)

27

第1部　前提と方法論

フランス語における例示として，彼らはつぎのような例をあげている．まず，

Le professeur Leclerc est à l'université. (ibidem, p.5)

という文は，いかなる情報源も標示しておらず，したがって証拠性の観点からいうとあいまいな文であるのに対して，

Le professeur Leclerc doit être à l'université, car j'ai vu sa voiture au parking. (idem)

という文においては，情報は推論 (inférence) によって得られたことが標示されている．

Le professeur Leclerc serait à l'université. (idem)

では伝聞 (ouï-dire) による情報であることがしめされており，

Le professeur Leclerc est à l'université, j'ai vu. (oral) (idem)

においては，直接の確認 (constataion) によって情報が獲得されたことが標示されている．その点で，ひとつめの例と，それ以降の3つの例とでは，証拠性が標示されていないものと，標示されているものというちがいがある．

一方，やはり Dendale et Tasmowski によると，上記の2つめの例と4つめの例は，3つめの例と，

«le fait que l'information qu'ils contiennent est le résultat d'une création personnelle par le locuteur, alors que dans [le troisième exemple] elle a simplement été recueillie par le locuteur» (idem)

という事実によってことなっているとする．以上のような考察から，Dendale et Tasmowski は，つぎのような証拠性マーカーの定義を提出している．

«Un marqueur évidentiel est une expression langagière qui apparaît dans l'énoncé et qui indique si l'information transmise dans cet énoncé a été empruntée par le locuteur à autrui ou si elle a été créée par le locuteur lui-même, moyennant une inférence ou une perception»　　　　　　　　　　　　　(Dendale et Tasmowski 1994, p.5)

これまでみてきたDendale et Tasmowskiによる概念化の新しいところは，このように，情報の出どころのうちのひとつとして，話者による「創出 (création)」というものをみとめていることである．この変化は，考慮にあたいするものである．というのは，Dendale et Tasmowski (1994)以前の研究には，「情報源」というものが，あたかも，発話者を待つまでもなく，あらかじめ存在しているものに限られるかのような(明示的にしても，暗示的にしても)前提があったと思われるからである．たとえば，Chafe (1986, p.263) は，«hypothesis»という情報源を，«deduction»という過程の源泉に想定しているものの，それはいわば，あたえられた出発点としての情報源であって，その«hypothesis»がいかに構築されるのかという点に関しては沈黙している．しかし，Dendale et Tasmowskiは，話者自身による「創出」を情報源のひとつと考えることによって，従前の，「あらかじ外在する情報源」という前提をうちやぶる意義があったと思われる．

1. 3. 4. Guentchéva (1993, 1994)：メディアティフ

Zlatka Guentchévaは，Nicolas Ruwetと同様に，フランス語で«évidentiel»や«évidentialité»という用語を避けている．彼女は，そのかわりに，「メディアティフ (médiatif)」という用語をもちいている[6]．しかしこれは，従前の概念化にくらべて，たんにレッテルをとりかえただけのものではなく，質的にもかなりことなる概念化であることに注目したい．以下，メディアティフについてみてゆくことにする．

まず，Guentchévaによるメディアティフの定義からみてゆこう．

«Par médiatif [...] je désigne la catégorie grammaticale qui permet à l'énonciateur de marquer formellement divers degrés de distanciation à l'égard des faits qu'il énonce lui-même et de signifier par là que la connaissance de ces faits lui est parvenue à travers une perception en quelque sorte médiate» (Guentchéva 1993, p.57)

この定義は，「懸隔化 (distanciation)」という概念がかぎになっているが，ただちに，それでは懸隔化とはなにかという疑問が出てくるであろう．Guentchévaは，その問いに，つぎのようにこたえている．

---

[6] «médiatif»という用語そのものは，Lazard (1956)にさかのぼるが，Lazardは，タジク語の特定の動詞語尾をさす名称としてもちいただけで，一般的カテゴリーとして概念化したのではない．

第1部　前提と方法論

«[...] l'énonciateur indique de façon explicite qu'il n'est pas la source première de l'information parce que les faits :
a) constituent des connaissances généralement admises ou transmises par la tradition ;
b) ont été portés à sa conaissance par un tierce personne ou par l'ouï-dire ;
c) ont été inférés à partir d'indices observés ;
d) sont le résultat d'un raisonnement.» (Guentchéva 1994, p.8)

しかし,「懸隔化」をこのように説明することは, Guentchéva 自身のメディアティフの(下位)カテゴリー化との整合性の問題を生む. それについてはのちに触れる.

フランス語学界では, メディアティフという用語の使用が, 年々ひろまってきている. たとえば, 1996 年に Guentchéva が編んだ, 多くの言語に関する論文集は, L'énonciation médiatisée と題されている. また, Ducrot et Schaeffer (1995, p.585) も, メディアティフが, 証拠性の適切な訳語として賛意を表している. しかし, Guentchéva の概念化をみてゆくと, メディアティフは, たんなる「証拠性の訳語」からはほど遠い, 決定的な相違点がある.

つぎの引用をみよう.

«La catégorie du médiatif [...] s'organise autour de trois valeurs fondamentales : 1) faits rapportés, y compris selon le ouï-dire ; 2) faits inférés ; 3) faits de surprise»

(idem)

この概念化は, これまでに見てきた先行のいくつかの概念化と比較すると, あきらかに, 「おどろき (surprise)」を含んでいるところがことなっており, まさにそのことが議論の対象になりうる.

理論を構築するに際して, Guentchéva は, いくつかの言語にこれら3つの価値の標示を兼務する文法的マーカー(アルバニア語, ブルガリア語, タジク語, ペルシア語における完了相をあらわす一連の動詞形態素)が存在するという事実から出発している. そうして構築された理論を, Guentchéva は, フランス語にも適用しようとこころみるのである. 彼女の意見では, «en général, une forme médiative qui code l'inférence est capable d'exprimer [la valeur admirative]» (ibidem, p.20) なのであり, フランス語では複合過去がその形式にあたるという. それらの価値における複合過去に関する彼女の説明を検討してみることにしよう. まず, 「推論(inférence)」をあらわす代表的な例として, つぎのような例があげられる.

— Regarde les yeux rouges du concierge !
— Il a pleuré !
— Non, il a dû boire. (ibidem, p.19)

　Guentchéva は，この対話にあらわれた «Il a pleuré !» という発話の背景にある操作を，Peirce (1965, p.28, pp.374 sq.) による「仮説形成 (abduction)」という概念によって説明しようとこころみている．仮説形成とは，定式的に書くと，つぎのような過程のことをいう．

$p \to q$　　　[p implique q]
q　　　　　　[or, q est vraie]
─────────────────────────
∴ ($\Diamond$) p　　[donc (il est possible que) p est (soit) vraie]

　この過程は，因果的な前後関係を遡行して，結果から原因を推定するというものであり，論理学的には無効なタイプの推論 (*fallacia consequentis*) であるが，日常言語では頻繁に用いられる．«Il a pleuré !» という発話文にあらわれている複合過去は，Guentchéva によると，上記の q にあたる現在の状況 («Il a les yeux rouges») から出発して，過去のありうる状況 «Il a pleuré» (p にあたる) を再構築するという仮説形成をあらわしているということになる．前者の状況は，「発話時空の指示体系 (référentiel énonciatif)」に属し，後者の状況は「メディアティフ化された指示体系 (référentiel médaitisé)」に属するが，Guentchéva によれば，これらふたつの指示体系のあいだの断絶を示すことが，メディアティフマーカーの機能全般に共通する点であるという (Guentchéva 1994, pp.19-20).
　つぎに，「おどろき (surprise)」の場合をみてみよう．たとえば，道がぬれているのをみて発せられた，つぎのような発話文が該当する．

Tiens ! Il a plu. (ibidem, p.20)

　この例に関しても，Guentchéva は，推論の場合と同様に，仮説形成がみとめられるとしている．すなわち，«la chaussée est mouillée» という現在の状態の確認から出発して，過去のありうる状況 «Il a plu» を再構築するにいたっているのである．おどろきの価値と推論の価値との相違点は，再構築された状況が，発話者によって予期されていた状況 (この場合は，この予期が「メディアティフ化された指示体系」を形成する) と矛盾するという点にある．さらに，メディ

31

第1部　前提と方法論

アティフのほかの価値にはまったく見あたらない，いわば付加的な操作が，おどろきの価値の図式化には必要となる．

«Pour lever cette contradiction, il faut introduire un changement qui fait passer de l'état supposé à l'état constaté ; ce dernier doit être considéré comme l'état résultant d'un processus de changement» (ibidem, p.21)

　このようにしてみてくると，おどろきの価値は，仮説形成の操作を完全に推論の価値と共有する一方で，予期されていた状況との矛盾という，付加的な，しかし決定的な要素がそのうえにくわわることによってなりたる価値であるといえる．
　ここで疑問がおきる．おどろきの価値を，複合過去自体の機能に帰することは正鵠を得ているのであろうか．それは，推論の価値の場合にくらべれば，はるかに議論の余地があると思われる．じっさい，おなじ «Il a plu» という発話文を，

Il a plu (effectivement / comme je l'avais imaginé, etc.)

のように，予期されていた状況との一致 (すなわち，Guentchéva のいうおどろきの価値とは正反対の場合) という場合にも用いうることを考慮するなら，おどろきの価値は，発話文脈に大きく依存する意味効果であるとみるほうが適切であると思われる．また，理論的にも，おどろきの価値は，彼女が推論の価値と同一視している仮説形成を完全にふくんでいるため，推論の価値とはおなじ次元にはない．つまり，おどろきの価値は，推論の価値と同等の資格でならびたっている価値ではなく，むしろ推論の価値からさらに派生した次元にあると考えられる．上記でもみた Guentchéva による「懸隔化」の4つの場合，すなわち，

«[...] l'énonciateur indique de façon explicite qu'il n'est pas la source première de l'information parce que les faits :
a) constituent des connaissances généralement admises ou transmises par la tradition ;
b) ont été portés à sa conaissance par un tierce personne ou par l'ouï-dire ;
c) ont été inférés à partir d'indices observés ;
d) sont le résultat d'un raisonnement. » (Guentchéva 1994, p.8)

第1章　先行研究における証拠性の概念化

のなかに，推論の価値はしめされているのに，おどろきの価値は占める場所がないということにも，おどろきの価値が二次的な性格をもっていることが端的にあらわれている．それらふたつのメディアティフの価値は，意味派生のうえで，別の段階に属しているのである．

メディアティフの概念は，アプリオリな情報源の分類ではなく，発話操作として再規定されている点は評価できると思われるが，すくなくとも Guenthéva によって提唱されたかたちを見るかぎりでは，以上でみてきたように，重要な異質性をはらんでいるといえる．

1.3.5. メディアティフのさまざまな概念化

Guenthéva (éd.) (1996) は，メディアティフの概念による分析をさまざまな言語に適用しようとする，25人もの執筆者による研究をあつめたもので，この領域でのきわめて重要な文献である．このなかの執筆者の大半は，みずからメディアティフを規定することはしていない．しかしそのことは，メディアティフが新しい概念であることを考えあわせると，おどろくべきことである．Guenthéva の定義に譲っている Eliane Camargo (ibidem, pp.271-286) 以外には，5本の論文が，いわば例外的にみずからのメディアティフの定義を提示している一方，それ以外の執筆者も，メディアティフの概念に関しては，けっして一致していないことがうかがわれる．たとえば，Paolo Ramat (ibidem, pp.287-298) は，«non-testimonial»，«évidentiel»，«distanciatif»，«téléphorique»，«médiatif» をすべて同義としている[7]が，Boyd Michailovsky (ibidem, pp.109-124) は，メディアティフという用語そのものを用いておらず，それぞれ，Guenthéva とはことなる．

以下，この論文集のなかの，いくつかの重要な概念化について見ておこう．

1.3.5.1. Feuillet (1996)

Jack Feuillet は，メディアティフをつぎのようなものであるとする．

«Sous le terme «médiatif» on entendra ici des formes verbales spéciales exprimant avant tout le non-testimonial. Le fait de ne pas avoir vu, c'est-à-dire de ne pas avoir été témoin de ce qu'on rapporte, est le trait caractéristique de cette catégorie.» (ibidem, p.71)

---

[7] «Par les termes de «non-testimonial», «évidentiel», «distanciatif», «téléphorique» ou encore «médiatif», on désigne des indices linguistiques qui permettent de signaler formellement la position épistémique du locuteur par rapport au contenu de son énonciation» (Ramat 1996, p.287).

第1部 前提と方法論

この規定は,直接経験を排除するものであるという点で,Guentchéva の規定に近いが,動詞の(基本的には形態論的な)形式しかメディアティフマーカーとは扱わないという点でことなっている.Feuillet が対象にしているのは,より具体的には,ブルガリア語の伝聞法,トルコ語の動詞接尾辞,ドイツ語の接続法である.しかし,フランス語に関する言及はなく,Guentchéva のように,フランス語の条件法や複合過去を,メディアティフマーカーとみとめるかどうかは不明である.

1. 3. 5. 2. Perrot (1996)

Jean Perrot の概念化は,Guentchéva のものにより近い.

«... les formes qui en [=du médiatif] relèvent sont utilisées par les locuteurs pour énoncer un procès en impliquant qu'ils le prédiquent à partir d'une information recueillie, non d'un constat personnel» (ibidem, p.157)

しかしPerrot は,メディアティフを,ひろい意味での「モダリティ付与 (modalisation)」にかかわる問題であるとはしながらも,発話行為の点でのたんなる懸隔化であるとするような,広義の(あるいはモダールな)概念化 (cf. Guentchéva 1993, 1994 ; Mithun 1986) に対しては明示的に反対している.

«[La catégorie du médiatif] peut apparaître comme une spécification entre autres d'une forme plus large de modalisation consistant, pour le locuteur, à marquer la distance qu'il prend à l'égard de son énonciation ; mais un élargissement de la catégorie risque de rendre impropre le terme de médiatif qui n'est plus justifié si l'on doit couvrir un champ modal englobant par exemple des valeurs de vérité, si on invoque l'éventualité, la probabilité etc. » (idem)

1. 3. 5. 3. Tournadre (1996)

Nicolas Tournadre は,メディアティフを,伝聞,推論といった基本カテゴリーからみて上位語的 (hyperonymique) な位置にあり,それらを統括する,「文法的上位カテゴリー (supercatégorie grammaticale)」(ibidem, p.195) であるとしている.そして,つぎのようにのべている.

«D'un point de vue typologique, il y a de sérieuses raisons pour postuler l'existence

34

d'une catégorie grammaticale spécifique rassemblant les notions de ouï-dire, d'inférentiel, d'admiratif et de testimonial, dans la mesure où elles sont fréquemment réunies à l'intérieur d'un même paradigme verbal» (idem)

ここでは，«testimonial» というのは，直接経験のことであると理解できる (あとで，Tournadre は，«constatif» ともよんでいる (ibidem, pp.196 sqq.)). このように，直接経験を，メディアティフという(上位)カテゴリーのなかに統合することによって，Tournadre の概念化は Guentchéva の概念化よりも広義になっており，その点においておなじ論文集の大部分のほかの論者とことなっている. Tournadre が提唱するタイプのメディアティフが有する上位語的な性格もまた，この「直接経験」の包含から出てくる帰結であるともいえる. しかしその，「直接経験」の包含ということは，考慮にあたいすると思われる. というのは，もしメディアティフ(や，証拠性)を，「発話内容が依拠する根拠の画定」として概念的に規定してゆこうとするならば(そしてそれは，すでにのべたように，フランス語のような，証拠性の明白な形態論的パラダイムをもたない言語を対象とする場合には必然的にとらざるを得ない方途であると思われるのであるが)，「直接経験」も，推論や伝聞などのほかの根拠と同様に，ひとつの根拠としてみとめられるからである.

1. 3. 5. 4. Jacquesson (1996)

François Jacquesson の論は，これまで見てきたものとくらべると，やや異色なものである. かれの接近法は，まずメディアティフのメタ言語性 («la langue est autant «faite pour» commenter l'information que pour la donner», ibidem, p.216) に着目するものである.

«La catégorie du médiatif, qui montre donc qu'il existe une sémantique du métalangage, puisque la codification des circonstances du message se trouve intégrée au message lui-même, appartient à un ensemble plus vaste de faits intéressants.» (ibidem, pp.215-216)

そしてそこから，つぎの引用にみられるように，メディアティフを，照応 (anaphore) と関連づけるにいたるのである.

«Il est remarquable, dans une perspective stylistique ou énonciative, que la médiativité soit liée à l'anaphore : de même qu'on se borne à indexer ce qui a déjà été présenté, non pas seulement par économie mais pour faciliter certaines opérations sur le propos après l'avoir exposé, de même la médiation consiste à travailler aux frontières du propos premier en en précisant les conditions.» (ibidem, p.216)

この概念化には，革新的なところがある．それは，もはやメディアティフというカテゴリーを，発話内容の(間接的な)情報獲得の様態と同一視するのではなく，照応と同様に，関係的(relationnel)な概念として考えているからである．関係的であるのは，メディアティフの場合においては，発話とその存立条件とのあいだに関係をつけるという点においてである．「メディアティフ」という用語は保持しているものの，Jacquessonの概念化はむしろ，つぎの節でみる，Hagège (1995 a) の「メディアフォール (médiaphore)」に近いものであるといえる (Jacquesson 自身も Hagège (1995 a) に言及している).

1. 3. 6. Hagège (1995 a, b)：メディアフォール

Claude Hagège は，1995年の論文 (1995 a) で，メディアフォール (médiaphore) という一般的概念を発案した．メディアフォールと，メディアフォール表現(médiaphoriques) に関する，彼自身による説明をみてみよう．

«[...] ces marques participent aux stratégies référentielles (*-phoriques*) dans la mesure où, en dégageant la responsabilité du locuteur quant à ce qu'il déclare, elles permettent d'imputer cette responsabilité à une autre source. Je propose, en retenant la notion de médiation, [...] de parler de marques médiaphoriques et donc d'appeler médiaphore la stratégie d'emploi des médiaphoriques, correspondant à tous les cas où le locuteur n'assume pas son propos, c'est-à-dire renvoie (*-phore*) de manière non immédiate (*média-*). (Hagège 1995 a, p.15)

この提示に関して，ふたつ指摘できることがある．第1に，メディアフォールが対象としているのは，発話内容をささえる根拠が，発話者以外にある場合であるということである (そのことを Hagège は，メディアフォールという命名をしめすまえには，«distantif» (ibidem, p.2) ともいっている)．この点は，基本的には直接経験の場合を排除していることと同様であり，Guentchéva によるメディアティフの概念化と軌を一にする．

しかし，第2に，メディアフォールの独自性としてきわめて重要な点は，前方照応 (anaphore)，後方照応 (cataphore) などと同様に，言語内照応 (endophore)

の下位類のひとつとされていることである．Jacquesson (1996) に関しても確認したように，関係的な視点にもとづいているという意味で，従前の概念化にくらべて新しいものである．メディアティフの概念からメディアフォールへと移行することで，問題となるカテゴリーは，発話内容の源泉の，発話者からみた単なる外在性ないし他者性としてとらえられるのではなく，**発話者が，テクストを，その外在性ないし他者性へと関係づけること**として考えられるようになるのである．メディアフォールの基本にあるこのような関係的な視点は，Dendale et Tasmowski (1994) からさらに進んで，情報源の先験性をいっそう明確に否定する意義があり，のちの議論のためにおさえておくべき点であると思われる．

ただし，以上のようなメディアフォールの概念化を，そのままのかたちで維持するためには，問題点があるといわなければならない．とくに，いかなる点でメディアフォールが言語内照応であるかが明確ではないことが重大である．かりに言語内照応を，言語的 (テクスト的) な実体への指示の方略として考えるならば ── Hagège 自身もそうしているのであるが ──，メディアフォールの場合にも，源泉の外在性の表象が，命題内容を関係づける先となるべき言語的実体として (暗示的ながら) 存在しているという，苦しい仮定をせざるを得ない．そのような暗示的表象を想定しないかぎり，メディアフォールが言語外照応 (exophore) ではなく言語内照応であるとはいえない．しかも，言語内照応自体も，証拠性に劣らずおおくの問題を提起し，また別に探究されるべき余地がある現在，照応への性急な統合はのぞましくないように思われる．したがって，証拠性を言語内照応の領域にむすびつけることに関しては，その可能性はみとめられる[8]ものの，先決の研究課題ではないと考えることにする．

1.4. 日本語学，日本の言語学における証拠性

以上でおこなってきた，フランス (およびフランス語圏) の言語学における証拠性，およびそれに類するいくつかの概念化に関する観察から，概略的には，フランスにおけるそれらの概念化は，アメリカの記述言語学における証拠性の概念の輸入から出発し，フランスにおける研究の進展にあわせて改変されてき

---

[8] たとえば，証拠性の場合における命題内容の根拠にも，言語内照応の場合における照応対象たるテクスト的実体にも，存在前提があるという共通性がある．そうした点を介して，双方のカテゴリーを比較してゆくことは可能である．

た歴史であるということができよう．
　一方，これまでに見てきた概念化が，フランス語のみならず，たいへん多様な言語を対象としていたことを考えると，ここで日本語学，および日本の言語学における証拠性の概念化について見ておくことも有益なことであると思われる．日本においては，フランスにおける証拠性の概念の受容とはちがって，かなり独立的な概念化がおこなわれてきたので，なおさら，西洋での概念化と比較してみることは興味ぶかいことである．たとえば，寺村 (1984) は，「概言」の概念を提唱したが，その概念について，挿話的に，アメリカ合衆国滞在中，「概言」を evidential(s), evidentiaries と英訳してはどうかと提案されたとしるしている (ibidem, p.224．ただし，その提案に対する賛否は示されてはいない)[9]．また，寺村 (1984) 以外にも，証拠性の領域をカヴァーする独自の概念化の提案が見られるが，それらの多くは，日本語の助動詞の形態論的・意味論的な特性と，それらに関する伝統的な研究にもとづいてのカテゴリー化である．以下ではまず，寺村 (1984) の「概言」からみてゆくことにしよう．

1.4.1. 寺村 (1984)：概言と確言

　寺村 (1984) は，日本語の文と，助動詞の体系を，階層的にとらえるモデルを構築しようとするこころみである．まず，三上 (1970) からの借用により，「コト」と「ムード」の2分法が提案される．寺村は，この2分法はまた，Bally の「所言 (dictum)」と「様相 (modus)」，Fillmore の「命題 (proposition)」と「モダリティ (modality)」の区別と比せられるものであるともいっている (寺村 1984, p.351)．「概言」のカテゴリーは，そのうち，「ムード」の一部分をなす．以下，よりこまかく見てみよう．
　「ムード」は，さらに，「一次的ムード」と「二次的ムード」のふたつにわかれる．「一次的ムード」とは，「確言的陳述」，すなわち，「あるコトを確かな現実の事実として述べるというムード」(ibidem, p.219) と定義される．その形態的なあらわれとしては，述語の基本形 (-u) と，過去形 (-タ) がこれにあたる．それに対して，「二次的ムード」とは，「節」を対象とする．「節」とは，「そこ

---

[9] ちなみに，フランス語で執筆した Watanabe (1999b) では，「概言」という独特の用語を，«approximatif» と訳することを提起した．これは，のちにくわしくみるように，「概言」が，「確信度」によって「確信」と対比されると同時に，内容自体が精確なものととらえられているのか，それとも概略的な表象にすぎないとされるのかという点 (1.2.3.節でみた Mithun のいう「精確さの度合い」と同様の問題) によっても区別されると考えられるからである．「概言」は，その点で，「近似的発話文 (énoncé approximatif)」の一種ともとらえられるのである．

第1章　先行研究における証拠性の概念化

で言い切れば文が成立するようなものでありながら，文の中に包み込まれてその一構成要素になっているもの」(ibidem, p.220) であり，通常，「コト」と「一次的ムード」により構成される総体的命題である．つぎが，例示のために寺村があげている樹形図である (図中の [ ] 内は渡邊による補足である).

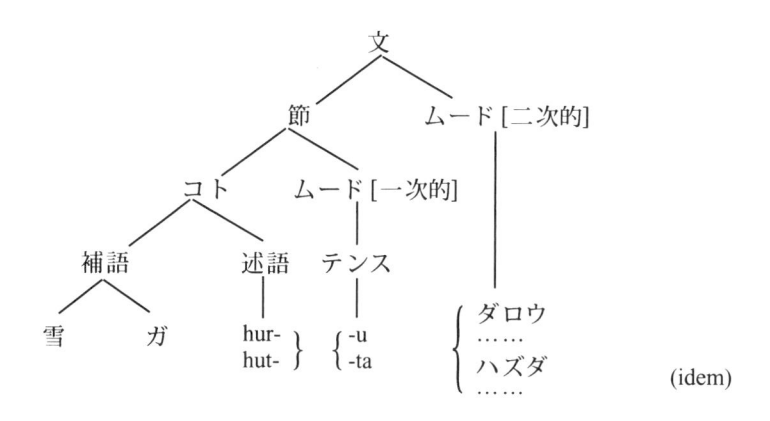

```
                      文
                 ／      ＼
              節          ムード [二次的]
           ／    ＼              │
        コト     ムード [一次的]
      ／   ＼         │
   補語   述語      テンス
     │     │          │
    雪    ガ       hur-  } { -u    { ダロウ
                   hut-    -ta      ……
                                   ハズダ
                                   ……
```
                                                        (idem)

　「概言」は，寺村の体系のなかでは，以下にまとめるような，二次的ムードのふたつの下位類型のうちのひとつとして位置づけられる．
　(i) ダロウ，ヨウダ，ラシイ，ソウダなどは，「概言」の下位類型をなす．「概言」とは，「ある事態の真偽について，それを自分が直接見たり，経験したりしたのではないから確言はできないが，自分の過去の経験，現在もっている知識，情報から，概ねこうであろうと述べる」(ibidem, p.222) ことと規定される．
　(ii) ハズダ，ワケダ，モノダ，ノダなどは，「説明」というもうひとつの下位類型をなす．その機能は，「現に事実としては聞き手が知っていることについて，その事態が生じた理由，原因とか，背景とか，あるいはある状況に照らしてみた場合の特別な意味，意義とかを相手に説明しようとするもの」(idem) である．
　これらふたつのグループのあいだには，2重の関係がある．「概言の助動詞群と説明の助動詞群は，いずれも二次的ムードの形式として，動詞，形容詞の確言形に後続するという点でパラディグマティックな関係にあるが，一つの文の中に前後して共起することもあるという点でシンタグマティックな関係をもつ．一文中に並んで出てくるときは，原則として，説明の助動詞が先に，概言があとに来る」(idem)．
　以上のことを例示するのが，つぎの図である．

39

第1部　前提と方法論

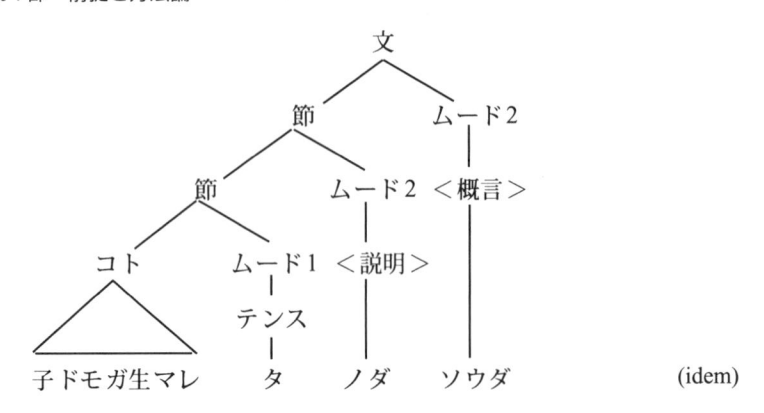

```
                    文
                   /  \
                  節    ムード2
                 /  \     |
                節   ムード2 ＜概言＞
               /  \     |
              コト  ムード1 ＜説明＞
             /|\    |
            / | \  テンス
           /  |  \   |
        子ドモガ生マレ  タ    ノダ   ソウダ        (idem)
```

　以上のような「概言」の概念化をみてくると，第1に，日本語の法助動詞を，文中におけるそれらの位置，わけても，それらが共起する場合の相互承接の順序をもとにして分類しようとするものであるということに気づく．このような接近法は，日本語学においてはごく普通におこなわれている方式である[10]が，寺村(1984)は，「確言」，「説明」，「概言」といった意味的なタイプに直接むすびつけられているという点によって特徴づけられる．

　じっさい，寺村(1984)を読んでいて注目されることは，助動詞の分布的特徴という問題と，それらの意味的類型の問題とが，きわめて密接にむすびついているということである．それらの因果的な前後関係は読みとれないほどである．このことが，「概言」を，西洋における多くの概念化からへだてる特徴である．

　とくに，上記でみた寺村による「概言」に関するかんたんな定義だけでも，分布的特徴によって規定される「二次的ムード」とは重なりあわないことを指摘することができる．というのも，「二次的ムード」の位置以外にも，「概言」の価値をもつ，いくつもの(しかも，多かれ少なかれ生産的な)表現が広汎に存在するからである．たとえば，伝聞をあらわす表現にかぎってみても，「聞くところでは」，「聞いた話では」などの挿入的形式，あるいは，「〜と聞く」「〜と聞いた」「〜と聞いている」などの，上記でしめされた典型例における，「二次的ムード」のさらに右側の位置，すなわち「三次的ムード」ともいうべき位置を占めるものなどがある．

　そうしたなかで，厳密に「概言」のカテゴリーを画定しようとするならば，不可避的に，「概言」をあらわす助動詞を枚挙するという方法にうったえざる

---

[10] たとえば，時枝(1941)，金田一(1953)，渡辺実(1953)，芳賀(1954)，林(1960)，北原(1982)．これらの研究の概観については，南(1993, 第3章)を参照．

第1章　先行研究における証拠性の概念化

を得ない．すなわち，{ダロウ (ウ，ヨウ)，マイ，カモシレナイ，ニチガイナイ，ヨウダ (ミタイダ)，ラシイ，[-i +] ソウダ，[-u +] ソウダ (トイウ) } (ibidem, pp.226 sqq.) といった，閉じたリストをつくることである．寺村は，日本語の特徴は，これらの「概言」のマーカーが，(1.2.2 節でのべた，南北アメリカ大陸の先住民族の言語におけるごとく) おなじ形式的な特徴を共有するグループをなしていることであるとしている．

しかしながら，この画定のしかたは，形式 (言語的表現) と意味 (機能) との混同にもとづいているといわざるを得ない．寺村 (1984) における「ムード」は (そこにはもちろん，「概言」もふくまれるのであるが)，本質的にあいまいな用語であり，文末にたついくつかの形式をさししめすこともあれば，文のなかの意味成分をさすこともある，というぐあいである．

第 2 に確認できることは，「概言」が直接経験を除外しているということである．直接経験は，寺村の体系では，「確言」という別のカテゴリーに属することになる．この点は，1.2.2 節でみた Jacobsen (1986) による証拠性の定義を想起させるが，寺村の「確言」・「概言」の特徴は，ここでもまた，それらが統辞的布置と切りはなせないことである．上記で見た「子ドモガ生マレタノダソウダ」の樹形図において，「確言」，「概言」は，それぞれ，「ムード 1」(一次的ムード) と「ムード 2」(二次的ムード) の位置に配されており，統辞的構成のなかで，ことなったレヴェルに属している．したがって，「概言」を，Chafe (1986) や Dendale et Tasmowski (1994) のような標準的な証拠性の概念と同一視することは適当ではない．

第 3 に指摘できることは，寺村 (1984) の体系化は，モダリティに大きな重点をおいているということである．そのようにいえる理由は，第 1 に，彼が「ムード」を，(「確言」の一形態としての)「テンス」も包摂するほどの，たいへん大きなカテゴリーとして考えているからである．そして第 2 に，「確言」と「概言」のムードのカテゴリーを概念的に定義する際に，寺村は，確信度によってそれらのふたつを分けているからである．「確かな現実の事実として述べる」という，すでにみた「確言」の規定にもあらわれているように，基本的には，/ certain / という性質が「確言」を特徴づけ，それとの対比において，/ incertain / という性質が「概言」を特徴づけているのである．「概言」は，もちろん，証拠性の概念に近いものであることはたしかであるが，情報源やその信頼性という概念をではなく，/ incertitude / という概念を包蔵しているところが異なっている．そのように，寺村の概念化はなによりもまずモダールであり，発話者の判断という次元を前面に出すものであるといえる (その点で，Palmer (1986)

41

(cf.1.2.6.) に比せられる). 先まわりしていうと, 日本における多くの概念化 (cf. 森山 (1989), 益岡・田窪 (1989), 三宅 (1994)) は, この考えかたを共有している. そのことには, 日本語学が, モダリティに重点をおく「陳述論」の伝統をひきついでいることが作用していると思われる[11].

　最後に, 上記の第3の点とも関連することであるが,「概言」と「確言」とを区別しているのは, 内容自体が精確なものとしてとらえられているか, それとも概略的 (近似的) な表象にすぎないととらえられているかという相違でもある. すなわち,「概言」/「確言」は, 1.2.3節でみた Mithun (1986) のいう「精確さの度合い」の概念にもあい通じるものとして理解できる. これは, 厳密にいうと, 内容の蓋然性に対する発話者による査定という意味での認識的モダリティとも, 対象や事態に付与されるありかたとしての存在的モダリティともことなる. むしろ, 話しかたのタイプの相違であるとみるべきである.「概言」は, この考えかたによると,「おおざっぱな話しかた」であり, その話しかたをいわば註釈的に標示する表現手段として, 寺村の枚挙する助動詞があるということになる.

1.4.2. 森山 (1989) : 状況把握と情報把握

　前節でみたように, 寺村 (1984) は, 日本語の特徴として, モダールな表現 (そこには「概言」の表現もふくまれるのであるが) が, 形態論的, 統辞論的にみて均質のクラスをなすということをあげている. この論理をさらにおしすすめて, 森山 (1989) は,「ムード形式」と彼がよぶ, 少数のマーカーのなす閉じたクラスを想定している (ibidem, pp.58 sq.).

　森山は,「広義蓋然性認識ムード」という表現のグループをさだめ, そこから, 形式的にテンスの分化をもたないという特性においてことなるダロウ・マイをとりのぞいた残りを,「狭義蓋然性認識ムード」とする. 狭義蓋然性認識の形式は, カモシレナイ, ニチガイナイ, ハズダ, ソウダ, ラシイ, ヨウダ, ミタイダの7つである.

　最後に, この7つは, つぎの3つの下位クラスにわけられる[12].

　― 狭義判断. カモシレナイ, ニチガイナイ, (ハズダ)

---

[11] 伝統的な陳述論に根ざしたモダリティ論に関する客観的な概観については, Maynard (1993) を参照.

[12] 総称的呼称としては, 寺村にならって「概言」という辞項を用いながらも, 益岡・田窪 (1989) は, ムード形式の別の (下位) 分類を提案している. 彼らは,「概言のムード」という項目のもとに, 6つの下位カテゴリーを設定している.
　― 推測:ダロウ, マイ

―― 情報把握．ソウダ，(ラシイ)
―― 状況把握．ヨウダ，ミタイダ，(ラシイ)　(ibidem, p.66)
　この下位区分は，以下にみるような，これらのマーカーの共起可能性にもとづく．

(i) おなじ類のマーカーどうしの共起はすべて不可能である．
　＊彼が部屋にいるかもしれないに違いない．(idem)
　＊彼が部屋にいるらしいそうだ．(idem)
　＊彼が部屋にいるみたいなそうだ．(idem)
(ii) 狭義判断類と情報把握類は共起できる．
　彼が部屋にいるかもしれないそうだ．(idem)
　彼が部屋にいるに違いないらしい．(このラシイは情報把握) (idem)
(iii) 状況把握の類は，ほかの類とは共起できない．
　＊彼が部屋にいるかもしれないようだ．(idem)
　＊彼が部屋にいるようだそうだ．(idem)

　それぞれの下位分類の(概念的)定義はあたえられておらず，あくまでもマーカーの集合として規定されている．たしかに，このような規定のしかたは，それ自体としては完璧な厳密さがある．しかし，「形式相互の共起関係は，まさに，それぞれの形式の意味関係を反映するもので」(ibidem, p.67) あるのならば，それぞれの下位分類が，その類ごとに意味的にどのように特徴づけられるのかを提示したほうがよいように思われる．

1. 4. 3. 神尾 (1989)：情報のなわ張り理論

　「情報のなわ張り理論」の名で知られる神尾 (1990) は，日本語と英語を対照しつつ構築された理論である．この理論の中心的な仮説は，ある情報が話し手の (心理的な)「なわ張り」に属するか，それとも聞き手の「なわ張り」に属するかに応じて，さまざまな文型を使いわけているということである．神尾は，情報が，話し手のなわ張りに属するか属しないか，聞き手のなわ張りに属するか属しないかに応じて，4つの場合を区別しているが，聞き手のなわ張りへの

　―― 証拠のある推量：ラシイ，ヨウダ，ミタイダ，ハズダ
　―― 可能性：カモシレナイ
　―― 直観的確信：ニチガイナイ
　―― 様態：[i+] ソウダ
　―― 伝聞：[u+] ソウダ，トノコトダ，トイウ　　(益岡・田窪 1989, p.113)

帰属は，同書のわく組みでは，日本語の終助詞「ね」の使用にかかわることであり，ここでの関心からは外れるので，単純化して，以下では話し手のなわ張りに関する部分のみを見ておくことにしたい．話し手のなわ張りへの所属は，以下，a — h に枚挙するような条件によって決定される．すなわち，ある情報の性質が，以下の条件のいずれかを満たしていれば，その情報は話し手のなわ張りに属しているとみなされる．

話し手のなわ張りに属する情報 (ibidem, p.33)
a. 話し手自身が直接経験によって得た情報
b. 話し手自身の過去の生活史や所有物についての個人的事実を表わす情報
c. 話し手自身の確定している行動予定および計画などについての情報
d. 話し手自身の近親者またはごく身近な人物についての重要な個人的事実を表わす情報
e. 話し手自身の近親者またはごく身近な人物の確定している重要な行動予定，計画などについての情報
f. 話し手自身の職業的あるいは専門領域における基本的情報
g. 話し手自身が深い地理的関係を持つ場所についての情報
h. その他，話し手自身に何らかの深い関わりをもつ情報

情報が話し手のなわ張りに属するか属しないかによって使いわけられる文型に関して，神尾は，「直接形」と「間接形」という 2 分法を導入する．これらは，「確定的な断言の形を取る文型を＜直接形＞と呼び，[...] 断言を避けた不確定な文型を＜間接形＞と呼ぶ」(ibidem, p.16) というように区別される．つぎに引用するのが，直接形，間接形のいくつかの例である．

直接形
今日はよい天気です．(idem)
昨日は 11 キロも歩きました．(idem)
先生は 3 月で辞めるよ．(ibidem, p.17)
間接形
あの人，どこか悪いみたい．(ibidem, p.16)
彼女は多分来るだろう．(idem)
先生は 3 月で辞めるらしいよ．(ibidem, p.17)

第1章　先行研究における証拠性の概念化

　ここで確認できることは，「間接形は，[...] 推測，伝聞，主観的判断などを表わす要素を文末に持つのが特徴である」(ibidem, p.16) ということである．すなわち，いま見た例でいえば，ミタイ，ダロウ，ラシイなどの形式が，間接形を特徴づけている．

　神尾によれば，日本語でも英語でも，情報が話し手のなわ張りの内にあるときは直接形がもちいられ，外にあるときは間接形がもちいられる．いくつかの日本語の例をみておこう．

　　昨日は動物園に行ってきました．(ibidem, p.22)
　　?? 昨日動物園に行ってきたらしい．(ibidem, p.23)
　　私，頭が痛い．(ibidem, p.22)
　　?? 私，頭が痛いようよ．(ibidem, p.23)

　これら2組の例が示すように，間接形は，話し手のなわ張り内の情報に適用されると，奇妙な文になってしまう．
　また，つぎの例のように，直接形・間接形の両方がもちいられる場合でも，

　　明日は朝9時の飛行機に乗るから，お昼過ぎに向こうへ着くだろう．
　　　　　　　　　　　　　　　　　　　　　　　　　　　(ibidem, p.34)
　　明日は朝9時の飛行機に乗るから，お昼過ぎに向こうへ着くよ．(idem)

　神尾はなわ張りの点での相違は同様であるとする．ひとつめの例で，「着くだろう」という間接形がもちいられているのは，その文の後半が，「話し手が確定していないとみなしている行動予定を表わしているので」(idem)，上記で見たcの条件にあてはまらず，情報が話し手のなわ張りの外にあるということになるからである．それに対して，あとの例は，文の後半が，「話し手が確定しているとみなしている行動予定を表わしている」(idem) ので，cの条件に該当し，したがって情報が話し手のなわ張り内にあるということになり，直接形がもちいられている，ということである．
　さらに，つぎのような対話 (ただし，YはXのいう「息子」の父親) に関して，

　　X：息子さん，最近どうしてますか？
　　Y：それが，急病で先月死にました．/＊死んだようです．(idem)

45

神尾は，間接形「死んだようです」が阻止されることを，条件 d にいう，「重要な」個人的事実であることから，話し手のなわ張り内にあるとみなされる，と説明する．じっさい，たんなる外出のような，「重要でない」情報に関するつぎのような場合(ただし，Y は太郎の父親)には，

X: 太郎くん，いますか．
Y: さっき，どっかに出かけたようですよ．(ibidem, p.35)

間接形「出かけたようです」は，さきの場合とちがって，自然になる．その理由は，たんなる外出という事実は，「通常重大でない情報」(idem) であるので，行動予定や計画などがやはり「重要な」ものであることを要求する，条件 e が満たされないため，情報は話し手のなわ張りの外にあるとみなされるからである．

以上で神尾(1990)の理論の粗述を終え，つぎに証拠性との関連に関する言及をみてみよう．神尾は，「証拠性」に関しては，それがよって立つ「証拠」の概念が明確ではないとして，反対する立場を表明している．これについては，彼は，下記にみるような Grice の「会話の公準」のうちのひとつ，「質の公準 (The maxim of Quality)」に対する批判を展開している．

The maxim of Quality (Grice 1975, p.46)
a. Do not say what you believe to be false.
b. Do not say that for which you lack adequate evidence.

神尾は，b の部分を，日常会話では，「じゅうぶんな証拠」とはなにであるかを明示することはほとんど不可能であるとして批判する．たとえば，つぎのような直接形の発言は，

私は1942年の9月29日生まれです．(神尾1990, p.217)

b を遵守しているのであろうか．神尾によれば，たとえ戸籍をもっていたとしても，「じゅうぶんな証拠」とはいえない．というのも，「戸籍はそもそも人間の誕生日の『証拠』になり得るような記録ではなく，単に誕生日の法制あるいは行政上の記録であるに過ぎない」(idem) からである．また，もし戸籍が誕生日を証明する「じゅうぶんな証拠」であるとするなら，「[戸籍を見て自分の

第1章　先行研究における証拠性の概念化

誕生日を信じるような] 人々の誕生日についての発言と，自分の戸籍など一度も見たことのない子どもの発言とは，異なった『証拠』に基づく発言であることになってしまうであろう」(ibidem, p.218). そのことから神尾は,「証拠」という概念は法的な，あるいは科学的な活動に関しては適切であるにしても，日常の会話に対してはそのままでは適用できないと結論している．

そして神尾は，証拠性の概念のかわりに，みずからの提唱する「情報のなわ張り理論」をもちいることを提唱する (ibidem, pp.219-220). ある文型による発言が適当であるとみなされるのは，話し手が「じゅうぶんな証拠」をもっているからではなく，なわ張りの原則にしたがっている (すなわち,「私は1942年の9月29日生まれです」の例に関していえば,「話し手のなわ張り内の情報は，直接形であらわす」ということ) からであるとする．

しかしながら，これまでに見てきた神尾 (1990) による批判は，証拠性の概念に対する批判としては適切ではないと思われる[13]．というのも，証拠性の概念は，なんらGrice (1975) のいう「証拠」の概念にはもとづいていないからである．証拠性は，すくなくともJakobsonによってはじめに概念化された形では，すでにみたように，ひろい意味で発話内容をささえうるさまざまな根拠，ないしは手がかりを対象としていたのであり，そこに想定されていたのは，発話内容を「証拠だてる＝証明する (prouver)」ような厳密な関係だけではなかったことは明らかである．

しかも，「情報のなわ張り理論」には，決定的な問題点がある．「直接形」対「間接形」という2分法は，いくつもの間接形のあいだに存在する違い — 場合によっては，直接形と間接形のあいだの違いとおなじくらいはっきりとした違い — を，まったく説明することができないということである．

たとえば，神尾があげているいくつかの日本語のマーカーがふくまれている，つぎの例を見てみよう．

　彼女，うれしそうな顔をしている．合格したらしい / ようだ / *だろう / *かもしれない．(三宅 1994, p.26)

---

[13] ついでながら，神尾は,「山田さん，北海道に行ったらしいよ」(ibidem, p.219) のような間接形の発話がゆるされること自体が，上記の「質の公準」のbへの「明らかな反例」(idem) であるとしてGriceを批判しているが，この批判はまったく不当である．なぜなら，Griceの「質の公準」が対象としているのは，発話全体の適切さであって，命題内容だけを問題としているのではないからである．したがって，問題となる文は，「質の公準」の反例になるどころか，正反対に，まさしく「質の公準」を遵守するためにこそ，定言的断定を回避し，「らしい」を付加しているというべきである．

このなかで，ラシイ，ヨウダ，ダロウ，カモシレナイという4つの表現は，いずれも間接形を構成しているにもかかわらず，容認可能性の点でまったくちがっている．ここで，これらのマーカーごとに，なわ張りの関係が変わっているということはまったく不当である．いずれも同じ文脈におかれており，問題となる情報が話し手のなわ張りの外に位置することは変わらないからである．

1. 4. 4. 三宅 (1994) : 実証的判断

これまでに見てきた日本における概念化は，明確に反論している神尾(1990)を別にすると，証拠性の概念に関しては，せいぜい関連を示唆する程度であった．三宅(1994)が，ほとんどはじめて証拠性の概念を日本語の現象を記述するのに取りいれたといってよい．しかし，三宅も，「証拠性」という用語を直接には採用していない．「証拠性」に相当するカテゴリーに対しては，みずからあみ出した「実証的判断」という用語をもちいている．この「実証的判断」はまた，彼の体系では，認識的モダリティのなかに，その下位クラスのうちのひとつとして組みいれられている．以下，三宅(1994)における認識的モダリティについて，およびその下位クラスについて見てゆくことにしたい．

まず，「認識的モダリティ」とは，「命題の真偽に関する話し手の認識を示す意味成分」(ibidem, p.20) であり，その下位クラスはつぎのように規定される．

——「推量」は，「話し手の想像の中で命題を真であると認識する」(ibidem, p.25)ことを意味する．それをあらわす形式としては，ダロウ，マイ (，ウ，ヨウ) がある．

——「可能性判断」は，「命題が真である可能性があると認識する」(idem) ことである．これをあらわす形式としては，カモシレナイが該当する．

——「確信的判断」は，「命題が真であると確信する」(idem) ことである．これをあらわす形式には，ニチガイナイ，ハズダがある．

——「実証的判断」は，「命題が真であるための証拠があると認識する」(idem) ことである．これをあらわす形式としては，ラシイ，ヨウダ，ミタイダ，ソウダ，トイウが該当する．

さっそく，いくつかのことが指摘できる．第1に，三宅は，みずからのあみ出したカテゴリーを，日本語学の領域においてはほとんどはじめて，明確に証拠性と同一視したということである．

「命題の真偽を話し手の思考の中で直接判断するのではなく，命題の真偽に関する証拠の存在を認識するという点が実証的判断の特徴である．命題の真偽

第1章　先行研究における証拠性の概念化

と話し手との関係を考えてみると，実証的判断はその関係が上のような意味で間接的であるといえる．この点について認識的モダリティにおけるその他の類型とは，たとえ命題の真偽が不確実なものであっても，その関係はすべて直接的である．実証的判断が表わされる形式は，話し手と情報の関係が間接的であることを有標的に示すマーカーであると考えられる．これはまさに evidentiality であると考えられる」(idem)

　第2に，「実証的判断」は，あくまでも意味論的カテゴリーであるということである．著者自身も，つぎのようにいっている．

　「本稿における認識的モダリティとはあくまでも意味論的な範疇であった．したがって，認識的モダリティの下位範疇相互の類別も，当然ながら意味的な特性にもとづくものでなければならない．これは例えば疑問化の当否，否定化の当否，テンスの分化，相互承接などの統語的な規準は採用しないことを意味する」(ibidem, p.25)

　この論述は，従来，形式に関するカテゴリーと，意味論的カテゴリーとがしばしば峻別されないでいた日本語学の研究[14]に対して，意味論的レヴェルの自律性を宣言したものと解することができる．このことはたいへん意義のあることであると思われる．ただし，そのようにして「意味論的に」たてられた実証的判断のカテゴリーに，一連のマーカーを直接むすびつけることには問題はないのか，また，疑問化，否定化，テンスの分化などの特性を，関与的ではないとして排除しているが，それらの事象は，「意味論的ではない」とは言いきれないのではないかという疑義はのこる．

　最後に，第3に指摘できることは，——これがもっとも重要なことであると思われるが——三宅 (1994) の概念化は，従来の証拠性の標準的な概念化とくらべると，かなり発展させられたものであるということである．それは，実証的判断を，(命題と証拠とのあいだの) 関係としてとらえているという点においてである．この点は，上記でみた実証的判断の定義のなかに直接にはあらわれていないが，さらに先でつぎのように書かれている．

　「実証的判断の特性は，命題が真であるための証拠の存在を有標的に示すということに求められた．これはなんらかの意味において，証拠と命題と結びつ

---

14 この点についての批判は，中右 (1994, p.9) を参照．

けるものであると言いかえることができる」(ibidem, p.24)

　ここでは,「証拠」のなかに内在的に書きこまれている, いわば原子的な性質(情報の源泉や, その信頼性など) ではなく, 発話者による関係づけの操作に重点が移っているのである. たしかに, それ以前の日本語学における概念化にも, 森山 (1989) の状況把握の概念が,「判断の根拠づけの関係」(ibidem, p.79) とされているなど, 関係的な観点がなかったわけではないが, 体系的に関係性がとり入れられていたわけではなかった.

　この点において,「実証的判断」は, Hagège (1995 a) によるメディアフォールの概念化や, Jacquesson (1996) によるメディアティフの概念化が, 照応との関連づけをおこなっていたことと類似しているといえる (1.3.5, 1.3.6 節を参照).

1.5. まとめ

　これまで先行研究をそれぞれ概観し, 比較しながら検討してきたことをふまえて, ここで, 先行の概念化の継承関係と, それらに対する評価を簡単にまとめておくことにしよう.

　(1) アメリカの記述言語学の潮流のなかでうまれた概念である証拠性は, おもに南北アメリカ大陸の先住民族の言語で, 証拠性をあらわす形態論的なマーカーの, じゅうぶん明確に画定されたパラダイム (とくに, 動詞の接尾辞) をもつ言語に関する研究を基盤として練りあげられた. そのため, この潮流のなかでは, 証拠性の概念の定義が深刻な問題になるようなことはほとんどなく, 実際の研究においても, 一般的に, あまり明確な定義は与えられないままであった.

　存在する概念化はたいへんな多様性を示すが, 最大公約数は,「情報源はなにか」ということと,「情報の信頼性はどれほどか」というふたつの点に集約されるものである (cf. Chafe et Nichols, éds, 1986). このようなしかたで証拠性のカテゴリーを概念化することは, 結局, それらふたつの規準が, あたかも, あらゆる発話行為に先だって, いわば情報に内在する原子的な性質のようにあらかじめ存在するかのように (暗黙のうちに) 仮定することになっていたと思われる.

　(2) 証拠性の概念は, Co Vet によって1988年にフランス語学の領域へと体系

第1章　先行研究における証拠性の概念化

的に導入された．それは，Chafe と Nichols による，「情報源とその信頼性」という比較的単純な定式化を紹介することによってであった．

しかし，さしあたりの適用対象はフランス語であったので，不可避的に，なにがフランス語における証拠性マーカーなのかを画定しうるような概念規定をととのえる必要があった．その作業の延長線上で，さまざまな点でアメリカ系の概念化とはことなった点もあらわれてきた．

たとえば，Dendale et Tasmowski (1994) は，あらたに「話者による創出」を情報源としてみとめるようになった．そのことにより，「発話行為に先だって，あらかじめ外在する情報源」という，多くの先行の概念化に共通する暗黙の前提をうちやぶる意義があった．

また，Guentchéva (1993, 1994) によるメディアティフの概念によって，フランスにおいても，さまざまな言語におけるこのカテゴリーのあらわれについて研究がすすんだ．メディアティフは，発話者による「懸隔化」を中心とした操作的な概念化であり，さらに一歩，原子的な概念化からふみ出す意義があった．しかし，この概念をもちいたいくつもの研究 (cf. Guentchéva, éd, 1996) のあいだでは，メディアティフの定義と，その適用方法に関してかなり大きな相違がみとめられる．

さらに，Hagège (1995 a) と Jacquesson (1996) によって，あらたな発展がもたらされた．彼らは，情報源の「原子的」な概念をより明確にしりぞけ，関係的な視点へと移行した．そして，メディアフォール (Hagège) やメディアティフ (Jacquesson) を，言語内照応のひとつの特殊ケースとして位置づけることになった．

(3) 日本語学や日本の言語学においては，アメリカでの証拠性の概念の存在が知られていなかったわけではないが，むしろそれからは独立して，いくつかの独特の概念を発展させてきた．それらの概念の背後には，国語学の伝統 (陳述論など) からの影響と，日本語という個別言語の特性からの影響がかいま見える．「概言」などの，証拠性に近い概念は，助動詞のいくつかの特定の形式と関連づけられている．(寺村 (1984)，森山 (1989)，益岡・田窪 (1989))．しかし，三宅 (1994) は，意味論的側面を深化させ，発話者による関係づけという次元に重点をおくにいたった．

以上のように研究史を通覧してくると，だいたい，形態論から出発して，発話行為の観点へとむかって進展してきたということがわかる．フランスにおける最近の概念化 (Hagège (1995 a)，Jacquesson (1996)) と，日本における最近の概念化 (三宅 (1994)) とは，概略的にはいずれも，「発話内容と，その根拠とのあ

51

いだの関係づけ」という着想にもとづいており，それら相互に理論的影響がなかっただけに，たいへん興味ぶかい「偶然の一致」がみとめられる．しかし，それが真に「偶然の」一致であったといってしまうのは，おそらく不適切である．相互に理論的影響のなかった両者がおなじ方向性に向かったということは，むしろ証拠性研究の進展における，一定の必然性こそを示していると考えられる．すなわち，発話行為から独立して，「情報源」や，その「信頼性」が外在するという仮定が，実はあまり根拠のないものであったからこそ，その限界をふまえて関係性としての考えかたへと移行してきたと考えられるのである．この点は，次章で本論文としての概念化を提唱するときにも考慮にいれるべき点としておさえておきたい．

第2章

証拠性の新しい概念化と接近法

2.1. はじめに

　前章では，いくつかの先行研究を検討してくることによって，証拠性や，それに類するカテゴリーに関する先行の概念化が，大きな多様性を呈しており，その多様性は，たんなる表記上のヴァリアントに帰することはできないということが明らかになったと思われる．そのことからも，問題となるカテゴリーを，どのように名ざし，どのように定義するかということには，決定的な重要性があるといってよいであろう．そこで本章では，本書独自の概念化を提示してゆくことにしたい．

　本章の次節以降の構成は，つぎにしめすとおりである．
2.2.　「証拠性」という総称語の採用
2.3.　証拠性の新しい概念化
2.4.　証拠性とモダリティ
2.5.　マーカー研究の基盤と指針

　まず，2.2節で，術語として「証拠性」を採用することをさだめる．そして2.3節では，判断の「根拠」が先験的ではないという事実に注目したうえで，証拠性を新たなしかたで規定することにする．2.4節では，対応する言語表現の点でも証拠性とかなり重なりあう，密接な隣接領域であるモダリティについて規定するとともに，それらふたつのカテゴリー相互の関係についても論ずる．2.5節では，本書でいくつかのマーカーを直接の研究対象とすることを正当化するとともに，第2部でマーカー研究をすすめてゆくための基盤と指針を整備しておくことにしたい．

2.2.「証拠性」という総称語の採用

　本書では，総称的な呼称として，「証拠性 (évidentialité)」という術語を採用することとする．「証拠性」を採用するのは，既存のほかの用語と比較し，消

去法の手つづきをふむことによってである.なぜそのほかの呼称がのぞましくないかについては,すでに,前章において諸説を検討するなかで,問題点を指摘してきた.したがってここでは,おもな問題点だけを簡単にふりかえるにとどめる.

　第1に,直接経験という(下位)カテゴリーも,情報の獲得,あるいは発話内容の根拠のひとつの類型としてふくまれるにもかかわらず,これを無標の場合として排除しているもの(メディアティフ,メディアフォールなど)は好ましくない.

　第2に,逆に直接経験しかふくまれないかのような誤解をあたえる用語(証言性)も,のぞましくない.

　第3に,おどろきの価値のような,ほかの価値とは異質な派生的価値を包含しているもの(メディアティフ)も好ましくない.

　第4に,モダリティのなかへと包含される形で概念化され,モダリティ論と不分明になってしまうような体系(概言,実証的判断など)をあらかじめ取りいれることもさけたい[1].

　以上の点はいずれも,用語の選択という問題のみにかかわるのではなく,その背後に想定される概念化の問題としてとらえるべきものである.たとえば,Palmer (1986) のように,証拠性という用語を採用しながらも,それを認識的モダリティの下位類型のひとつとしているものは,第4の問題にかかわっている.

　ここでしりぞけた,メディアティフなどのほかの用語とちがって,「証拠性」は,もっともひろくゆきわたっており,また,アメリカの記述言語学の潮流から出てきていることもあって,特定の言語理論の流派へと研究を誘導することもない.したがって,本書では,内容的にはどの既存の研究にも直接依拠することなく,自由に「証拠性」という呼称を採用することにする.

2.3. 証拠性の新しい概念化

2.3.1. 発話の「根拠」は先験的ではない

　本論文独自の証拠性の規定を提示するまえに,その前提として,証拠性マーカーのひとつの重要な特性について考察しておく必要がある.その特性とは,ある証拠性マーカーが,情報の「源泉」,あるいは発話内容の「根拠」の点で,

---

[1] 証拠性とモダリティの関係については,のちに 2.4.2 節で論ずる.

統一的なあつかいに適合しない場合がある,ということである.

曽我 (1996, pp.335-337) は,il me semble という表現のもつ「談話的な効果」の一部として,「謙虚さを示す」ことと,「皮肉を言う」ということをあげ,その例として,以下のような例文をあげている.

謙虚さを示す

(1) A: Entre Tokyo et Osaka il y a une grande ville qui s'appelle Nagano.
    B: **Il me semble** que c'est Nagoya. (ibidem, p.335)

(2) A: La guerre s'est terminé en 46.
    B: **Il me semble** qu'elle s'est terminé en 45. (idem)

皮肉を言う

(3) [母親が,目のまえで花瓶をこわした息子にいう]
    Il me semble que tu as fait une bêtise. (ibidem, p.336)

(4) [客が,目のまえで新製品のデモンストレーションに失敗したセールスマンにいう]
    Il me semble que votre nouveau modèle est tombé en panne. (idem)

(1) と (2) の例では,発話者 B は,対話者 A の誤りを訂正するときに,たとえ自分が完全に正しいと思っていても,「自信に満ちた口調で断定するのではなく,相手の面子を傷つけないように謙虚な言い方をしている」(ibidem, p.335)[2]. (3) と (4) においても,発話者は同様に,命題を真と確信しており,また,「相手も同じように判断していると考えている.そして,皮肉をこめた発言をしようとしている」(ibidem, p.336).

(1),(2) に類する,語調緩和の表現としての il me semble は,実例も多く観察される.つぎのような例がそれに該当するであろう.

(5) — Monsieur le secrétaire, **il me semble que** M. Gayaud avait dit, il y a un an : «Aucun sport n'est vraiment contre-indiqué... »

(A. Blondin, *Ma vie entre les lignes*, p.277)

---

[2] ただし,(1),(2) はやや人工的で不自然だという母語話者の指摘もあった.とくにこのような対話文脈で,直前の発話に反応するような場合には,むしろ,«Ça ne serait pas Nagoya?» のように,条件法をもちいた発話のほうが自然であるとのことである.しかし,のちにみるように,婉曲的な発話文中で il me semble が生起するということ自体は,実例も観察されるので,ここでは il me semble が語調緩和にもちいられうるということのみに着目して論をすすめる.

第1部　前提と方法論

　(5) では，もちろん，1年まえのことで，発話者の記憶がやや不確かになっているという解釈も完全には排除できないものの，どちらかというと，「ゲヨー氏は，1年まえ，『スポーツならなんでも，身体に悪くはない』とおっしゃっていたと思うのですが...」というように，発話者としては確信していることであっても，あえてその語調を緩和して，ひかえ目ないいかたをしていると見るほうが自然であろう．それはすなわち，対話者間の衝突をまねくおそれのある峻厳なスタイルの反駁を回避するという，発話上の方略 (stratégie énonciative) である．
　もうひとつの収集例をみよう．

(6) **Natacha**. Je m'appelle Natacha.
　　Jeanne. Et moi Jeanne, je suis une amie de Corinne.
　　Natacha. Corinne ? Je ne vois pas.
　　Jeanne. Nous sommes pourtant chez elle **il me semble**.
　　Natacha. Ah oui ! Moi, je ne connais personne ici.

(E. Rohmer : *Conte de printemps,* p.14)

　この例は，まえの例よりいっそうはっきりと，確かな事実であるが語調を緩和しているという特徴があらわれている．ジャンヌは，ここはコリーヌの家であるということを完全に知っており，もちろん確信しているのであるが，そのうえで，ナターシャに対する反駁がむき出しの粗暴さにならないよう，「ここはコリーヌの家だと思うんだけど」というように，語調を緩和して言っているのである．
　(1) から (6) のいずれの場合も，命題内容は，発話者にとって完全に確かなものであって，その点では，il me semble というマーカーをもちいずに，たんなる直説法現在で言ってしまうこともできたはずである．さらに，(3) —— (6) の例では，命題内容は直接経験によって得られたものであるといってもよい．ところが一方で，かりに簡便のために Dendale et Tasmowski (1994) の「直接経験・推論・伝聞」という3分法によるならば，il me semble は基本的に推論による情報獲得ないし創出を標示するということになるであろう．これでは il me semble の分析はゆきづまってしまう．このような不都合な点にかんがみると，それぞれの証拠性マーカーが，ひとつの情報源 (あるいは，発話内容をささえるひとつのタイプの根拠) をさし示しているという分析には，信頼性がとぼしいということになる．マーカーを情報源に対応づけるかたちでの証拠性の概念化は，結局，il me semble のようなマーカーの分析を，不可避的に分裂させる

56

ことになり，アド・ホックに，場合によってことなる機能を認定せざるを得なくなる．そのような方法では，マーカー自体の機能を総体的に理解することはできなくなるので，証拠性マーカーの表示内容を，したがって証拠性のカテゴリーを，情報源の特定のタイプに直接対応させるかたちでの概念化は，受けいれることはできないと考える．

この節でみてきた例から考えると，実際の言語活動では，発話者は，自身の発話文の内容が，どのような根拠にもとづいているのかを，かなり自由に決定し，標示しているように思われる (ここで，「どのような根拠にもとづいているのか」というのは，ひろい意味で言っており，「どのタイプの根拠であるか」ということも，「いかほどの確信度を保証してくれる根拠であるか」ということもふくんでいる)．とりわけ，発話行為にさきだって，発話行為から独立して，発話内容の根拠はあらかじめ外在しているかのような，先行研究のなかにしばしば見られた (多くの場合，暗黙の) 前提をしりぞけることが重要であると思われる．むしろ，発話文への根拠の付与という操作は，発話者が，発話時点において，発話行為そのものをとおして果たす関係づけなのであって，その操作がなければ，いかなる根拠もアプリオリには与えられていないと考えるほうがはるかに適切であろう．

ここで誤解をさけるためにいうと，もちろん，ある発話文の根拠が，言語外の事象として，時間的に発話にさきだっていることは，現象としてはごく普通のことである．しかし，その場合，根拠はじっさいに特定の発話文の内容を支持するものとして扱われてはじめて根拠となるのであり，やはり発話行為による関係づけがなければ，根拠たりうる事実も，たんなる事実にとどまるのである．

次の2.3.2節では，以上で確認してきた，発話内容の根拠の非先験性をふまえて，新たな証拠性の概念化を提案することにしたい．

2.3.2. 発話行為による関係づけとしての証拠性

本書の提唱する証拠性の定義は，下記にしめすものである．

(7) 証拠性の定義
証拠性とは，
(i) 発話文の内容をささえる根拠の存在 (の領域) を画定し，
(ii) その根拠と発話文との関係を質的に限定することにより，
(iii) 発話文に談話・会話における適切な地位を付与する

第1部　前提と方法論

という3つの過程からなる複合的な発話操作である．

　これらの操作は，発話時点において，発話行為そのものによって果たされる．

　このように定義すれば，証拠性は，もはや「情報」や「源泉」に内在すると考えられるような性質ではなくなる．「情報源」にかかわる問題ではあるとしても，それは，発話行為に先だってあらかじめ与えられたなんらかの性質ではなく，発話文の根拠を構築し，関係づける操作の結果として「情報源」と解釈されるものである．すなわち，「情報源」の前もっての存在から出発して発話がなされるのではなく，逆に，発話行為から出発してそれを根拠づける動きとして証拠性をとらえるのである．

　たとえ，(7)-(i) が結果的には先行の概念化における「情報源」の分類にほぼ対応するものであるとしても，そしてその「情報源」の分類が，概略的には Dendale et Tasmowski (1994) の「直接経験・推論・伝聞」という3分法にもつながるものであるとしても[3]，本論文における概念化は，「根拠の与えかた (mode de donation du fondement)」を対象とするものであるという違いは依然としてある．たとえば，前節でみたような証拠性マーカーの用法においては，発話者は，みずからの発話文の内容を，ある意味では，あたかも推論によっているかのように提示しているのである[4]．したがって，証拠性マーカーの機能は，あらかじめ外在する「源泉」をうけなおしてさし示すことではなく，むしろその場で根拠のタイプを分節し，ひいては根拠そのものをも構築することなのである．

　しかも，(7)-(ii) は，従来の標準的な証拠性の概念化にくらべて，根本的な改変をしめしている．それは，「関係づけ」という視点を導入したことである．全体的に，(7) の定義は，関係的で，操作的で，発話的な考えかたによるものであり，あくまでも発話者が，みずからの発話文を，発話時点において，しかも発話行為自体を通して，根拠へと関係づけるとするものである．

　こうした関係的な考えかたの利点は，それぞれの証拠性マーカーの機能を，

---

[3] 実際には，(7) - (i) を画定するしかたは，Dendale et Tasmowski (1994) の3分法へと帰着させられるほどには単純ではないと思われる．むしろ、マーカーごとに，(7) - (i) ～ (iii) のそれぞれで，どのような切りとりかたをするかが異なっていると考えるほうが妥当である．前節でみた il me semble のように，3分法でいえば複数の区分の標示を兼務するマーカーが存在することは，その対立軸が関与的でないことを示しているように思われる．したがって，本論文において，たとえば「推論マーカー」のようにいう場合は，便宜的な言及であるに過ぎず，次章以降でマーカーごとに記述を深化することをめざすことになる．

[4] これはもちろん，おおざっぱな言いかたであり，詳細については第3章における il semble，および sembler の分析のなかであきらかにする．

第2章 証拠性の新しい概念化と接近法

たとえば前節でみたような主体間の関係にかかわるような用法までふくめて，包括的にとらえることができるということだけでなく，証拠性マーカーが，どのように発話文とその根拠との関係を特徴づけているのかという部分に，新たな光をあてることができ，証拠性マーカーをより細密に記述し，詳細に理解することができることにもある．次章以降におけるマーカー研究で，その作業をすすめてゆく予定である．

つぎに，証拠性マーカーの定義をしめしておこう．

(8) 証拠性マーカーの定義

証拠性マーカーとは，上記 (7)-(i)～(iii) で定義された複合的操作のひとつのしかたを示す，あらゆる言語的表現のことをいう．

この定義について，以下，敷衍して説明してゆこう．

いうまでもなく，このように独立した定義をたてるということは，機能 (証拠性) と形式 (証拠性マーカー) とを峻別することを意味する．

(8) によって定義された証拠性マーカーの集合の成員をもとめるなら，視野にはいってくるのは，(7) によって概念的に定義された証拠性のカテゴリーを標示するあらゆる言語表現であるということになる．すなわち，ここでは，証拠性マーカーの集合を，開かれたクラスとして考えるということである．たとえば，フランス語におけるいわゆる伝聞をあらわす表現を考えるとするなら，

(9) il dit que, il me disait que, on dit que, on disait que, on m'a dit que, on affirme que, on prétend que, il paraît que, j'ai appris que, j'ai entendu dire, j'ai entendu parler...

など，一部を枚挙してみるだけでも尽くしがたい表現の多様性がある．これらの表現の呈する多様性，そしてある程度の生産性にかんがみると，原理的にいって，証拠性マーカーの閉じたリストをつくることはできないということが理解できるであろう．ところが，方法論的に，こうしたカテゴリーに属するマーカーを，その無限の変異に配慮しながら研究することは，きわめて困難なことである．したがって，研究対象となるべき具体的なマーカーをどのようにして画定するかという問題が，重要性を帯びるようになる．このことについては，のちに 2.5 節で，マーカー研究の方法もふくめて議論することにしたい．

2.4. 証拠性とモダリティ

　前章において検討した多くの先行研究のなかでも焦点になっていたことのひとつでもあるが，証拠性を概念化するとき，証拠性と密接に隣接する (あるいは研究者によっては，証拠性を包含する) カテゴリーである，モダリティとの関係を，どのように規定するかを明らかにしておくことは，この領域の研究にとってきわめて重要なことであると思われる．じっさい，多くの先行研究で証拠性とモダリティの関係が論じられているものの，それらの先行研究のあいだでは，その問題に関してはまったく意見の一致がなく，正反対の結論が対立している状況である．

　また，たとえば第3章で分析対象とする il semble que... などのように，フランス語には，証拠性とモダリティの標示を兼務していると考えられるマーカーも少なくない．それもふくめて，本書の第2部では，おのおののマーカー研究の過程において，いやおうなくモダリティに関しても論じなければならない局面もいくつも出てくることになるので，ここでは，まず，2.4.1 節で，モダリティの定義をしめし，その (下位) 類型について考察する．そのうえで，2.4.2 節で，証拠性とモダリティとの関係について検討してゆくことにする．

　なお，モダリティ以外にも，証拠性と隣接的関係にあると思われるカテゴリーや領域は，隠喩 (métaphore)，近似表現 (approximatif)，留保表現 (clôture)，論証 (argumentation) など，ほかにもいくつもあると考えられるが，ここでは，証拠性そのものを規定しようとする段階ですでに問題となるモダリティについてのみ論ずることとする．そのほかに関連するカテゴリーや領域のいくつかについては，各論の過程で明らかになってくることもあるので，第2部での議論をふまえて，のちに第8章で論ずることにする．

2.4.1. モダリティとその類型

　本書の提唱するモダリティとモダリティ表現の定義は，以下のようなものである．

(10) **モダリティの定義**

　モダリティとは，発話文の内容，または発話行為全体 (ここに発話行為とは，発話文と，それを言語外世界において実現する「発語行為」との総体をいう) に関して，発話者によって与えられるあらゆる判断 (蓋然性の査定，善悪の評価など) のことをいう．

(11) **モダリティ表現の定義**
　モダリティ表現とは，上記で定義されたモダリティを示すあらゆる言語的表現のことをいう．

　以上からもわかるように，モダリティも，証拠性と同様，概念的なしかたで規定されるものであり，それにしたがってさだまるモダリティ表現の集合は，原理的に，開いたクラスをなす．ここでしめされているモダリティの規定それ自体は，多くの先行研究において，ほぼ一致してみとめられているものであり，ほとんど問題はないものと思われる．しかし，その内部で，どのようなものをふくんでいると考えるかについては，以下で論じておきたい．
　以下では，モダリティのカテゴリー内部に想定する，(下位) 類型について検討しておくことにする．この点は，たんなる「モダリティ」という名のもとに，あまりにも異質な要素を混在させてしまわないためにも，おさえておくべき点であると思われる．モダリティに関しては，おびただしい先行研究があり，そのなかには，「欲求的モダリティ (modalité boulestique)」など，かなり周辺的なものをもひろくふくむ概念化もあるが，ここでは逆に，ある程度のコンセンサスのある，中心的な部分をあつかうことにすると，すくなくとも，つぎの (12)-(i)〜(iii) のような類型を区別するべきであると考えられる (したがって，(12) は，(10) で規定したモダリティの全体を網羅するものではない)．各項2行めに4つずつしめしたのは，論理矩形 (carré logique) にならったひとつの典型である．

(12) **モダリティのおもな類型** [5]
　(i)　存在的モダリティ (modalité ontique) [6]
　　　/ nécessaire /, / possible /, / impossible /, / contingent /
　(ii)　認識的モダリティ (modalité épistémique)
　　　/ certain /, / probable /, / exclu /, / contestable /

---

[5] モダリティの類型論については，Gardies (1983), Culioli (1985), Cervoni (1987), Le Querler (1996) などが参考になる．これらは，それぞれに本書とはことなる分類を提唱しているが，本文中に引用した部分にかぎって参考にした．

[6] ここにいう存在的モダリティにほぼ対応するものを，フランス語では「真理的モダリティ (modalité aléthique)」と呼ぶことが多い (Cervoni 1987, p.74 など)．しかし，この用語は，Gardies (1983, pp.13 et 22) もいうように，このモダリティ以外は真理とは関係しないかのような誤解を生むので，あまりこのましくない．そのため，Gardies が代案として提唱し，Le Querler (1996) も採用している「存在的モダリティ (modalité ontique)」(ontique はギリシア語 εἶναι («être») の現在分詞 ὄυτος に由来する) という用語をとりいれた．

(iii) 拘束的モダリティ (modalité déontique)
 / obligatoire /, / permis /, / défendu /, / facultatif /

　モダリティはすべて，発話文の内容や，発話行為をめぐっての，発話者 (場合によっては，発話者にくわえて，それ以外の主体) によるなんらかの作用から出てくるものであるが，その作用がどのようなかたちであるか，そして，その作用のあとに出てくる結果がどのようなものであるかによって，(12) としてしめした3つの類型をわけることができる．それぞれの定義は，つぎにしめすとおりである．

　存在的モダリティと認識的モダリティは，いずれも，発話者と命題内容とのあいだの関係 («rapport entre le sujet énonciateur et le contenu propositionnel», Le Querler 1996, p.63) から生ずるものである．その関係とは，よりくわしくいえば，発話者が命題内容へと判断という作用をおよぼすことから生ずるものである．しかし，両者がことなる点は，その関係がとりむすばれた結果，判断対象たる命題のがわに付与される性質が存在的モダリティであり，そうではなくて発話者のがわに生じる態度が認識的モダリティである，ということである．

　拘束的モダリティは，発話文の内容に対する判断をめぐる，発話者とそれ以外の主体 (多くの場合は対話者) とのあいだの関係に対応するモダリティである．Le Querler (1996) のことばを借りていうならば，«rapport établi entre le sujet énonciateur et un autre sujet, à propos du contenu propositionnel» (ibidem, p.63) であり，«modalité intersubjective» (idem) である．ここでいう主体間の関係は，発話者が所与の命題を義務などとして対話者に課する発語内的行為 acte illocutoire である場合もあれば，発話者が倫理的・道徳的判断をするときに，発話者の属する社会ないし共同体の集団的・汎称的審級 (Kronning 1996, p.41 のいう «衆の声 vox publica») とむすびつくことによってなりたつ場合もある．いずれの場合にしても，発話者と，なんらかの他者との関係によって生ずるモダリティであることは共通している．

　ところで，存在的モダリティの場合，命題に対する性質の付与は，発話者のみならず，(こんどは発話者と一体化するかぎりでの) 発話者の属する社会ないし共同体の集団的・汎称的審級によってなされていることもあり，結果として，あたかも判断対象のことがらに固有の性質であるかのごとく，共通知としてほぼ了解 (あるいは，あえていえば，「錯覚」) されている場合もある．そのことに関して，ここで，土屋 (1999) の紹介する哲学的・論理学的背景をみておきたい．

　「もっとも典型的には，ものの存在，性質，関係はさまざまな様相をもって

第2章　証拠性の新しい概念化と接近法

いる．たとえば，地球が金星のすぐ外側の軌道をまわっていることは，偶然的なことであるが，その軌道が楕円であることは物理的には必然的なことである．今自分がここにいるということは，ほかにどうしようもないという意味では必然的なことであるが，別の場所にいることは可能なので，偶然的でもあると考えられる．ここでは，そのことがほんとうに必然的なのか，可能的なのか，あるいは偶然的なのかという問題にはこだわらずに，ともかく，ものの存在，性質，関係が，必然性，可能性，偶然性などの様相をもつことを確認しておこう．[中略] あるいは，真であったり，偽であったりするという命題の性質も様相を持つ．「7は9よりちいさい」という命題は必然的に真であるし，「東京は日本の首都である」という命題は偶然に偽でありえる．[中略]「虹は七色からなる」という命題はおそらく必然的に真であろう．もちろん，「白鳥は白い」という命題のように時代によって必然的真理から経験的虚偽に分類が変更になるものもある．」(ibidem, pp.85-86)

　ここにあげられている例をみると，あたかも判断対象そのものが，主体の判断を待つまでもなく，固有の性質としてモダリティをもっているかのように感じられる．これは，さきに述べた主体と判断対象とのあいだの関係からいうと，あくまでも擬制的な理解であって，集団的審級といえども，なんらかの主体(による判断) が介在しないかぎり，対象がひとりでに性質をおびるということはありえない．科学的法則など，自然界の摂理・秩序のように了解される命題でさえ，そのようなものとしての判断がくだされてはじめて，存在的モダリティをもつにいたるのである．しかし，それをふまえたうえでいうと，結果的には判断対象自体のがわに付与される性質であるということが，存在的モダリティの重要な特性であると思われる．

　こうした存在的モダリティを，哲学・論理学の文脈ではなく，本書のような言語学的な研究でとりあげることに対しては，反論が予想される．実際，Palmer (1986, pp.11-12) は，文法的相違に反映するものとして重要なのは，拘束的モダリティと認識的モダリティとのふたつのあいだの区別だけであるといっている．しかし，Palmer のおこなっているモダリティの類型の区別は，たとえば英語のmust に関しても，用法ごとにことなるモダリティをあらわしているという扱いかたによるものであり，ひとつのマーカーがその本質的機能の位相でいかなるモダリティを標示しているのかを統一的に見さだめようとする (それが，のちに，本書におけるマーカー研究で追求する目標なのであるが) ための区別ではないので，当然ながら，適切な類型のたてかたもことなってくると

63

考えられる．存在的モダリティを認めることは，たとえば第6章であつかう devoir の本質的機能について理解するうえでも有効な道具だてになると考えている．この点についてはさらに，6.4.1 節やそれ以降でも論ずることになる．また，本書におけるマーカー研究の指針と，本質的機能という考えかたについては，2.5 節で提示する．

2.4.2. 証拠性とモダリティとの関係

証拠性とモダリティとが隣接的な関係にあるということは，一致してみとめられていることであるが，それではその関係が，より具体的にどのようなものであるのかという点に関しては，先行研究においても意見がわかれている．まえの章でみたように，つぎのような扱いがある．

(i) 証拠性がモダリティに下位類として包摂されるという考えかた．すでにみたなかでは，たとえば 1.2.6 節でみた Palmer (1986) の論がこれにあたる．Palmer は認識的モダリティの下位類に証拠性をいれていたが，それは発話者の関与という点に重要性をおくことからくる帰結であると考えられる．また，日本における寺村 (1984) の「概言」，三宅 (1994) の「実証的判断」といった，証拠性に相当するカテゴリーも，認識的モダリティの下位類として構想されており，Palmer による概念化に類するといえる．

(ii) モダリティが証拠性にふくまれるという考えかた．たとえば，1.2.3 節でみた Mithun (1986) は，文字どおり「モダリティが証拠性にふくまれる」と言明してはいないものの，たいへん広義の証拠性を概念化することにより，「蓋然性」など，一般的には認識的モダリティとされているものをも，ひろくふくむカテゴリーになっている．

(iii) 証拠性とモダリティとは別個のカテゴリーであるとする考えかた．たとえば，Dendale et Tasmowski (1994) は，第1章でみたように，つぎのようにいっている．

«Il nous semble qu'on ne peut que gagner en clarté si l'on oppose, plutôt qu'on n'intègre, les concepts de modalité et d'évidentialité et qu'on réserve le terme de modalité à l'expression de l'attitude du locuteur et celui d'évidentialité à l'expression du mode de création et / ou de récolte de l'information [...]» (ibidem, p.4)

また，Guentchéva (1994) のメディアティフの概念化なども，モダリティとは別のカテゴリーとして扱う仮定であるという点で，この類にかぞえることがで

第2章 証拠性の新しい概念化と接近法

きる.

(iii)' 証拠性とモダリティの関係という問題を，これら3つの考えかたとはことなった次元においてもとらえようとしているのが，Nuyts (1993) である．Nuyts は，証拠性とモダリティはことなるカテゴリーとはしているものの，発話の階層的構造のなかでそれぞれのカテゴリーが機能する作用域の問題としては，つぎの引用にみるように，証拠性の作用域が，(認識的，拘束的) モダリティの作用域を包摂するものであり，よりひろいといっている．

«Given that this category [=category of evidentiality] semantically affects (has scope over) the epistemic qualification, it is clearly higher in the hierarchy than the latter.»

(ibidem, p.959)

本書のとる立場は，(iii) に類するものである．すなわち，証拠性とモダリティは，カテゴリーとしては別のものであると考える．そしてそれらのあいだ相違は，これまでの論述からもすでに明らかなように，モダリティは発話行為，発話文やその内容を直接対象とするのに対して，証拠性は，発話やその内容を直接対象とするのではなく，発話内容の根拠や，さらにはその根拠と発話との関係を対象とする，ということである．発話から，外的なもの (との関係) へと対象が移行しているという点において，証拠性のほうが「広く」，「外がわ」から作用するカテゴリーであるということもできる．したがって，(iii)' の Nuyts (1993) の階層モデルも，発話の構造における証拠性とモダリティの位相的関係に関するかぎりでは，正鵠を得ていると思われる．

ただし，概念的に別のものであるとはいっても，証拠性とモダリティとは，関連性があることもたしかである．両者の関連について述べるとすると，つぎのようになると思われる．これらふたつのカテゴリーはいずれも，発話者が，ある発話文を対象化するときに，いやおうなく経由せざるを得ない操作に対応している．すでにのべたように，証拠性の標示とモダリティの標示を兼務するマーカーはすくなくないが，それはこの発話行為を介した関連によるものであり，よりくわしくいうと，いずれもマーカーとしては発話文のなかにありながら，発話自体に関して，自己指示的 (sui-référentiel) に関説し，註釈する機能であるという点において，共通性があるためである．

これらが，さらにくわしく見るとどのような関連にあるか，また，マーカーごとにどちらをより本質的に示しているかということについては，第2部において，それぞれのマーカーに即して考察することにする．

65

第1部　前提と方法論

2.5. マーカー研究の基盤と指針

2.5.1. 証拠性と文法的マーカー

　以上で展開してきた，証拠性のカテゴリーに関する概念的な議論をふまえて，こんどは，より具体的な研究対象をいかに画定するかという問題を考えてみよう．具体的な研究対象とは，もちろん，言語表現として画定された個々のマーカーのことである．

2.5.1.1.　そのことを考えてゆくために，ここで，Hagège (1995 a) の提唱する，「語彙的な表現手続き (procédés d'expression lexicaux)」と「文法的な表現手続き (procédés d'expression grammaticaux)」の区別に関する議論をみておくことは有益であると思われる．Hagège は，より一般的な問題をあつかいながらも，つぎのようにいっている．

　«on ne compare pas des phénomènes vraiment comparables lorsque l'on range sous la même étiquette les procédés lexicaux [...] et les procédés qui relèvent de la grammaire» (ibidem, p.9)

　この指摘はたいへん啓示的ではあるものの，ただちに，文法的な手続きと語彙的な手続きはどのように区別しうるのかという問題が生じる．その問いに，Hagège は，つぎのように，「義務的 (obligatoire)」という特徴によって，文法的なものを区別するとこたえている．

　«la grammaire, c'est ce qui est obligatoire, et c'est en cela, précisément, qu'elle s'oppose au lexique.» (idem)

　«les locuteurs des langue hoka de Californie n'ont guère de possibilité d'échapper à l'obligation d'indiquer par un suffixe la source de leur information ; et de même, en hixharyana (langue caraïbe d'Amazonie) le morphème de connaissance par l'ouï-dire est obligatoire si le locuteur rapporte l'information de seconde main.» (idem)

　しかし，この最後の引用を見て気づくことは，「義務」にもさまざまなものがあるということである．フランス語の場合を例にとってみると，発話者は，たしかに，いかなる場合も，動詞のさまざまな時制，叙法をあらわす形式の範

列から，ひとつの形式をえらぶべきであるという「義務」からのがれることはできない．しかし一方で，多くの場合，ほかのどれでもなく，あるひとつの形だけをえらばないといけないというかたちでの「義務」を課されることはない．たとえば，「伝聞」という価値をあらわすために，かならず条件法をえらばないといけないという「義務」はない．「義務」でないということは，Hagège によると，文法的な手続きではないということになるが，それでは，条件法という手段は，文法に属していないという，きわめて奇妙な結論をみとめなければならなくなってしまう．では，そのような排他的にひとつの形式を選択しないといけないというような「義務」ではなく，なんらかの (任意の) 形式をえらぶ「義務」にすぎないと仮定すればよいのであろうか．それでも不都合は生じると思われる．任意の統辞的位置に生じうる要素を，範列からひとつえらばないといけないということはつねに起きていることであり，語彙的な要素に関しても，その種の「義務」はつねに存在するということになってしまう．このように，「義務的」かどうかという特徴によって文法的手続きを区別しようとすることには (ふたつのタイプの「義務」のいずれにおいても) 不都合があるということになる．

2. 5. 1. 2. しかし，Hagège のいう「文法的」マーカーと「語彙的」マーカーという区別そのものは認められる．そのことをより明確にし，また「文法的」マーカーを認定する手段にもなると考えられるのが，Hopper et Traugott (1993, pp.103-113) の提唱する「文法化 (grammaticalisation)」という概念，とりわけ，「脱範疇化 (decategorisation)」の概念である．

　Hopper と Traugott は，文法化の通時的過程において，意味変化の方向性が固定されているとする「一方向性仮説 (hypothesis of unidirectionality)」を提出しており，その仮説を支持する現象のひとつとして，「脱範疇化」がとりあげられている．脱範疇化とは，名詞や動詞といった「大カテゴリー (major categories)」から，「小カテゴリー (minor categories)」(すなわち機能的辞項，文法的マーカー) へと移行してゆく意味変化のなかで，語が当初有していた名詞や動詞のカテゴリーの特徴を失ってゆく現象のことをいう．そこにいう「特徴」とは，つぎのようなものである．

«In the Indo-European languages, for example, "nouns" are typically identified through properties such as case, number, and gender, and "verbs" through properties such as tense, aspect, and person / number agreement.» (ibidem, p.103)

2.5.1.3. 本書では，フランス語の証拠性マーカーのうち，すぐれて文法的 (機能的) なマーカーと考えられる，非人称表現 il semble que，おなじく il paraît que，準助動詞 (para-auxiliaire)[7] の devoir，そして動詞の条件法を具体的な研究対象としてとりあげることにしたい．これらのマーカーが「文法的手続き」であることは，まさしく，それらのしめす文法化の度合いが高いこと，とりわけ，脱範疇化の度合いが高いことによって保証されていると思われるからである．これらを文法化された，脱範疇化されたマーカーであると考える理由となる現象は，統辞的なもの，形態論的なものなど，多くあると思われるが，そのうち一部をあげてみることにしよう．

— il semble que, il paraît que は，非人称構文を構成している．非人称構文は，3人称・単数形しか存在しないという点で，動詞カテゴリーの特質の喪失，すなわち脱範疇化ととらえられる事象である．それぞれのマーカーをあつかう章でもみるように，時制・叙法の変異も通常よりすくなく，動詞としてはかなり脱範疇化がすすんでいるといえる．

— 条件法 –rais は，ラテン語の迂言的時制形式 –re habebam (すなわち，動詞の不定法 + habere の未完了過去) が，通時的に綜合化 (synthétisation) されて，動詞の語尾にまで切りつめられた形であるという意味で，文法化の極致ともいうべき例である．

— 準助動詞 devoir は，全体としては (すなわち，用法ごとにみられる制約を別にすれば)，上記のふたつでみたような，形態論的な脱範疇化を内部にもってはいない．その点では，上のふたつにくらべると，文法化の度合いは浅いといえる．しかし，たとえば，«Je te **dois** cent francs» におけるような，十全な動詞 (verbe plein) の devoir にくらべた場合，準助動詞の devoir は，主語のほか，直接目的補語，間接目的補語のふたつを項 (argument) としてとるという，動詞カテゴリーとしての特性を失っている．その意味で，やはり脱範疇化は起きて

---

[7] フランス語の規範文法では，助動詞 auxiliaire は，複合時制をつくる場合の avoir, être のふたつしか認めず，本書であつかうような devoir もまた，動詞 verbe のひとつにすぎない．しかし，動詞の不定法を直接後続させるという明確な分布的特徴があるので，その場合の devoir を，Feuillet (1989), 佐藤 (1992) にならって，とくに準助動詞 (para-auxiliaire) とよぶことにする (したがって，«Je te **dois** cent francs» のような，十全な動詞としての用法は対象としない)．ほかの先行研究では，動詞 verbe (Huot 1972)，法的動詞 verbe modal (Sueur 1983, Kronning 1996)，法的助動詞 auxiliaire modal (Riegel et alii 1994)，付動詞 coverbe (Wilmet 1997) など，さまざまによばれているが，そうしたカテゴリーに関しては，ほかのさまざまな助動詞的要素との比較をとおして考えるべき問題であり，本書の目的から外れてしまうので，ここではあつかわないことにする．しかし，devoir を準助動詞とよぶかどうかは，本書の論旨の当否には影響しない．

おり，文法化されているといってよい[8].

2. 5. 1. 4. ここで，文法的マーカーを，いわば，特権的な研究対象としてあつかうのはなぜかということを明らかにしておく必要があると思われる．

その理由は，第1に，文法的マーカーが，機能的形態素 (morphème fonctionnel) として相対的に専門化されているからである．文法的マーカーは，語彙的マーカーとちがって，機能的に専門化され，純粋化されているという点で，多くの場合，あるカテゴリーをあらわすマーカー (本書の場合は，証拠性マーカー) のなかでも，もっとも中核的で，もっとも典型的なグループをなしているといえる．そのことを模式的にあらわすと，つぎの(13) の図のようになる．

(13) 図：証拠性マーカーと文法的マーカー

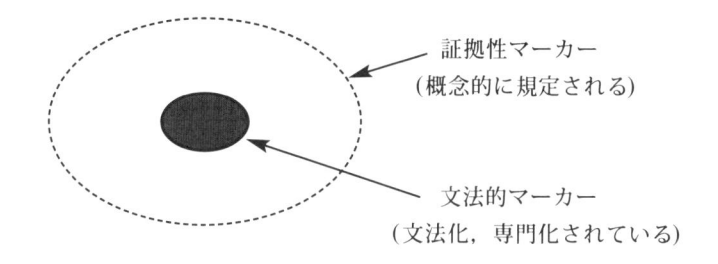

証拠性マーカー
(概念的に規定される)

文法的マーカー
(文法化，専門化されている)

この図で，証拠性マーカーの総体は，(7) ── (8) の規定により，概念的に (すなわち，「内包的に (intensionnellement)」) さだめられるものであり，原理的に開いたクラスをなしている．開いたクラスであることを，点線のかこみであらわしている．そして，そのなかに，中核的部分として，文法的マーカーの集合がふくまれるのである．

文法的マーカーを研究対象とする第2の理由は，文法的マーカーは，相対的に安定した形式で観察されるということである．そのことは，ほかの(語彙的項目としてとらえられる) 証拠性マーカーが，談話のなかで，多かれすくなかれ不

---

[8] Kronning (1996, p.60) は，より詳細に，「十全な動詞 (verbe plein) > 文法的付動詞 (coverbe grammatical) > 説述修飾助動詞 (auxiliaire ad-rhématique) > 焦点修飾助動詞 (auxi-liaire adfocal)」という順での文法化の過程を想定している．そして，devoir でいえば，拘束的 (déontique) 用法が「文法的付動詞」，未来時制的な真理的 (aléthique；詳細は第6章を参照) 用法が「説述修飾助動詞」，認識的用法が「焦点修飾助動詞」の段階にそれぞれ対応しているということである．いずれにしても，こまかな段階の差こそあれ，十全な動詞にくらべると，文法化されていることには変わりない．

第1部　前提と方法論

安定な多くの言いまわしを生みだしうることとの対比において理解される．

　本書の研究指針は，証拠性マーカーのなかでも，まさしく中心的であると考えられる文法的マーカーを研究しようとするものである．そして，それらのマーカー研究を通じてこそ，フランス語における証拠性というカテゴリーについて，より詳細な知見がえられるものと思われる．さらに，よりひろくいえば，発話者が，みずからの発話内容を根拠づけるという操作を，くわしくはどのように果たしているのかという，言語活動の根幹にかかわる問題が解明されてゆくことが期待されるのである．

2. 5. 2. 語意義論 (sémasiologie)

　マーカー研究から証拠性のカテゴリーへと接近しようという本書の方向性はまた，「語意義論 (sémasiologie)」の手続きをふむことをも意味する．すなわち，言語記号から出発して，その意味する内容へとむかう方向性における研究であって，その逆ではない．

　語意義論に立脚するのは，形式の同一性，すなわち，所与のマーカーが，一定の言語形式として直接観察されるということこそが，もっとも信頼できる出発点であると考えられるからである．この点については，以下で徐々に明らかにする．

　まずここで，これまではとくにことわりなく用いてきた「マーカー (marqueur)」という用語の意味あいを明示しておきたい．「マーカー」とは，言語表現を，「記号 (signe)」，あるいは「しるし (marque)」のように，発話主体である人間から外在的に形象化された固定的な物在であるかのようにとらえるのではなく，動的な機能，操作とむすびついているものとしてとらえるための概念である．Marqueur という辞項は，もちろん，他動詞の marquer からの派生であることからもわかるように，なにを標示しているかということが決定的に重要である．それは，«marqueur d'opération»　(Culioli, 1990, pp.115 et 129)，すなわち (心的) 操作を標示しているものである．

　マーカーと，それが表象する操作とは，ことなったレヴェルに属している．それに関しては，Culioli (1990, p.21-23) が，表象の3つのことなったレヴェルを想定する，詳細な議論を展開している．ここでは，簡便のため，Auroux (1992) による，3つのレヴェルの相違に関するわかりやすいまとめの表を引用しながら粗述することにしよう．

(14) 表象の3つのレヴェル

Niveau 1	Niveau 2	Niveau 3
Opération	Marqueurs	Représentaions métalinguistiques
	Représentants 1	Représentants 2

(ibidem, p.42, 一部削除)

　この表にしめされている3つのレヴェルのうち，niveau 1 は言語活動を構成する，発話者による心的操作のレヴェルであり，直接には観察できない次元である．そのレヴェルを表象しているレヴェルがniveau 2 であり，言語的テクストにあわられた表現の属するレヴェルである．したがって，マーカーは，niveau 2 に属するものであるが，niveau 1，2 の表象関係からして，言語的テクスト上にのこされた操作の痕跡であり，niveau 1 に関して知るための手がかりをあたえるものである．つぎのふたつの引用は，そのことを提示しているくだりである．

«[Le niveau 1 est un niveau] auquel nous n'avons pas accès, autrement que par ces traces que sont les marqueurs» (Culioli, 1990, p.129)
«Au niveau 2, nous avons des représentations que j'appellerai linguistiques, et qui sont la trace de l'activité de représentaion de niveau 1» (ibidem, p.22)

　しかし，言語研究者は，直接に niveau 1 を再構成できるわけではなく，niveau 2 をさらに表象する niveau 3，すなわち，メタ言語を構築して，niveau 2 を記述することができるのみである．それでは，niveau 3 は，マーカーの標示する操作である niveau 1 とは関係はないのであろうか．その点について Culioli はつぎのようにいっている．

«L'espoir, c'est que le niveau 3 sera dans une relation d'adéquation (de correspondance) au niveau 2, telle que, par le biais de cette relation explicite entre 2 et 3, nous puissions simuler la correspondance entre 1 et 2 » (ibidem, p.23)

　つまり，直接に niveau 1 の操作を記述できるわけではないにしても，niveau 1 と2の関係，すなわち，マーカーとその標示する操作との関係を，擬態的にえがき出すことはできるということである．そのようなわけで，言語研究者がマ

第1部　前提と方法論

ーカー研究において再構築する操作は，厳密にいえば niveau 3 に属するものであって，niveau 1 と同じものではないが，本書では，その差異を意識しながらも，上記の擬態性にもかんがみ，概略的に，「マーカーのあらわす操作を記述する」「機能を記述する」などの言いかたをすることにする．

　いずれにしても，niveau 2 から出発して研究するということが，マーカー研究の基本にある発想である．したがって，マーカー研究は必然的に，「語意義論」の方向性をもつことになるのである．

2.5.3. 多義性への接近法

　あらゆるマーカー研究の方法にとって，試金石のごとき重要性をもつのは，多義性 (polysémie)，または多機能性 (polyfonctionnalité) をどのように扱うのかという問題であると思われる．一般的にいって，頻繁にもちいられる重要なマーカーであればあるほど多義的であり，本書において対象とするマーカーを分析してゆくうえでも，多義性に対する視点を確立することが必要であると思われる．そこで，この節では，多義的なマーカーへの接近法について議論することにする．

　本書の基本的な考えかたを少し先どりしてのべておくと，どのような語や形態素を対象とするかによって，多義性に対する適切な接近法は異なっている，ということである．そのことをみるためにも，まず，あえて範囲をひろくとって，本書で対象とするものとはちがったタイプの語彙もふくめたさまざまな語彙を，いわば，試行的な事例としてとりあげながら，多義性の分析方法に関する検討をおこなっておきたい．

2.5.3.1. まず，名詞 «pied» を例として考えてみる．いくつかの辞書を参考にして，«pied» の語義を，かりに，つぎのようにわけてみよう．

<u>Pied の語義分類</u>

1. [足]

1.1. (人間の) 足．
　(15) Elle avait le **pied** gros et court. (Balzac, cité dans *PR*)

1.2. (動物の) 足．
　(16) A peine sentais-je, à la surface de la fourrure profonde, les petits **pieds** agaçants de ces mouches que tu poursuis, ... (Colette, cité dans *TLF*)

1.3. (植物の) 根もと，ひと株．

第 2 章　証拠性の新しい概念化と接近法

(17) Une rangée de tilleuls assez malingres au **pied** duquels pousse un herbe rare...

(G. Bernanos, *TLF*)

(18) le **pied** d'un arbre (*DFC*)

(19) un **pied** de vigne (*DFC*)

1. 4. (物の) 足, 下部, (山の) 麓.

(20) Au **pied** d'une haute falaise... (H. Bosco, cité dans *PR*)

2. [度量衡]

2. 1. (古) ピエ = 32.4 cm = 12 pouces.

(21) La mère avait ses cinq **pied** cinq pouces... (A. de Musset, cité dans *PR*)

2. 2. (古) 尺度. 現用はつぎのようないわゆる熟語で.

(22) un Napoléon au petit **pied**

(23) sur le **pied** de qqch.

2. 3.　物さし

(24) **pied** à coulisse

2. 4. (古) 分け前, (話) 快楽.

(25) C'est le **pied** !

2. 5. (英米) フィート.

3. [詩] 脚 (詩の韻律の単位).

　これらすべての語義が呈する多義性を，どのようにとらえればよいのであろうか．どの語義も，たがいにすこしづつ関連している．そして，その関連は，あるものどうしでは強く感じられるのに対して，それよりはつながりが《疎遠》に感じられるところもある．そうした関係をひとつひとつつないでゆくと，全体として意味のネットワーク (réseau sémantique) が編成されることになる．それは，たとえばつぎのように図示することができる．

(26) 図：pied の意味のネットワーク

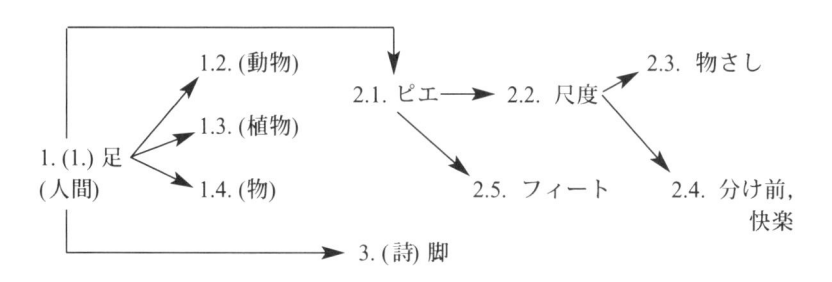

```
                    ┌──────────────────┐
                    │                  ▼
          ┌──→ 1.2. (動物)          2.1. ピエ ──→ 2.2. 尺度 ──→ 2.3. 物さし
          │                                            │            ↗
1. (1.) 足 ├──→ 1.3. (植物)                              ▼
 (人間)    │                                         2.5. フィート   2.4. 分け前,
          └──→ 1.4. (物)                                             快楽
          │
          └─────────────→ 3. (詩) 脚
```

73

上記で漠然と，語義のあいだの関連とだけ言ったものを，よりくわしく見てみよう．図のなかで，実線の矢印によって示したのは，«pied» がある語義から別の語義へと転用されることにより，意味が派生 (dérivation) しているということである．あるいは，«pied» の意味全体に対するあらたな語義の累加としてみるなら，意味は拡張 (extension) しているということもできる．

　ひとつひとつの派生・拡張は，隠喩 (métaphore) や換喩 (métonymie) によってよってなされると考えられる．隠喩とは，類似性 (similitude) を介した移行のことである．類似性とは，本質的には別のもののあいだに，部分的な同一性によってむすばれる関係をいう．たとえば 1.1.「人間の足」から，1.3.「植物の根もと」や，1.4.「物の下部」にむけては，地面に接するところという点で類似性があるために，隠喩的派生が可能になっている．一方，換喩は，隣接性 (contiguité) を介した移行のことである．隣接性というのは，原因と結果，容器と内容，部分と全体のように，概念的にとなりあうような形で接点のあるものどうしの関係であり，たとえば 1.「足」から，2.1.「(単位) ピエ」へと «pied» が転移するときは，「身体部分としての足」から「その長さ」へと隣接性を介して移行している，換喩的派生がなり立っているといえる．

　ここで疑問がわくかもしれない．1.1. から 1.2. へ，1. から 2. へ，という形で方向性をもたせた意味の派生・拡張というのは，結局，フランス語の歴史に沿った «pied» の意味の変遷のことを言っているのか，ということである．たとえば，多義性論でいう派生と，語義の歴史的変遷とは，しばしば重なりあっていて，辞書などにおける語義提示の順もだいたいは新しいものがあとになっている (もちろん辞書ごとに編纂方針も違ってはいるが)．

　しかし，ここでいう派生・拡張の前後関係は，かならずしも歴史的変遷に沿っている必要はないと考えられる．むしろ，歴史的変遷とは，原理的に別問題である．いまみている pied の例もふくめて，多義性は，まさに共時態において確認されるのであるから，その複数の意義のあいだに派生関係を想定することによって説明しようとする場合も，あくまでも共時的に考えて，語義どうしの関連が，概念的に前後関係をともなって感じられるというところのほうが重要であると考えられるのである[9]．

　あらゆる言語に多義語はあり，母語話者はそれらを，いちいち言語史を意識せずに現に使いこなしているが，なぜそれが可能かというと，ひとつには，概念的に前後関係をともなって語義間の連関をとらえかえすことによって，みず

---

[9] たとえば川口 (1993) も，多義的な副詞 plutôt の「好ましさ」の解釈と「言い直し」の解釈のあいだの前後関係について，同様の議論を展開している．

から派生の過程をたどる（いわば，追体験する）ことができているからではなかろうか．それでこそ，問題となる多義語を，まさにそのさまざまな用法にわたって，自在に用いることができるようになっていると思われる．

2. 5. 3. 2. つぎに，«créneau»という語を例として考えてみよう．この語のおもな用法として，つぎのようなものがみとめられる．

<u>Créneau の語義分類</u>
1. （城や要塞の）はざま，銃眼．
 (27) Les **créneaux** du château fort permettaient à ses défenseurs de tirer sur l'ennemi en restant à l'abri. (Picoche, cité dans Lehmann et Martin-Berthet 1998, p.75)
2. 駐車スペース．
 (28) Je fais un **créneau** pour garer ma voiture. (idem)
3. 空き時間．
 (29) trouver un **créneau** dans son emploi du temps *(GR)*
4. [商業] 新市場，未開拓分野．
 (30) Cet industriel a trouvé un bon **créneau**, ce qui lui permet d'exporter.
  (Picoche, cité dans Lehmann et Martin-Berthet 1998, p.75)

　この多義性はどのように考えればよいであろうか．これらの訳語をみるかぎりでは，それぞれの語義のあいだの連関が，前節で考えた«pied»の場合ほど直接的には見やすくはない．
　また，実際にでてくる用例は，《辞書的》な訳語をそのまま適用するだけでは対応しきれないようなとらえにくさがあるように思われる．たとえば，**4** の項目にあがっている訳語をみると，その用法の«créneau»は，商圏をあらわしていると思うかもしれない．しかし，つぎの実例ではどうであろうか．

 (31) Depuis dix ans, plusieurs associations se sont spécialisées dans le **créneau** de «soutien psychologique» aux chômeurs. *(Le Monde)*

　ここでは，「ここ10年来，いくつもの団体が，失業者に対する《心理的な支え》という部門を専門とするようになった」のように，団体としての活動の領域をあらわしていることがわかる．つぎの例でも同様である．

第1部　前提と方法論

(32) Le sport est un domaine dans lequel les départements et les régions n'ont pas encore véritablement trouvé leur **créneau** spécifique d'intervention. (*Le Monde*)

　この例は,「スポーツは, 県や地方 (の行政) が, 独自に介入しうる範囲をいまだに見つけられないでいる分野である」というぐあいで, 行政が機能することのできる《余地》のように解釈できる.
　つまり, «créneau» という語自体があらわしている意味は, 4 の用法にかぎってみても, 商圏だけではなく, さししめされる事物の性質に応じて, もっと柔軟に変化しうるなにものかであると考えられる. 逆にいえば, どのような具体的事物に適用されるかはきまっていなくて, それにかかわりなく «créneau» の意味がさだまっているということである. 適用先がきまっていないということは, もはや 1 から 4 の用法の区分とも関係なく, «créneau» の本質的意味が統一的に規定できるということにもなってくる. その本質的意味は, たとえば,

(33) 一定の行為を可能ならしめるべく空けられた空隙・間隙

というように示すことができると思われる. これは, 文脈におかれることによってさまざまな結果的解釈をうみだす《祖型》として想定できる図式である. おなじ図式が, 戦争や城砦に関して語る文脈におかれたときは **1**, 駐車の文脈では **2**, スケジュールが問題になるときは **3**, 社会的な活動にかかわるときは **4** の解釈をうみだすに至るのである.
　これまでの観察から直観的に確認できることは, おなじ名詞でも, «pied» のようなタイプのものと, «créneau» のようなものとで, 意味のとらえかた, ひいては多義性のとらえかたも違ってくるということである. «pied» のような語の場合は, ひとつひとつの語義が, どちらかといえば, 具体的な性質のものであり, それらに概念的な個別性が感じられやすい. 語彙の具体性とは, だいたいにおいて外界の対象 (事物) を直接さししめすようなもので, 外界の対象どうしの関連性ということからネットワーク的なとらえかたをしやすいということにもなる. それに対して, «créneau» のような語の場合は, かならずしも具体的な事物をさししめすような意味をもっているのではなく, 一定の抽象性をもつ図式としてとらえられるため, その図式を理解してはじめて, その語の意味を理解したといえるのである. このように, 名詞だけをとってみても, その意味記述のしかたは, 語彙の性質によって適合性は左右されると考えられる.

2.5.3.3. つぎに，動詞に目を転じて，«éprouver» の多義性を例としよう．おおよその意味分類は，つぎのようになると思われる．

<u>Eprouver の語義分類</u>
1. （価値，性質，人を）ためす，テストする．
   (34) On **éprouve** un pont en plaçant dessus une forte charge. (*DFC*)
2. （事態が人を）苦しめる，つらい思いをさせる．
   (35) La perte de son père l'a bien **éprouvé**. (*GR*)
3. 身をもって知る．
   (36) J'ai souvent **éprouvé** l'utilité de cette précaution. (*DFC*)
4. （感情・感覚を）感じる，おぼえる．
   (37) Il **éprouve** un léger serrement de tête. (J. Romains, cité dans *GR*)
5. （変化・損害を）こうむる．
   (38) L'entreprise **éprouva** de nombreuses vicissitudes. (*GR*)

ここでは，程度の差こそあれ，それぞれの語義のあいだに連関を想定することができる．とくに **3 — 5** では，いずれも，事態の経験者が主語に立ち，なにを経験するかを直接目的補語であらわしているという点で，意味の連続性が感じられる．**1，2** は，経験者（あるいはそれに類するもの）が，直接目的補語の位置を占めているという点においては，**3 — 5** とは逆になっているが，**1，2** 相互では意味に共通性があり，**2** も，たとえば「試練」という日本語を思いおこせばわかるように，ひろい意味でいえば 1 と同様に，「ためしている」というとらえかたができる．

それでは，**1 — 5** を通して，ひろく «éprouver» 全体としては，なんらかの共通性はないのであろうか．それは，直接目的補語によってあらわされるひと・ものを X と書くとすると，

(39) X を (ときに困難な) 実地に置く

ということが共通していると考えられる．このように考えれば，上記の用法分類 **1，2** にあたる，X が事態の経験者などをあらわす場合も，**3 — 5** にあたる，X が経験内容をあらわす場合も，ひとしく理解することができるようになる．**1，2** では，ためされる対象が「実地に置かれる」ことから，「ためす，苦しめる」という解釈になり，**3 — 5** では，経験内容 (感知されること) が「実地に置

第1部　前提と方法論

かれる」ことから「感じる，こうむる」といった解釈になるのである．経験者が，3—5のように主語に立ったり，1，2のようにXの位置を占めたりすることから，一見したところでは，両者の場合で«éprouver»が逆の状況をあらわしているかのように見える不合理があったが，いずれの場合も，より深くみれば，(40)に示した「Xを実地に置く」という図式が«éprouver»の本質的な意味として通底していると考えることによって，その不合理が解決できるのである．したがって，動詞«éprouver»の多義性を，たがいにまったく相いれない語義のよせあつめとしてではなく，関連において理解するためには，やはり抽象的な図式によって統一的にとらえなおすことが必要であると思われる．

2. 5. 3. 4. こんどは副詞«toujours»の多義性について考えてみることにしよう．«toujours»の意味は，つぎのように3大別することができる．

<u>Toujoursの語義分類</u>

1. いつも，常に．[総称的用法 emploi générique]
  (40) L'esprit humain est **toujours** en marche. (*GR*)
  (41) Eglatine : C'est surtout triste de mourir quand on a trente-sept ans.
      Léopold : Oh ! C'est l'âge de maman...
      Pauline : Tiens. Je croyais qu'elle était plus jeune.
      Léopold : Les femmes trichent **toujours** sur leur âge.
                                      (J.-Cl. Brialy : *Eglantine*, p.27)
2. まだ，あいかわらず．[持続的用法 emploi duratif]
  (42) Pierre est **toujours** là ! (J'avais pourtant dit qu'il ne m'attende pas)
                                      (Cadiot et alii 1985, p.105)
3. とにかく，いずれにせよ．[非時間的用法 emploi non-temporel]
  (43) Authentique ou pas, elle est bien belle, cette estampe, **toujours**.
                                      (J.-J. Franckel 1989, p.302)

このように，«toujours»も，用法の分類や訳語をみるかぎりでは語義は多様で，一見とらえにくい多義性を呈している．しかし，この語も，上述の「本質的意味」という考えかたによれば，統一的に理解することができる．

1—3の分類に沿って，そのことをこまかに見てゆくことにしよう．

1の用法(総称的用法)を示す例文(40)では，«toujours»は，«être en marche»という「状態(état)」にかかわっている．「状態」とは，時間軸上に延長される

継続的な事態であり，さまざまな時点をふくんでいる．それに対して用いられた«toujours»は，その事態の時間的継続において，どの時点をとってみても，その時間的な差異にもかかわらず，ひとしく«en marche»であることには変わりない，ということを標示していると考えられる．

　一方，(41)においては，(40)の場合とちがって，«toujours»のかかわっている«tricher sur leur âge»という述部は，継続的な事態をあらわしているのではなく，それ自体としては瞬間的に成立する事件，すなわちtricherieをあらわしている．総称的«toujours»が用いられうるのは，そのtricherieの生起が単一なのではなく，反復されることによるものである．生起が反復されることにより，それらの一回一回の機会によって，事態がことなっている潜在的可能性がたてられる．それに対して，«toujours»は，いずれの生起においても，機会の差異にもかかわらず«tricher sur leur âge»であることにはちがいないということを標示しているのである．

　つぎに，**2**の用法(持続的用法)は，「現在でもなお」「そのときにもあいかわらず」のように，ある一時点に注目したうえで，事態の持続を問題にする用法である．したがって，その時点ではもはや，事態が成立していない可能性をあらかじめたてておいたうえで，それを排除するものである．例文(42)では，「待たないでと言った」という文脈が，ピエールはもういないという事態の可能性をたてているのに対し，«toujours»は，それにもかかわらず彼は実際にはそこにいるという事態を提示している．

　3の用法は，時間的な意味をふくまないという点で，一見かなり異質のように思われかねないが，«toujours»のはたらきには共通性があると考えられる．3の例文(43)では，まず，「本物であれにせ物であれ」という，版画の評価に差異をもたらしうる要素が導入されている．それに対して，実際には真贋にかかわらず，ひとしく«bien belle»であるという評価がくだされることが，«toujours»をともなって示されているのである．

　このようにかんたんに見てきただけでも，«toujours»のいずれの用法においても，

(44) 仮想されうる差異が排除され，実際には叙述内容が変わらず妥当する

という意味的メカニズムが共通していることが明らかになる．そしてこれこそが，«toujours»の本質的意味なのである．この本質的意味が祖型となり，用法ごとに特有の要素とあわさることによって，さまざまな解釈をうみ出してい

るのである.この場合は,(44) にいう「仮想されうる差異」をもたらす要素がどのようなものであるかということが,解釈の変異の源泉になっているといえる.すなわち,「仮想されうる差異」が,さまざまな時点であるときは1の解釈になり,特定の時点であるときは2の解釈になり,時間以外の要因であるときには3の解釈になるのである.

2. 5. 3. 5. ここで,これまでおこなったきた観察から,さしあたりの結論をまとめておくことにしよう.多義語にもさまざまなものがあり,外界の具体的な対象や事態をさし示す「指示的意味 (sens référentiel)」をもつ語,すなわち「語彙的形態素 (morphème lexical)」であるのか,それとも,心的操作 (opération mentale) をあらわす「手続き的意味 (sens procédural)」をもつ語,すなわち,「機能的形態素 (morphème fonctionnel)」であるのかにより,性質がことなっていると考えられる.ただし,これら両者のあいだには明確な境界があるのではなく,相対的な程度の差があるにすぎない.古典的な品詞分類では,名詞は多く前者に属し,副詞や前置詞は圧倒的に後者,動詞などは中ほどに位置するであろう.以上の2.5.3.1節から2.5.3.4節ではだいたい,語彙的なものから機能的なものへという順で例を見てきた.そして,これまでの観察から,つぎのような結論をみちびきだすことができる.

(45) 意味が指示的であればあるほど,独立した各語義をつなぐネットワーク的な理解が妥当であり,手続き的であればあるほど,その手続きを本質的意味として図式化することがふさわしい.

ところで,「語彙的形態素」と「機能的形態素」という対立は,フランスの伝統文法でいわれてきた「実語 (mot plein)」と「虚語 (mot vide)」という対立にその起源をみることができるものである (cf. Grevisse et Goosse 1993, pp.175-176).「実語」とは,意義 (signification) をもたらす,情報的にゆたかな語ということであり,「虚語」とは,その逆に,意義を提供することはほとんどないが,おもに文法的,機能的な操作をおこなう語ということである.この対立は,意味論における重要な概念として,多くの研究へとひきつがれている.本章ですでに見ただけでも,2.5.1.1節でみた,Hagège (1995 a) の提唱する,「語彙的な表現手続き (procédés d'expression lexicaux)」対「文法的な表現手続き (procédés d'expression grammaticaux)」,2.5.1.2節でみた Hopper et Traugott (1993) による「大カテゴリー (major categories)」対「小カテゴリー (minor categories)」と

第2章 証拠性の新しい概念化と接近法

いう対立がそれにあたるといえよう．

2. 5. 3. 6. 本書の立場は，すでにのべたように，機能的形態素であればあるほど，そのさまざまな用法の根柢に通底する操作を「本質的意味」として定式化する接近法が好ましい，というものである．しかしながら，理論的な立場決定 (décision) として，語彙的形態素に対してさえ，指示的な (すなわち，具体的な指示対象に基礎をおく) 接近法をあえて排し，操作的なとらえかたをこころみようとするきわめて重要な研究が，最近のフランスの意味論では，Franckel (1992), Cadiot et Nemo (1997) など，いくつか出てきている．ここでそのうち，とくに重要と思われる Cadiot et Nemo (1997) についてみておきたい．

Cadiot et Nemo (1997) は，いくつかの名詞，とくに «client» について検討している．その分析の出発点となるのは，つぎの例文にみられるような，辞書に載っていない，しかし隠喩的とも感じられない一連の用法である．

(46) [un cavalier s'adresse à un autre cavalier qui s'apprête à monter tel cheval] Tu te méfieras, c'est un **client** un peu vicieux parfois. (ibidem, p.27)
(47) [un tueur à gages demande à son commanditaire] Qui est mon **client** cette fois-ci ? (idem)
(48) [un commentateur sportif à propos du prochain adversaire d'une équipe de football] Le prochain **client** d'Auxerre en Championnat d'Europe sera d'une toute autre trempe. (idem)
(49) [un journaliste à propos d'un homme politique] C'est un **client** plutôt facile. (idem)
(50) [une mère qui vient de chercher un de ses enfants à l'école] Bon, je file, j'ai un autre **client** à la maison qui risque de se réveiller. (idem)
(51) [un déménageur à ses collègues à propos d'un meuble] Va falloir très gaffe, le prochain **client** coûte la peau de fesses ! (idem)
(52) [un astronome à un de ses collègues dans le cadre d'un travail collectif] Ton **client** à toi ce sera Jupiter. (idem)

Cadiot たちの論では，これらの例にみられる «client» は，たとえば商業的局面における顧客というような，指示対象の性質 (これをかれらは「内在的特性 propriété intrinsèque」とよぶ) によって把握することはできない．というのも，ここでは «client» は，どの例においても「需要者」にはあたらないからである．たとえば (47) の例では，«client» は被害者であって，「需要者」はむしろ，発

第1部　前提と方法論

話者である殺し屋を金でやとった者であろう．もっというと，«client» は，そもそも人間である必要はないし，それどころか，生物である必要さえない [(51), (52)]．「内在的特性」による記述が，どうしても失敗せざるを得ないゆえんである．

　Cadiot たちは，そのかわりに，「外在的特性 (propriété extrinsèque)」という概念を提唱する．「外在的特性」とは，ひとが指示対象とのあいだでとりむすぶ関係のタイプ (le type de rapport que l'on entretient avec lui [=l'objet] (ibidem, p.24)) のことである．«client» に関していうと，その「外在的特性」は，«qu'il faut prendre en charge», «dont il faut s'occuper» (ibidem, p.27) などのようにあらわされる関係である．そして彼らは，語の意味とは，外在的特性にこそあるという興味ぶかい主張を提出する．外在的特性こそ，見かけ上の解釈の多様性をひろくカバーでき，歴史的変遷に対しても安定している要素であると考えているのである．

　これは，2.5.3.5 節までに展開した本書の考えかたでいう「手続き的意味」を，語彙的形態素に対しても本質的意味として認定しようという論である．これはいわば極論であるが，まさに極論であるがゆえに存在理由もある説である．とりわけ，「意味」を言語外の具体的な指示対象 (の性質) ばかりに求めようとする根づよい伝統— もはや常識と化し，あらためて問いなおされることさえなくなっている固定観念— に明確に立ちむかっているという点だけでも，たいへん有意義な研究である．

　しかし，その高い評価を前提としたうえでいうと，あらゆる名詞に Cadiot et Nemo (1997) のような接近法が通用するのかといえば，残念ながらそうではないといわざるを得ない．Cadiot らの説は，«client» や，上記の 2.5.3.2 節でみた «créneau» のようなタイプの語にはたいへんよく適合する (実際，そこで素朴なかたちでおこなったいくつかの確認は，「外在的特性」による記述にあい通ずるものである) ものの，たとえば 2.5.3.1 節でとりあげた，«pied» に関してはどうであろうか．すべての用法に通底する，「外在的特性」をみとめることはできるであろうか．「物理的・概念的に，なんらかの全体に対して下部・基盤に位置する」という「外在的特性」を考えてみても，それは共通の特性であるというにはほど遠く，一部の語義にしかあてはまらないということがわかる．とくに，長さの単位の解釈は，あきらかに人間の足の長さをもとにした換喩的派生によるものであると考えるしかなくて，「外在的特性」による画一をこばむものである．

　したがって本書においては，やはり，(45) として示したように，適切な記述

第2章　証拠性の新しい概念化と接近法

方法は，記述の対象となるマーカーの性質によってことなるという，中間的な考えかたを採用することにしたい．

2.5.4. 機能的形態素とその本質的機能

ところで，本書で対象とする言語表現は，すべて機能的形態素であるといってよいであろう．以下では，機能的形態素の多義性に議論を限定して，それに対する接近法を，認識論的，および方法論的に，検討してゆくことにしよう．

2.5.4.1. 機能的形態素に関してもまた，さまざまな用法を関連づけて理解するための接近法としては，概略的にいって，ふたとおりの行きかたが考えられる[10]．ひとつは，その形態素のさまざまな用法のうち，ひとつ「基本的用法」とよぶことのできるものがあり，そこから他の用法を派生することができるとする接近法である．たとえば，本書でも論じることになる動詞の条件法に関していえば，仮定のもとでの帰結をあらわす用法を基本的とみなし，他の用法についても，暗黙にされている条件節を想定することにより，派生関係を示そうとするような方法である．もうひとつは，さまざまな個々の用法に共通して，「本質的機能」[11]とよぶことのできる，一定の形式が果たす不変の機能がある

---

10 機能的形態素の多義性のとりあつかいの問題については，Confais (1990, pp.47 sqq.) や Victorri et Fuchs (1996), Cadiot (1997, pp.10-11 et passim) などを参照．Confais (1990, pp.47 sqq.) が詳細な議論をおこなっており，ありうる立場を5つ枚挙している．本文中においては，多義性を，いわばその多様性のまま記述する接近法 (たとえば，ある動詞時制は統合不可能な多くの意味作用をもっており，そのうちのひとつが文脈によって選定される，とする見かた) を除外して，ふたつの接近法を挙げたが，それらのうち，「基本的用法」による接近法は，Confais のいう A4 (ただし，A = attitude)，「本質的機能」による接近法は A1 または A5 に相当するものであると思われる．A4 は «[...] on peut considérer l'une des lectures, correspondant à l'emploi le plus fréquent, comme une signification fondamentale et première dont on peut déduire les autres valeurs secondes» (ibidem, p.48), A1 は«Si le linguiste voit [sic] mal cette apparente «ambiguïté» [...], c'est parce qu'il la voit par rapport à des catégories onomasiologiques qu'il suppose pertinentes pour rendre compte du fonctionnement de la forme verbale [...]. L'ambiguïté n'est pas réelle : c'est un problème de grammairien, c'est-à-dire de métalangage » (idem), A5 は «Aucune de ces divers lectures ne doit être privilégiée ; on peut les considérer *toutes* comme des réalisations contextuelles particulières d'un *signifié* fondamental qui les transcende» (idem) とする立場である．

11 前節 2.5.3 では「本質的意味」と呼んだが，以下では，機能的形態素のみを対象としているので，「本質的機能」(fonction essentielle) ということにする．「本質的機能」に類する概念は，呼称こそさまざまであるが，意味論の多くの研究においてもちいられている．その一部をあげると，「一次的機能 (fonction primaire)」(De Boer 1954, 佐藤 1990)，「図式的形体 (forme schématique)」(Culioli 1990, pp.115-134)，「潜勢的所記 (signifié de puissance)」(Guillaume 1964, Picoche 1995)，「ラングにおける価値 (valeur en langue)」(Gosselin 1999, p.30) などである．

第1部　前提と方法論

とする考えかたである．この本質的機能は，各用法において認められるさまざまな価値を生む祖型になるが，それらの価値からは超越したレヴェルにおいて想定されるものである．

　前節2.5.3.における議論からも明らかなように，本書のとる立場は，すくなくとも機能的形態素の研究に関するかぎり，より好ましいのは「本質的機能」による接近法である，とするものである．その考えかたのほうが好ましいことは，のちにそれぞれのマーカー研究のなかでも明らかになってくると思われるが，すでに見たなかで，たとえば2.5.3.3節で検討した«éprouver»について軽くふりかえってみるだけでも，理解できることである．«éprouver»の個々の用法を比較すると，用法によって経験者と経験内容が正反対にあつかわれるという違いがあるために，いずれを「基本的用法」と見なすとしても，そこから他の用法を派生させようとする接近法では，その派生の過程で越えがたい断絶があるといえる．そのように，「基本的用法」による接近法で«éprouver»の多義性をとらえようとするには，困難がともなわざるを得ない．それに対して，(39)として示した「本質的機能」によって各用法をとらえかえすとするならば，用法間の見かけ上の矛盾関係は解消し，均質な理解が可能になることから，多義性の根柢にある共通性をよく説明することができるという点で，すぐれていると思われる．

2.5.4.2.　それでは，マーカーごとに唯一的であると仮定される本質的機能とは，よりくわしく見ると，どのような地位をもっているのであろうか．この問題には，存外，言語のモデルそのものにかかわるような深さがある．

　そもそもマーカー(機能的形態素)とは，実際の発話行為(énonciation)の状況におかれた，一定の発話文(énoncé)中でもちいられてこそ，真に「機能している」といえるものである．マーカーが，そうした動的な使用から不可分であるとするならば，使用外(hors emploi)において，すなわち実際に用いられるまでもなく，マーカーに固有の「本質的機能」を，それぞれ斉一的に，いわばまえもって与えるということには，一見，顛倒が感じられるのではなかろうか．これは，言語体系(langue)の斉一性と言語活動(langage)の多様性とのあいだの関係をどのようにとらえるかという問題にもなると思われる．

　本書では，「本質的機能」による接近法をとっているからといって，さまざまな例において当該のマーカーが実際に用いられるという，使用の側面を切りすてようとしているわけではない．むしろ，研究の過程で，さまざまの用法から本質的機能を抽象することは，さまざまな発話文中で用いられるかぎりでの

マーカーがはたしている機能を，いわば事後的に統合したかたちで理解することであるといえる．統合したかたちでの理解とはもちろん，本書でいう「本質的機能」のことであるが，「本質的機能」は，使用のさまざまな文脈を観察し，共通点を糾合した結果としての，メタ言語的な操作図式である（それは，いくつかのメタ言語的な概念の布置と，それらのあいだでの相互関係から成りたっている）．したがって，以上のような過程を経て抽象される，「本質的機能」は，**当該のマーカーを使用することが可能な文脈の総体**の図式化であるともいえるのであり，言語体系の斉一性をあらわしているものでありながら，あくまでも使用の多様性に立脚しているのである．

なお，こうした「本質的機能」の抽象は，言語研究者の視点に特有なものであるかといえば，かならずしもそうではない．母語話者は，多義的なマーカーの使用場面をきわめて多数回くりかえし経験してゆくなかで，ほとんど無意識的にとはいえ，そのマーカーを用いるあらゆる場面に共通の図式を形成するにいたっているのではなかろうか．この図式形成は，Merleau-Ponty (1945, p.210) が，フロイトの「イマーゴ (imago)」という概念をもちいて言及している，語が主体のなかに残りつづける様態に近いものであろう[12]．つまり，操作図式はアプリオリに与えられているのではなく，使用経験に根ざしているのである．

言語研究者のおこなう抽象化は，母語話者による図式形成と，理想的には平行しているものであり，前者が後者をよくモデル化していればいるほど，前者はすぐれたものであるといえる．もちろんモデル化の優劣自体を直接確認するすべはないが，説明が一貫していればしているほど，そして，多様な事例に対して均質な説明を与えることができればできるほど，母語話者による円滑なマーカーの使用の背後にあると想定される図式形成に近づき得ていることを意味しているものと推測される．この点は，2.5.2節でみた，Culioli (1990), Auroux (1992) のメタ言語的表象に関する議論，とりわけ niveau 3, 2 の関係が niveau 1, 2 の関係をシミュレイトしているという議論とあい通ずると思われる．ただし，Culioli のいう niveau 1，すなわち，操作のレヴェルについては，本書では上記のように，それがアプリオリに与えられているのではないということ

---

[12] «L'alternative bergsonienne de la mémoire-habitude et du souvenir pur ne rend pas compte de la présence prochaine des mots que je sais : ils sont derrière moi, comme les objets derrière mon dos ou comme l'horizon de ma ville autour de ma maison, je compte avec eux ou je compte sur eux, mais je n'ai aucune « image verbale ». S'ils persistent en moi, c'est plutôt comme l'Imago freudienne qui est beaucoup moins la représentation d'une perception ancienne qu'une essence émotionnelle très précise et très générale détachée de ses origines empriques. »　(Merleau-Ponty 1945, p.210)

をつけくわえたい.すなわち,もっぱら niveau 1 が niveau 2 に痕跡を残すだけという,一方的な関係になっているのではなく,niveau 2 にかかわるさまざまな発話行為 (せまい意味での発話文の産出のみならず,聴解,解釈などもふくむ言語的相互作用) の経験の蓄積により,言語主体において,niveau 1 の操作図式もつくられてゆくという側面を,ここでは強調しておきたいのである.

ここでよりどころにしている3つのレヴェルの峻別を提唱している Culioli 自身も,よりひろい意味での「経験」が niveau 1 の背景にあるということはみとめている.つぎの引用をみておこう.

«Il s'agit donc, à ce niveau [= au niveau 1], de représentations qui organisent des expériences que nous avons élaborées depuis notre plus jeune enfance, que nous construisons à partir de nos relations au monde, aux objets, à autrui, de notre appartenance à une culture, de l'interdiscours dans lequel nous baignons.» (Culioli 1990, p.21)

ここで niveau 1 が統括しているとされているのは,文化への帰属までもふくめた,たいへんひろい意味での「経験」であり,上記でふれた Merleau-Ponty の所説にあい通じると思われるが,言語活動それ自体の経験もまた,こうしたひろい意味での「経験」にふくまれることは,まったく明らかなことであろう.

発話者が一定のマーカーを用いるということだけを見ていると,斉一的な言語体系から当該のマーカーを言語活動 (使用) へと適用するという,一方向的な動きがあるだけのように感じられるかもしれないが,いままでの論述をふまえるならば,当然,それだけではないということが理解されるであろう.そのマーカーに固有の図式が発話者において形成されているためには,さらにそのまえの段階として,やはり使用から出発した糾合を経ざるを得ないわけであるから,マーカーの「本質的機能」とその使用との関係,ひいては言語体系と言語活動の関係は,相互的であり,弁証法的であるといえる[13].

現実のさまざまな使用を糾合することによって,その使用の文脈の総体の統覚として形成されたものとして「本質的機能」があるという事実を,よく示しているのが,上記の 2. 5. 3. 4 節でみた «toujours» の事例である.「本質的機能とは,マーカーの使用可能な文脈の総体の図式化である」とするのは,けっし

---

[13] Culioli (1999 a, p.18) は, « [...] ce qui est, en droit, le thème de la science linguistique : le langage appréhendé à travers les langues naturelles» といっている.ここでは,ソシュール的な「ラング (langue)」の単一性は破棄され,「諸自然言語 (langues naturelles)」へと解消されているものの,概略的には,言語活動と言語体系とのあいだに弁証法的な関係を想定するという点で,きわめて示唆的であると思われる.

て誇張でも隠喩的な言明でもなく，マーカー研究の基盤をなす厳然たる事実であると考えている．実際，«toujours» の本質的機能に関する仮説 (44) でいう「仮想されうる差異の排除」，なかでもとくに「仮想されうる差異」という部分は，まさしく，実際の使用のなかで共通してみられる文脈的要素にほかならないのである．この要素こそは，«toujours» の本質的機能の根幹をなしているのであり，もしこの要素を記述にとりいれなかったとすると，本質的機能を示すことは，おおよそできなくなっていたということが，容易に想像されるであろう．

このことから考えると，多様な用例で文脈的観察を徹底するということが，「本質的機能」を措定するうえでも，またその有効性を確認するうえでも，決定的に重要であるということがわかる．したがって，本書の第 2 部でおこなう事例研究では，可能なかぎり実例主義をとり，なるべくゆたかな文脈的観察をおこなうことを重視することにする．

2. 5. 4. 3. つぎに，「本質的機能」による記述が，マーカーごとに統一的であることの意義について確認しておきたい．

まず第 1 に，機能的形態素を，統一的にではなく用法の束として記述しようとする接近法をとるとすると，ある用法と別の用法とのあいだの「混淆的価値 (valeur mixte)」をあつかうことができないという問題が生ずることを指摘できる．混淆的価値という現象については，第 5 章でとりあげる条件法，第 6 章でとりあげる devoir の記述のなかで，詳細に見てゆくことになるが，ここでごく簡単にひとつだけふれておくことにしよう．それは，条件法についてである．

一般的におこなわれている条件法の用法分類では，

(53) (i) 過去からみた未来をあらわす「時制的用法 (emploi temporel)」
 (ii) 事実に反する仮定のもとでの帰結をあらわす「仮定的用法 (emploi hypothétique)」
 (iii) 他者の言説をあらわす用法 (emploi du «discours d'autrui»)
 (iv) その他の用法 (丁寧語法など)

以上のような 4 つの分類がみとめられているが，これらのあいだでの境界を明確にすることは，困難がともなうように思われる．たとえば，つぎの実例を見ることにしよう．

第1部　前提と方法論

(54) [サッカーのワールドカップでイランチームの滞在地となる村での噂]
«Dès qu'on a su que l'équipe d'Iran venait s'installer à Yssigeaux, un collègue commerçant m'a appelé pour me dire que la vente d'alcools allait être interdite», s'amuse Alain Pissavy, barman et arbitre de football à ses heures perdues. D'autre langues bien aiguisées ont fait croire qu'une mosquée **serait** érigée dans la ville spécialement pour les Iraniens ou que les femmes n'**auraient** plus le droit de sortir dans les rues. Purs fantasmes! (*Le Parisien*, 17/01/1998)

　形式的な用法分類によるなら，この例のなかで太字体にした条件法«serait érigée», «auraient» は，que にみちびかれた補足節中でもちいられていて，主節の動詞は複合過去であることから，いわゆる「時制の照応(concordance des temps)」によって条件法におかれている，典型的な時制的用法 [(53)-(i)] であるということになるかもしれない[14]．しかし，意味的には，たやすく «D'après certaines rumeurs, une mosquée serait érigée ... » のように言いかえることができ，条件法そのものの機能は，たとえばつぎの(55)の例にみられるような，他者の言説をあらわす用法[(53)-(iii)] と均質であることは明らかである．

(55) Selon la presse algérienne de mardi, il [=le bilan du massacre] pourrait dépasser le chiffre de 400 victimes. Selon le quotidien *Liberté* de mardi, qui fait l'état de «sources bien informées», il **serait** de 428 morts et de 140 blessés. (*Le Monde*, 14/01/1998)

　したがって，(54)は，用法分類の観点からいえば，時制的用法に，他者の言説をあらわす用法が混淆している例であるということになる．このことからも

---

[14] しかも，そもそも「時制の照応」という規範文法の規則は，反例が多くあり，とうてい一貫した規則とは言いがたいため，これを当然のものとして受けいれることはできない．たとえば，Berthonneau et Kleiber (1997) は「時制の照応」という規則そのものを否定し，補足節中での用法も半過去の独立節中での用法と同様のしかたで説明しようとする，きわめて説得的な論を展開している．Berthonneau et Kleiber (1997) は条件法は対象にはしていないが，いわゆる「時制の照応」とされる半過去を特別視しない彼らの接近法は，条件法に関しても適切であると考えている．すなわち，補足節中の条件法に関しても，じつは独立節におけるいわゆる時制的条件法と同様に，「過去からみた未来」という時間性を（この用法にかぎっていえば）あらわしているといえる．そのように，「時制の照応」があるとする（そして，その場合の条件法はすべてもっぱら時制的であるとする）機械的な考えかたはとうてい採用することはできないとなると，ただちに，用法間の混淆ということを認めるほかなくなるのである．たとえば (55)では，「過去からみた未来」という時間制を表示する機能と，他者の言説をあらわす機能とが，まったく矛盾なく両立しているのである．

第2章 証拠性の新しい概念化と接近法

わかるように，条件法の用法間の分類は截然としたものではなく，むしろ複数の用法のあいだに推移的な部分をもつ連続体をなしているものと思われる．この現象は，多くの機能的形態素において観察される現象であるが，そのような性質をもつ機能的形態素に対する説明として適当なのが，その形態素の連続的な機能全体を，あくまでも一貫したまとまりして説明しうる，「本質的機能」による接近法なのである．

統一的記述の第2の意義は，マーカーの本質的機能がはたらく位相を見さだめることができるということである．これについては，2.4.1節でもふれるところがあったが，わかりやすい別の事例をもうひとつ示してみることにしよう．それは，Nølke (1993) による，副詞研究の手法である．彼は，Greenbaum (1969) にならって，語彙的単位としての副詞 (adverbe) と，生起ごとの機能としての副詞類 (adverbial) を区別する．たとえば，

(56) Naturellement, Paul se comporte bien. (Nølke 1993, p.70)
(57) Paul se comporte naturellement. (idem)

のふたつの例文における «naturellement» を，おなじ副詞であるが，ことなる副詞類であるとし，副詞類に対象をしぼった研究をおこなっている．すなわち，«naturellement» は，(56) においては，後続の文全体を作用域とする文副詞類 (adverbial de phrase) であり，(57) においては，主語，動詞，直接目的補語といった，文の要素として文内に統合されている，文要素副詞類 (adverbial de constituant)[15] であるというぐあいである．それらの副詞類は，それぞれことなる位相の機能を果たしているということになる．しかしここで Nølke のあげている例 «naturellement» は，«naturel» また «nature» から派生した，副詞のなかではどちらかというと語彙的マーカーの例であるため，彼のような接近法でもあまり問題は起きないかもしれないが，より機能的マーカーと考えられる副詞，たとえば «ainsi» においてはどうであろうか．つぎの例文は，Nølke 流の分類によれば，文副詞類のひとつになる例である．

(58) Il [=l'enfant] développe alors des sentiments d'agressivité à l'égard du père mais en même temps il intériorise son autorité : **ainsi** se constitue le Surmoi qui censure les tendances incestueuses ; [...] (S. de Beauvoir, *Le deuxième sexe*, p.80)

---

[15] したがってこの概念は，フランス文法の伝統でいうところの，「状況補語 (complément circonstantiel)」に近いものであるといえる．

この例文においては，後半でのべられている《超我》が，どのようにして生まれるのかという細かな過程がその前にしめされていると理解できる．したがって，«ainsi» は，前半でのべられた過程を様態としてとらえなおし，後半の命題に下属させるという機能を果たしていると考えられる．つぎの (59) のような言い換えが可能であることが，それを証明している．

(59) L'enfant développe alors des sentiments d'agressivité à l'égard du père mais en même temps il intériorise son autorité : **c'est de cette façon que** se constitue le Surmoi qui censure les tendances incestueuses.

そのように考えてくると，(58) における «ainsi» の機能は，つぎの (60) の例におけるような，Nølke のいう文要素副詞類の «ainsi» の機能と，まったく共通しているということがわかる．

(60) Et pourtant la mère n'avait consulté aucun technicien pour savoir si la construction des barrages serait efficace. Elle le croyait. Elle en était sûre. Elle agissait toujours **ainsi**, obéissant à des évidences et à une logique dont elle ne laissait rien partager à personne. (M. Duras, *Un barrage contre le Pacifique*, p.54)

すなわち，(60) においてもまた，«ainsi» は，先行文脈でのべられた過程を様態としてとらえなおし，«ainsi» を統辞的にふくんでいる命題に下属させるという機能を果たしているからである．しかし，(58) を文副詞類，(60) を文要素副詞類というように，ことなる機能として分離してあつかうことは，いま見てきたような，まさに「機能」の点での共通性を無視することになってしまうのである．

したがって，本書では，語彙的単位としてのみならず，機能のレヴェルにおいても，マーカーごとに統一したあつかいをすることが重要であると考える．

2. 5. 4. 4. おわりに，次章からのマーカー研究の実際的な進めかたについて簡単にふれておきたい．マーカーの機能を分析してゆくうえで有効な方法は，マーカーによって一様ではなく，それぞれのマーカーの性質に応じてことなった手法で分析するべきであると考えられる．本書であつかうマーカーのなかでいえば，«il paraît que» や «il semble que» は，非人称構文であることからもわかるように，統辞的制約がきびしく，そのことに意味を見いださなければならな

第2章　証拠性の新しい概念化と接近法

いであろう．それにくらべて，«devoir» のように，やや語彙的形態素よりのものは，意味論的な探究を重視するというぐあいである．また，«il paraît que» や «il semble que» についても，もともと «paraître» や «sembler» といった，比較においていえば語彙的な用法をもつ動詞であるので，その動詞の本質的機能を探究してゆくことも不可欠であろう．

　マーカーごとにことなった指針で研究するべきであるということのもうひとつの理由は，先行研究の状況，そしてその研究のしかたが適切であったかという点においても，それぞれのマーカーで違いがあるということである．たとえば，«il paraît que» は伝聞をあらわす固定表現とされ，例外的とされることが圧倒的に多く，それ以上分析されることがほとんどなかった．そのため，いわば成句的なコンパクト性をうちやぶって，その内部構造を解明することに意義があると考えられる．それに対して，«devoir» については，統辞的研究はすでにかなり尽くされているが，意味的なメカニスムの探究を深化させなければならないという事情がある．

　したがって本書では，それぞれのマーカーの特性にあわせて，柔軟なしかたで分析をすすめてゆくことにしたい．

第2部

事例研究

第3章

Il semble que... について

3. 1. はじめに

　本章は，本書におけるひとつめの事例研究として，il semble que...[1] の機能について分析することを目的とする．以下の論述は，つぎにしめすような手順を追ってなされる．
　3. 2. il semble que... について
　3. 3. il semble à qqn. que... について
　3. 4. モダリティ表現説の再検討
　3. 5. sembler の本質的機能
　3. 6. おわりに
　3. 2. では il semble que... 型，3.3. では間接目的補語の入った il semble à qqn. que... 型の実例をみながら，それぞれの型の証拠性マーカーをどのように記述するかを考えてゆく．そのなかで，il semble (à qqn.) que... は，多くの場合，証拠性マーカーであると同時に，後続の内容に認識的モダリティを付与するモダリティ表現を兼務すると考えることになるが，sembler のおかれる時制や，à qqn. の人称などによって違いがでてくる．そこで3. 4. では，よりくわしく，いつ，いかに，il semble (à qqn.) que... がモダリティ表現になるのかを再検討する．3.5. では，人称用法もふくめて，動詞 sembler のさまざまな用法全般に通底する本質的機能について考察する．il semble (à qqn.) que... の機能をよりよく理解するうえでも，その中心となる動詞 sembler の本質的機能をおさえておくことは，きわめて有益であると考える．

3. 2. il semble que... について

　山田 (1990) は，日本語のソウダ，ヨウダ，ラシイなどと同様に，フランス語

---

[1] 簡便のために，一般化して示すときには il semble (à qqn.) que... のように，便宜的に現在形で代表させて表記することにするが，他の時制におかれた場合を除外するという意味ではない．

のil semble que... を，つぎのような項目に分類している．

「外観からの判断（外見証拠）
　見たところそのように見受けられるというのは，かなり推測を含んだ判断ではあるが，証拠が全然ないわけではない．ただ見たことをどのように理解するかの点で極めて主観的な判断にもなりうる．もともとは外見からの判断であることを示す表現がほとんど根拠のない憶測にも使われることがある.」(ibidem, p.103)

　このくだりを見てもわかるように，il semble que... のとらえにくい点は，ここにいう「判断」に根拠があるのかないのか，後続の命題は確からしいのか確かでないのか，微妙な位置を占めていることである．しかしもちろん，微妙であるとするだけでは無意味で，その微妙さがどのようなものであるかを明らかにすることが課題となる．Ducrot (1983) によるポリフォニー理論に依拠しながら，その問題に取りくんだのが，Nølke (2001) である．それは，il semble que... を意味論的に正面から扱った研究として，先例をみないものである[2]．したがって，まず，以下でその所説について見ることにより，本章の分析の予備的考察を行なっておくことにする．

3. 2. 1. Nølke (2001) の所説とその意味あい

　まず，Nølke (2001) の論旨を概観しよう．ただし，煩瑣をさけるため，理論的な細部は，できるだけ本書筆者の解釈によって要約することにする．

(1) Il semble que Marie soit malade. (ibidem, p.18)[3]
(2) J'ai l'impression que Marie est malade. (idem)

　(1) を (2) のように言いかえられることから，話者は命題内容に，ある意味で，

---

[2] sembler は，1970年代の一時期，Ruwet (1975)，大野 (1977) などの，主として生成変形文法による統辞論的な研究において，しばしば分析の対象となった．
[3] 例文には出典を示した．出典の示されていない例文は，本論文筆者が手をくわえて，フランス語母語話者インフォーマントの確認を得たものである．例文のはじめに付した記号《*》は，まったくの非文法性をあらわすのではなく，その文がきわめて不自然と感じられること，あるいは，発話されうる文脈を想定できないことをあらわす．また，《?》の記号は，そのように言うことが完全に排除されないにしても，多かれすくなかれ不自然さがともなう文であることをあらわす．ただし，研究書からの引用例の容認可能性の判断については，その研究書の原著者によるものを踏襲した．以上の点は，次章以降における例文の提示においても同様である．

責任をもっている．しかし，(1) に対する《pourquoi ?》という質問には，

(3) Eh bien, je ne sais pas, j'ai l'impression... (ibidem, p.21)

などのように，理由を明確にしないほうが自然であるという[4]．したがって，話者は，明確化になじまない指標を基盤にしているということである．また，

(4) *Selon un tel, il semble que la réunion ait lieu à 3h. (ibidem, p.22)

が容認不能であることから，情報源の明示とも相いれないということがわかる．以上のことをまとめて，Nølke は，il semble que... に関するつぎのような (ポリフォニー的) 記述を提起している．

(5) En énonçant *il semble que p* le locuteur met en scène (au moins) deux points de vue :
    pdv$_1$: la proposition véhiculée par *p* est vraie ;
    pdv$_2$: pdv$_1$ s'appuie sur un certain nombre d'indices qui ne se prêtent pas à l'explicitation ;
    l$_0$ [= le locuteur-en-tant-que-tel [5] ; n.d.a.] s'associe à pdv$_2$;
    L [= le locuteur-en-tant-qu'individu ; n.d.a.] s'associe à pdv$_1$ dans l'interprétation par défaut. (ibidem, p.23)

ここでは，観点 (point de vue)，ふたとおりの話者 (l$_0$, L) という理論的装置を

---

[4] しかし実際には，《Pourquoi ?》という疑問文に対して，たとえば，《Parce qu'elle n'est pas venue au travail aujourd'hui.》のように答えることは，とくに不自然ではない．Nølke は，「明確な応答が排除される」とまでは言っていないので，このままでも問題はないのかもしれないが，ミスリーディングではある．

[5] Nølke は，Ducrot (1984, とくに Chapitre 8) においてその詳細が提示されている《ポリフォニー理論 (théorie de la polyphonie)》を採用している．ポリフォニーとは，Bakhtine (1977) に源流をみることのできる概念で，語る主体 (sujet parlant) の単一性に疑義を呈し，それを複数的にとらえようとする発想に根ざしている．ここで問題となっている，lo と L を分ける考えかたは，ポリフォニー理論の一部をなす《内的ポリフォニー (polyphonie interne)》の概念による (ただし，Ducrot は，Nølke が lo と表記している主体を L，L と表記している主体を λ と表記しており，両者のあいだで L の表記が逆転していることに注意を要する．本章では，無用の混乱を避けるため，一貫して Nølke による表記に準拠した)．概略的にいえば，lo は，「話者としての話者 (le locuteur-en-tant-que-tel)」，すなわち，当該の発話文を発するかぎりにおける話者であり，L は，「個人としての話者 (le locuteur-en-tant-qu'individu)」すなわち，発話文にかかわりなく，世界を生きるかぎりでの話者である．したがってこれは，もちろん，存在論的な区別ではなく，あくまでも，役割としてとらえられた主体を問題にする理論であるといえる．

介することによって，間接的な関係になってはいるものの，実はこれは，伝統的な意味論における前提・主張の2分法による記述にも比せられうるものである．なぜなら，ポリフォニー理論における定義上，l_0 は主張を，L は前提をになう主体としても規定されているからである．すなわち (5) は，つきつめていえば，「p は真である」ということが，(デフォルトの解釈における) 前提であり，「p が真であるという判断は，明確化に適しない指標にもとづく」ということが，主張であるということになる．

Nølke (2001) のこの記述は，命題内容の根拠がかならずしも明確ではないという直観にはよく合致している．しかし，実際の構文 (補足節構文) と対応づけながら考えるとなると，どうしても不自然になる点がある．それは，p を直截に言明する，いわゆる定言的断定 (assertion catégorique) との対比で考えるとわかりやすい．つぎの例をみよう．

(6) Il semble que Marie soit malade. [=(1)]
(7) Marie est malade.

嘘や反語法などの，語用論的に有標の場合をのぞけば，(7) を発することは，(5) における pdv_1 を含んでいる．しかしもちろん，pdv_1 のよって立つ根拠については全く語られておらず，したがって，pdv_2 やそれに類するいかなる観点とも無縁である．一方，(6) に目を転ずると，形式的には主節 il semble がつけくわわり，命題を統辞的な補足節としている．したがって，(7) との対比において，(6) に独自である pdv_2 は，あらたに付け加わった統辞的主節 il semble に負うているということになるであろう[6]．

以上のような，補足節構文における要素との対応関係を考慮すると，(5) はつぎのように再解釈できる．すなわち，命題 (あるいは叙述関係) を，いわば，前提の位相へと追いやり，主節 il semble (あるいはそれによって標示される「指標の不定性」) を主張であるとするものなのである．

ところで，(5) の記述が生むこの帰結は，不自然なものである．すなわち，il semble que... は，統辞的に主節ではあるが，主張を担っているとするのはあたらない．結論を先どりして言えば，主張はむしろ後続命題にあり，主節は後続命題に付加される，モダリティ表現 (modalisateur) であるというのが本書の立

---

6 このことは，証拠性の本質とも合致している．なぜなら，pdv_2 は，証拠性マーカーが標示する対象，すなわち，命題の判断のもとになる根拠や，その根拠と命題との関係に関して語っているからである．

第3章　Il semble que... について

場である．このことは，以下で il semble que... の収集例に即して示してゆく．

3.2.2. il semble que... は証拠性マーカーとモダリティ表現を兼ねる
まず，実例の観察から始めよう．

(8) Boulanger : Il était juif, Bonnet ?
　Sagard : Monsieur Guilbourg, qu'est-ce qui se passe ?
　Père Michel : Calmez-vous les enfants. Les enfants... Les enfants, écoutez-moi. Ils (=les Allemands, collectivement ; n.d.a.) ont arrêté le Père Jean. **Il semble que** nous ayons été dénoncés.　(Scénario de «Au revoir les enfants»)

　はじめの2行は，その場がざわめいている様子である．次のミシェル神父のせりふは，「ジャン神父が逮捕された」という事実を示し，それを根拠とすることによって推論される，「われわれは密告されているかもしれない」という判断を，il semble que... で導いている．「ジャン神父の逮捕」は，「われわれが密告されていること」のひとつの徴候とされているとも言える．したがって，その徴候からする発話者の判断が，後続の命題に対してくだされていると理解することができる．つまり，il semble que... は，徴候を根拠（あるいは，推論の出発点）とする命題を導入しているという点で証拠性マーカー (marqueur évidentiel) であると同時に，みちびき出された命題内容の蓋然性に関する判断も示されているという点で，モダリティ表現 (modalisateur) でもあり，たとえば，つぎのように言いかえられるものである．

(8') Probablement / Vraisemblablement, nous avons été dénoncés.

　この言いかえによってもよく示されているように，直截に命題内容を断定する定言的断定（«Nous avons été dénoncés»）と比較して，つけ加わっているものは，ひとつには発話者による内容の蓋然性に関する判断である．換言すれば，定言的断定をくだすことが回避されているともいえるものであり，一定の不確実性 (incertitude) が生じている．実際，(8) には，断言を回避し，断定を緩和するような意味あいがある．
　つぎの例文においても，同様の観察が可能である．

(9) [湾岸戦争の経済的影響] Des efforts ont été faits par les constructeurs qui ont

第2部　事例研究

réduit de 25 % la consommation des voitures neuves. Cependant, la vitesse et l'augmentation de 60 % du nombre de voitures inverse la tendance. Mais cet appel à la raison sera-t-il entendu ? Pour l'instant, **il semble que** l'augmentation de prix du litre de super n'a pas découragé les Français... (*Antenne 2 - magazine*, octobre 1990, p.7)

　　ここでは，まず，「業界の自主規制にもかかわらず，自動車の消費はのびている」という事実が示され，その徴候からして，どうやらガソリンが高騰してもフランス人は影響されなかったようだという発話者の判断がくだされている．したがって，この例における il semble que... も，証拠性マーカーであると同時に，モダリティ表現として解釈され，つぎのように言いかえることができる．

(9') ... sans doute/probablement, l'augmentation de prix du litre de super n'a pas découragé les Français...

　　もうひとつ文例を検討しておこう．

(10) **Il semble que** les Français n'aiment pas le vert : les trois quarts de la salade partent pour l'alimentation animale ou la poubelle.
(*Antenne 2 - magazine*, février 1991, p.34)

　　ここでは，il semble que... の導く判断の手がかりになる徴候は，後文脈に示されている．しかし，(8) ― (9) と同様に，証拠性マーカーとモダリティ表現を兼務しているであることは変わりなく，たとえばつぎのように言いかえることができる．

(10') Apparemment / Vraisemblablement, les Français n'aiment pas le vert ...

　　以上の観察をもとに, il semble que... に関する仮説を提起しよう．

(11) **il semble que... の機能に関する仮説**
(i) il semble que... の機能は，つぎの (ii) として示す，モダリティ的部分 (composante modale) と，(iii) として示す，証拠性的部分 (composante évidentielle) とをあわせもつ．

(ii) il semble que... は，後続の内容に対してモダリティを付与する付随的な要素，すなわちモダリティ表現 (modalisateur) である．il semble que... の付与するモダリティは，認識的モダリティ (modalité épistémique) に属する．

(iii) il semble que... によって示される判断は，後続の命題が表わす事態の間接的な指標 (外観・徴候・雰囲気など) を基盤として，推論[7] によってみちびかれるものである．この点は，sembler の語彙的独自性であると考えられる．

この仮説について，以下に補いを述べる．まず，(i) のようにいえるのは，これまでの例文の観察からもわかるように，il semble que... が，なんらかの間接的な徴候を手がかりとして，推論によってみちびかれた内容を示すという点で，証拠性 (évidentialité) をあらわしており，同時に，その内容の蓋然性に関する発話者の判断を示しているという点で，モダリティ (modalité) の標示，より細かにいえば，認識的モダリティの標示でもあるからである．

つぎに，(ii) が正しいとするなら，il semble que... が，他のモダリティ表現とさまざまな点で平行性が認められるはずである．のちに 3. 2. 3. から 3. 2. 6. で見るように，事実はそのとおりで，通例，代表的なモダリティ表現として認められている離接詞 (disjonctif)[8] や，いわゆる法的準助動詞のうちの認識的用法 (emploi épistémique) と，統辞的・意味的なふるまいの点で，多くの共通点が確認されるのである．

そして，(iii) については，のちに 3.5. で sembler の本質的機能について考察するときに，よりくわしく見ることにする．

3.2.3. 仮説を支持する現象

以下，本節から 3. 2. 6. にかけて，仮説 (11) を支持すると思われる現象について，簡単なものから順次見てゆこう．第1に，つぎの例のように，il semble が，倒置されて挿入文になる場合があるということがある．

(12) Des livres partout! Depuis 48h, la France entière s'est mise à la page pour relancer un produit qui est, **semble-t-il**, en perte de vitesse. Les chiffres sont alarmistes :

---

7 本書で，とくにことわりなく推論 (inférence) という用語をもちいるときは，論理学的に厳密な意味 (ある命題から，真偽値のひとしい別の命題への移行) でいうのではなく，日常的な思考において，ある条件からその帰結への移行をひろく指ししめすものとする．

8 Greenbaum (1969) が起源で，Mørdrup (1976), Molinier (1990), Nølke (1993) など，副詞類 (adverbial) の研究に受けつがれている概念である．概略的にいえば，文副詞類のうち，接続的に機能するもの (合接詞 conjonctif あるいは連結辞 connecteur とよばれる) を除外したものを指す．

actuellement, nous lisons en moyenne 20 minutes par jour, mais nous passons près de deux heures devant la télé. (*Antenne 2 - magazine*, décembre 1990, p.17)

　周知のごとく，挿入文は(機能的概念としての)離接詞になるものであるから，この例は，il semble が離接詞であることを示しているといえる．
　第2に，統辞論において頻繁に議論されてきた，いわゆる主語上昇(montée du sujet) の現象をあげることができる．

(13) **Il semble que** Françoise ait mangé des gâteaux. （大野 1977, p.1)
(13') Françoise semble avoir mangé des gâteaux. (idem)

　(13) は，大きな意味の変化なく，(13') のように言いかえることもできる[9]．そして，(13') は，統辞的にみれば，たとえば«Françoise doit avoir... »における devoir のような，法的準助動詞(para-auxilaire modal) と平行的にとらえられるものである．
　第3に，強調アクセントの現象がある．Bourdin (1988) によると，

(14) Hercule Poirot **SEMBLE** avoir trouvé la solution, mais c'est en réalité Sherlock qui l'a trouvée. (ibidem, p.46)

　のように, il semble que... のみちびく内容と，mais 以下の内容に矛盾があるときには，semble に強調アクセントがおかれるという．この例はHercule Poirot が主語に立っているが，インフォーマント調査を行なったところ，

(14') Il **SEMBLE** qu'Hercule Poirot ait trouvé la solution, mais c'est en réalité Sherlock qui l'a trouvée.

　のように，il semble que... に書きかえた例であっても，少なくとも (14) と同じ程度には，強調アクセントをおくことが自然であるという回答が得られた[10]．また，つぎの例においても，同等にアクセントをおくことが自然であるという

9　もちろん，これらふたつの構文は，統辞的な書きかえ関係にあるにすぎず，意味構造の点では相違点がある．それについては，7.2. 節で論ずる．
10　Bourdin (1988, p.46) を見る限り，(14) の例ではかならず強調アクセントをおかなければならないかのような印象を受けるが，本書文筆者の調査の範囲内では，実際には，(14), (14'), (15) で強調アクセントを用いることはすべて任意である．しかし，それらの例において強調アクセントを用いうることには変わりはない．したがって，その強調アクセントの機能に関しては説明がなされるべきであり，ここでの議論も有効である．

ことである.

(15) Il **SEMBLE** que l'on vive dans une démocratie, et voilà ce qui se passe !

(Nølke 2001, p.21, nos majuscules)

　Bourdin (1988) は現象を指摘するにとどめて，説明を与えていないが，本書文筆者の解釈では，強調アクセントは，本来主節が主張でないことを傍証する現象である．本来主張でないからこそ，いわば，無理やりに，主張の地位をあたえる手段として，強調アクセントがあるのである．

3. 2. 4. il semble que... と疑問

　さらに，(11) の論拠として，疑問に関する現象がある．結論を先どりしていうと，il semble que... は，疑問の作用域に入ることができないという点で，認識的モダリティをあらわすほかの要素と共通している．つまり，

(16) *Semble-t-il que le temps s'améliore ?
(17) *Est-ce qu'il semble que le temps s'améliore ?

などのように言うことはできない．それと同様に，

(18) *Pierre aime Marie certainement / évidemment /... / visiblement / vraisemblablement ? (Mørdrup 1976, p.47)

などのように，離接詞も，疑問の作用域内では容認不能となる．また，法的準助動詞に関しても，

(19) Pierre doit-il / peut-il venir ? (Sueur 1979, p.109)

のようにすると，Sueur によれば，準助動詞の認識的な読みは阻止され，根源的(radical)な読みだけに限定される．すなわち，ここでもまた，認識的モダリティは疑問の作用域に入ることができないということである．その一般的性質を，il semble que... も共有しているのである．

　また，il semble que... と疑問との関係にかかわる現象としては，大野 (1977, p.13) が指摘する oui/non/si による付加疑問の現象をあげることができる (古石

1989, p.36 もまったく同趣旨である)．oui/non/si による付加疑問とは，つぎの (20), (21) のようなタイプの疑問文である．たとえば (20 a) では，ce soir が下降音調，oui が上昇音調で発音される．

(20) a. Il vient ce soir, oui ? (大野 1997, p.13)
　　b. Il vient ce soir, non ? (idem)
　　c. *Il vient ce soir, si ? (idem)
(21) a. *Il n'est pas nerveux ce matin, oui ? (idem)
　　b. Il n'est pas nerveux ce matin, non ? (idem)
　　c. Il n'est pas nerveux ce matin, si ? (idem)

　(20), (21) にみるように，付加疑問において，oui と si は相補分布をなしており，肯定文のあとでは oui は用いられるが si は用いられず，否定文のあとでは si は用いられるが oui は用いられない．
　それでは，(22) のような文のあとで，このタイプの付加疑問をつくるとすると，どのようになるであろうか．

(22) Il semble qu'elle ne vienne pas ce soir. (idem)

それは，つぎの (23) のようになり，oui と si は (22) と同様に，あたかも文全体が否定文であるかのような分布をしめすことになる．

(23) a. * Il semble qu'elle ne vienne pas ce soir, oui ? (idem)
　　b. Il semble qu'elle ne vienne pas ce soir, non ? (idem)
　　c. Il semble qu'elle ne vienne pas ce soir, si ? (idem)

　大野 (idem) もいうように，この現象は (23) における主節の il semble の部分が，付加疑問による疑問の対象にならず，否定形におかれた補足節の部分だけが疑問の対象になっているということを示しており，上記で (16), (17) に関しておこなった議論と一致する．

3. 2. 5. il semble que... と否定
　否定についても，ほぼ同様の議論が成りたつ．すなわち，認識的モダリティは，それ自体が否定されることはありえず，il semble que... もその 1 例である．たとえば，大野(1977) は，つぎの例を引き，

第3章 Il semble que... について

(24) Il ne semble pas qu'il pleuve. (ibidem, p.15)
(24') Il semble qu'il ne pleuve pas. (idem)

　(24) の解釈は，概略的には (24') にひとしくなる[11] ことから，sembler は，croire などと同様に，「かっこ動詞 (verbe parenthétique)」であるとしている．すなわち，形式として主節 (の動詞) を否定することにより，補足節を否定することになるものである．このことを意味論的に説明するなら，つぎのようになる．croire や penser などの動詞は，思考活動を標示するものであり，それを否定しても，思考活動の不在はありえないということである．これは，認識的モダリティ全般が否定されえないこととともあい通ずる原理であり，(24)，(24') でみたように，il semble que... についても同様である．
　離接詞について見てみよう．まず，語彙的に，つぎのような「否定の離接詞」は存在しない．

(25) *Incertainement, ils partiront demain. (Nølke 1993, p.162)

また，つぎのように，一般の離接詞が否定の作用域に入ることもできない．

(26) *Pierre n'aime pas Marie certainement. (Mørdrup 1976, p.49)

法的準助動詞についても，pouvoir については同様である．

(27) Pierre ne peut pas travailler. (Sueur 1979, p.107)
(28) Pierre ne doit pas travailler. (idem)

---

[11] しかし，(24) のような文と (24') のような文とで，解釈がまったく同じというわけではない．いつもはっきりと差異があらわれるわけでもないが，たとえば，つぎの実例では明確に理解できるであろう．
　(i) **Il ne semble pas**, d'ailleurs, que la solution donnée par Kant ait été sérieusement contestée depuis ce philosophe ; même, elle s'est imposée – parfois à leur insu – à la plupart de ceux qui ont de nouveau abordé le problème, nativistes ou empiristes.
　　　　　　　　　　(H. Bergson, *Essai sur les données immédiates de la conscience*, p.69)
この例においては，il ne semble pas という否定形は，後続の命題を否定に転換するというよりは，「<u>...というわけではないようである</u>」というぐあいに，その命題の潜在的な言明を否定する，メタ言語的否定 (négation métalinguistique)，あるいは，Nølke (1993, p.234) のことばでいえば，論争的否定 (négation polémique) をあらわしていると思われる．

第2部　事例研究

　Sueur によると，(27) には認識的解釈はありえず，これまでの議論と一致している．(28) については，実は認識的解釈も排除しきれないため，別個に考えなければならないが，本章の目的を逸脱するので，ここでは立ち入らないことにする．この devoir の例外的なふるまいだけを除外して，一般的に言えば，認識的モダリティは，否定の作用域に入ることはできず，il semble que... もその性質を分かちもっているということは確認されたとしてよいであろう．

3. 2. 6. il semble que... と時制

　他の認識的モダリティと同様，il semble que... も，時制に関して注目すべきふるまいを見せる．これまでは，現在形の例のみを扱ってきたので，ここではほかの時制におかれた場合を考えておくことにしよう．
　まず，複合過去から見てゆこう．

(29) *Il a semblé que le temps s'améliorait.

　のような例は許容されず，il a semblé que... という形で複合過去におかれた実例も収集されなかったが，つぎの例のような，間接目的補語をともなった例は現れる．

(30) Lui : J'ai accompli à dessein quelques bonnes actions en achetant à de pauvre gens, des objets sans valeur. **Il m'a semblé** qu'elle l'apprenait avec un réel plaisir.
(Scénario de «Une femme douce»)

　母語話者の直観によると，このような複合過去の例においては，後続命題の内容が《それらしい》と判断されるのは，過去のある時点においてではなく，発話時点においてであるということである[12]．実際，複合過去の場合は，後続命題に対する判断がくだされる時点が，発話時点であるか，少なくとも発話時点に関連づけられるという特徴がある．そのことは，法的準助動詞 devoir に関して，Martinon (1927, p.349) が指摘している現象と軌を一にする．

(31) Vous avez dû le rencontrer. (idem)

---

[12] 実際，たとえば，J.-Ph. Toussaint, *La réticence*, Minuit, 1991. のような，直接話法のせりふさえない，純然たる語りのテクストから文例をさがすと，(24) のような複合過去の例は1例も出てこない．過去への投影である物語においては，半過去のほうがふさわしいのである．

(32) Vous devez l'avoir rencontré. (idem)

(31) のように言っても，話者が命題 < vous - le rencontrer > を確からしいと思っているのは，発話時点においてであり，(32) と同様であるという．このことは，il semble que... の，法的準助動詞との類似性をさらに裏づけるものである．

単純未来についてはどうであろうか．

(33) *Il semblera que le temps s'améliorera.

はまったく許容されず，用例も収集されない．これもまた，法的準助動詞の認識的用法が，単純未来と相容れないことと平行的である．

つぎに，半過去の場合である．半過去の用例は多く観察され，つぎのように，間接目的補語をともなわない例も収集された．

(34) On se bornait a me faire préciser certains points de mes déclarations précédentes. Ou bien encore le juge discutait les charges avec mon avocat. Mais en vérité ils ne s'occupaient jamais de moi à ces moments-là. Peu à peu en tout cas, le ton des interrogatoires a changé. **Il semblait que** le juge ne s'intéressât plus à moi et qu'il eût classé mon cas en quelque sorte. (A. Camus, *L'Etranger*, pp.109-110)

後続命題中に，接続法半過去が用いられていることが目を引くが，ここでは問題にしない[13]．母語話者の直観によると，このような半過去の例では，上述の複合過去の場合と異なり，後続命題に対する判断がくだされている時点は，過去の1時点であると感じられるという．すなわち，複合過去の場合とちがって，Reichenbach (1947, p.287 sqq.) のいう基準点 (point of reference) が，発話時点ではなく過去の1時点にあるのである．あるいは，市川 (1988) の用語で言えば，「発話空間から隔たった点に，指示空間を設定する」(ibidem, p.90) 操作がなされているのである．いずれにしても，(34) に関する上述の確認は，先行研究が半過去全般に関して論ずるところとも見あっている．

---

[13] 接続法の使用については，Nølke (2001) でも少しふれられており，また，用例を調査した統計的研究に Hasselrot (1973) がある．しかし，本章においては，接続法の問題は扱わない．後続命題中で接続法を使うか否かは，規範や個人的な文体差などの作用で，インフォーマントによってもまったく違った結果が出てくるものである．たとえば，間接目的補語のつかない il semble que... のあとでは，規範的な人は機械的にすべて接続法を用いる一方，正反対にすべてを直説法にする母語話者もいるというぐあいである．

以上のことから考えると，つぎの(35)のようなふたつのレヴェルを想定することがよいように思われる．

(35) 知覚レヴェルと発話レヴェル [その1]
(a) 知覚時点 (moment de perception) が属する，知覚レヴェル (niveau de perception)
(b) 発話時点 (moment d'énonciation) が属する，発話レヴェル (niveau d'énonciation)

半過去の基準点となる《過去の1時点》とは，il semblait que... の場合にあっては，所与の主体によって命題内容となる事態が感知された時点である．言いかえれば，知覚時点である．そして，半過去によってこれらふたつの時点の間の視点の隔たりがもたらされるということは，ひいては知覚と発話のふたつのレヴェルの隔たりが設定されるということである．隔たりが設定されるためには，その操作がなされるべき対象として，あらかじめふたつのレヴェルが存在していなければならない．したがってここでは，sembler の意味に，本来ふたつのレヴェルが内在していると考えるのが妥当であるということになろう．

なお，半過去の場合も，収集された用例の数としては，間接目的語をともなった例のほうがはるかに多かった．間接目的補語をともなった例については，次節3.3. で論ずることにする．

以上，主として複合過去・半過去の例について検討してきたが，おわりに，ここで見てきた，il semble que... がどちらの時制におかれるかによる相違もまた，認識的用法の法的準助動詞の場合と平行的に考えられることを指摘しておこう．

(36) Elle pouvait avoir trente ans. (山田 1990, p.141)
(37) J'ai pu faire une erreur. (idem)

山田(1990)では，これらの例は，判断時が発話時点と同時でもそれ以前でもありうることの例示としてあげられている (ただし，半過去と複合過去の差異は等閑に付されており，機械的に定式化されているきらいがなくはない)．インフォーマントによると，(36), (37) の自然な言いかえは，それぞれ，

(38) Je lui donnais trente ans.

(39) Il est possible que je me suis trompé.

などのようになる．したがって，法的準助動詞においても，半過去におかれたときには，判断時点が過去の1時点に位置し，複合過去におかれたときには，発話時点にあるといえる．この差異は，il semble que... における差異と平行的なものである．

なお，法的準助動詞との平行性は認められても，半過去におかれている例について，モダリティ表現であると認められるかどうかには問題が残る．それについては，のちに3.4.節で論ずる．

3.3. il semble à qqn. que... について

本節では，il semble à qqn. que... というように，間接目的補語の入った形式について考察をすすめてゆく．ここで主たる論点になるのは，(i) à qqn. のステイタスはどのようなものであるかということと，(ii) à qqn. がそのステイタスを占めることによってどのような機能を果たしているかということである．

3.3.1. Nølke (2001) の所説とその意味あい

3.2. と同様に，まず Nølke (2001) の論旨を概観し，その意味するところについて考察することにより，本節での議論の準備としよう．

Nølke によると，il semble que... を用いると，l_0 は p の示す観点の責任 (responsabilité) を負わないので，この表現は，彼の論文の標題にもなっている《言語による責任の稀釈》(dilution linguistique des responsabilités) を標示するといえる．この責任の稀釈に対して，だれが pdv_1 の責任を引きうけるのかを示す手段として，間接目的補語がある，とする (ibidem, p.24)．例証として，つぎのような文例があげられている．

(40) Il semble que Marie soit malade. (idem)
(41) Il me semble que Marie est malade. (idem)

Nølke の主張は次の通りである．(40) の自然なパラフレーズは，«j'ai l'impression que...» であるのに対して，(41) は «je crois que...» である．(41) の場合は，話者は，p の真実性を受けいれるにあきたらず，みずから考慮に入れようとしているのである．それゆえに，

第2部　事例研究

(42) *Il me semble qu'on vit dans une démocratie, et voilà ce qui se passe.

(Nølke 2001, p.25)

は排除される，というのである．

　自然なパラフレーズから出発したこの記述は，パラフレーズが示しているような確信度の違いの直観に，よく合致するという利点がある．しかし，そのことはそのまま弱点にもなっている．問題点は，il semble que... が稀釈するという《責任》と，与格がしめす《責任》とが，あたかも自明のことであるかのように，同一レヴェルでとらえられてしまっていることである．ともすると，ポリフォニー理論の適用を急ぐあまり，《責任》の規定などの点が見すごされているのではなかろうか（本章では，のちにこの《責任》の内容を区分することについても考える）．同様の問題点は，つぎのような記述にもあらわれている．

«[...] alors que le pronom personnel nominatif (de la première personne) renvoie à l_0, la fonction (polyphonique) du datif semble être de renvoyer à L» (idem)

　ポリフォニー理論によるL, l_0 の2分法を前提としているために，この主張に関する論証は，à qqn. の指示対象は，l_0 ではありえないのでL に他ならない，といった論法をもってなされている．しかし，そのように，いわば消去法でL を割りふってしまうと，il semble que... の記述において，そのL が pdv_1 に結びつけられていたこととの関係はどのようになるのかという問題が生ずる．すなわち，pdv_1 は，命題の真理性を措定する観点であったが，はたしてそれを，à qqn. が指示する主体に直接負わせることができるのであろうか．

　この混乱は，知覚レヴェルと発話レヴェルとの峻別が明確になされていないことから来ているように思われる．したがって以下では，ふたつのレヴェルの区別に立脚して，à qqn. の分析を行なってゆきたい．

3. 3. 2. à qqn. は知覚主体を明示する

　結論から言うと，à qqn. は，ここで《知覚主体》(sujet percepteur) とよぶことにする，あくまでも知覚レヴェルに属する主体を指示しているものである．

　収集例を観察することから始めよう．

(43) «Tout n'est pas dit, Elsa. Revenez avec moi.

　　— Je reviendrai bientôt prendre mes valises, sanglota-t-elle. Adieu, Cécile, nous

nous entendons bien. »

　Je n'avais jamais parlé avec elle que du temps ou de la mode, mais **il me semblait** pourtant que je perdais une vieille amie.　(F. Sagan, *Bonjour tristesse*, p.43)

　ここで間接目的補語の me があらわしているのは，que 以下の内容を感知する主体であり，上述の《知覚主体》にあたる．現実には，発話者にひとしい「わたし」にほかならないにしても，あくまでも知覚レヴェルに属する役割としての「わたし」が問題になっているである．半過去が用いられているので，3.2.6. 節で展開した議論に関連づけて言うと，知覚時点における「わたし」なのである．このことを図式的にまとめておくと，つぎのようになる．これは(35) を手直ししたものである．

(44) 知覚レヴェルと発話レヴェル [その2]
(a) 知覚レヴェルには，知覚時点，知覚主体 (sujet percepteur) が属する．
(b) 発話レヴェルには，発話時点，発話者 (énonciateur) が属する．

　また，(43) の例文の観察として，同時に指摘しておきたいことは，que 以下の内容が心理状態であるということである．実際，(43) を自然な日本語に訳するなら，「… しかし私は，古くからの友だちを失うような心もちがした」というぐあいであろう．
　この (43) の例もふくめて，収集した例を実際に見てゆくと，間接目的補語をともなわない形式のときには，que 以下の内容が比較的 factuel なものが多いのに対して，間接目的補語をともなう場合は，que 以下には心理状態や感覚と関係したことが来やすい，ということに気づく．つぎの例も同様である．

(45) Abandonner la comédie, confier ma vie, me mettre entre ses mains jusqu'à la fin de mes jours. Je n'avais jamais ressenti une faiblesse aussi envahissante, aussi violente. Je fermai les yeux. **Il me semblait** que mon coeur cessait de battre. (F. Sagan, *Bonjour tristesse*, p.77)
(46) Marguerite : Vous ne croyez à rien ?
　Henri : Oh, si ! Je crois au diable.
　Marguerite : Ne prononcez pas son nom ! **Il m'avait semblé** que quelqu'un était là, qui nous épiait... (Scénario de « La beauté du diable »)
(47) Béatrice : Et vous l'aimez ?

Modigliani : Si je te disais le contraire, me croirais-tu ?

Béatrice : Et quelle impression éprouvez-vous ?

Modigliani : **Il me semble** que maintenant pour moi tout est possible... que je pourrais peindre l'univers entier, ... mais que si je voulais peindre l'univers entier... c'est un portait d'elle que je ferais...　　(Scénario de « Montparnasse 19 »)

(48) Le soleil était doux et chaud, **il me semblait** qu'il faisait affleurer mes os sous la peau, qu'il prenait un soin spécial à me réchauffer. Je décidai de passer la matinée ainsi, sans bouger. (*Bonjour tristesse*, p.102)

(49) [tombé en plein désert] Je m'en vais donc, mais **il me semble** que je m'embarque en canoë sur l'océan. (Saint-Exupéry, cité dans Tamba-Mecz 1981, p.163)

　(45) については，心臓が実際に止まるはずがないので，隠喩的に心理状態に言及しているものであることがわかる[14]．自然な訳は，やはり，「心臓が止まるような心もちがした」というあたりであろう．(46) は sembler が大過去におかれているが，間接目的補語の使用に関して言うべきことは同じである．つまり，「だれかがいて，私たちの様子をうかがっているような気配がしていた」という趣旨であり，知覚動詞にさえ比せられるものである．(47) においても，モディリアニは，「いまならなんでもできるような気がする...」という恰好で，自らの心もちについて語っているのである．(48) は，朝，陽光をあびているときの感覚を，(49) は，砂漠のただなかにいる心細さを，それぞれ隠喩的に語っているのである．このように，il me semble que... は，心理状態や感覚をみちびくことが多いのである．

　つぎは，やや破格的な実例を見ておこう．破格構文にもそれが生ずる理由があり，破格であるからこそ考察の対象にすることができると思われるからである．

(50) Lecteur dès son apparition de *Cours de linguistique générale* de Saussure, **il nous a semblé**, dès ce moment, et toujours depuis, que la tâche de la preuve et de l'explication complète en la matière était un legs du maître à ses disciples.

(G. Guillaume, *Langage et science du langage*, p.221)

　例外的であるのは，文頭の，同格におかれた無冠詞名詞句 «Lecteur dès son

---

[14] 心理状態 (あるいは感覚) は，具象性がなく，そのままでは表現しづらいことから，隠喩の仮象をもちいてあらわされることが多いが，(46) の例にみるように，il me semble que... 以下にかならず隠喩表現がくるわけではない．

apparition ...»が，主節中では，間接目的補語の nous にかかっている点である．しかし，そのことから確認できることがある．まず，間接目的の nous が，語彙的にも知覚主体をあらわす lecteur と同格におかれているこということから，nous が《知覚主体》を示しているということがわかる．また，間接目的であっても同格句を受けなおすことができるということは，この文においては，《知覚主体》が，ほかの文でいえば主格に相当するほどの中心的な役割を，意味的に果たしているということを示している．このことは，これまでの例において，心理状態や感覚への言及が多かったこととも関連している．すなわち，《知覚主体》が生起することによって，それが属する知覚レヴェルがきわだつようになる，という原理が共通しているのである．なお，この例においては，複合過去の «il nous a semblé» が，副詞句 «dès ce moment, et toujours depuis» と共起している．このことは，一見 3.2.6. における複合過去の記述と矛盾するように見えるかもしれない．しかし，実際にはここで共起している副詞句は，あくまでも「今にいたるまでずっと」という趣旨であるから，知覚時点は発話時点に及んでおり，さきの議論への反例とはならないものである．

　最後に，これまでの考察をまとめて，il semble à qqn. que... に関する一般的な仮説として提出しよう．

(51) il semble à qqn. que ... に関する仮説
(i) 間接目的補語 à qqn. は知覚レヴェルにおける主体，すなわち知覚主体 (sujet percepteur) を明示する機能を果たす．
(ii) à qqn. の生起により，知覚レヴェルと発話レヴェルの対照がきわだち，とくに à qqn. の示す知覚主体の属する知覚レヴェルが前面に押しだされる．

　この仮説について，以下に敷衍して述べたい．(i) においては，à qqn. の機能が，知覚主体を，あくまでも明示 (explicitation) することにあるという点が重要である．つまり，知覚主体は，意味構造としては当然想定されるものであり，それがなにかということが文脈上もともと明らかである場合もあるが，たとえそのような場合であっても，à qqn. が生起するときは，いわば，「わざわざ」，知覚主体を示しているということなのである．また，逆にいえば，à qqn. がないとき，当該の主体が存在しないわけではない．

　そして，(ii) で示した à qqn. の機能は，つきつめていえば，à qqn. が生ずる場合と生じない場合でどのような違いがあるかということでもある．この仮説によって，que 以下に心理状態や感覚をあらわす内容が来やすいことや，単独で

は使えなかった複合過去が使えるようになること，半過去もより多く使えるようになることをも説明できるようになる．

　なお，本書のそのような考えかたとの対比のためにいうと，il semble que... と il semble à qqn. que... の比較に際しては，従来，往々にして，《確信度》((degré de) certitude) の高低が語られてきた．しかし，知覚主体が明確に示されることにより，確信度は上がるともいえ (Nølke はこの立場である)，逆に，知覚主体が限定されることにより，確信度は下がるともいえるともいえる (古石 1989, p.38 は，「『話者の個人的意見』という色彩が強くなる」といっており，この立場に近い．ただし，論証効力 (force argumentative) に言及して，正当にも，「同じ «échelle» 上にない」(ibidem, p.43) としている)．こうして見ると，この問題に限らずモダリティ論全般にみられる確信度の高低という議論は，観点によってどちらともいえる性格もあって，ミスリーディングであると思われる．すくなくとも，単線的な階梯としての《確信度》を問題にするのではなく，むしろ，質的な差異を問題にしてゆくべきであると考える．

　まさにその，質的な差異という点で，il me semble que... には注目するべき用法がある．それは，2.3.1. 節でみたような，語調緩和のための表現としての用法である．実例を再引用し，どのようなものであったか，再確認してみよう．

(52) – Monsieur le secrétaire, **il me semble que** M. Gayaud avait dit, il y a un an : « Aucun sport n'est vraiment contre-indiqué ...»

(A. Blondin, Ma vie entre les lignes, p.277)

　(52) では，もちろん，1 年まえのことで，発話者の記憶がやや不確かになっているという解釈も完全には排除できないものの，どちらかというと，「ゲヨー氏は，1 年まえ，『スポーツならなんでも，身体に悪くはない』とおっしゃっていた<u>と思うのですが</u>...」というように，発話者としては確信していることであっても，あえてその語調を緩和して，ひかえ目ないいかたをしていると見るほうが自然であろう．それはすなわち，対話者間の衝突をまねくおそれのある峻厳なスタイルの反駁を回避するという，発話上の方略 (stratégie énonciative) である．

(53) **Natacha**. Je m'appelle Natacha.
　　Jeanne. Et moi Jeanne, je suis une amie de Corinne.
　　Natacha. Corinne ? Je ne vois pas.

第3章 Il semble que... について

Jeanne. Nous sommes pourtant chez elle **il me semble**.
Natacha. Ah oui ! Moi, je ne connais personne ici.

(E. Rohmer : *Conte de printemps,* p.14)

　(53) の例は，まえの例よりいっそうはっきりと，確かな事実であるが語調を緩和しているという特徴があらわれている．ジャンヌは，ここはコリーヌの家であるということを完全に知っており，もちろん確信しているのであるが，そのうえで，ナターシャに対する反駁がむき出しの粗暴さにならないよう，「ここはコリーヌの家だと思うんだけど」というように，語調を緩和して言っているのである．
　これらの例は，いずれも，間接目的補語をとりさって，il semble を用いようとすると不自然になる．

(52') ? Monsieur le secrétaire, **il semble que** M. Gayaud ait dit, il y a un an : « Aucun sport n'est vraiment contre-indiqué ... »
(53') ? Nous sommes pourtant chez elle **il semble**.

　このことは，il me semble が，緩和表現として il semble よりも適していることを示している．
　それはなぜかというと，一見したところでは，《確信度》が低いということが，語調緩和に結びついているというように思えるかもしれない．古石 (1989) は，語調緩和の用法を扱ってはいないが，上記でみたように，「話者の個人的意見」というニュアンスに言及している．曽我 (1996) は，本来命題の「蓋然性が中程度と判断していること」(ibidem, p.333) をあらわすモダリティマーカーである il me semble を，発話者が命題を「真または蓋然性が高いと判断している」(p.334) 場合にもあえて用いることで，「謙虚さを示す」，「衝撃をやわらげる」，「独断的でない姿勢を示す」(pp.335-338) などの談話上の効果を生むとしており，おおむね，《確信度》の低さによる説明であるように思われる．
　しかし，以上にのべたように，il me semble の《確信度》が il semble のそれより低いとすること自体，あまり意味のない議論である．むしろ，直接経験が視覚，聴覚などの感覚による感知であることから，知覚主体を明示し，知覚レヴェルを前面に出す il me semble が適合するということが考えられるのではなかろうか．断定の語調を緩和するために il me semble が用いられやすいということには，直接経験という実際の知覚のありかたが，il me semble ともともと近似して

115

いるからである．その近似性のゆえにこそ，発話者は直接経験によって感知した内容をあらわすにも無理なく il me semble を用いることができるのである．

Il me semble を用いることで語調緩和が感じられるのは，たとえば(53)において，

(53'') Nous sommes pourtant chez elle.

とだけいう，無標の「定言的断定」との対比によって，一定の不確実性が導入されるからであると考えられる[15]．

3.3.3. 知覚主体が１人称でないとき

以上で観察してきた例文では，間接目的補語はすべて１人称であった．収集例のなかでも１人称が圧倒的である．しかしもちろん，１人称以外が来ることも可能である．つぎの例をみよう．

(54) Il semble au médecin qu'une nouvelle crise va survenir. (Nølke 2001, p.25)
(55) Il te semble que je ne peux pas résoudre ce problème ? (ibidem, p.26)

Nølke によると，(54) は医者の見解の表明の伝達として，報告話法的に解される．また，(55) は «plutôt rhétorique» であるという．ただし，Nølke は，これらの例を，間接目的補語として１人称以外も可能であることの例としてあげているだけである．基本的には，これらの例についても，本章のこれまでの議論が有効である．すなわち，知覚レヴェルと発話レヴェルとを峻別する仮説に立つことによって，人称において両者が異なっているこのような例を理解することができるのである．

たとえば，つぎのような実例を見てみることにしよう．

(56) **Il vous semble** que vous éprouvez un bien-être et une légèreté merveilleuse ; nulle fatigue. Mais à peine êtes-vous debout qu'un vieux reste d'ivresse se manifeste. Vos

---

[15] 以上でこころみたのは，il semble よりも il me semble のほうが比較において緩和表現として適することの説明である．しかし，緩和表現として解されること自体は，無標の「定言的断定」との対比によるわけであるから，me による知覚主体の卓立化のみならず，sembler の機能もあずかっていると思われる．実際，のちに 3.5.3. 節で，(91) の例によってみることになるが，sembler の人称用法にも緩和の解釈がはっきりと見られる場合がある．動詞 sembler の機能からいかに緩和の解釈が出てくるかについては，3.5. 節全体を通じて，sembler の本質的機能の考察をおこなうことによってはじめて理解できるであろう．

jambes faibles vous conduisent avec timidité, vous craignez de vous casser comme un objet fragile. (Baudelaire, *Les paradis artificiels*, p.51)

　この例は，大麻を吸引したときの感覚について語っているものである．第2文の Mais 以下で，それは尋常の感覚ではなく，幻覚であったことがしめされているが，重要なことは，幻覚について語るには，あくまでも知覚主体と発話者のあいだに明確な懸隔がなければならず，ひいては知覚レヴェルと発話レヴェルのあいだにも乖離がなければならない，ということである．さらに，(51 ii) で見た，間接目的補語が生じることにより，知覚レヴェルが前面に押しだされるという点もまた，この例にあてはまることである．たとえそれが幻想にすぎなくても，あるいはむしろ，幻想にすぎないからこそ，(56) は知覚レヴェルについて語っているといえるのである．

　ところで，発話者の，que 以下の命題内容に対する信じかたを考えると，これまでとは事情が違ってくるところがある．つぎの収集例でそのことを見よう．

(57) **Il leur avait semblé à tous les trois** que c'était une bonne idée d'acheter ce cheval. Même si ça ne devait servir qu'à payer les cigarettes de Joseph. D'abord, c'était une idée, ça prouvait qu'ils pouvait encore avoir des idées. Puis ils se sentaient moins seuls, reliés par ce cheval au monde intérieur, tout de même capable d'extraire quelque chose, de ce monde, même si ce n'était pas grand-chose, même si c'était misérable, d'en extraire quelque chose qui n'avait pas été à eux jusque-là, et de l'amener jusqu'à leur coin de plaine saturé de sel, jusqu'à eux trois saturés d'ennui et d'amertume.

(M. Duras, *Un barrage contre le Pacifique*, p.13)

　注目されるのは，「3人みんなにとって，その馬を買うことはいい考えであるように思われた」というぐあいに，彼ら3人にとってそうであろうと思われたところを，発話者(作者)は，あくまでも，確信をもって述べている，ということである．このことは，1人称の場合や，à qqn. がない場合に，多かれ少なかれ不確実性があったこととは異なっている．そこで問題になるのは，知覚レヴェルと発話レヴェルとにおける判断のメカニズムはどのようになっていて，どのように関連しているのかということである．Nølke のいう《責任》を，ふたつのレヴェルの峻別によっていかに明確にするか，ということも，実は同じ問題である．その問題に取りくむには，(57) のように，人称においても，時制においても，最大限にふたつのレヴェルの乖離が実現されている例が格好の材料

117

になる．これについては，次節3.3.4. で定式化を試みる．

　さらに，このような例をモダリティ表現と称することは，きわめて困難であるという問題がある．これについては，3.4. で検討することにする．

3.3.4. 《責任》の引きうけと発話行為

　判断あるいは《責任》の引きうけのメカニズムを考察するまえに，(51)の仮説に対して予想される批判に答えることによって，その導入としたい．予想される批判は，つぎのようなものである．「à qqn. は知覚主体であるというが，知覚主体は，行為者などと同様に，すぐれて命題の項 (argument) となる辞項であり，il semble que... というモダリティ表現の中に生ずることとは相いれないのではなかろうか」

　本書の答えは次の通りである．il semble que は，全体としてモダリティ表現として機能するものでありながら，内的には命題の形をとっているものであるということである．したがって，その内部において，一般には命題の項となる知覚主体が生じていても，矛盾を来たしているということにはならない[16]．そのことは，たとえば，つぎのような例で見ればわかりやすい．

(58) devoir p
(59) Certainement, p.
(60) Il (m')est certain que p.

　知的には同様のことをあらわしているが，(58), (59), (60) と来るにつれて，より分析的(analytique)，あるいは，より迂言的(périphrastique) になってきている．

16　モダリティ表現と命題との関係に関しては，Furukawa (1994) のつぎの指摘が示唆的であった．
　« ... sur le plan de la réalisation superficielle de l'énoncé, le problème de savoir si le modalisateur est un élément extra-propositionnel ou non, autrement dit, celui de savoir ce qu'est son statut morpho-syntaxique exact est un problème difficilement soluble, voire même un faux problème »　(ibidem, p.32)
　このことは当然のことのようであるが，従来は，命題論理学的な背景が災いして，ともすると，モダリティ表現と命題要素をもっぱら2極的に概念化し，モダリティ表現は機械的にすべて命題外要素であると断ずる傾向があったと思われる．しかし，つぎのような例は，
　(i) a. **Je mettrais ma main au feu que** tu reviendras.
　　　b. **Je veux bien être pendu si** tu m'as déjà dit de fermer la fenêtre.
　　　　　　　　　　　　(Nølke 1993, p.130 ; cité dans Furukawa 1994, p.32)
　命題内的にも，命題外的にも解釈できるような種類のモダリティ表現であると考えるのが穏当ではなかろうか．

しかしながら，(60) のような分析的形式は，単にメタ言語的なパラフレーズとしてのみならず，認識的モダリティの表現として十全に機能する．それでいて，それ自体の内部構造としては，＜ p - être certain ＞という命題の形をとっている．このことと，il semble que... が内部的に命題の形をとっていることとは，平行的な現象である．

　以上をふまえて，判断あるいは《責任》のメカニズムを説明する方法を提唱しよう．それは，«Il semble à qqn. que *p*» における判断あるいは《責任》のレヴェルを，つぎのように，ふたつに峻別することである．

(61) ２重の判断あるいは《責任》
(i) 知覚レヴェル：p が対象となる．間接的徴候によるものであることからくる不確実性をともなう
(ii) 発話レヴェル：＜ △ - sembler à qqn. que p ＞が対象となる．このレヴェル自体には不確実性はない．

　つまり，«Il semble à qqn. que *p*» という形の発話文では，知覚レヴェルと発話レヴェルのふたつのレヴェルにおける判断がはたらいている，ということである．il semble (à qqn.) que ... 全体としては，この両者の統合が問題になっているが，間接目的補語 à qqn. だけでは，知覚レヴェルしか問題にならないのである．3.3.1. で指摘した Nølke (2001) の問題点は，これらの２重の《責任》の位相を明確にせず，単一的に扱ってしまったところにあるといえる．

　ここにいう発話レヴェルは，発話行為 (énonciation) に対応する位相である．ただし，発話行為とは，発話文 (énoncé) と，その外がらからはたらく作用，すなわち，発話文をいわばせりふとして発するという，発話者の行為 (発話行為 acte locutoire) とを統括した総体として規定できるものである[17]．発話行為の要因たる発語行為は，いかなる言語表現にもあらわれない，言明するという行為に限られるものであり，メタ言語としてのみ，Je dis / j'asserte que などのように示すことができるものである．したがって，(61) をメタ言語的に書くと，つぎのようになる．

(62) Je_éno dis qu'[il semble à qqn._per. que *p*].
《〈だれだれ(知覚主体)にとって p でありうる〉とわたし(発話者)は言う》

---

[17] 渡邊 (1995a, p.34) でも，この考えかたに依拠して，フランス語の連結辞 (connecteur) の機能について考察した．

第2部　事例研究

こうして見ると，知覚主体・発話者というふたつの主体が，それぞれ，知覚と発話行為の圏域に，いわば，棲みわけているさまが理解できるであろう．

以上の定式化をもとにして，いまや(57)の例文に立ちもどり，説明することができる．すなわち，(57)は，知覚レヴェルにおいて，知覚主体«tous les trois»が，後続命題であらわされている内容を感知したということを，発話レヴェルにおいて発話者(作者)が語っているのである．この2重性においてのみ，確信度における(57)の特徴が説明されるのである．

3.4. モダリティ表現説の再検討

すでに指摘してきたように，時制・人称などによっては，il semble (à qqn.) que... がモダリティ表現であると認定することがきわめて困難である場合がある．したがって，ここでは，主として時制と人称との関係において，il semble (à qqn.) que... が(認識的)モダリティ表現として機能する範囲をこまかに画定することをこころみ，モダリティ表現説に再検討をくわえてゆくことにする．

まず，実際にモダリティ表現を画定してゆくうえで参考になると思われる先行諸研究のモダリティの定義のうち，もっとも厳密な(狭義の)タイプの画定をしている中右(1994)の論旨を見ておこう．

(63) モダリティは発話時点における話し手の心的態度のことをいう．ここで心的態度とは人間精神の知情意の全領域にわたるあらゆる心理作用を指していう．また発話時点とは瞬間的現在時の意味に解釈されるものとする．

(ibidem, p.46)

これが狭義の規定であるゆえんは，発話時点，しかも瞬間的現在時の概念を適用している点にある．その例証も見ておこう．

(64) a. **I think** that Tom is a spy.
　　b. わたしはトムがスパイだと思う．
　　c. わたしはトムがスパイだと思っている．(いずれも中右 1994, p.46)

(64 a) はふたとおりに曖昧で，(64 b) のように瞬間的現在時にも，(64 c) のように持続的現在時にも解釈されうる．(63) の規定にしたがって，このうち，瞬間的現在時を示す(64 b) の解釈の場合のみをモダリティと認定するのである．

(64) では，日本語のほうが細かなちがいがあらわれているが，よりひろく

第3章　Il semble que... について

えば，この狭義の概念化は，英語のモダリティ表現が示す形式的現象にも，かなりの程度対応しているものと思われる[18]．フランス語との比較において，英語の特質を明確にするため，両言語における法的(準)助動詞の時制の特徴を対照した山田(1990)の定式化を抜き書きすると，つぎのようになる．

(65) 英語：ts ＝ tm ≧ te
　　フランス語：ts ＝ tm ≧ te とならんで ts ≧ tm ＝ te も可能
　　　　　　(ただし，ts 発話時点，tm モダリティの時，te 事象の時)
　　　　　　　　　　　　　　　　　　　　　　(ibidem, pp.138-141)

つまり，英語の法的助動詞においては，tm，すなわち真偽判断がくだされる時点は，つねに ts と同時でなければならない．そして，te は，同時でもそれ以前であってもかまわない，ということである．以下はその例である．

(66) They may be in Sussex actually. (ibidem, p.140 ; ts ＝ tm ＝ te の例)
(67) He may have missed the train. (idem ; ts ＝ tm ＞ te の例)

それに対して，フランス語では，同じパターンにくわえて，tm が ts 以前であってもかまわないという点が，英語とはことなる．以下の例においてそのことが確認できる．

(68) Cela peut bien être. (ibidem, p.141 ; ts ＝ tm ＝ te の例)
(69) Il doit s'être trompé. (idem ; ts ＝ tm ＞ te の例)
(70) Elle pouvait avoir trente ans. [=(36)] (ts ≧ tm ＝ te の例)
(71) J'ai pu faire une erreur. [=(37)] (ts ≧ tm ＝ te の例)

3.2.6.節でもふれたように，山田(1990)の議論は，複合過去と半過去の差異を無視して，(70)，(71)を，ひとしく，ts ≧ tm ＝ te と片づけてしまっているという問題はあるが[19]，英語とフランス語のあいだの差異を指摘しているという

---

[18] ただし，中右(1994)のモダリティ論は，同書全体を通じて提示されている，「階層意味論」と称される，文の意味構造のモデルのなかで構案された理論のひとつであって，あくまでも意味構造を問題としている．したがって，個別言語における時制などの表面的な言語形式とは，すべてが直接に対応するわけではない．

[19] それにくわえて，「モダリティの時」「事象の時」という際の「時」が，基本的には，指示される「時点」のことを言っていると思われるものの，動詞のおかれる「時制」と明確には峻別されていないことも問題であると思われる．

点では有益である．

　それでは，フランス語の各時制におかれた場合の il semble (à qqn.) que... は，どのように理解すればよいのであろうか．また，どの場合をモダリティ表現と認定すればよいのであろうか．この問いへの答えは，3.2.6. 節で行なった時制に関する議論と，前節の (57) の定式化とを突きあわせることによって導くことができる．それを示すと，つぎのようになる．

(72) **時制との関係**
(i) sembler の時制が現在・複合過去のとき：知覚時点は，発話時点と一致していることから，知覚レヴェルと発話レヴェルとが結びつき，知覚レヴェルからくる不確実性のゆえに，全体としてモダリティ表現となる．
(ii) sembler の時制が半過去のとき：知覚時点は過去の1時点であり，発話時点とは明確に隔絶している．この隔絶が，知覚レヴェルと発話レヴェルとの断絶をもたらすために，発話全体としては，知覚レヴェル (の不確実性) を取りこめなくなり，モダリティ表現ではなくなる．

　具体的には，(72 i) には，つぎに再掲するような例文が対応する．

(73) Il semble que nous ayons été dénoncés. [=(8)]
(74) Il m'a semblé qu'elle l'apprenait avec un réel plaisir. [=(30)]

　そして，(72 ii) に該当する例は，つぎのようなものである．

(75) Il me semblait que mon cœur cessait de battre. [=(45)]

　つぎに，人称との関係について検討してみよう．こんどは，まず全体にわたる説明を示しておこう．

(76) **人称との関係**
(i) 間接目的補語 à qqn. をともなわないとき：知覚主体は明示されていない．
　a. 典型的な場合には，ほかに主体が明示されていないことから，知覚主体は発話者に一致する．
　b. しかし，主体が明示されていないことを発話者が利用して，結果として，あたかも発話者以外の中立的主体を仮構的に想定するかような意味効果を生む

ことがある[20].
(ii) à qqn. をともなうとき：
　a. 1人称のときは，知覚主体が発話者に一致することが明示されている．
　b. 1人称以外のときは，知覚主体が発話者に一致しないことが明示されている．
(iii) 上記 (i) (ii-a) のときは，知覚レヴェルからくる不確実性のゆえに，全体としてモダリティ表現になる．これに対して，(ii-b) のときは，知覚/発話レヴェルの主体の断絶が生じるために，発話全体として知覚レヴェル (の不確実性) を取りこむことができなくなり，モダリティ表現ではなくなる (すなわち，知覚という現象の描写にとどまる)．

　以下，これらの説明について，相当する実例を見ながら考えてゆこう．
　(i)-a. にあたる例としては，つぎのようなものがあげられる．

(77) Journaliste : Ce n'est qu'un début, toujours continuons le combat, au milieu des grenades... explosives... Elles illuminent tout le boulevard. Il est, euh, quatre heures... il est deux heures trente-cinq minutes de la nuit... Et brusquement, la lumière s'éteint sur le boulevard Saint-Michel... Peut-être même, peut-être même, les autos-pompes entreraient en action, je ne sais pas... **Il semble que** c'est rue Saint-Jaques, je crois, qu'a lieu l'attaque... Elle est très violente... La vache!
　Manifestants : C.R.S, S.S., C.R.S., S.S...
　Journaliste : Une tombe! Un plexiglas de voiture vient d'être démoli.
(*Mai 68*, p.15)

　ここでは，記者はカルティエ・ラタンを歩きながら話している．近くを歩いていて，音や光をみずから知覚することによって，「攻撃があったのはサン＝ミシェル通りのようです」と言っているのである．したがって，明らかに，知覚主体は発話者に一致しているといえる．

---

20 実は，Nølke (2001) の，ポリフォニー理論による記述は，この (i)-b の場合の意味効果をとくに強調するものであると考えられる．なぜなら，pdv₂ に，実質的に主張の地位を与えているからである．しかしながら，その解釈は，主体が明示されていないことからくる結果的な意味効果に過ぎず，かぎられた場合にしか観察されない．それよりも il semble que に本質的なのは，あくまでも主体が明示されていないことのほうである．言語的に標示されていることは，知覚主体を，いかなる具体的主体にも等置できない，ということなのである．このことはまた，Berrendonner (1981, p.59 sqq.) のいう，«agent vérificateur Ø (zéro)» (あるいは，有名になった比喩的名称では，«le fantôme de la vérité») の現象に比せられるものである．

123

第 2 部　事例研究

一見反例のように思われる例を見よう.

(78) ... Pour l'instant, **il semble que** l'augmentation de prix du litre de super n'a pas découragé les Français... [= (9)]

　これは, ニュースキャスターが原稿を読むという, 少し特殊な状況であり, 一見発話者と知覚主体がなんら関係がないようにも思われる. しかし, この例も, 発話者と知覚主体が一致している例とみるべきものである. なぜなら, 文化的な了解事項として, 放送局全体が, 共同した一体の送り手として, いわば, 一主体としてとらえられるからである.

　つぎに, (i) - b. に相当する例を見てみよう.

(79) Le juge : Ah! J'ai demandé à vous voir, mon Général, parce que j'ai besoin d'un certain nombre de précisions.
　Le général : Des précisions? Mais **il semble que** tout ça est assez précis.
　Le juge : Il y a un fait nouveau.
　Le général : Ce n'est pas respirable chez vous.
　Le juge : Vous étiez là au moment de l'accident, n'est-ce pas?　(Scénario de « Z »)

　この例は, 将軍が判事によって陰謀をあばかれつつある場面である. 将軍にとっては, 事態が明らかになっては困るのである. そこで将軍は, il semble que ... において, 知覚主体となる主体が明示されていないことを利用して, 発言内容の責任を, いわば, 明確なだれのものでもなくしているのである. この, 「とぼけている」という効果は, il semble que... を取りはらって, «Tous ça est assez précis» としたのでは, とうてい出てこないものである.

　(ii) のそれぞれの場合の例文については, 3. 3. 2. から 3. 3. 3. において対応が明らかなので, ここで例文を再掲することはしない.

　そして, (iii) のように考えることによって, à qqn. が1人称でないときに, 素朴な直観として, モダリティ表現とは感じられないのはなぜかということについても, 理解することができる.

　以上, モダリティ表現説を再検討してきたまとめとして言うと, (72) および (75) の定式化のなかで重要なことは, il semble (à qqn.) que... が (認識的) モダリティとして機能するためには, いずれの場合も, 知覚レヴェルが発話レヴェルへと統合されなければならないということである. なぜなら, 認識的モダリティは, 2. 4. 1. 節で議論したように, 発話者の裡に生ずる態度であるため, その

第3章 Il semble que... について

態度の調整要因となる知覚レヴェルの不確実性が，発話者の視点に反映する道すじがつくことが必要となるからである．その道すじをつくるのが，まさしく，知覚レヴェルの，発話レヴェルへの統合という現象なのである．

3.5. semblerの本質的機能について

　この第3章の全体を通しての中心的な目的は，il semble que... の機能について分析することにあるが，その機能をよりよく理解するためには，動詞semblerの本質的な機能がどのようなものであるかをおさえておくことが好ましい．そこで，この節では，これまでとは視角を変えて，人称用法もふくめた，動詞semblerのさまざまな用法の全般に通底していると考えられる本質的機能に関して仮説を提示し，そのあと，semblerのさまざまな用法を観察することによって，仮説の有効性を確認しておくことにしたい．

3.5.1. semblerの本質的機能に関する仮説
　まず，仮説を提出しよう．

(80) **動詞semblerの本質的機能に関する仮説**
　動詞semblerは，本質的に，発話文中でsemblerがむすびついている叙述内容と，その内容が言及している現実の，実際上のありようの表象とのあいだに，《類似性》(similitude) が存することをあらわす．ただし，ここにいう類似性とは，同一性 (identité) と他者性 (altérité) とをあわせもつ関係のことをいう．

　この仮説について，以下，補足的にのべる．まず，《類似性》(similitude, あるいは，Tamba-Mecz 1981, p.163 の用語でいえば，semblance) とは，ふたつのものの比較において，「ある観点からすれば同じであるが，同時に，別の観点からすれば異なっている」，「«même» でありながら «autre» である」と理解す

21　Vigh (1975), Tamba-Mecz (1981, pp.162-167), 山梨 (1988), Dhorne (1995), Delamotte-Legrand (1999), Deguy (1999) など．たとえば，Dhorne (1995) は，その論文の全篇を通じて，フランス語の副詞 aussi を，《同》と《他》との組みあわせによって説明している．また，山梨 (1988, p.30) は，「類似と差異の認知」と題して，「この比較のプロセスには，基本的に二つの認知のプロセスがかかわっている．その一つは，ある対象ともう一つの対象の間の類似点を見つけだすプロセスであり，もう一つは，これらの対象の間に差異を見つけだすプロセスである」とのべている．

第2部　事例研究

ることのできる関係である．この関係については，多くの先行研究で言及があるが[21]，それだけ，さまざまな局面で認められるものであるといえる．

　この仮説の有効性は，すぐあとで，semblerの実例に即して検証してゆくことになるが，そのまえに語彙的なレヴェルでの証左をみておこう．

　まず，semblerは，*T.L.F.* によると，俗ラテン語のsimilare («être semblable», «ressembler», «paraître») に由来しており，Bourdin (1988, pp.58-59) も指摘しているように[22]，semblable, ressembler, similitudeなどと語源を同じくする．すなわち，語源的にも，《類似性》が基本になっているということである[23]．

　また，つぎの例をみてみよう．

(81) Ils n'aboutissent qu'à faire un échafaudage, extérieur, non un monument, de simili-science, de **semble-science**, de fausse science, de prétendue, de soi-disant science, de feinte science, d'imitation de science...　(Ch. Péguy, *Victor-Marie*, p.203)

　ここで，いささか執拗に並べたてられているのは，すべて，「似て非なる科学」という趣旨での表現であることがわかる．太字体にしたsemble-scienceも，そのなかのひとつとして理解することができる．「似て非なる科学」とは，詮ずるところ「科学と《類似性》の関係にある何ものか」という意味であり，ここにもまた《類似性》の概念があらわれてくる．

　それでは，動詞semblerに関しては，その《類似性》の関係はどのように取りむすばれていると考えられるであろうか．すでに見てきたタイプの例に即していえば，il semble que...型では，たとえばつぎの例，

(82) **Il semble que** les Français n'aiment pas le vert : les trois quarts de la salade partent pour l'alimentation animale ou la poubelle. [=(10)]

---

[22] ただし，Bourdin (1988) は，そのことにふれながらも，semblerの意味構造に直接《類似性》をみとめることはせず，分析的判断 (jugement analytique) を介在させる機能をみとめている：«La filiation sémantique entre SEMBLER et SEMBLABLE/RESSEMBLER est beaucoup plus nette si l'on veut bien admettre que ces deux prédicats font intervenir un jugement analytique : dire de x qu'il ressemble à y, c'est exprimer un jugement qui est le résultat d'un processus mental mettant en jeu perception, évaluation, et éventuellement mémoire.» (ibidem, p.58) しかしこれは，言語による標示の問題から，にわかに人間の認知活動全般の問題へと飛躍しており，両者の関連づけが示されないかぎりあまり意味のない議論である．しかも，「分析的判断」とはいったい何かということについても，このようにいうだけではまったく漠然としたままである．

[23] 本論文は共時的な研究であるため，語源は直接の論拠にはならないが，意味的構造の図式を理解する手がかりにはなると思われる．

第3章　Il semble que... について

での，「フランス人は生野菜が好きではないようだ」という判断がもとづいている手がかりは，後半にしめされている「サラダの4分の3が，飼料やごみになっている」ということであった．この判断の根拠を，3. 2. 2. の仮説提示では，簡単に「間接的徴候」であるとしたが，より細かにいうなら，徴候から推論された内容と，潜在的に想定される現実の有り体[24] とのあいだに，かならずしもぴったりとは重なりあわない関係，すなわち，まさしく，《類似性》があるということである．このことが，仮説 (80) でいう「発話文中で sembler がむすびついている叙述内容と，その内容が言及している現実の，実際上のありようの表象とのあいだの《類似性》」なのである．
　つぎに，il me semble que... の例をみてみよう．

(83) Le soleil était doux et chaud, **il me semblait** qu'il faisait affleurer mes os sous la peau, qu'il prenait un soin spécial à me réchauffer. [= (48)]

この例においては，que... 以下にのべられていることと，その現実のありようとのあいだには懸隔があるものの，それにもかかわらず il me semble que... によって両者のあいだに隠喩的な関係がむすばれており，その関係がまさに，ここでいう《類似性》に対応していると考えられる．
　以下ではさらに，これまであつかわなかった人称用法の例をみておきたい．便宜的に，(i) sembler + 属詞，(ii) sembler + 不定法の2つにわけて，順に見てゆくことにしよう．

3. 5. 2. sembler + 属詞
　まず，《sembler + 属詞》の構文について見てゆこう．つぎのような例がこれにあたる．

(84) Tôles luisantes, moteur sans cambouis. L'avion **semble** neuf. Horlogerie délicate à quoi touchaient les mécaniciens avec des doigts d'inventeurs. Maintenant ils s'écartent de l'œuvre au point.
　　　　　　　　　　　　　　　　　(A. de Saint-Exupéry, *Courrier Sud,* p.11)

24　すなわち，命題内容と《類似性》によって比較される対象は，現実そのものではなく，あくまでも概念的にとらえかえされた限りでの現実，想定される現実であるということである．この例においてあきらかなように，現実そのものは，発話者には接近不能なものであるからこそ，il semble que... によって，いわば間接化された述べかたをしているのである．仮説のなかで，「内容が言及している現実の実際上のありようの表象」と言ったのも，こうした点をふまえているものである．

第2部　事例研究

　　この例の，sembler のふくまれる文でのべられていることは，その前後に描写されている各部分の外観からして，「飛行機は新しいようだ」「新しいと思われる」という推論がなされているということであるとも考えられる．あるいは，「新しそうである」すなわち「新しい外観である」というように，実は外観の描写をまとめただけなのかも知れない．解釈を，それらのどちらか一方に限ることはできない．あるものの外観がもっている，本質に対する間接性は，本来，推論(の結果たる命題)のもつ，事実(の表象)に対する間接性と平行的である．そのことが，仮説(80)でいう《類似性》なのである．《類似性》が sembler の本質にあると考えれば，外観と，推論という，見かけ上ふたつの結果的解釈は，矛盾なく両立するものである．
つぎの例においてはどうであろうか．

(85) La Seine **semble** un gros serpent roulé couché immobile, dont on n'aperçoit ni la tête ni la queue [...] et la terre entière a l'air d'une immense cuvette de prés et de forêts qu'enferme à l'horizon une montagne basse, lointaine et circulaire.

(G. de Maupassant, *De Paris à Heyst,* p.1282)

　　この例は，セーヌを蛇に見たてる隠喩として解される．すでにのべたように，隠喩は，基本的に《類似性》を介して現実のありよう(の表象)と関係づけられるような命題内容の提示である．したがって，ここでも，sembler が本質的に《類似性》をあらわしていると考えれば，ほかの例とも一貫した説明が可能になる．
　　ところで，一般に，sembler をふくむ発話文によってしめされる命題内容は，それ自体では，《類似性》のゆえに，事実そのものをあらわしているとは考えられず，仮説的なものにとどまる．その仮説的命題が，結果的に，発話者や対話者によって受けいれられる仮説になるか，阻却される仮説になるかは，場合によってことなるものである．それらふたつの場合にわかれるのは，本来《類似性》が，《同一性》と《他者性》というふたつの面をもっていることに由来する．《同一性》が優遇されれば，命題内容が結果的に受けいれられることになり，《他者性》が優遇されれば，阻却されることになる．そのどちらになるかは，文脈を観察するとあらわれていることがある．
まず，文脈上，命題内容が結果的に受けいれられることが示されている場合を見ておこう．

(86) [...] l'humanité semble condamnée à l'Analogie, c'est-à-dire en fin de compte à la nature. D'où l'effort des peintres, des écrivains, pour y échapper.

(R. Barthes, *Roland Barthes*, p. 48)

(86) では，命題内容がうけいれられることは，後続の文においてその内容を受けつぎ，その内容から出発して，因果関係をたどることで得られる結論が提示されていることから察せられる．

つぎに，文脈上，命題内容が阻却されている例をいくつか見てみよう．

(87) Je songe à une formule vieille comme mon pays : «En France, quand tout **semble** perdu, un miracle sauve la France». (A. de Saint-Exupéry, *Pilote de guerre*, XII)

(87) では，同文の後半において，sembler のふくまれる節の内容となる推論，ないし外観が誤りであることが示され，阻却されている．

(88) Et si la technique que Faulkner adopte **semble** tout d'abord une négation de la temporalité, c'est que nous confondons la temporalité avec la chronologie. C'est l'homme qui a inventé les dates et les horloges [...] Pour parvenir au temps réel, il faut abandonner cette mesure inventée qui n'est mesure de rien [...]

(J.-P. Sartre, *Situations*, I, p.66)

(88) では，「フォークナーの採用している技術が，時間性の否定であるようにみえるのは，われわれが時間性を年代記と混同しているからである」というように，直後で錯誤のありかたが示されていることから，前で sembler によって示されている推論が誤りとして否定されているといえる．

また，つぎの (89) のように，命題内容が，対話者の後続の発話によって阻却されることもある．

(89) Bilitis : Tu **sembles** triste qu'il soit parti.
Mélissa : C'est pas si simple que tu crois. Tu comprendras un jour.
Bilitis : Pardon.
Mélissa : Oh! Ce n'est pas grave! (scénario de «Bilitis»)

3.5.3. sembler + 不定法

　この節では，《sembler + 不定法》について検討してゆくことにする．まず，つぎの例から見よう．

(90) Puis il [=Joseph] sortit en jurant et, sans dire au revoir à M. Jo, il se fixa la lampe de chasse autour de la tête, mit la B.12 en marche à la manivelle et partit seul en avant. La mère et Suzanne le regardèrent le cœur serré. M. Jo **semblait** s'être déjà accoutumé à ses manières et ne s'étonna pas.　(M. Duras, *Un barrage contre le pacifique*, p.61)

　ここでは，末尾の«ne s'étonna pas»は，semblerによって示されている判断の根拠と解することもでき，また，semblerによってみちびかれている内容から因果関係によって出てくる現実上の帰結と解することもできる．後者の読みでは，«ne s'étonna pas»へと展開されていることによって，semblerによって示されている命題内容が，受けいれられていることになる．そのふたつのうち，いずれの読みによることにしても，その命題内容の判断は，車（«B.12»）で出ていったジョゼフを見ていたジョー氏のようすにもとづいている[25]．その点で，この例は，これまでに見てきた例と同様に，外観という徴候を根拠としておこなわれる推論であると考えられ，根拠の間接性ゆえに，事実（の表象）とは《類似性》の関係にあるといえる．

　つぎの例を考えてみることにしよう．

(91) [...] votre article [de J.-P. Sartre] **semble** dire oui à une doctrine et faire silence sur la politique qu'elle entraîne. Il faut voir seulement que cette contradiction de fait traduit une antinomie plus profonde qu'il me reste à décrire et qui oppose votre collaborateur à ses propres principes.　(A. Camus, *Actuelles*, II, p. 250)

　ここでは，semblerをともなって示されている内容は，後続する文で，«cette contradiction»によってうけなおされており，既定的な内容としてあつかわれていることからもわかるように，文脈的に，それが受けいれられていることが示されているといえる．この用例におけるsemblerの機能は，本質的には，これまでの例と同様，semblerによって示されている命題内容を，事実（の表象）と

---

[25] 実際には，これは小説の一節であり，小説の作者（物語の語り手）が発話者の位置を占めているが，作者は，物語のそれぞれの情景に擬似的に立ち会う主体でもあり，ここでも，あたかもその場でジョー氏のようすを見ているかのように語っているといえる．

第3章　Il semble que... について

《類似性》の関係におくことにあると考えられる。そのことにより，命題内容は，サルトルの論文が呈する印象(すなわち，サルトルの論文中に字義的にあらわれている発言だけでなく，その全体から間接的に感じられる意義をふくむ)が，そのようなものであるという解釈を生む。しかし，それだけではなく，さらに派生的な意味効果が，この例にはあると思われる。この用例の出典は，カミュがサルトルにあてた論争的な公開書簡であり，sembler のふくまれる文でのべられているサルトルの政治的方針に対する批判の断定を緩和し，批判の激越さをやわらげる，いわゆる丁寧表現としての効果があらわれているのである。

(92) La France, qui en est à faire l'apprentissage du régime présidentiel, **semble** s'intéresser plus qu'autrefois aux institutions américaines. Il faut se féliciter de ce progrès tout en rectifiant les assimilations hâtives et les confusions qu'il peut entraîner. C'est ainsi que le mot « primaires » **semble** avoir acquis depuis quelques mois droit de cité dans le vocabulaire politique de la Vème République [...] L'ennui, c'est qu'il n'y a rien de commun entre une « élection primaire » de style américain et un premier tour de scrutin. (*Le Monde*, 17/12/1972)

(92) の例は，フランスの大統領選挙の一次投票の呼称として，アメリカの大統領選挙の予備選挙の呼称の模倣が浸透しつつあることを，いわゆる«franglais»批判の立場からとりあげた論評である。直接的に確認できるのは，«(élections) primaires» といわれることが増えてきているという事実であるが，そのことの一般化にあたる，«La France s'intéresse plus qu'autrefois aux institutions américaines» という内容は，アメリカ的な用語が浸透しているという事実を手がかりとしながら，間接的にしか接近できない命題である。sembler の1度目の生起は，その命題を提示するために，事実(の表象)との《類似性》をあらわすこのマーカーが用いられているものと説明できる。また，sembler が2度目に生じている個所についていえば，«le mot «primaires» **a acquis** depuis quelques mois **droit de cité** dans le vocabulaire politique de la Vème République» という内容が，単に«primaires» の使用が増えているという事実の確認からは一段抽象化したレヴェルの隠喩的内容であり，やはり間接性があるために，《類似性》をあらわす sembler が用いられていると説明することができる。

以上で展開してきた (91), (92) の説明は，文脈に間接的徴候があらわれているという点で，3. 3. 2.における il semble que... の記述と平行的である。統辞的にも，《sembler + 不定法》の構文と直接の書き換え (réécriture) の関係にあるの

第2部　事例研究

は，il semble que... の構文であり，事実，(90) — (92) は，それぞれ，つぎのように言いかえることができる[26].

(90') **Il semble que** M. Jo se soit déjà accoutumé à ses manières et ne s'étonna pas.
(91') **Il semble que** votre article dise oui à une doctrine et faire silence sur la politique qu'elle entraîne.
(92') **Il semble que** la France, qui en est à faire l'apprentissage du régime présidentiel, s'intéresse plus qu'autrefois aux institutions américaines... **Il semble que** le mot « primaires » ait acquis depuis quelques mois droit de cité dans le vocabulaire politique de la Vème République.

　ところで，のちにみる隠喩の例を別にすると，この《sembler + 不定法》によって示される内容は，文脈を観察すると，結果的に受けいれられている場合が多い．受けいれられるとも阻却されるとも示されていない場合ももちろん多いが，阻却されていることが文脈上明確になっている例は見あたらない．これは，前節3.5.2.でみた《sembler + 属詞》の場合と大きくことなる.
　Bourdin (1988) は，つぎの例を引き,

(93) Sur cette photo,
　　(a)　　Tom **semble** âgé.
　　(b) (?) Tom **semble** être âgé.
　　(c)　? **il semble** que Tom est / soit âgé. (ibidem, p.55)
(94) D'après les documents trouvés sur elle,
　　(a) ?* la victime **semble** danoise.
　　(b)　　la victime **semble** être danoise.
　　(c)　　**il semble** que la victime est/soit danoise. (idem)

　それぞれの (a) の《sembler + 属詞》は，一般に，(外観の) 直接知覚にもとづく判断を想定するのに対して，(b) の《sembler + 不定法》と (c) の非人称構文は，ともに，判断が推論を介在させるときに適するといっている (idem)．この記述は，《sembler + 属詞》の場合でも，(外観から出発した) 推論が介在していないわけではないという点，また，この節でみたように，《sembler + 不定法》でも，

---

[26] もちろん，これらふたつの構文は，あくまでも統辞的な書きかえ関係にあるにすぎず，意味構造の点では相違点がある．それについては，7.2節で論ずる.

132

外観を根拠とする推論を示すことができるという点で，そのままではうまくゆかないところもあると思われるが，(93), (94) で提示されている事実は，本節における実例の観察と方向性を同じくするものであると思われる．(93), (94) のほかに，前節と本節における実例の観察をあわせて，本論文筆者のことばで言いなおすと，《sembler + 属詞》は，外観や，外観から出発した推論をあらわすという点で，おもに外観に力点がおかれているのに対して，《sembler + 不定法》では，(93) の前半部分からもわかるように，より思考を働かせる形での推論をおこなうところに力点があるといえる[27]．

　それでは，そのような相違があらわれる理由は，どのように理解すればよいであろうか．それは，つぎのような対比から来ていると思われる．まず，《sembler + 属詞》においては，sembler が文のなかで唯一の動詞であるため，それが本質的にあらわす《類似性》が，文の意味という点でも中心になっていると考えられる．《類似性》が文の意味の中心になるということは，すなわち，属詞であらわされる叙述内容が，そのままでは有効化されないということが明示されているということである．それに対して，《sembler + 不定法》にあっては，語彙的には，sembler と，それに後続する不定法におかれた動詞とのふたつがあり，sembler は，《sembler + 属詞》の場合よりは助動詞的であるといえる[28]．そのため，《類似性》は，さきの場合とはちがって，すくなくともそれ単独では文の意味のなかで中心的ではなくなってくるのである．

　以上のように考えることによって，《sembler + 属詞》の構文では，文脈上でその内容が受けいれられることも，阻却されることもあるのに対して，《sembler + 不定法》では，その内容を阻却することは困難であるという，前節から本節にかけての観察事実に関して説明することができると思われる．前者では，《類似性》が文の意味のなかで中心的な位置を占めていたために，その内容が受けいれられない余地があったのに対して，後者の場合は，《類似性》が文の意味に占める重要性が，前者のときよりは小さくなるため，あらためて内容の有効性に疑いをさしはさむような談話の展開が困難になっているというように考えられるのである．

　さて，以上では《sembler + 不定法》が，推論や外観をあらわす場合について考えてきたが，ここでふたたび文例の観察にもどって，以下では隠喩的な例を

27　Le Goffic (1993, p.190) においては，«sembler + 属詞» は，«sembler + 不定法» 構文の être が消滅して，属辞がsembler の直後に来るようになったものとして扱われているが，意味的に考えると、そのような等価性を想定することには問題がある．

28　助動詞性の度合い (degré de l'auxiliarité) の問題については，Feuillet (1989), 佐藤 (1992), Lamiroy (1994) を参照.

第2部　事例研究

見てみよう．

(95) Les roues puissantes écrasent les cales. Battue par le vent de l'hélice, l'herbe jusqu'à vingt mètres en arrière **semble** couler. Bernis, d'un mouvement de son poignet, déchaîne ou retient l'orage.　　　　　(A. de Saint-Exupéry, *Courrier Sud*, p.13)

　この例では，飛行機のプロペラの風にあたって，なびいている草のようすが，「流れているようだった」と隠喩的に表現されている．すでにみたように，隠喩は本来，《類似性》を介して，現実のありよう(の表象)と関係する命題内容を提示するものであるので，この例も，semblerの本質的機能の仮説に適合するものである．
　もうひとつ例をみよう．

(96) Est-ce la vue de ces petites barrettes blanches qui donne des distractions à l'officiant? Ne serait-ce pas plutôt la sonnette de Garrigou, cette enragée petite sonnette qui s'agite au pied de l'autel avec une précipitation infernale et **semble** dire tout le temps : «Dépêchons-nous, dépêchons-nous... Plus tôt nous aurons fini, plus tôt nous serons à table. »　　　　　(A. Daudet, *Lettres de mon moulin*, p.339)

　この例は，鈴の音が，あたかも，「急げ，急げ...」といっているかのように聞こえた，という隠喩であるが，semblerが隠喩をあらわすに至っているしくみは，これまでの例と同様に説明することができる．
　以上でみてきたように，semblerの非人称用法・人称用法を通じて，実質(の形象)と叙述内容との《類似性》が標示されることが一貫しているといえる．

3.6. おわりに

　以上，本章では，3.2. で il semble que... 型，3.3. で il semble à qqn. que... 型の例について検討し，順次記述と説明を行なってきた．そして3.4. で，時制・人称との関わりにおいてモダリティ表現説を再検討し，仮説をさらに精密にすることを試みた．3.5. では，人称用法もふまえて，動詞 sembler の各用法に通底する本質的機能について考察した．

134

第 3 章　Il semble que... について

　なお，il semble que... に関しては，第 5 章であつかう il paraît que... との対比点も多い．第 5 章で，比較において，さらに明らかになる部分もある．
　また，《類似性》の標示という，sembler の本質的機能から出発して考えた場合，そのような連関によって推論などの証拠性的な意義へと派生することになるのかという点については，第 7 章の 7.2. 節で見てゆくことにする．

第4章

Il paraît que ... について

4.1. はじめに

　この章は，il paraît que... の機能について考察することを目的とする．先行研究では，この表現は，もっぱら「伝聞 (ouï-dire)」という価値を標示する (あるいは，通時的にいえば，標示するにいたった) 特例的な固定表現としてあつかわれることが多かった (4.3.3 節を参照)．しかし，たとえ特例的とあつかうにしても，この表現が「伝聞」という特定の価値を標示することができるのはなぜかという点に関しては，説明がなされるべきことには変わりはないように思われる．そのために，以下では，「出現」などの動詞 paraître の語彙的意味や，間接目的補語をふくむ表現 il paraît que... などとの関係にも注目しながら，それらを paraître の本質的機能から説明する方途をさぐる議論をすすめてゆくことにしたい．一見，迂路を介するものとも思える接近法ではあるが，そのようにしてこそ，直接の対象である il paraît que... に関しても，より深くその機能の構造が理解ができるものと思われる．それは，第2章でものべたように，成句表現としてのいわばコンパクト性をうちやぶって，その内部構造をあきらかにすることにより，il paraît que... を真に理解しようというこころみである．

　本章の次節からの構成は，つぎに示すとおりである．
　4.2. 動詞 paraître について
　4.3. il paraît que... について
　4.4. il paraît à qqn. que... について
　4.5. 知覚される現象とその文法化
　4.6. paraître の属詞用法と不定法用法について
　4.7. おわりに

　このうち，4.2 節では，動詞 paraître の，「出現」「顕在」などをあらわす語彙的用法に焦点をあて，その本質的機能をさぐる．4.3 節では，非人称表現 il paraît que... について考察し，paraître の本質的機能からの派生関係を見さだめるようにつとめる．4.4 節では，これまであまり考察されてこなかった，間接目的補語をともなった il paraît à qqn. que... について，かならずしも自明ではない

第4章 Il paraît que ... について

その解釈の確認から出発して,やはり paraître の本質的機能からの説明をこころみる.4.5節で,それぞれの用法のあいだの意味的構造の関連を,文法化 (とくに隠喩論) の観点からとらえなおす可能性と,その考えかた (とりわけ,隠喩的派生によって,語彙的意味から直接機能的意味をみちびき出そうとする考えかた) の限界について論ずる.4.6節では,語彙的用法と,非人称的用法の両方の特徴をあわせもつ中間的用法である paraître の属詞用法,不定法用法について,それまでの議論をふまえて考察することにする.

4.2. 動詞 paraître について

il paraît que... の分析をおこなうまえに,この節では,動詞 paraître が,語彙的な意味をあらわす用法においてどのように機能しているかを検討しておくことにしたい.

4.2.1. 出現をあらわす用法

まず,「出現」をあらわすとされる,つぎのような例からみてゆこう[1].

(1) Le soleil **parut** à l'horizon. (Bourdin 1988, p.59)
(2) La reine **parut** au balcon pour saluer la foule. (Grand Larousse)
(3) Je demandais à la domestique si Madame était chez elle. Presque aussitôt, Madame Grangier **parut** dans la petite pièce où l'on m'avait introduit.

(R. Radiguet, *Le Diable au corps*, p.38)

(1) の例を引いている Bourdin は,paraître は本来,運動動詞 (verbe de mouvement) であるので,典型的には,場所格表現 (ここでは à l'horizon) が後続するといっている.そして,その分布的な名残りが,«il y paraît» という表現における,場所格の中性代名詞 «y» の独特の使用にみとめられるとする.それにつづけて,アスペクトにも言及し,paraître は内在的に点括的で限界的 (télique) であるとし,Hopper et Thompson (1980) を援用しながら,述部の点括的で限界的な性格と,動作主性 (agentivité) との相関関係へと論をすすめている.Bourdin のこの分析は,個々の論点については基本的には首肯できるが,paraître の語彙的意味そのものに関して理解しようとする本節の目的からみると,やや不

---

[1] 出現をあらわす paraître の用法は,例文 (1) — (3) のようなものだけではなく,出版物を主語とする用法もあるが,それについてはのちに 4.5 節で論ずることにする.

足な部分があるように思われる．以下，もう少しくわしく考えておきたい．
　第1の論点として，(1) の例にたちもどって，アスペクトの問題から考えてみることにしよう．「太陽が地平線にあらわれた」という場合，問題になっているのは，太陽の一片からの見えはじめであるということである．より形式化していうなら，確認時点以前の時点における，「対象 (ここでは，太陽) が場所 (地平線上) になかった」状況から，確認時点における「対象が場所に見えている」という状況への移行である，ということになる．すなわち，この例において重要なことは，起動相 (inchoatif) であるということである[2]．ここで起動相という概念をもちいることには，表裏一体となったふたつの意味あいがある．ひとつは，上述のとおり，あらたな状況への移行をあらわすということであり，もうひとつは，その結果として，対象と場所 (もっといえば，対象を位置づける「定位先 localisateur」) とのあいだに，関係づけが成立しているということである．この第2の点は，一見，関与的ではないかのように見えるかもしれないが，本質的な次元では，起動相の概念とむすびついていると考えられる．ごく普通の意味でいう，あらたな状況への変化としての起動相であっても，ある対象と，あらたな状況との (ひいては，その状況にふくまれる定位先との) 関係づけが成立してこそ，起動相であるといえるからである．これに関連する議論として，Franckel (1989) が，知覚動詞 voir のアスペクトに言及しているつぎのくだりをあげることができる．

　《[...] le verbe *voir* possède des propriétés typiquement inchoatives. Il renvoie à une mise en contact : celle d'un stimulus avec un sujet qui devient, du même coup, le localisateur d'un percept》　(ibidem, p.412)

　また，このくだりにかぎらず，Franckel (1989), Franckel et Lebaud (1990) においては，むしろ「接触させること (mise en contact)」が，起動性に本質的なものであるという定式化がなされており，注目にあたいする．ここで議論している paraître に関しても，起動相という点では voir と類似していて，対象とその定位先となる場所との関係づけが本質的な要素であると考えられる．
　それに関連して，第2の論点であるが，一般的に，Bourdin のいうように「運動動詞」であるならば，当然，動詞に直接関係する辞項として，起点・終

---

[2] ちなみに，起動相であるとする説は，paraître が，古典期ラテン語の動詞 parere に，起動相接尾辞 –sc– が挿入されてできた後期ラテン語 parescere を語源とするという事実とも整合的である．語源を直接の論拠にすることはできないが，直観的に意味の特徴をつかむ手がかりになり，図式化の過程で参考にすることはできると考えている．

点を問題にしうるばずである．しかし，paraître の場合に関するかぎり，上述の「定位先」はあくまでも終点のがわであり，起点は問題にならないという特徴がある．たとえば，(2)(3) に手をくわえて，

(2') *La reine parut du palais au balcon.
(3') *Madame Grangier parut de sa chambre dans la petite pièce.

のように，起点を明示した形式は許容されない．したがって，paraître の機能の根柢にある図式においても，起点，あるいは源泉 (origine) の辞項は問題外なのである．この点は，言語表現上における現象にとどまらず，基本的な意味構造として，共通してみとめられるということ強調しておきたい．(1) においても，太陽が出現する源泉が問題にならないことはいうまでもないであろう．

これまでにおこなってきた議論をまとめて図式化しておくと，つぎのようになるであろう．

(4) **< X – paraître > の図式**
 (i) [Ø]   ($T_i < T_j$)
 (ii) (Ø) → X ∈ L (T_j)

すなわち，まず，(i) 確認時点 T_j 以前の時点 T_i においては，関与する状況はなんら存在しない．[Ø] によって，その状況の不在を示しておいた．この段階を前提として，つぎに，(ii) 確認時点 T_j において，対象 X が，明らかにされない源泉 (Ø) から発し，定位先 L へと位置づけられるのである．

この基本的図式は，「出現」という，語彙的意味の1事例を限定的に示しているのではなく，むしろその基盤となるレヴェルにおける意味的構造の祖型である．その祖型は，paraître のあらゆる用法に共通する本質的機能の図式化であり，それを通じて，この章でみている語彙的用法と，のちにみてゆく非人称用法 (すなわち，機能的マーカーとしての用法) とを，均質なあつかいで理解することができると考えている[3]．

なお，たんなる1用法としての「出現」との混同を避けるため，この (4) の図式を「発現 (émergence)」の図式とよぶことにしたい．

---

[3] このような指針による研究の好例として，Aoki et Dhorne (1992) をあげることができる．その研究は，日本語の動詞「しまう」と，完了をあらわす「〜てしまう」を，語彙的用法・機能的用法の別をこえて共通の図式によってとらえようとするものであり，本章での考察をまとめるうえでもたいへん示唆的であった．

4.2.2. 顕在をあらわす用法

つぎの例に見るような,「顕在」をあらわす用法に目を転じてみよう.

(5) Vous croyez effacer cette tache, elle **paraît** encore. (*T.L.F.*)
(6) Sa femme était fort aimable ; je crois qu'elle avait été jolie. Elle aimait un peu trop **paraître**.　(A. France cité dans *Le Grand Robert*)

この用法は,通例,前節でみた「出現」用法とはちがって,状態動詞として扱われる.しかし,状態動詞であるからといって,完全に静的で,発現の構造と関係がないというわけではない.より原理的なレヴェルで考えると,ある種の起動性はあり,やはり,発現の図式は共通しているように思われる.(5) においても,(6) においても特徴的なのは,「目だっている,目だつ」という意味のなかにふくまれる「突出性」である.そして突出性とは,まさしく,ほかの対象や,予想や,あるいは通常の(デフォルトの,目だたない) 状態との対比において認められうることである.このことはただちに,(4) の図式に結びつけられると考えられるので,さらに,図式と例文とのかかわりに即してくわしく見てみることにしよう.(5) においては,対話者の,「しみを消した (したがって,しみはもはや存在しない)」という信念が,確認時点 Tj に先だっている.この信念が,(4) の図式における [Ø] に対応している.そしてその信念との対比において,Tj において,しみ (X) が発現し,服や布地などの場所 (L) に位置づけられることになるのである.(6) においても同様で,まず Ti においては,彼女が「目だたない (目だとうとしない)」ということが,普通の状態として,いわばデフォルト的に想定され,期待されていると考えられる.それに対して,彼女(X) が目だっていると確認される時点Tj において,X が発現し,目だっていると確認される場(L) へと位置づけられるのである.このように見てくると,「顕在」用法においても,発現の図式は共通しているといってよいであろう.

4.2.3. paraître の本質的機能

これまでの論述では,「出現」「顕在」という語彙的意味において,paraître が果たしている機能が,「発現」の図式に還元できるということを確認してきた.非人称用法についてはこれから検討してゆくことになるが,ここでは,つぎの(7) にまとめたように,「発現」を標示することが,非人称用法もふくめた paraître のあらゆる用法に共通する本質的機能であるという仮説を提起しておきたい.

第4章　Il paraît que... について

(7) paraître の本質的機能に関する仮説

　paraître は，確認時点 Tj 以前の時点 Ti においては不在 [Ø] であった実体 X が，確認時点 Ti において，構造的に明らかにされない源泉 (Ø) から発現し，定位先 L へと位置づけられることを，本質的に標示する．

　この仮説に関して重要なことは，paraître は，その本質において，「発現」をあらわす，起動相の述語であるということである．起動相であるということは，よりひろくいえば，語彙内在的アスペクト (Aktionsart) のレヴェルにおいて，瞬間相の述語であるということである．この点，まえの章で論じた sembler が本質的に「類似性」をあらわす，状態的 (すなわち，継続相の) 述語であったこととは対照的であるといえる．

　(7) の操作は，paraître のあらゆる用法の根柢に共通していると考えている．このあと徐々にあきらかになってくることであるが，さまざまな用法のあいだでの変異は，この仮説のなかの実体 X，および定位先 L に，いかなる地位を実際にあたえるかという変異に由来するものであると考えられる．

　つぎの 4.3 節からは，この章の主たるテーマである il paraît que... に関する考察をすすめてゆくことにする．なお，動詞 paraître の人称用法としては，これまでにあつかったもののほかに，属詞や不定法を後続させるタイプもあるが，それについては，il paraît que...，および il paraît à qqn. que... に関する図式化を確立したあとで，それをふまえて論じたほうが都合がよいので，のちに 4.6 節で論ずることにしたい．

4.3.　il paraît que... について

4.3.1.　「伝聞」のメカニズムと本源的断定 (者)

　ここからは，il paraît que... に関する考察に移ることにしよう．この表現が，もっぱら「伝聞 (ouï-dire)」の価値をあらわすということは周知のとおりである．しかしここで，「伝聞」とはなにかということを明確にしておくことが必要である．とくに，報告話法 (discours rapporté) とのかかわりが重要になってくるであろう[4]．その観点からの定式化に，Kawaguchi et Koishi (1990) がある．それによると，報告話法に関与する要素として，つぎの (8) ─ (9) のように示されるものが考えられる．

---

[4] 報告話法については，川口 (1988), Authier-Revuz (1995), Rosier (1999) などを参照のこと．

(8) Niveau 1 : Assertion originelle de P par un sujet asserteur A
    Niveau 2 : Rapport du niveau 1 par un rapporteur R (ibidem, p.67)
(9) Niveau 1 : locuteur L1 co-locuteur L1' énoncé E1
    Niveau 2 : locuteur-rapporteur L2 co-locuteur L2' énoncé E2 (idem)

これらの主体の地位が最大限に審級化されている (instancié) 例として，

(10) Pierre dit à Louise que Jean était arrivé. (ibidem, p.68)

があげられている．それとの比較において，

(11) Il paraît que Jean est arrivé. (idem)

にあっては，本源的断定 (niveau 1) については E1 の痕跡があるのみで，L1 や L1' の地位は構文の図式から除外されている．したがって，il paraît que... は，P の断定が存在したことを示すのみで，断定者 (asserteur) を P にむすびつけることはしない，という仮説をたてている (idem).

この仮説は，言語表現上明白な特徴にもとづく，穏当なものであると思われる．しかし本章では，さらに，paraître の本質的機能から出発して，il paraît que... の特徴を動機づけるというところまで議論をすすめてゆきたい．以下では，まず本源的断定者の問題があらわれている収集例を見ながら，補足的議論をおこない，そのあとで，il paraît que... の図式化を提起することにしたい．

まず，つぎの例文からみてゆこう．

(12)   Pierre : **Il paraît qu'**on veut assassiner le Docteur...
       Pirou : Mais qui dit ça ?
       Pierre : ... ma femme. ... Qui te l'a dit, à toi ? Comment, ça ne me regarde pas ?
                                              (scénario de « Z », pp. 9-10)

この例は，ピエールは妻と電話で話しており，ピルーはピエールとともに電話のこちら側にいる，という状況である．そして，ピエールが，il paraît que... によって伝えた内容に対して，ピルーがその本源的断定者を問いかえしているのである．これはもちろん，文脈上，本源的断定者が示されていないからである．

しかし，文脈上，本源的断定者を示すことができないわけではない．もうひとつ収集例を見ることにしよう．

第4章　Il paraît que ... について

(13) [放送局勤務のジャンはくびになった．後継者が自宅に電話してきたことを妻のジャニーヌが彼に告げる]

Jeannine : Tu sais qui a téléphoné ce matin? Ton «successeur», comme tu dis... Vous étiez étudiants tous les trois ensemble, n'est-ce pas, Messieurs ?
Michel Aubert : Oui...
Jean : Qu'est-ce qu'il voulait?
Jeannine : S'excuser. **Il paraît qu**'il était obligé d'accepter.
(scénario de «Mon oncle d'Amérique», p.37)

　こんどは，前文脈に本源的断定者が (il paraît que... の発話者自身によって) 標示されている．そのことからもわかるように，il paraît que... は，それ自体で本源的断定者をしめさないからといって，前後の文脈でそれを標示することをさまたげることはない．発話者は，かならずしも本源的断定者をしめさない意図があるわけではなく，この場合のように，おそらくは経済性 (すなわち，たとえば，«Il disait qu'il était obligé d'accepter» などのような形式にくらべれば，簡便であること) のために，il paraît que... をもちいる場合もあると考えられる．

　しかしながら，もうひとつ注目しておきたい事実がある．つぎの文は，Nølke が il paraît que... が外部の情報源の標示と両立することを示すために挙げている作例であるが，

(14) Selon Pierre, **il paraît que** Marie est malade. (Nølke 2001, p.19)

　本書筆者の調査の範囲では，この例を「かなり 不自然」，あるいは「容認できない」とする母語話者もいた．このことは，構造的に本源的断定者に場所をあたえない il paraît que... をもちいるのであれば，その直近で本源的断定者をしめすことには抵抗があるからではなかろうか．すなわち，本源的断定者を標示したいのであれば，(10) に準ずる報告話法をもちいればよいのである．

　さて，以上をふまえて，il paraît que... の機能を定式化をこころみることにしたい．まず指摘したいことは，il paraît que... においても，前節までに見てきた paraître の語彙的意味と平行的に，ひろい意味での起動性が認められるということである．すなわち，この伝聞マーカーを発している発話者にとっては，本源的発話を聞いた時点 (確認時点, Tj とよぶ) において，伝聞の内容 (これを P とよぶ) をはじめて聞き知ることになる，ということである．すなわち，それ以

前の時点 Ti においては，P は発話者にとってはまったく接近不能であり，存在しないも同然だったのである (前節での図式化と同様に，ここでもそのことを [Ø] であらわすことにする)．そして，その発話者 (より正確にいうと，確認時点における発話者，すなわち，第3章で規定した「知覚主体」(sujet percep-teur) としての発話者である．これを Sp としるすことにしよう) へと，Tj にしてはじめて P が位置づけられる，ということを，il paraît que... は示しているのである．ここで，Sp が P の定位先になっていることに注意しよう．一般的にいうと，知覚主体は，知覚内容のひろい意味でいう定位先であると考えることができる (この点については，のちに 4.5 節でくわしく論ずることにしたい)．さらに，最終的に Sp へと位置づけられることになる P の本源については，上でみたように，なんら示されておらず，やはり paraître の語彙的意味の場合と同様に，(Ø) をもってあらわすことができるであろう[5]．以上のように考えてくると，il paraît que... においても，「発現」の図式と同型的 (isomorphe) な図式が認められることがわかる．以上のことを図示しておくと，つぎのようになる．

(15) **il paraît que P の図式**
   (i) [Ø]   (Ti < Tj)
   (ii) (Ø) → P ∈ Sp (Tj)

4.3.2. 発話者の関与の稀薄さ

伝聞であることから考えられるもうひとつの帰結は，発話者が，いわば中継 (relais) の立場にとどまり，断定に関与する度合いが低くなるということである．このことは，il paraît que... に関する先行研究において，もっともさかんに言及された点である．おもな論点を見ておくことにしよう．

まず，il paraît que... によって導入された内容を，後続文脈のなかで阻却 (annulation) できるかという点についてである．Bourdin (1988) は，つぎの例をひき，

(16) **Il paraît que** les combats ont été très violents...
  *mais je peux me tromper. (ibidem, p.56)
(17) **Il semble que** les combats ont été très violents...
  mais je peux me tromper. (idem)

  (16) が容認不能であることから，il paraît que... が「主体外的 (extra-subjectif)」

---

[5] この点については，Kawaguchi et Koishi (1990) においても示唆がなされている．のちに 4.3.3 節でふれる．

第4章 Il paraît que ... について

であるといっている.すなわち,本書筆者のことばで言いかえれば,たとえ内容が誤りであっても,その内容への発話者の関与が稀薄であるために,発話者の誤りということにはならないのである.ちなみに,Bourdin はさらに,その主体外性によって,il paraît que... がつぎの (18) のように,間接目的補語 me と両立不能であることを説明しうるといっている.

(18) ?? **Il me paraît que** les combats ont été très violents... (idem)

一方,Nølke (2001) は,つぎの例文において,

(19) **Il paraît que** Marie est malade. Mais en fait, je suis sûr qu'il n'en est rien.
(ibidem, p.19)
(20) ***Il semble que** Marie soit malade. Mais en fait, je suis sûr qu'il n'en est rien.
(idem)

(20) のような連鎖は不自然で,(19) のみ容認されることから,il paraît que... においては,話者が que 以下の内容に対応する観点には同化しないといっている.

こんどは,(16), (17) の例とちがって,il paraît que... のほうが内容の阻却が可能になっている.しかし,それは見かけ上のちがいであり,実際には,(16), (17) の場合も,(19), (20) の場合も,il paraît que... を用いたときのほうが,内容に対する発話者の関与が稀薄であるという点が共通しているのである.

それではなぜ,il paraît que... が用いられた場合には,内容に対する発話者の関与が稀薄になるのであろうか.それは,前節で提起した,il paraît que P の図式の延長において説明が可能であるように思われる.図式において,発話者の占める位置は Sp であり,その Sp の眼前へと,P はいわば一方的に,向こうから発現してくるものであるということができる.したがって,発話者 (より正確には,知覚主体 Sp) は,P の内容の構築に関与する余地がないのである.

この操作は,第3章において規定した「知覚レヴェル」という次元でおこなわれいるものと考えられる.なぜなら,ここで内容への発話者の関与と呼んでいるものは,il paraît que P 全体に対するものではなく,命題内容 P に対する主体の関係であり,したがって,Sp が P を獲得 (感知) するレヴェルでの問題であるからである.

つぎに,知覚レヴェルのみならず,発話レヴェルも関与してくると思われる,反語法 (ironie) でも il paraît que... がもちいられるという現象をみておこう.た

とえば，つぎの例において，Damourette et Pichon (1911-1936, § 1539) は，反語法的な意味があるといっている[6]．

(21) **Paraît que** je ne suis wattman que depuis lindi soir. (idem)

　この現象に関しても，命題内容に対して，発話者の関与が稀薄であるということができる．しかし，反語法とは，発話者の関与が稀薄であるというだけでは成立せず，むしろ発話者がみずからの発話内容を積極的に否定しようとするところから成立するものであろう．これは，矛盾ではないのか．本書の立場からの回答を結論的にいうと，この問題は，知覚レヴェルと発話レヴェルとの峻別によって扱うべきものである．すなわち，すでにのべたように，発話者の関与が稀薄であるのは，知覚レヴェルにおいてである．それに対して，発話者がみずからの発話内容を否定しようとしているのは，il paraît que... もふくめて，発話文全体を発すること，すなわち，発話行為のレヴェルにおいて，いわば外がわからおよぶ作用なのである．したがって，発話レヴェルにおける操作であるといえる．

　反語法が反語法として成立するためには，この発話レヴェルにおける操作が必要になるのであるが，その操作は，知覚レヴェルとちがって，これまでに示してきた図式には内在していない．それは，前述のように，外がわからおよぶ作用であるので，たとえば，後続の発話文との関連でみると検証しやすい．つぎの例文を見ることにしよう．

(22) **Il paraît qu'**il va faire beau : nous devrions sortir.　　(Ducrot 1980, p.154)

　この例では，内容からもわかるように，発話者は，前半の発話内容を受けいれ，考慮に入れたうえで，後半の発話文を発している．それに対して，つぎの例においてはどうであろうか．

(23) **Paraît qu'**y a pas de sot métier
　Moi je fais des trous dans des billets　　　(S. Gainsbourg, *Le poiçonneur des Lilas*)

　ここでは，後半の moi が啓示的である．すなわち，発話者がみずからの立場

6　口語で，非人称の il が脱落して paraît que... となる例も，本章では同列にあつかうことにする．

を前半の内容と対置し，ひいては前半の発話と対立しようとしているのである．

　これら，発話レヴェルにおけるふたとおりの可能性も，(15) として提示した il paraît que P の図式と関連づけて考えることができると思われる．図式自体は抽象的なものであり，発話文の解釈と直接むすびつくというわけではないが，図式において解釈の可能性を規定する部分を見いだすことができるということである．その部分とは，(15)-(ii) において，P の源泉が，(Ø) によってあらわされていたところである．すなわち，il paraît que... に即していうと，本源的断定者がしめされていないということである．そのため，本源的断定者が，内容に対する態度を，発話者とおなじくするのか，そうではないのかという点での不定性が出てくるのである．

　以上，この節では，発話者の関与の稀薄さにかかわる現象 (阻却，反語法) について検討し，本書で立てた図式による説明が可能であることを示した．

4.3.3. il paraît que... と paraître との相関

　il paraît que... の図式が，paraître の語彙的意味の図式と相似していることについては，すでに触れるところがあったが，ここで，より広く，語彙的意味と文法的意味との関連性，そしてそれを扱う意味論の問題としてとらえかえすとともに，本書の立場を明らかにしておきたいと思う．

　管見のおよぶかぎり，先行研究はほとんどすべて，il paraît que... を，「伝聞」の価値の標示に専門化した，特例的な固定表現のように見なしている．たとえば，Bourdin (1988, p.55) は，「伝聞」の価値を，«La valeur très particulière que revêt l'expression IL PARAÎT QUE» であるとしている．

　また，古いところでは，Damourette et Pichon (1911-1936) が，つぎの例，

(24) **Paraît qu'**il voltige un peu de neige. (ibidem, § 1539)
(25) **Paraît que** je ne suis wattman que depuis lindi soir. [=(21)]

を引いて，つぎのように言っている．

«[...] nous assistons à notre époque même à une évolution analogue à celle qui a engendré l'unipersonnel fixe *falloir / il faut* à partir du verbe tripersonnel *faillir*.» 　　　(idem)

　一方，文法化 (grammaticalisation) のわく組みのなかで，よりこまかくいえば

第2部　事例研究

脱範疇化 (décatégorisation) の観点から，川口・阿部 (1996) はつぎのように言っている．

> 「動詞 paraître は様々なテンス・アスペクト・モダリティと共起でき，全人称で活用されるが，伝聞マーカーとして機能するときは非人称の il paraît que (il paraîtrait que) の形しかなく，*il me paraît que，*il le paraît，*il a paru que なども許容されず動詞範疇の特徴を多く失っている」(ibidem, p.55)

大づかみにまとめると，これらの扱いはともに，主として人称変化の不完全性という形態論的特徴を根拠として，固定表現へと変化したものであるとするところに共通点がある．この種の考えかたには，語彙的意味 (という，当該のマーカーの結果的な解釈のひとつ) から，伝聞マーカーとしての機能的・手つづき的な意味が派生してくるということが，明示的であるにせよ暗示的であるにせよ前提とされているように思われる[7]．しかし，かりにそのような形での派生的な扱いをみとめるとしても，その派生を可能にするような共通の基盤はなにかということは，明らかにされるべきであると思われる．また，なぜ特定の価値を標示するような形での派生になったのかという点についても，説明がなされるべきであろう．そのような観点からみると，本書でおこなっている，本質的機能を介した説明が有効であり，また必要であると考えられる．

先行研究のなかでは，わずかに Kawaguchi et Koishi (1990) が，

> «On songera au fait que le verbe *paraître* est, en premier lieu, «se faire voir», c'est «faire son apparition», émergence en un lieu d'un objet dont la provenance n'est pas nécessairement déterminable...» (ibidem, p.72)

と，このくだりでだけ，「出現」用法との関連づけの可能性に言及しているが，このように示唆するにとどめており，全面的に語彙的意味と機能的意味を対比するには至っていない．本書では押しすすめて，語彙的意味と機能的意味とのあいだには，完全な対応関係があり，その対応関係は，それぞれの意味の

---

[7] 「文法化」の概念による研究は，所与のマーカーの通時的な意味変化を対象としている場合が多いが，ここでいう派生関係は，通時的変化に限定するものではない．Paraître に関しても，通時的にはまず「出現」などをあらわす語彙的意味の動詞がはじめにあったことは確かであるが，2.5.3.1 節でのべたように，意味記述におけるなんらかの概念的な前後関係としての「派生」を論ずる場合は，通時的変化とは原理的に別のこととして問題を立てることができると考えている．

第 4 章　Il paraît que ... について

図式，ひいてはそれらの図式に共通してみとめられる paraître の本質的機能に，その基底をもとめることができると考える．まさにその本質的機能から，「伝聞」という特定の解釈も生じうるのである．

なお，il paraît que... と paraître との相関の細部については，さらに 4.6 節でくわしく検討することにしたい．

4. 3. 4.　il paraît que... への統辞的制約

Il paraît que... には，たいへんきびしい統辞的制約がかかっている．現象自体は，すでに先行研究でも多く指摘されていることであるが，制約がなぜあるのかということに関しては，il paraît que... を「伝聞」の標示に特化した例外的な固定表現とみなす (したがって，おうおうにしてそれ以上の分析がおこなわれない) 考えかたが災いしてか，あまりじゅうぶんな説明が見あたらないように思われる．この節では，統辞的制約をいかに説明するかということに重点をおいて，考察をすすめてゆきたい．

4. 3. 4. 1.　まず，どのような制約があるのかをおさえておきたい．さいわい，Kawaguchi et Koishi (1990, pp.63-64) にきわめて詳細なリストがあるので，それによってみておくことにしよう．
(i)　否定の対象になることができない．

(26) * Il ne paraît pas que Marie est / soit venue. (ibidem, p.63)

(ii)　疑問の対象になることができない．

(27) * Paraît-il / * Est-ce qu'il paraît que Marie est / soit venue? (idem)

ただし，確認期待 (attente d'une confirmation) 的な疑問文は可能で，(28) のような実例も存在するが，これは真の「疑問」ではないので別とする．実際，(28) のような疑問を Est-ce que 型疑問文や倒置型疑問文にすることはできない．

(28) Il paraît que Mrs Lancaster est retournée dans sa famille? (ibidem, p.58)

(iii)　叙法・時制の制約．Il paraît que は直説法現在と条件法現在以外のいっさいの叙法・時制を許容しない．

(29) * Il a paru / * Il paraissait / * Il paraîtra que Marie est venu / vient / viedra. (ibidem, p.63)
(30) * Il commence à / finit de paraître que Marie est venue. (idem)

(iv) 補足節，関係節にいれることができない．また，分裂文 c'est... que... の前提部分 que... 以下にも来ることもできない．

(31) * Pierre dit qu'il paraît que Marie est venue / va venir. (idem)
(32) * Pierre, dont il paraît qu'il est arrivé / qu'il paraît qu'il est arrivé... (ibidem, p.64)
(33) * C'est à Paris qu'il paraît qu'ils se sont rencontrés. (idem)

(v) il paraît que に，時間的・空間的限定をくわえることはできない．

(34) * Il paraît partout qu'on est heureux. (idem)
(35) * Il paraît de temps en temps / souvent que Marie est malade. (idem)

(vi) モダールな副詞による修飾を許容しない．

(36) * Il paraît nécessairement que Marie est arrivée. (idem)
(37) * Il paraît bien qu'il va venir. (idem)

しかし，文副詞のなかでも，連結辞 (connecteur) は許容される．

(38) Certes il paraît que nous allons perdre la guerre. (idem)
(39) Enfin, il paraît qu'il n'a pas le bac. (idem)

(vii) il paraît que... の que... 以下を代名詞化することができない．

(40) * Marie est venue, du moins il le paraît. (idem)
(41) * Marie est venue, du moins c'est ce qu'il paraît. (idem)

(viii) 間接目的補語をとることができない (ただしもちろん，伝聞でなく推定の解釈であるとすれば許容される．そのタイプの用法については，つぎの 4.4 節で考察する)．

(42) * Il me paraît que Marie est arrivée. (idem)
(43) * Il paraît à Paul que Marie est arrivée. (idem)

(ix) 情報源を示すことができない (4.3.1 節における, 例文 (14) に対するコメントを参照).

(44) * Il paraît que Marie va venir, d'après Paul / à en croire Paul. (idem)

(x) 直接話法の思考動詞にみちびかれることができない.

(45) * Il pensa : «Il paraît que Marie va venir.» (idem)

　これらの制約のなかには, il paraît que... 構文におかれたことから来るもの, paraître の本質的機能に内在する性質からくるもの, そして, それら両方のまじわるところから出てきたものというぐあいに, さまざまなものが混在している (いうまでもなく, il paraît que... は, paraître という語彙からくる性質 — すなわち paraître のほかの用法とも共通する性質 — と, il paraît que... に独自の性質をあわせもっている). また, 個々の統辞的制約のいくつかが, より大きく見るとおなじ意義を示している場合もある. そこで以下では, たがいに同様の説明をするべき制約を, より大きなグループに再編成しながら考察してゆくことにする.
　ただし, 唯一 (ix) については, すでに 4.3.1 節で論じたので, 以下ではそれ以外のものを対象とする.

4. 3. 4. 2.　まず, (i), (ii), (vii) は, il paraît の部分を, 文の焦点にすることができないということ, すなわち, 「焦点化不能 (non-focalisable)」という性質によって一括することができる. ここで, (i), (ii) を焦点化の問題とすることには異論の余地はないであろうが, (vii) については註釈が必要であるかもしれない. たとえば, (40) の例文では, «* il le paraît» となることによって, (そのような文がもし許容されると仮定すると) il paraît, とくに paraître が, 文の焦点になっているということである. このことは, 許容されない例でみてもわかりづらいが, たとえばつぎの (46) の例文では,

(46) Est-ce vrai, Roger, que les jeunes gens avant d'être soldats, doivent se mettre nus...

第 2 部　事例研究

– Naturellement, **ils le doivent**.　　(Apollinaire, cité dans Kronning 1996, p.63)

　疑問文に対する応答のなかでもちいられていることからみても，不定法が代名詞化された«ils le doivent» において devoir が焦点化されていることは明らかであろう．«＊il le paraît»も，意味的構造としてはこの «ils le doivent» と同様，焦点化の問題として考えることができるものである．そして，paraître の場合も，つぎの例にみるように，人称用法においては代名詞化が可能である．

(47) Il faut non seulement être résolu, il faut aussi le **paraître**.　　(Bourdin 1988, p.53)

　さて，このように「焦点化不能」としてとらえることができる il paraît que... への制約は，どのように説明することができるであろうか．それは，概略的にいうと，第 3 章 (とくに 3.2 節) で il semble que... に関して述べた，統辞的主節 il semble が文の主張にならず，que... 以下にある主張に対する付随的部分をなしているということとあい通じるものと思われる．この付随性は，基本的に，il paraît que... に対してもみとめられるものである[8]．それはたとえば，つぎのように，il paraît que... を «d'après ce qu'on m'a dit» のような離接詞 (disjonctif) としてはたらく副詞句によって言いかえることができることからも例証される．

(48) Il paraît que Marie est venue.
(49) D'après ce qu'on m'a dit, Marie est venue.

　すなわち，il paraît que が付随的であるのは，離接詞が文に対して付随的であることと平行的であると考えられるのである．
　以上の諸点を考えあわせると，(i), (ii), (vii) の焦点化不能の制約は，paraître の語彙に内在する原因から来ているのでなく，il paraît que... というタイプの発話文でもちいられたとき，il paraît の部分が離接詞と同様の意味で付随的であることにその原因をみるべきものであることが理解される．そして，まさにこのことによって，(i), (ii), (vii) の制約が説明できるのである．
　それでは，il paraît que... の付随性とは，よりこまかに見るとどのようなもの

8　ただし，モダリティ要素としての性質をも，il semble que... と共有しているわけではなく，よりひろい意味での付随性を共有しているのみである．il paraît que... のもつ付随性が，il semble que... のそれとはどのようにことなるかという問題は，4.3.4.4 節で論ずる．

第4章 Il paraît que ... について

であろうか．そのことは，ほかの制約とも関連することであるので，4.3.4.3 節と 4.3.4.4 節における考察を通じて，徐々に明らかにしてゆくことにする．

4.3.4.3. つぎに問題にしたいのは，(iii), (v) である．(iii) の，時制の変異がないという制約と，(v) の時空的限定がかけられないという制約は，いずれも，il paraît que... の「非時間的 (non-temporel)」な性質，もっというと，「非時空的 (non-spatio-temporel)」な性質として集約されるべきものである．この制約には，まえの 4.3.4.2 節でのべた「付随性」だけではなく，il paraît que... に独自の性質がかかわってきていると思われる．というのは，「付随性」は，il semble que... とも共通していたのであるが，il paraît que... の時制に対する制約は，3.2.6 節でみてきた il semble que... の時制に対する制約よりもきびしいので，さらに別の説明が必要になるということである．

問題はそれだけではない．観察される制約を，上記では「非時間的」性質であるとしたが，それではその「非時間的」性質を，il paraît que... はどのようにしてもつにいたるのか (あるいは，より正確にいえば，時間的性質をどのようにして失うにいたるのか) という問題がある．4.3.1 節で提唱した (15) の図式では，確認時点 Tj で，命題内容 P が知覚主体 Sp に位置づけられるとした．そうであれば，たとえば，

(50) * Il a paru hier que Marie est venue.

のように，確認時点 Tj を時間的状況補語 (hier) によって標示したり，あるいは paraître の時制 (il a paru) で標示したりすることができてもよいはずではないか，という疑問が起きるかもしれない．しかし実際には，(50) のような文は許容されない．このことはどのように考えられればよいのであろうか．

まず，(15) の図式においてあらわれている要素は，あくまでも意味構造の祖型であって，すべてが言語的表象のレヴェル (すなわち，2.5.2 節でみた Culioli (1990) のいう niveau 2) において直接対応する明示的マーカーのかたちをとってあらわれるわけではないということを想起しておきたい．たとえば (15) の図式を提示したときにすでにのべたように，知覚主体 Sp を標示する明示的な言語表現は，il paraît que... の場合には，どこにもない．それと同様に，Tj を標示するマーカーや，P が Sp へと位置づけられる状況を標示するマーカーが存在しなくても，(15) の図式にとって不都合であるということにはならないのである．

もちろんそれだけでは，il paraît que... の場合はつねに時間的・空間的標示が

153

免除されることに対する積極的説明にはならない．さらにくわしく考えてみよう．ほかのマーカーとの対比においても，また，paraître のほかの用法との対比においても，il paraît que... に独特といってよいほどのこのきびしい制約は，伝聞表現であることから来ていると考えられる．4. 3. 1 節で，il paraît que... の場合には，本源的断定の存在したことを示すのみで，断定者 (asserteur) を発話内容にむすびつけることはしない，という Kawaguchi et Koishi (1990) の仮説を見て，それを出発点として考察をおこなった．しかしここでは，その考察をさらにすすめてみたい．

「伝聞」表現であるということは，本源的断定をくだした断定者を問題としないばかりではなく，実は，その断定がいつ，どこで，いかになされたかということをも考慮外におくことであると思われる．本源的断定をとりまく時間的，空間的，様態的なあらゆる状況の標示を棚上げにして，たんに当該の発話内容が，(媒介的) 発話者に伝わったということのみが示されているのである．それはなぜかというと，ひとつには，«on m'a dit que... » のように言いかえられるような時間関係，すなわち，il paraît que... による発話文を発する時点 To より前に伝聞内容を聞き知ったということ (Tj < To) は，まったく自明のことであって，ほかの可能性はないからであり，したがって，il paraît que... がもっぱら伝聞を示しているということは，同時に，そのなかでの paraître の時制標示や状況補語自体が剰語的になるからである．そしてそのことは，時間的な状況標示だけに通用するのではないと考えられる．空間的，様態的標示もまた，たんに「伝聞」であるということを示すだけで，そのおおよその典型的状況は，ごくありふれた社会的営為として常識的に想起できることである[9]ため，全体として本源的断定をとりまく状況の標示が不必要となるに至っているのではなかろうか．

4. 3. 4. 4. つぎに (vi) の，モダールな副詞の作用域に入らないという制約がどこから来るかということについて考えてみよう．

まず，4. 3. 2 節において，il paraît que... にあっては，発話者の関与が稀薄であるという議論をおこなったことを思いおこそう (それは，paraître の語彙に内在する性質から来ているのであった). いっぽう，2.4.1 節で提起したモダリティの定義からすると，発話者の関与が稀薄である il paraît que... は，いわば，モダリティ的なマーカーとは対極にある操作をおこなっているといえる．そのこと

---

[9] のちに 4. 6 節では，「伝聞」が社会的に確立された，いわば制度的行為であるということに着目して議論をおこなうことになる．

第4章 Il paraît que ... について

から，4.3.4.2 でのべた付随的表現のなかでも，il semble que... などとは対照的に，il paraît que... を「反モダリティ (anti-modalité)」とよぶことを提唱したい[10]．もはや明らかなように，il paraît que... がもつ反モダリティ性が，モダールな副詞とはあい容れないことが，(vi) の制約の原因なのである．

なお，この点もまた，モダリティと証拠性との質的な差異があらわれるところである．前章で，il semble que... に関してみたように，証拠性マーカーはモダリティ表現と機能を兼務しうるが，それはたまたま il semble que... が個別のマーカーとして両立を可能にしているだけであって，il paraît que... のように，反モダールな証拠性マーカーも存在するのである．Il paraît que... の場合にあっては，発話者は発話文の内容そのものに判断をくだしているのではなく，それを他者からの伝達という根拠に帰する関係づけをしているのである．その関係づけこそは証拠性であり，そして，その関係づけの操作も，たしかにある種の「判断」であることにはちがいないが，あくまでも発話文の内容を直接対象とはしない「判断」であって，その部分への発話者の判断はむしろ宙づりにされていることが，「反モダリティ」たるゆえんなのである．

4.3.4.5. (iv), (x) の制約は，いずれも，il paraît que... にはじまる発話文を，報告話法の被引用部にとり込めないという制約としてまとめられる．
このことのおもな原因は，il paraît que... が伝聞表現として専門化していることにより，それが被引用部をみちびく「導入形式 (formule introductive)」としてのみはたらくことであると思われる．すなわち，il paraît que... 自体は，つねに地の文にしか位置できないということであり，報告話法のほかの手段によって被引用部としてとり込むことができないということである[11]．
そしてさらに，なぜ il paraît que... がもっぱら導入形式としてはたらくかというと，これまでにのべてきた非時間性，本源的断定者の非標示などによって，典

---

10 この anti- には，anti-roman や，antimémoires (Malraux) といった表現にみられるごとく，「対蹠的存在」という意味をこめているのであって，モダリティの不在をあらわしているのではない．
11 ただし，「他者の言説をあらわす条件法」をもちいて，
(i) Selon Pierre, **il paraîtrait que** Marie est venue.
のように il paraît que... を条件法におくと，ピエールを介した二重伝聞 (孫びき) の解釈も可能である．これは，条件法が結果的に伝聞をもあらわせるにしても，いわゆる導入形式ではなく，根柢においてはまた別の機能を果たしているからこそ，il paraît que... による伝聞と重ねてもちいることができるようになっていると考えている．il paraîtrait que について論ずるためには，条件法に関する考察が前提として不可欠であるので，第5章で扱うことにする．

155

型的な「伝聞」の状況が強く前提されているということも理由としてあげることができるが，それ以外に，非人称構文であるということも作用していると思われる．春木 (1983) (1988) もいうように，非人称構文は主題をもたず，したがって主題へと説述を定位 (repérage) する構文でないかわりに，発話状況 (situation d'énonciation) へと発話文を定位する操作をおこなっているという全般的な特徴がある．このことがあるために，発話状況とのかかわりが間接的になってしまう被引用部には入りづらいのである．

4. 3. 4. 6. すでにほとんどの制約については考察した．のこっているのは，(viii) のみである．これをあつかえるためには，間接目的補語 à qqn. の機能に関する議論が不可欠であるので，つぎの4.4 節で il paraît à qqn. que... について考察し，さらに 4.6 節で，il paraît que...，il paraît à qqn. que... を，paraître の語彙的意味との構造的相関において論ずる際の課題としておきたい．

4. 4. il paraît à qqn. que... について

さっそく，間接目的補語をふくむ形式，il paraît à qqn. que... に関する考察に移ろう．この形式について，Nølke (2001) は，つぎの例を引き，

(51) **Il paraît que** vous me volez. (ibidem, p.26)
(52) **Il me paraît que** vous me volez. (idem)

(51) は伝聞のかたちをとった非難であるのに対して，(52) はまさに盗みつつある相手をその場でおどろかせる言いかたであるとする．そして，il paraît à qqn. que... は，一般に，«il est visible que...» で言いかえられる古い価値をとどめていて，視覚的な意味があるといっている．また，

(53) **Il lui paraît** [au médecin ; n. d. a.] qu'une nouvelle crise va survenir. (idem)
(54) **Il lui semble qu'**une nouvelle crise va survenir. (idem)

の両者は，ほとんど同義であるが，医者の判断が主として見たものにもとづく，視覚に由来するものであるという文脈が，結果的に同様の解釈になることを可能にしているだけで，解釈の道すじはちがうとする．つぎのような例であ

第4章　Il paraît que ... について

れば，

(55) ?**Il lui paraît qu'**il connaît Marie depuis longtemps. (ibidem, p.27)
(56) **Il lui semble qu'**il connaît Marie depuis longtemps. (idem)

　(55) は (53) とちがって，que 以下の内容が視覚に由来するものではないために，容認度が低下するといっている．
　しかし，Nølke (2001) のこの主張には，明らかに無理がある．まず，現象の記述として大いに問題がある．実際の用例をさがしてみると，つぎのような反例がある．

(57) [le 22 mai 1968, au grand amphithéâtre de la Sorbonne]
　J.-P. Sartre : Je suis tout à fait d'accord avec l'idée que, euh, on devrait supprimer les notions de faculté et d'étudiant en ce sens que les études devraient être ouvertes à tous. Je ne pense pas que, en effet, l'on doive parler de facultés aux ouvriers ou aux étudiants mais de facultés à la jeunesse, c'est-à-dire à l'ensemble des travailleurs du pays. En particulier, **il me paraît que**, dès à présent, on peut revendiquer que les apprentis et les jeunes ouvriers aient au moins deux jours par semaine où ils puissent venir fréquenter les facultés aux côtés de leurs camarades qui sont en ce moment étudiants.
(*Mai 68*, p.25)
(58) **Il nous paraît**, en effet, que le reportage fait partie des genres littéraires et qu'il peut devinir un des plus importants d'entre eux.　(J.-P. Sartre, *Situations*, 2, p.30)

　これらの例は，文内容からみて，おおよそ視覚的とは考えられない．当然，(57) の例では，「...という要求がただちにできるとわたしは思います」のように，そして，(58) の例でも，「ルポルタージュは，文学のジャンルをなすようにわれわれ (著者をしめす nous) には思われ，...」というように，いずれも印象から発する推測をのべていると理解するべきものであろう．そればかりか，実は Nølke 自身が視覚的であるとしている (52) の例でさえも，本書筆者のインフォーマント調査によると，ごく自然に，視覚によらない推測の解釈が可能であるとのことである．したがって，Nølke (2001) の主張が，すくなくともそのままのかたちでは維持できないことは，もはや確認されたといえよう．
　それでは，il paraît à qqn. que... を，どのように考えればよいのであろうか．その問いには，やはり，本質的機能にもとづく図式をもちいて答えるのが適当

157

であると思われる．il paraît à qqn. que... の図式を考えてゆくには，4.3.1 節，4.3.2 節でおこなった議論が参考になる．すなわち，確認時点 Tj において，P が位置づけられるのは，知覚主体 Sp であった．ここで，第 3 章で示した，il semble à qqn. que... における間接目的補語 à qqn. が知覚主体を明示する機能を果たしているという事実，そして，paraître の出現用法における場所表現との関連性を考慮に入れるならば，il paraît à qqn. que... においてもまた，P が位置づけられる定位先になる知覚主体 Sp は，à qqn. によって標示されていると考えるのが妥当であろう．そして，その P の出どころは示されていないという点や，知覚時点以前には，P はなんら明白ではなかったということを考えあわせると，(15) の il paraît que P の図式ときわめて類似した，つぎにしめすような図式が得られる．

(59) **il paraît à qqn. que P の図式**
   (i)   [∅]   (Ti < Tj)
   (ii) (∅) → P ∈   Sp [= à qqn.] (Tj)

この図式の，(15) の図式との相違点は，ひとえに Sp が言語表現のうえで明示された間接目的補語 à qqn. と対応しているということである．この点に関してもまた，第 3 章における à qqn. についての議論が有効である．そこでは，il semble que... の場合とくらべて，il semble à qqn. que... の場合は，後続の命題として，心理状態に関係したことが来やすいという観察と関連させながら，「à qqn. の生起により，知覚レヴェルと発話レヴェルの対照がきわだち，とくに à qqn. の示す知覚主体の属する知覚レヴェルが前面に押しだされる」(3.3.2 節) と主張した．つまり，à qqn. が生じるときとそうでないときとの相違点は，単線的な階梯としての確信度などではなく，(知覚レヴェルが前面に押しだされるという) 質的な差異であるということであった．il paraît que... の場合，このことは，いっそうはっきりとあらわれているように思われる．すなわち，à qqn. のない場合には「伝聞」をあらわすマーカーになるが，知覚主体をあらわす à qqn. が生じている場合は，主体による感知の意味がきわだち，「推測」の意味になるのである．il semble que... の場合も，上述のように質的な差異であるという主張をなしたが，ここでも平行的に，より明確な意味の違いとなってあらわれているのである．

最後に，il semble / paraît à qqn. que... の相違について，簡単にふれておきたい．収集例 (57)，(58) において，paraître のかわりに sembler を換入し，

(57') ... **il me semble que**, dès à présent, on peut revendiquer que les apprentis et les jeunes ouvriers

(58') **Il nous semble**, en effet, **que** le reportage fait partie des genres littéraires ...

のようにした例と，もとの例とでくらべた場合，インフォーマントによると，いずれも sembler の場合にくらべて paraître のほうが，より断定がやわらげられ (atténué)，発話者の内容に対する確信の度合いが下がるように感じられるという[12]．その直観にも，本書で提起した発現の図式による paraître の説明は見あっているものと考えられる．すなわち，sembler が，基本的には間接的徴候との類似性を基盤として判断をくだすのにくらべて，すでにみたように，paraître の場合は，いわば，一方的に向こうから発現してくるというのが基本的図式であるため，発話者の関与は稀薄であり，結果的に，発話者があまり確信して断定していないような直観的解釈につながっているのである (その意味で，il paraît que... が反モダリティであるとした 4.3.4 節での議論は，il paraît à qqn. que... にも通用する)．

4.5. 知覚される現象とその文法化

4.2 節から 4.4 節までででは，動詞 paraître の語彙的用法における機能と，その文法化したものと考えられる il paraît que..., il paraît à qqn. que... の機能とを対比させながら論じてきた．ここではそれらの機能の関連性を，さらに詳細にみてゆくことにしたい．まず，動詞 paraître の語彙的意味における，まだ指摘していない注目すべき特徴について論じ，そこから出発して，il paraît que... における意味的特徴へとどのように連関しているかを考えるという手順をふむことにする．その過程で，語彙的意味と，文法化を経た意味とのあいだで，すでに指摘した意味構造全体の同型性がみとめられることはいうにおよばず，図式のより細部にわたって，関与する項目の布置や特徴までもが，均質の扱いをなしうるということを明らかにしてゆくことになる．

4.5.1. 語彙的意味における動詞 paraître の特徴

まず，語彙的意味における動詞 paraître の特徴を指摘することから始めよう．

---

[12] ただし，インフォーマントのこの反応には，「たとえ講演といえども，口語での (66) はそもそも paraître はあまり用いられない」という前おきがついていた．Sartre は，文語的な文体で話していたのではなかろうか．

第2部 事例研究

すでに，4.2節で，この動詞が起動相の概念によってとらえられることを述べたが，ここではさらにくわしく，paraître が，起動相のなかでもどのような特徴を有しているのかを問いたい．

結論を先どりしていえば，paraître には，予定性 (programmation) ともいうべき特徴があり，そのことによって，起動相のなかでもやや特殊な位置を占めている．そのことは，とくに apparaître と比較することによって明らかになる．

まず，つぎの3つの例文を再検討してみよう．

(60) Le soleil **parut** à l'horizon. [= (1)]
(61) Je demandais à la domestique si Madame était chez elle. Presque aussitôt, Madame Grangier **parut** dans la petite pièce où l'on m'avait introduit. [= (3)]
(62) La reine **parut** au balcon pour saluer la foule. [= (2)]

これらの例に共通しているのは，paraître のあらわす出現が，知覚主体にとっては予期されたものであるということである[13]．よりこまかにいうと，百科事典的な知識や発話状況からして，当然起こりうるのものとして受けいれられるようなものである，ということである．たとえば，(60) においては，太陽の出現は，天体の運行という，きわめて一定した現象に関わることであるため，当然のこととして予測される事態である．また，(61) においても，主人公がグランジェ夫人をたずね，小部屋で彼女があらわれるのを待っていたという文脈から見て，彼女の出現は予想され，期待された事態であるといえる．(62) の例については，«pour saluer la foule» という状況補語からわかるように，女王が群衆にむかってあいさつをするという，いわば制度的な行為をあらわしており，やはりその出現は予想され，期待されたものであると考えられる．実際，つぎの (63) は自然な発話文であるのに対して，(64) はかなり不自然である．

(63) La foule applaudit lorsque la reine **parut** au balcon.
(64) ??La foule manifesta sa surprise lorsque la reine **parut** au balcon.

このことは，paraître のあらわす出現自体をおどろきの対象にすることがで

---

[13] 予期されたものであるというと，一見，起動相の概念とは矛盾するように見えるかもしれない．しかしそもそも起動相とは，原理的に，突発性 (soudaineté) とはまったく別のことであり，4.2節でのべたように，「接触させること (mise en contact, cf. Franckel 1989, p.412)」としてとらえられるべき概念である．

きないということを意味する．(64) に手をくわえて容認度を改善するとすると，(65) のように，出現そのもの以外におどろきの対象を示すか，あるいは (66) のように apparaître を用いるかしなければならない．

(65) La foule manifesta sa surprise lorsque la reine parut au balcon en robe étrange.
(66) La foule manifesta sa surprise lorsque la reine apparut au balcon.

以上で確認してきたことにより，paraître の標示する出現には，予定性があるということは明らかであろう．それに対して，apparaître には予定性の含意はなく，突発的な，予期されない出現をあらわすことができるのである．
　つぎに，出現用法のなかで特殊な位置を占める用法について見ておきたい．一般の出現用法においては，定位先に対応する場所格表現 (これまでに見てきた例に即していうと，«à l'horizon»，«au balcon»，«dans la petite pièce» といった表現) が必要とされたのに対して，journal, revue, article などのかぎられた語が主語になったときは，定位先を明示することは必要ではなくなる[14]．該当する例文を見ておこう．

(67) *Le Monde* **paraît** tous les jours. (Bourdin 1988, p.59)
(68) Je pense aux Goncourt dont le premier volume **parut** le 2 décembre.
　　　　　　　　　　　　　(F. Mauriac, *Bloc-notes 1952-1957*, p.103)

これらの場合，paraître は，«(ad)venir à l'existence» (Bourdin 1988, p.59)，«être livré au publique» (*Le Robert*) といった意味あいであり，明らかに，公刊の場となる公共の領域が，暗黙の定位先となっていると考えられる．そしてそのように定位先を暗黙にすることができるのは，主語が「公刊」にかかわる一連の語であるため，その語彙的性質からデフォルトにより「公共の領域に出現する」という意味がみちびかれるからであろう．
　このような「公刊」にかかわる語が主語になっている場合にも，これまでに出現用法全般についてのべてきた「予定性」が感じられる．しかし，もっと言

---

14 たとえばつぎの例文，
(i) Mon article paraît dans une revue de linguistique.
のように，場所表現とともに用いることも，もちろん可能であるが，ほかの出現用法とはちがって，この場合の場所表現は，任意要素である．しかも，そもそも (i) のような場合に，場所表現を定位先と考えるのがはたして適当かどうかにも問題があり，むしろ特定化 (spécification) の役割を果たす状況補語であるとも考えられる．一見似ている場所表現であっても，機能がことなっていることに注意するべきである．

えば，その出現自体が，単なるできごとではなく，出版という社会的な制度として確立されたものであるという特徴がある．いわば，「予定された (programmé) 出現」よりもさらに強い予定性をもつ，高度に「制度的な (institutionnel) 出現」なのである．

この，制度的であるという特徴は，もちろん，この用法にかぎっての特徴，それもおもに主語の語彙的な特徴であって，アプリオリには paraître に帰せられるものではない．しかしこの特徴は，文脈的な事象ではあるが，paraître の意味構造と無関係であるというわけではない．定位先の標示が必要とされないこの用法において，主語やその出現に制度的であるという特徴があること自体が，il paraît que... などとの関連において考えるときに，意味をもってくることなのである．

ここで，この用法についても，paraître と apparaître との比較をおこなっておこう．雑誌，新聞などの，逐次刊行されるものを主語にした場合に，意味の違いがあらわれる．

(69) Beaucoup de revues paraissent chaque mois.
(70) Beaucoup de revues apparaissent chaque mois.

(69) は，「毎月，多くの雑誌 (のそれぞれの月の号) が発行されている」という意味になるのに対して，(70) は「毎月，多くの雑誌が創刊されている」ということである．この違いについてもまた，出現用法全般について指摘してきた起動相の性質の差異に帰することができるように思われる．すなわち，paraître の場合にあっては，予定性の意味合いがあることにより，雑誌の出現の解釈を，あらたな創刊ではなく，その月の号の発行という解釈にかたむけるのである．

以上，paraître の語彙的用法の特徴として，出現はそれ自体起動相であることをふまえたうえで，そのなかに予定性がみとめられるということを示した．そして，定位先の標示を必要としない用法においては，主語やその出現に，制度的な特徴があるということを見た．

4.5.2. il paraît que..., il paraît à qqn. que... と文法化

4.5.2.1. 4.2 節から 4.4 節まででおこなってきた論述では，(i) paraître の語彙的意味と，(ii) il paraît que..., (iii) il paraît à qqn. que... といった機能的意味とのあいだの連関に関しては，それぞれの機能の図式が同型的 (isomorphe) であることを指摘し，その背後に本質的機能の斉一性をみることができることを示唆し

た．しかしそれらの図式の同型性については，(i) と (ii)，(i) と (iii) の対応関係を，それぞれの意味構造にとって最小限の項目 (対象，命題内容，場所，知覚主体など) の布置にもとづいて示してきたにすぎない．以下では，それらの項目のもつ特性についても考慮にいれながら，対応関係を，(i) ― (iii) 全体にわたる連関としてどのようにとらえることができるのか，そして，それぞれの解釈 (とくに「伝聞」) がなぜある場合にかぎって生じ，ほかの場合には生じないのかという問題を考えてゆきたい．

4. 5. 2. 2. Paraître の語彙的意味は，「出現」など，現実として (主として視覚的に) 知覚可能な現象に対応している．一方，機能的意味は，「伝聞」「推定」などの，発話内容の根拠づけの問題である「証拠性」にかかわるものである．このように，主として視覚による知覚と，発話内容の根拠にかかわる操作とが，同一のマーカーによって示されるなど，表現においても関連づけられているという現象は，さまざまな言語において一般的にみられることであり，また，知覚，とりわけ視覚から，証拠性の意味が派生するという説は，ひろく採用されている．

たとえば，Matlock (1989) は，＜知ることは見ることである＞ (Knowing is seeing) という隠喩を，証拠性の文法化をおしすすめる動機づけとして考えている．英語の表現の例として，Matlock は，I **see** what you mean, her argument was **clear**, in my **view**... などをあげており，これらの例においては，視覚による知覚をあらわす表現の意味が，隠喩によって拡張され，理解や思考をあらわすに至ったとしている (ibidem, p.220) [15]．

ここでいう隠喩は，起点領域 (うえの例では視覚) から，目標領域 (知識) への写像として概念化されるものである．その際，写像によって変換されるのは，それぞれの領域での価値にかかわる項目であり，さらにその項目をとりまく関係の図式である．たとえば，Matlock の例でいえば，見るもの (viewer) が心理的経験者 (mental experiencer) へと変換されるが，同時に，それらの主体の，対象へのかかわりかたも写像の対象になるのである．起点領域における関係は，«the viewer is lincked to an entity via visual contact» (idem) と示され，目標領域における関係は，«the mental experiencer is lincked to an entity via mental contact» (idem) と示される．

---

[15] 隠喩論全般については，Lakoff et Johnson (1980), Tamba-Mecz (1981), Charbonnel et Kleiber (éds.) (1999) を参照．なお，Matlock (1989) は Lakoff et Johnson (1980) に準拠している．

第 2 部　事例研究

4.5.2.3. もうひとつ，これまで本書で，間接目的補語を知覚主体の明示ととらえてきたこととも関連する，隠喩に関する先行研究を見ておくことにしよう．Norvig et Lakoff (1987) は，英語の動詞 take の知覚的用法 (take a glance, take a look, take a sniff など) の記述に関連して，＜知覚することは受けとることである＞ (perceiving is receiving) という隠喩を提起している．その隠喩によって写像される項目や関係は，つぎに引用するようなものである．

(71) Source domain : receiving [→] Target domain : perceiving
　Patient　→　Percept
　Agent / Recipient　→　Perceiver
　Instrument　→　Sense organ
　Receiving　→　Perceiving
　Patient moves to Recipient　→　Percept moves to Perceiver
　Recipient has Patient + Patient is available for Recipient's use
　　　　　　→　Perceiver has Percept available for use　(ibidem, p.204)

　この定式化は，il paraît à qqn. que... における間接目的補語 à qqn. が知覚主体をあらわすという本書の主張と，基本的には合致するものである．すなわち，典型的には授与における受領者をあらわす間接目的補語が，知覚主体をあらわすに至っているという点においてである．

4.5.2.4. さて，以上のような隠喩論をふまえて，さきに 4.5.2.1 節でたてた問題に立ちもどろう．
　すでに提唱した，paraître の語彙的意味における用法と，証拠性マーカー il paraît (à qqn.) que... の，それぞれの図式のあいだには，つぎのような同型的な対応関係があった．すなわち，出現用法で，出現先の場所をあらわしていた定位先の標示は，il paraît que... の場合には，結果的に発話者と一致する暗黙の知覚主体に，il paraît à qqn. que... の場合には，間接目的補語が明示する知覚主体に，それぞれ対応していた．
　しかし，ここで目的としている paraître と paraît (à qqn.) que... のあいだの関係の全体像をより的確にとらえるためには，(i) paraître の語彙的意味と，(ii) il paraît que...，(iii) il paraît à qqn. que... の 3 者間の対応関係において考えるのではなく，4.5.1 節であつかった，定位先の標示を必要としない出現用法の特殊な場合を，(i)' としてくわえた，4 者間の対応関係を想定するべきであると思われる．すぐあとにくわしく述べるが，その理由を簡略に言っておくと，(i)' にお

164

ける定位先の標示の欠如 (あるいは，必須項ではないこと) が，(ii) における知覚主体の明示のないことと平行的に考えられるからである．

4者の特徴をあらためて整理してみよう．

(i) paraître の語彙的意味 < X paraître L > が標示しているのは，確認時点において，対象 X が定位先 L に位置づけられることである．その出現は，予定的な性格をおびている．

(i)' paraître の語彙的意味のうち，対象が「公刊」にかかわる一連の語であるときには，L の標示が必要とされず，デフォルトにより公共の領域をしめすことになる．この場合，X およびその出現は，制度的なものであるといえる．

(ii)「伝聞」の表現 <il paraît que P> は，伝聞内容 P が，表現上明示されない知覚主体 Sp へと位置づけられることを示している．そこにいう知覚主体とは，デフォルトにより発話者に一致するが，厳密には，確認時点において事態や内容を感知しているかぎりでの発話者を指示している[16]．

(iii)「推定」の表現 < il paraît à qqn. que P > は，P が à qqn. によって明示された知覚主体 Sp へと位置づけられることを示している．

これら4者の関係としてとらえかえしてみると，paraître と il paraît (à qqn.) que... のあいだの意味構造の連関は，つぎの (72) の表でしめすようなかたちで理解できる．

(72) **表：paraître の語彙的意味とその文法化**

	Paraître の語彙的意味	Il paraît (à qqn.) que...
定位先が明示的	(ⅰ) <X parître L> − 対象 X が明示された定位先 L に位置づけられる	(ⅲ) <il paraît à qqn. que p> − P が à qqn. の明示する知覚主体 Sp に位置づけられる
定位先が暗示的	(ⅰ)' <X parître L> − 対象 X が暗黙の定位先に位置づけられる − X は制度的なものである − 定位先はデフォルトにより公共の領域に対応する	(ⅱ) <il paraît que P> − P が暗黙の知覚主体 Sp に位置づけられる − P は伝聞内容である − Sp はデフォルトにより発話者に一致する

---

[16] 知覚主体の概念は，第3章で規定したものであるが，この概念を導入したのは，まさに，結果的に発話者と同一の人物であっても，属するレヴェルがことなっていることを強調するためである．

第 2 部　事例研究

　この表のなかで，左右におなじ段にある項目どうしが対応関係にあり，しかもその対応関係が，細部にわたって存外に忠実であるということがわかる．とくに，(i)' と (ii) との対応関係でいえば，(i)' と (ii) のそれぞれの内部において，関与する項目の関係や，価値がみちびき出される理路までが，似かよっているといえる．まず，(i)' において，定位先が明示されない，またはすくなくとも必須項ではないということが，(ii) において知覚主体が明示されないということにつながっている．そして，(i)' で，定位先を暗黙にすることができるのは，X が「公刊」にかかわるきわめて制度的な特徴をおびているからであった．このことは，実は (ii) においても平行的であると考えられる．すなわち，P が伝聞内容であるということも，(i)' における X と同様に，話者間の伝達という，社会的で，ある意味で制度的な行為にかかわるものであることから来ていると考えられる．そして最後に，暗黙とされていた定位先は，(i)' においても (ii) においても，X や P の社会的・制度的な性質によって，デフォルト的にみちびかれるところに落ちつくのである．

　このように説明してみると，「伝聞」という，先行研究においても il paraît que... が特例的な固定表現として標示するに至ったとされている価値を，なぜ，そしていかにして，持つようになるのかが理解できるであろう．

4. 5. 2. 5.　以上の議論から結論的にいうと，隠喩論は，多義的なマーカーのそれぞれの用法のあいだで，関与する項目や関係に平行性をみとめることから，語彙的意味と文法化された意味との連関を説明するためには有益である．しかし一方で，語彙的意味から文法化された意味へと，直接的かつ全面的な派生関係を想定するには，困難がともなうように思われる．たとえば，出現場所から出発して，知覚主体へといたる，なんらかの写像が存在するという考えかたはとりづらい．同様に，間接目的補語について論ずるときにも，受領者を出発点として，そこから直接知覚主体を派生しようとする説明も，本書では直接とりいれることはできない．なぜなら，写像の考えかたの前提として，起点領域とされる意味に属する項目が，無条件的に派生の出発点として与えられてしまっているという問題があるからである．ひとつめの例に即していうと，「出現場所」という意味は，その用法で用いられた場合の結果にすぎず，なんら場所格表現に本質的な次元ではないのである．むしろ，起点領域とされる意味と，目標領域とされる意味との両方を統合しうるレヴェルにおいて，「定位先」という，真に操作的な概念を認めることによってはじめて，意味構造がよく理解できるのではなかろうか．「出現場所」や「受領者」，そして「知覚主体」は，抽

第4章　Il paraît que ... について

象的なレヴェルにおける「定位先」が，さまざまな場合によってことなった現われかたをしたものとしてとらえることができるのである．

　以上，4.5 節全体をとおして，paraître の語彙的意味の用法に関してあらたな特徴を指摘し，それが il paraît (à qqn.) que... といかに緊密な連関にあるかを見てきた．隠喩論は，あくまでもその連関のありかたを知るうえで有効な道具だてを提供してくれるものであるといえよう．

4. 6. paraître の属詞用法と不定法用法について

　この節では，paraître の人称用法のうち，これまでにまだあつかっていない，属詞または不定法が後続する用法について考えておくことにしたい．たとえば，つぎのような例がその場合にあたる．

(73) La colère perçait dans ses paroles, toujours aussi forte, plus forte qu'elle. Elle **paraissait** épuisée et transpirait beaucoup en parlant. Elle devrait lutter contre la torpeur, de toute sa colère.　(Duras, *Un barrage contre le Pacifique*, p.349)
(74) Suzanne pénétra dans la chambre de la mère. Le cercueil était posé sur quatre chaises. Joseph était allongé sur le lit à la place de la mère. Il avait cessé de pleurer et il avait encore une fois une expression d'affreuse impuissance. Il ne **parut** pas s'apercevoir du retour de Suzanne.　(ibidem, p.364)
(75) Mon père sortait de l'eau, large et musclé, il me **parut** superbe.
(Sagan, *Bonjour tristesse*, p.75)
(76) Un cinquième [porteur], qui se traîne à peine, nous **paraît** tirer la carotte. En effet, il nous accompagne le lendemain, et ne parle plus de son mal lorsqu'il comprend qu'il ne sera pas payé s'il refuse sa charge.　(Gide, *Voyage au Congo*, dans *Souvenirs*, p. 783)

　(73) が属詞をしたがえている例であり，(74) が不定法をしたがえている例である．(75), (76) はそれぞれのパターンに間接目的補語がくわわったものである．これらの例はすべて，つぎの (73') ― (76') のように，とくに問題なく，paraître のかわりに sembler を換入することができ，それぞれもとの文と類義的であると感じられる．

(73') Elle **semblait** épuisée et transpirait beaucoup en parlant.
(74') Il ne **sembla** pas s'apercevoir du retour de Suzanne.

第 2 部 事例研究

(75') Mon père sortait de l'eau, large et musclé, il me **sembla** superbe.
(76') Un cinquième, qui se traîne à peine, nous **semble** tirer la carotte.

じっさい，属詞用法・不定法用法においては，おおくの例で paraître に sembler を換入することができ，意味的にも，paraître と sembler は，この用法においてもっとも類義的になると考えられる．

しかしもちろん，この用法においても，paraître と sembler が完全に同義になるというわけではなく，文脈によっては容認可能性にも差があらわれる場合がある．したがって，この節では，とくに sembler との差異に注目することによって，paraître の特徴をあきらかにし，さらにそこから考察をすすめてゆきたい．

以下に (a) — (c) として引用する特徴は，Bourdin (1988) が，paraître と sembler で差異のあらわれる場合としてあげているものである．

(a) Paraître には，主語に意図性 (intentionnalité)，動作主性 (agentivité) がみとめられる場合がある．つぎの各例ではいずれも，paraître をもちいると申しぶんないが，sembler の容認度は低い．

(77) Sherlock veut (désire, s'efforce de...)? **sembler** / **paraître** généreux. (ibidem, p.53)
(78) A force de ? **sembler** / **paraître** plus naïf qu'il n'est, Ludovic a fini par le devenir.
(idem)
(79) J'ai demandé (enjoint, suggéré...) à Marie de ?? **sembler** / **paraître** résolue. (idem)
(80) Il faut non seulement être résolu, il faut aussi le ?? **sembler** / **paraître**. (idem)
(81) C'est délibérément que Sarah ?? **sembla** / **parut** approuver la conduite de Paul.
(idem)
(82) L'amiral se soumit, alléguant un malentendu. Pour des raisons de sentiment et d'opportunité, je **parus** me laisser convaincre, pris acte de ses engagements et le nommai commissaire à la Marine.
(Ch. de Gaulle, *Mémoires de guerre*, cité dans Bourdin, idem)

(b) ただし，意図性，動作主性の意味は，間接目的補語とは両立しない．

(83) ?* J'ai demandé à Marie de vous **paraître** résolue. (Bourdin 1988, p.54)
(84) ?*Il faut non seulement être résolue, il faut aussi le leur **paraître**. (idem)
(85) * Pour des raisons de sentiment et d'opportunité, je lui **parus** me laisser convaincre. (idem)

(c) 外観と実質とのあいだの，矛盾や緊張の関係を明示しうるのは paraître のみである．

(86) Ophélie est désespérée, et pourtant elle ne le * **semble** / **paraît** pas. (ibidem, p,56)
(87) Edmond ?? **semble** / **paraît** plus grand qu'il n'est en réalité. (idem)

　これらの差異をどのように理解すればよいか，考えてゆこう．
　(a) に関して，Bourdin (1988, p.53) は，外観を制禦するということは，しばしば外観と実際とが乖離しているということである，といっているものの，一方で (80) のような例が存在することから，外観と実際との乖離という特徴は局所的なものにすぎないとして，分析にはとり入れていない．しかしそれは，あまりにも皮相な見かたであるといわざるを得ず，まったく賛成できない．
　(80) で外観と実際が一致しているのは，あくまでも結果として同様のものになっているだけであって，«non seulement... mais aussi...» という「範列化的 (paradigmatisant)」[17] な意味構造からしても，この発話の根柢にある操作のレヴェルでは，「外観」と「実際」とは概念的にまったく別ものとされ，たがいに対照されていることはあきらかである．ほかの例においても「外観」が「実際」からは断絶して，いわば，ひとり歩きをすることが可能であるからこそ，主語が意図的に外観を制禦できるようになっているといえる．したがって，外観と実際との乖離は，局所的な現象であるどころか，むしろ，「外観の意図的な制禦」という意味が生じうるためには，不可欠な前提条件なのである．
　この，外観と実際との乖離は，(c) の特徴とも密接につながっている点である．(c) の「外観と実質とのあいだの矛盾や緊張の関係を明示する」という特徴は，明らかに外観と実際との乖離からほとんど直接出てくる結果である．したがって，外観と実際との乖離が，paraître のどのような性質から出てくるのかということを説明できれば，(a) と (c) の特徴はともに説明がつくということになるであろう．
　その問いへのこたえも，これまでに述べてきた partaître の本質的機能のなかにもとめることができると思われる．すなわち，paraître は当初は不在であった実体が，あきらかでない源泉から，それ自体で「発現」することをあらわすことから，その単独的な「発現」が，属詞用法・不定法用法にあっては，「外観のみが，いわば独立して，立ちあらわれてくる」という図式のかたちをとっている，と理解することができるのである．

---

[17] この用語は Nølke (1983) によるものである．

第2部　事例研究

　ここで，paraître の属詞用法および不定法用法の図式をまとめておこう．主語を X，paraître に後続する属詞または不定詞を Y とし，X と Y とで形成される命題を (Y が属詞の場合は être を介することになるが，簡略のためそれもふくめて) X-Y のようにあらわすと，< X paraître Y > の図式はつぎのようになると思われる．

(88) **< X paraître Y > の図式**
   (i)　[Ø]　　　　　(Ti < Tj)
   (ii)　(Ø) →X-Y ∈　Sp (Tj)

　これまでに提示してきたほかの図式とまったく同型的であるので，(88) の図式自体に関しては追加説明の必要はあまりないが，以下では概略のみをのべることにしよう．確認時点 Tj にさきだつ時点 Ti には接近不能であり，発話者にとっては存在しないも同然であった ([Ø]) 命題内容 X-Y が，確認時点 Tj において，あきらかにされない源泉 (Ø) から発現し，知覚主体 Sp に定位される．Sp が明示されていない < X paraître Y > の場合，Sp はデフォルトにより発話者に一致する[18]．すなわち，ここでもまた，発話者にとって命題内容は確認時点になって初めて知りえたことであり，ほかの用法の場合と同様に，起動相的な語彙アスペクトをみとめることができる．また，図式中では (Ø) であらわされている，命題内容の源泉が明示されないことは，この用法に関しては，X が Y であるという判断の源泉が明確ではないことと対応していると思われる．

　上記の (a) と (c) の特徴の説明にもどろう．すでに述べた，「発現」という基本構造にくわえて，(88) の図式から，< X paraître Y > の特徴をさらにみちびくとすると，ひとつには，起動相的な特徴，すなわち点括的アスペクトであるということから，「その場かぎりの外観」，「反射的・直覚的な第一印象」をあらわすといえる[19]．「その場かぎりの外観」，「反射的・直覚的な第一印象」ということは，じゅうぶんな熟慮を経た「推論」とは矛盾するということになり，錯誤の可能性が大きいということになる．この点により，(86), (87) の例で見た，

---

[18] ただここでは，(88) の図式が，(15) の il paraît que P の図式とあまりに類似しているために，なぜ il paraît que... がもっぱら示す伝聞の解釈が，(88) の場合には生じないのかという疑問が起きるかもしれない．その差異を生じさせている要因は，il paraît que... に存在する補足節化標識 (complétiviseur) の que であると思われる．このマーカーは、間接話法をみちびくことができることからもわかるように，言説の他者性を示唆するはたらきがあるのである．

[19] このことはまた，判断への発話者の関与が稀薄であるという意味では、il paraît que... に関して 4.3.4.4 節でのべた「反モダリティ」という点にもつながっている．

170

外観と実質の矛盾関係をあらわすという paraître の特徴が説明できる．それに対して，同じ例で容認されなかった sembler については，第3章でみたように，「類似性 (similitude)」をあらわすことから，命題とその言及対象とのあいだでの比較・調整がおこなわれているということになり，paraître とは対照的に，「推論」をあらわすに至るのである．

つぎに，(88) からみちびくことのできる paraître の第2の特徴は，明らかにされない源泉から X-Y のみが単独で発現することからの帰結として，外観 (や印象) のみが，単項的 (monoargumental) に，絶対的に提示されているということである．これもまた sembler と対置するべき点である．すなわち，sembler の場合は，つねに命題とその言及対象とのあいだでの「類似性 (similitude)」が問題になっているのであり，あくまでもそれらふたつのあいだでの操作ということになることから，paraître とは対照的に，2項的 (biargumental) であり，関係的である．この，paraître の単項性，sembler の2項性という対比から考えてゆくと，paraître においてのみ「外観と実際との乖離」が可能であることも得心がゆく．すなわち，paraître は，「外観と実際」のうち，「外観」のみを単項的にとりだすことを可能にするのに対して，2項的な sembler をもってしてはそれは不可能であるということである．

つぎに，(83) — (85) の例でみた (b) の特徴，すなわち間接目的補語にかかわる問題について考えておきたい．まず，間接目的補語 à qqn. は，この用法においても，知覚主体を明示するはたらきを果たしていると思われる．たとえば，すでに引用した収集例のくりかえしになるが，つぎのような例をみてみよう．

(89) Mon père sortait de l'eau, large et musclé, il me **parut** superbe. [= (75)]
(90) Un cinquième, qui se traîne à peine, nous **paraît** tirer la carotte. [= (76)]

いうまでもなく，(89) においては，「父が<u>わたしの目には</u>すばらしく映った」ということであるし，(90) においては，「5人目の運搬人がだまそうとしていたように<u>われわれには</u>見えた」というぐあいで，いずれも間接目的補語が，知覚主体を明示していることは議論の余地がない．そこで，< X paraître à qqn. Y > の図式として，(88) に間接目的補語による知覚主体の明示という要素をくわえたものである，(91) を提唱したい．

(91) **< X paraître à qqn. Y > の図式**
   (i) [Ø]   (Ti < Tj)
   (ii) (Ø) → X-Y ∈ Sp [= à qqn.] (Tj)

さて，(b) の現象については，Bourdin (1988) は (a) に対する例外としてあげているだけで，説明をあたえてはいない．それに対して，本書では，(91) の図式から (b) を説明することができると考える．< X paraître à qqn. Y > において，間接目的補語によって知覚主体が明示されているということから出てくる意味効果は，3. 3. 2 節と 4. 4 節でみた間接目的補語の意味効果とまったく同様である．すなわち，à qqn. の生起により，à qqn. の示す知覚主体や，それの属する知覚レヴェルが前面に押しだされるということである．ここではとくに，知覚主体の前景 (premier plan) 化というところに着目したい．間接目的補語で明示されることにより，当然ながら知覚主体がきわだつことになるのであるが，一方で，上記の (a), (b) で見た意図性・動作主性の解釈 (意図して外観を統禦しているという解釈) は，むしろ主語を前景化することになるため，それら両者はあい容れないのである．このことにより，(b) の現象は説明がつく．すなわち，間接目的補語と共起する場合の知覚主体の前景化が，それをさしおいて主語が前景化されることをゆるさないのである．実際，つぎのような，< X paraître à qqn. Y > の実例をみると，

(92) La mère s'en allait presque aussitôt après avoir lâché toujours ces mêmes paroles. Décidément ce qu'elle disait importait peu à Suzanne. Jamais encore elle ne lui **avait paru** aussi vieille et aussi folle.　　(*Un barrage contre le Pacifique*, pp.279-280)

それぞれのことがらがスュザンヌの感覚を中心にして語られており (もっといえば，スュザンヌの感覚こそが語りの対象となっており)，paraître のふくまれる文の主語である母親 (elle) は，「母親が，とし老いて，気がくるっている」というぐあいに，paraître に後続する部分とともに，知覚の対象となるひとまとめのことがらの一角をなしているにすぎない．結果的に，< X paraître à qqn. Y > においては，知覚主体の前景化との対比において，主語は背景 (arrière-plan) 化されていいるのである．この (92) で，母親にまったく意図性・動作主性がみとめられないのは明らかであろう．

なお，以上では，paraître + 属詞，paraître + 不定法を，paraître の機能の共通性にもとづき，いわば同じ土俵のうえにおいて論じてきたが，それらふたつの構文のあいだに，意味的な差異は存在する．しかし，その差異は，完全に構文の差異によるものであって，paraître は直接にはあずからないものであると考えられる．その論拠として，paraître の両構文のあいだにみられる意味的差異が，3. 5. 3. 節で論じた sembler の両構文のあいだにみられる意味的差異と，ま

第4章 Il paraît que ... について

ったく同様であるという事実をあげることができる．そのことを以下でみてゆこう．

　まず，sembler の両構文の差異を，それが端的にあらわれている例によってふりかえっておくと，(93), (94) のように，属詞構文は外観をあらわすのに適し，不定法構文は推論的内容をあらわすのに適する，ということであった．

(93) Sur cette photo,
　　(a)　　Tom **semble** âgé.
　　(b) (?) Tom **semble** être âgé. (Bourdin 1998, p.55)
(94) D'après les documents trouvés sur elle,
　　(a)　?* la victime **semble** danoise.
　　(b)　　la victime **semble** être danoise. (idem)

Paraître に関してはどうであろうか．Bourdin (1988) はつぎの (95) の例しか示していないが，

(95) Sur cette photo,
　　(a)　　Tom **paraît** âgé.
　　(b) (?) Tom **paraît** être âgé. (ibidem, p.55)

(96) の例についてインフォーマント調査をしたところ，以下に示すような結果が得られた．

(96) D'après les documents trouvés sur elle,
　　(a) *　la victime **paraît** danoise.
　　(b)　　la victime **paraît** être danoise.

　(95), (96) の結果が，(93), (94) の結果と平行的であることは，まったく明らかである[20]．したがって，paraître の両構文の差異の説明に関しては，3.5.3. 節における sembler の両構文の差異に関する説明をそのまま維持することにしたい．すなわち，《paraître ＋ 属詞》においては，paraître が文のなかで唯一の動詞であるため，それが本質的にあらわす《発現》が，文の意味という点でも中心になっていると考えられる．《発現》が文の意味の中心になるということは，

---

[20] ただし，本書筆者のたずねたインフォーマントは，(95 b) も «*» であるとし，Bourdin よりはきびしい判定であった．

173

第2部 事例研究

すなわち, 属詞であらわされる叙述内容が, そのままでは有効化されないということが明示されているということである. それに対して,《paraître + 不定法》の場合は, 語彙的には, paraître と, それに後続する不定法におかれた動詞とのふたつがあり, paraître は, 属詞構文の場合よりは助動詞的であるといえる. そのため,《発現》は, さきの場合とはちがって, すくなくとも単独では文の意味のなかで中心的ではなくなってくるのである.

以上, この節では, paraître の属詞用法・不定法用法, およびそれらに間接目的補語 à qqn. がくわわった用法に関して考察をおこなってきた. その結果, 本書による paraître の本質的機能の仮説にもとづく, ほかのあらゆる用法と同型的な図式によって, 属詞用法や不定法用法も扱うことができ, それらの性質をうまく説明できることが示されたと思われる.

4.7. おわりに

この章では, il paraît que... に関する考察をおもな目的としたが, その用法に観察の範囲を限定するのではなく, paraître の各用法をひろく視野にいれて, さまざまな場合を検討することによって, paraître の本質的機能をあきらかにし, そこから派生するものとして考えられる各用法における機能の図式のあいだの同型性にも注意をはらってきた. そのことにより,「伝聞」をあらわす特例的な固定表現とされ, それ以上分析されることの少なかった il paraît que... についても, その特徴をよりくわしく解明することができたと考えている.

動詞 paraître の本質的機能の中心的な部分をなしているのが「発現」という概念であり, その「発現」がおびている起動相という性質であった. 語彙に内在するこれらの特質は, il paraît que... が伝聞表現として成立するにあたっても, 決定的な作用をおよぼしていた. その作用の道筋をあきらかにすることによって, il paraît que... のさまざまな特徴をうまく説明することができることを, この章での考察を通じて示してきた.

第5章

他者の言説をあらわす条件法について

5.1. はじめに

この章がおもな分析の対象とするのは、つぎの例文 (1)、(2) に代表されるような用法の条件法[1]である.

(1) Selon la presse algérienne de mardi, il [=le bilan du massacre] **pourrait** dépasser le chiffre de 400 victimes. Selon le quotidien *Liberté* de mardi, qui fait l'état de « sources bien informées », il **serait** de 428 morts et de 140 blessés. (*Le Monde*, 14/01/98)[2]

(2) Cinq membres du commando ont été ensuite tués par la police qui les a pourchassés alors qu'ils fuyaient vers la montagne surplombant le temple. Quatre ou cinq autres **auraient réussi** à prendre la fuite, selon les témoins. (*Libération*, 18/11/97)

(1) においては条件法現在、(2) においては条件法過去の形式 (それぞれ太字にした部分) が用いられているが、どちらの場合も「他者の言説をあらわす」

---

1 1950年代まで、条件法をめぐってもっとも盛んに論じられた問題は、この動詞形が独立した叙法をなすか、それとも (直説法の) 一時制であるにすぎないか、ということと、条件法の名称が適切かどうか、という点である. 条件法というカテゴリーの設定に関しては、Yvon (1952), Bondy (1960) の論争や、Wilmet (1976, 1997)、林田 (1982) などを参照のこと. Yvon (1952) は、ギリシア・ラテン文法における希求法 (optativus modus) からフランス文法に移行するときに、どのようにして条件法の概念が発生したかを跡づけていて興味ぶかい. さらに、最近 Abouda (1997) が、あらたに統辞的観点から「叙法か時制か」という問題について取りくんでいる. しかし、本章では、条件法は叙法か時制か、またその名称が適切か、という議論には立ち入らずに、「条件法」という用語を、あくまでも -rais, -rait などの形態をさす呼称として、便宜的にもちいることにする. また、かりにこの形態を「条件法」と呼ばなかったとしても、本章における議論の妥当性には影響しない.

2 この例では、引用符も用いられていて、引用符でくくられた要素が他者の言説であることが示されている. Haillet (1999, pp.231-232) が指摘しているように、文法的マーカーのみならず、書記上の記号もふくめて、言説の他者性をあらわすいくつかの手段が、かさねて用いられることは少なくない. ただしその際、複数の表現手段がそれぞれ示している「他者性」の内実が、同じものなのかちがうものかは、場合ごとに慎重に検討しなければならない. 本章でも随所でそのことを考えることにする. なかでも、il paraît que... と条件法の重複が問題となる 5.5.2. 節での議論は重要である.

第2部　事例研究

という点で共通の機能を果しており，本質的機能においても共通の基盤をもっていると考えられることから，以下では，条件法現在と条件法過去を，統一的に扱ってゆくことにする[3]．

先行研究において，こうした用法の条件法は，《伝聞》《不確かな情報》などをあらわす特殊な用法とされ，多かれ少なかれその場かぎりの説明がなされることが多かった．しかし，なぜ他者の言説をあらわすのに条件法がもちいられるのかを理解するためには，それでは不十分である．条件法のひとつの用法を孤立させて論ずるのではなく，他の用法との関連づけができ，整合的に説明できるような形で分析することが必要であろう．

動詞の活用形のように，きわめて多岐にわたる用法をもつ機能的形態素を研究する場合には，多義性 (あるいは，多機能性) に対する視点が避けがたく重要であると思われる．この点に関する議論は，すでに第2章において詳細におこなったが，本章でもまた，さまざまな個々の用法に共通して，《本質的機能》とよぶことのできる，一定の形式が果たす不変の機能があるとする考えかたをとることにする．したがって，本章は，他者の言説をあらわす用法をさしあた

3　ほとんどの先行研究が，条件法過去は，完了アスペクトをあらわす変種であると見なすことで一致している．この条件法現在・過去の区別との関わりで，Tournadre (1996, p.197) は，条件法が他者の言説をあらわす用法として解釈されるためには，限界相的 (télique) な語彙的アスペクトをもつ動詞 (たとえば arriver) の場合は，条件法過去形を用いなければやや不自然であると指摘しており興味ぶかい．つぎの (ii) は，他者の言説をあらわす用法としてはやや不自然であるという．
(i)　Il **serait arrivé** à Damas dans la matinée. (idem)
(ii) ? Il **arriverait** à Damas dans la matinée. (idem)
しかしこれについては，一般に他者の言説を介して伝える内容が，発話時点から見て過去に確認されたことである場合が多いという，単なる傾向の問題にすぎないように思われる．また，状態動詞などの，非限界相的 (atélique) な語彙的アスペクトの動詞の場合は，「満了 (révolu)」した事態であることを積極的にあらわすことに意味がないかぎり，条件法過去という手段にうったえる必然性がないので，限界相的な動詞の場合との違いが出てくると考えている．
さらにいうと，つぎの実例 (のちに5.3.2. 節で(42) としてみる例) は，
(iii)　Certains analystes ont déjà écrit le scénario catastrophe : le Japon, premier détenteur de titres émis par le Trésor américain, **déciderait** de se désengager du marché obligataire de New York pour soutenir le marché d'actions de Tokyo. (*Libération*, 13/12/97)
本書では「他者の言説をあらわす条件法」としてあつかうものであるが，限界相的動詞 décider が条件法現在におかれており，そのかぎりでは Tournadre の議論に対する反例である．しかしこれは，Tournadre のアスペクト制約に関する議論の有効性の問題であるというよりは，「他者の言説をあらわす用法」の画定の問題であると思われる．せまい意味での「伝聞」モデルのわく内の例のみをこの用法であるとみとめるならば，(iii) のような例は除外されてしまうのである．むしろこの点が，Tournadre の問題点であると考えられる．のちにみるように，(iii) のような例も，「伝聞」的な例と連続的にとらえるほうが合理的であると思われる．

第5章 他者の言説をあらわす条件法について

りの対象にしてはいるが，あくまでも本質的機能の考察を背景としている．つねに他のさまざまな用法との共通性を念頭におき，均質の説明が可能になるような方向での定式化をめざすことにする．

　もうひとつ，前提として述べておきたいことは，この用法にあたえる名称についてである．動詞論においては，文法書や研究の性格に応じて，ひとつの用法に対してさまざまな名称があたえられることは少なくないが，条件法のこの用法に関しては，異常とおもわれるほど名称が一定していない．ほとんど，先行研究の数だけ名称があるといってもよいほどである．主なものを拾ってみるだけでも，conditionnel de l'information hypothétique (Imbs, 1960, p.71), conditionnel de citation (Milner et Milner, 1975, p.141), conditionnel de l'information incertaine (Martin, 1983, p.136), conditionnel de l'information empruntée (Dendale, 1993, p.175), conditionnel de la rumeur (Togeby, 1985, p.388), Futur 2 [= conditionnel] des ouï-dire (Wilmet, 1997, p.406), conditionnel de reprise (Confais, 1990, p.294), conditionnel du « on-dit » (Rosier, 1999, p.162) などとさまざまである．これほど多様な命名がなされている背景には，単なるレッテルの違いという皮相な問題にとどまらず，この用法における条件法の機能に対するとらえかたの違いが察せられる．

　ところが，上にあげたいくつかの代表的な名称のなかには，問題となる機能を適切に言いあてているものは，ほとんどないように思われる．Dendale は，この用法の名称の問題にすでに注目しているという点で，本書筆者と問題意識を共有しているが，皮肉なことに当の Dendale による呼称 (conditionnel de l'information empruntée) が，筆者にとってはもっとも賛成しがたいもののひとつである (5.3.節を参照)．これに対して，Confais のいう，conditionnel de reprise は，筆者の見かたに近いが，条件法の本質的機能に関する考察の立場からみると，なお不満ののこるところである．本書において，さらなる無用の混乱のもとになるという誹りもあるかもしれないが，あえて新たに「他者の言説をあらわす条件法 (conditionnel du «discours d'autrui»)」と呼んだのは，上の例文(1), (2) の用法を名づけているだけではなく，ある程度，条件法の本質的機能にもつながっている呼称であるという展望をもってのことである．くわしくは，5.3. — 5.4. 節で，この用法の記述から出発して，いかに条件法の本質的機能を整合的に説明しうるかについて展開してゆきたい．

　以下の論述の手順は，つぎに示すとおりである．

5.2.　先行研究における機能分析
5.3.　他者の言説をあらわす用法 — 観察と仮説

第2部 事例研究

5.4. 条件法の本質的機能 — 仮説と検証
5.5. il semblerait que..., il paraîtrait que... について
5.6. おわりに

　まず5.2.節において，先行研究における分析について概観し，批判的に検討することにより，本章の予備的考察とする．5.3.節において，他者の言説をあらわす用法の実例を検討することにより，この用法における条件法の機能に関する仮説を構築し，さらにさまざまな実例に対する適用をこころみる．さらに，5.4.節において，5.3.節の仮説から出発して，条件法の本質的機能に関する仮説を提唱し，さまざまな用法の例文を検討しながら，仮説の有効性を検証する．最後に，5.5.節で，第3章，第4章で，それぞれ条件法の機能の解明を待ちつつ懸案としていたil semblerait que..., il paraîtrait que... をとくにとりあげて論ずる．いずれも，本章で提起した仮説による説明をこころみることにする．

5.2. 先行研究における機能分析

　条件法に関する先行研究はおびただしいが，ここでは，その中でも，他者の言説をあらわす条件法に言及しているもの，あるいは条件法総体に対する研究であっても，各用法の関連性について，分類以上の積極的な分析をこころみているものに限ってみてゆくことにする．そのような条件にてらし，本書が参照したおもな先行研究としては，年代順に，Damourette et Pichon (1911-36), Le Bidois et Le Bidois (1935-38), Yvon (1952), Sten (1952), Bondy (1960), Imbs (1960), Guillaume (1964) (1970), Milner et Milner (1975), Diller (1977), Wilmet (1976) (1997), Maingueneau (1981), Martin (1983) (1987), Togeby (1985), Culioli (1990), Confais (1990), Péroz (1992), Dendale (1993) (1999), Guentchéva (1994), Touratier (1996), Le Querler (1996), Abouda (1997), Donaire (1998), Rosier (1999), Haillet (1999) などがあげられる．

　とくに他者の言説をあらわす条件法に関しては，これまでに実にさまざまな分析がなされていて，定説がない状況であるため，私見を提出するまえに，先行の分析を批判的に検討しておくことは，きわめて重要なことであると考える．

5.2.1. 《形態論の四辺形》

　伝統的におこなわれてきた記述のなかで，分析の名に値するものとしては，まず，つぎの図にみるような，現在形・半過去・単純未来・条件法からなる

第5章　他者の言説をあらわす条件法について

《形態論の四辺形》の想定があげられる．

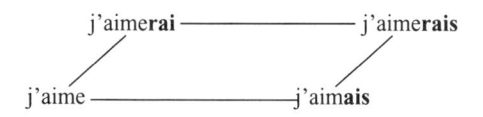

```
        j'aimerai ──────────── j'aimerais
j'aime ──────────────────── j'aimais
```

すなわち，条件法は，単純未来と共通の不定法語尾 -r と，半過去と共通の形態素 -ait をあわせもっているという分析である．語源的・形態論的にきわめて明白な事実であるだけに，ごく最近にいたるまでこの分析に直接・間接に依拠している研究はたいへん多い．ここではその例として，toncal futur (Damourette et Pichon), combinaison d'un morphème de «projeté» [-r] avec un morphème «non actuel» [-ait] (Touratier 1996, p.182) ということばをあげるにとどめておこう．

5.2.2. 条件節の再構

　条件法を，基本的に「ある条件のもとにおかれた帰結」とみなすことにより，明示的には条件があらわれていない用法においても条件が潜在していると考え，条件節のかたちで再構する分析のしかたも，古くからおこなわれている[4]．
　他者の言説をあらわす条件法に関しても，Wilmet (1976) は，つぎの (3) の例を，(3') のように言いかえられるとしている．

(3) L'ouragan du Honduras, il y aurait plusieurs milliers de victimes.　　(ibidem, p.120)
(3') S'il faut croire les dépêches d'agence, il y aurait... (idem)

　しかし，(3') の言いかえは少し不自然なところがあるためか，Wilmet (1997, p.406) では，おなじ例文を引きながらも，つぎの (3'') のように言いかえており，条件節の再構による分析は破棄されている．

(3'') D'après les dépêches d'agence, il y aurait... (idem)

　また，単に条件節といっても，(3') における Si... 節の機能がどのようなものであるかについては検討の余地がある (すくなくとも，通常の《仮定》とみなすことは困難であろう)．つまり，条件節の再構による分析は，日常語として

---

[4] たとえば Buffier (1709) もこの考えかたをしている («Dans la phrase «je voudrais que vous vinssiez» on sous-entend manifestement «pourvu qu'il se pût» ou «si cela étoit en mon pouvoir» », ibidem, p.68, cité dans Yvon 1952, p.251).

179

の Si ... の多機能性に，いわば，よりかかる説明のしかたであって，メタ言語として熟していない．こうした難点をかんがみると，この分析は，すくなくともそのままの形では受けいれることはできないと思われる．

5.2.3. 主節の再構

おなじ用法の条件法を，潜在的な条件節に対する帰結として分析するのではなく，潜在的な主節に対する補足節として分析する議論もある．この考えかたは，さきに他者によってなされた発話の内容を伝えるという，報告話法にも比せられるこの用法の特徴に合致していることから，一見したところ，条件節の再構にくらべてもっともらしい分析である．しかし，細かにみてゆくと問題が出てくる．

Imbs (1960, p.71) は，つぎのふたつの例文をあげ，

(4) Les ennemis seraient actuellement à deux kilomètres de la ville. (idem)
(5) Les ennemis seraient bientôt à deux kilomètres de la ville. (idem)

発話時点以降の事態に言及する (5) についてのみ，

(5') On nous a dit que les ennemis seraient bientôt... (idem)

のような主節を想定している．しかし，なぜ (5) の場合にかぎって主節を再構し，(4) のような場合にはしないのかについては，合理的な説明が見あたらない．(4) は「現在の状況に関する情報をあたえる (donne une information sur la situation actuelle, idem)」とされていることから，伝聞でない解釈において言及しているのかもしれないが，当然ながら (4) で伝聞的解釈が排除されるわけではない．つまり，条件法そのものに内在する対立ではなく，アド・ホックな区別を導入しているにすぎないように思われる．

Maingueneau (1981) は，おもに会話における例を扱っているが，他者の言説をあらわす用法であり，(1), (2) の例と同様に，本論文の射程に入るものであると考える．彼は，つぎの (6), (7) の例をあげ，それぞれに対して (6'), (7') のような主節を想定している．

(6) Tu sais la nouvelle ? Paul se cacherait à Paris avec Sophie. (ibidem, p.117)
(7) A : Paul se cache à Paris avec Sophie.

第5章 他者の言説をあらわす条件法について

B : Ainsi, il se caherait à Paris. (idem)
(6') [X (=on, Jean, etc.) dit que] Paul se cache à Paris avec Sophie. (ibidem, p.121)
(7') B : Ainsi [tu dis (=affirmes, prétends...) qu'] il se cache à Paris. (idem)

　こんどは，言いかえの文の補足節が，直説法になっているところが注目される．これは，Maingueneau の分析が，もともと (6'), (7') のような形をしていた文の主節が，言うまでもなく明らかなものとして略され，いわば，たたみ込まれた結果，(6), (7) のような条件法による文になったと考えているためである．しかし，そもそも，主節をたたみ込むとなぜ条件法になるのかを説明しない限り，この分析には説得力がない．Maingueneau は，その点については述べていない．

5. 2. 4. 発語内的分析

　Diller (1977) は，疑問文における条件法を分析し，条件法を，発語内的派生 (dérivation illocutoire) のマーカーであると結論づけている．たとえば，つぎのような直説法／条件法におかれた疑問文のペアーにおいて，

(8) Est-ce qu'il fait / ferait beau? (ibidem, p.3)
(9) As / Aurais-tu aimé ce film? (idem)

　条件法におかれたものは，純然たる質問ではなく，発話者によって肯定に方向づけられている，としている．その証拠として，つぎのふたつの文のうち，

(9') Aurais-tu aimé ce film, pour que tu aies l'air si content? (ibidem, p.4)
(9") *N'aurais-tu pas aimé ce film, pour que tu aies l'air si content? (idem)

　肯定疑問である (9') だけが許容される事実を示している．そして，(8), (9) のような例での条件法の機能は，(9') の後半にあらわれているような，「条件法におかれた命題 p が真であると信じさせる徴候 (des indices qui lui [=au locuteur] font croire que p est vrai, ibidem, p.5)」を前提することであるとしている．このような例で条件法があらわす発語内的派生とは，文字どおりの機能である《疑問》から，《前提の肯定》にいたる派生である，ということになる．
　Diller は間接的依頼にも論をすすめ，つぎのような例についても，

181

(10) Pourriez-vous entrouvrir légèrement la fenêtre? (ibidem, p.10)

　条件法が，発語内的派生 (この場合は，《疑問》から《依頼》ということになる) があることを明示している，と説明する．
　この分析は，発語内派生という一般的原理をもちいることによって，条件法のいくつかの用法を共通に説明しようとしている点で前進している．しかし，条件法の用法全般に適用しうるほどの説明力は，もっていないように思われる．
　Milner et Milner (1975) も，発語内行為を問題にするという点では同様の説明をしている．

(11) — C'est une armée européenne avec un chef allemand pour presser le bouton, c'est ça que vous voulez?
— Pourquoi voulez-vous qu'il soit allemand? (ibidem, p.122)
(11') Pourquoi serait-il allemand? (ibidem, p.125)

　実例(11) や，おなじ文脈で用いうる (11') は，反復的質問 (question de reprise) と彼らが呼ぶものであるが，それは対話者が会話のなかで用いたいくつかの辞項についての正当化の要求 (demandes de justification d'un ou plusieurs termes employés par un interlocuteur dans le dialogue, ibidem, p.130) である．(11') が純然たる質問をあらわさず，《正当化の要求》という別レヴェルの発語内行為を示すと指摘しているという意味で，この分析は，上の Diller の分析と方向性を同じくするものである．
　なお，Milner et Milner (1975) は，

(11") Pourquoi dites-vous «allemand»? (ibidem, p.129)

のように dire を用いて書きかえると，文面の引用 (citation textuelle) をあらわす括弧をつけなければならないことから，メタ言語的な言及 (mention) が問題になっているとも言っている．この点は，他者の言説をあらわす用法ともつながってゆく要素であり，そうした用法間の関連性は，より広く，条件法全般に妥当する記述を考える指針を支持するものである．

5.2.5. 可能世界の条件法と領域移動の条件法

　Martin (1983) は，可能世界意味論の立場から，条件法に対するあらたな議論をたてた．Martin の条件法論の新しさは，時制的条件法・叙法的条件法の区分

第5章　他者の言説をあらわす条件法について

を，はじめて明示的に破棄したことであろう．その際問題になったのは，Si... 節とともに用いられる仮定的用法であるが，簡単にいえば，Martin は，その用法を，可能世界に事行を位置づけるという点で，相対時制と見なしたのである．従前の区分にかわり，Martin は「可能世界の条件法 (conditionnel m)」と「領域移動の条件法 (conditionnel U)」の二分法を提起し，それにもとづいて論をすすめている (ibidem, pp.133 sqq).

可能世界の条件法は，主として Si... にはじまる仮定節との関わりでの用法であるが，この条件法の機能に対して用いられる一連の分析装置は，単純未来に対して用いられるものと共通している．まず，発話時点を境界として，過去・現在の時間が属する世界を，現実世界 (monde de ce qu'il est, m_0) という．この現実世界は直線的時間 (temps linéaire) という特徴をもっている．直線的時間においては，その要素となる諸命題の真偽値はすでにすべて確定しており，ひととおりに定まった連鎖があるのみである．それに対して，発話時点以降の時間は分岐的時間 (temps ramifié) とされる．すなわち，発話時点からみて，まだ真偽値のさだまっていない命題の連鎖であるため，それらの命題の真偽に応じてさまざまな可能性へと枝分かれをくりかえす時間として形象化されるのである．可能世界 (mondes possibles, m) とは，それらさまざまな可能性がなす複数の連鎖をまとめていう．可能世界のなかには，相対的に蓋然性が高いなどのため，ひととおりだけ優遇される連鎖がある．その連鎖は，期待世界 (monde des attentes, m*) とよばれる．単純未来は期待世界へと事行を位置づけ，可能世界の条件法は，可能世界へと事行を位置づける，という説明がなされている．

しかしこの分析は，「分岐的時間」の形象をまず前提として受けいれないかぎり，意味をもちえないものである．Confais (1990)も指摘しているとおり，「分岐的時間」には言語事象としての裏づけがとぼしい («rien dans le langage, du moins dans le système français, ne permet d'affirmer que le temps est conçu de façon linéaire jusqu'au présent et de façon ramifiée dans l'avenir», ibidem, p.120) ように思われる．

領域移動の条件法に移ろう．これまでに見てきた現実世界，可能世界，および期待世界はすべて，信念領域 (univers de croyance, U) に属している．信念領域は，話者が真と信ずる命題の総体である．その外に，異質信念領域 (hétéro-univers, U', 他者が真と信ずる命題の総体), 反信念領域 (anti-univers, Ū, 発話時点においては反実的な命題の総体) が想定される．領域移動の条件法は，信念領域から異質信念領域・反信念領域への移動を標示する．このうち，本章が対象とする他者の言説をあらわす用法は，異質信念領域への移動をあらわすタイ

第2部　事例研究

プである．Martin は，つぎの例をあげている．

(12) M. X passerait à Lyon avant de se rendre à ... (ibidem, p.136)
(13) M. X serait passé à Lyon avant de se rendre à ... (idem)

　これらの例において，話者は内容に対して反論もせず，また責任も負わないことから，事行は異質信念領域に位置づけられる，としている (ibidem, p.137)．また，《時制的条件法》との差異として，過去への関連づけがないこと，したがって，条件法過去が過去の時点からみた過去ではなく，単に発話時点からみた過去をあらわすことをあげている．
　以上に概観したMartin の考えかたの特徴は，可能世界の条件法と領域移動の条件法のふたつを，完全に異質な操作として切りはなして記述していることであり，条件法の本質的機能を統一的に記述しようという方向性が見られないことである．しかし，Martin 自身が言っているように (ibidem, pp.147-148)，可能世界用法と領域移動用法とのあいだで分かちがたい場合もある．そのことは，二分法による分析の限界を示唆しているのではなかろうか．

5. 2. 6. 仮構的定位からの照準

　Culioli (1990) は，条件法の本質的機能を記述しようとした数すくない先行研究のひとつである．その記述をみよう．

　«Le conditionnel marque la construction, à partir de Sit_0, d'un repère Sit_0^1, d'où l'on vise une relation prédicative. De ce repère fictif, on effectue des visées fictives ; ceci signifie que, en construisant Sit_0^1, S_0 pose la relation prédicative comme validable, sans que cela implique que cette relation sera nécessairement validée ou (disjonctif) non validée.»　(ibidem, p.149)

　すなわち，条件法は，発話状況 Sit_0 から，仮構的定位 Sit_0^1 を構築し，その仮構的定位から叙述関係(命題) に対する照準をおこなうことを標示すると言っている．ここでは，照準とは，概略的には，発話者が叙述関係 p とその否定 p' のあいだで選択をおこなう (どちらかに重点をかけるだけでもよい) ことと理解しておいてよいであろう．条件法の場合は，この照準が，仮構的定位から発するものであるため，叙述関係の有効化(validation) が果たされることはなく，単に，有効化可能(validable) なものとして示される，ということである．

第5章　他者の言説をあらわす条件法について

(14) Marie épousera Paul. (ibidem, p.150)
(15) Marie épouserait Paul. (idem)

　上の(14)と(15)をくらべると，(14)は発話者(énonciateur, 発話文を生みだし，内容に責任を負う主体)と話者(locuteur, 個々の発言をおこなう主体)[5]が一致しているのに対し，(15)では一致していない(idem)．わかりやすく言いかえれば，(15)では，発話者が責任を負っていないといってもよいであろう．このことは，Culioliによれば，(15)が仮構的定位からの照準であること (そのことは，(14)の単純未来が，発話状況からの照準であることと対比することができる) から来ている．また，仮構的定位から発していることにより，(15)の場合は，(14)の場合とちがって，現在・未来を無差別にさすことができることも説明される．

　Culioliのこの論考は，条件法自体を対象にするものではないためか，以上にみたような図式化がいかに条件法のそれぞれの用法に即して意味をもつかについては，ふれられていない．また，もとより仮構的定位や照準などの概念は，フランス語の条件法の分析に対してのみ適用されうるのではなく，はるかに広い一般言語学的な射程をもっているものと思われる．

　さいわい，本章の目的である条件法に関して，このCulioliの論に依拠しながらも，よりくわしく展開しているPéroz (1992)があるので，そちらを見ておくことにしよう．

«Le conditionnel correspond à une opération complexe de construction/ qualification (Qnt / Qlt) sur le plan fictif d'une occurence (p / p') dont l'existence pi n'est pas stabilisé sur le plan factuel (parce qu'on ne dispose pas en Sit₀ d'un terme q qui puisse servir de repère).» (ibidem, p.144)

　まず，現実的次元と仮構的次元が分けられる．現実的次元においては，叙述関係 p の生起 pi の定位先となる辞項 q がないので，pi の存在が安定していない．そのため仮構的次元において，p / p' の生起の構築・質的限定 (Culioliのいう照準に相当する) をおこなう，というのである．このことを Péroz のあげる

---

[5] ここにいう話者・発話者は，あくまでも Culioli の理論における規定による．くわしくは Culioli (1990) などを参照のこと．また，発話者が話者と一致するかしないかという議論からは，Ducrot (1984) のポリフォニー理論を想起するかもしれないが，話者・発話者の規定がまったく異なっている (Culioli の発話者が Ducrot の話者に相当するといってもよいほどである) ことに注意すべきである．

第2部　事例研究

例文に即して確認しよう．

(16) J'ai envie de partir à Tahiti. Malheureusement, je n'ai pas d'argent. Ah, si j'avais de l'argent, je partirais à Tahiti... tiens, tout de suite, là, sans plus attendre ! (ibidem, p.143)

　この例においては，「お金がない」ということが，現実的次元における q の欠如に対応している．それに規定されて，現実的次元においては「わたしがタヒチに旅行する」という叙述関係 p の生起が構築できないので，仮構的次元においてpを構築しているのがこの例文であるといえる．
　p の構築の様態は，q-p 間の関係に依存しているとして，その関係が (i) 主観的関係であるか，(ii) 推論的関係であるかによって，Péroz は条件法の用法を大きくふたつに分けている (ただし，上の定式化は，どの用法に対しても適用できるものとして提示されている)．
　(i) 主観的関係の場合，p は q から出発して言いうることではあるが，通常は q から帰結しないことである．その例はつぎのとおりである．

(17) Il fait un temps ! On se croirait en été. (ibidem, p.145)
(18) On fait un jeu, moi je serais un gendarme, toi tu serais voleur. (idem)
(19) Il a dit qu'il viendrait. (idem)
(20) Selon la BBC, Mitterand serait à Londres. (idem)

　Péroz によると，これらの場合，q は発話状況 (Sit_0) に位置づけられる，文脈的データである (idem)．(14) の場合なら，たとえば「今は冬である」ということがqに対応し，そこから通常は帰結しない「夏のように感じる」ことがpに対応しているということになる．
　ここでひとつ疑問が起きる．上でみた Péroz の初めの一般化においては，q は Sit_0 においては構築できない辞項であった．それに対して，主観的関係の場合は，q が Sit_0 に位置づけられる文脈的データであるというと，矛盾しているように感じられるであろう．このことは，どのように考えればよいであろうか．Péroz の議論からは離れるが，つぎのような考えかたも可能である．ここでは，q は文脈的データとしては Sit_0 に位置づけられているが，発話者がいまの発話によって Sit_0 に定位する辞項ではない．つまり，たとえば (14) においては，「冬である」ということは，発話者が認めないことであるという意味において，Sit_0 に定位されない，ということである．このように説明を加えることで，こ

の図式化を，いわば救うことはできるが，彼の議論は，ひかえ目に言っても，不備な仮説提示であると言わざるをえない．

また，本章で対象としている (20) のような例については，いったいなにが q に対応しているのであろうか．Péroz はふれていないが，けっして明らかではない．

(ii) 推論的関係の場合，p は通常 q から帰結することであり，q に依存して有効化されうる辞項である (idem)．つぎの例がこれにあたるという．

(21) Si Paul était là, il nous aiderait, va voir s'il n'est pas dans les parages. (idem)
(22) Elle aurait des voiles, elle volerait ! (idem)

これらの例は，q の Sit_0 への位置づけができない場合である．この場合に関しては，(i) のような問題は起きず，一般的図式とも整合的であるといえる．

以上に概観した Péroz の条件法論について言えるのは，図式化におけるひとつの大きな鍵になっている q の，分析概念としての地位が，非常に疑わしいということである．Sit_0 (の属する現実的次元) には存在しない辞項として，q を一旦規定しておきながら，p-q が主観的関係にある場合の説明になると，この規定自体を放棄してしまっている．また，(20) のような例に即した説明が，図式と整合的にできない限り，Péroz の分析には賛成できない．

ただし，大きな見とおしとしては，現実的次元から乖離した《仮構的次元》のような意味合いをもつ概念を設定することは，Culioli 理論に依拠するか否かにかかわらず，条件法を論ずるにあたって重要なことであると考えられる．

5.2.7. 状況への関与性

Confais (1990) も，条件法論に新しい視点を提供した研究である．彼は，条件法を，単純未来とおなじ基盤において論じているので，まず単純未来に関する議論をふまえておくことが必要である．

彼によると，単純未来は，発言に対する話者の参加 (engagement) を示す．そこから，聞き手の関心 (Weinrich, 1982, p.222 のいう ＞Interesse＜) を惹起し，行為への方向づけをおこなう．そこで重要なのは，内容の真実性ではなく，その真実性を言明することの必要性である (C'est moins la vérité du contenu qui importe que le besoin de la dire, Confais, 1990, p.286) といっている．つぎの (23)，(24) のような《約束》，《教示》的発話は，行為への方向づけという単純未来の機能がはっきりあらわれた例であるという．

(23) Je t'aimerai toute la vie. (idem)
(24) Ne payez rien à la commdende. Vous recevrez une facture. (idem)

また，不適切に《緩和》(atténuation) あるいは《慎重な名ざし》(appellation prudente, Imbs, 1960, p.183) の単純未来とよばれているつぎのような例においても，行為への方向づけが根本的な性質であるとしている．

(25) On appellera «modalisateur» tout terme qui... (Confais, 1990, p.286)

客観的な情報を伝えるだけとされる (26) のような例においても，現在形や近接未来をもちいた (27) とくらべれば，単純未来の特質があらわれる．

(26) Les Jeux Olympiques commenceront le 20 juin. (ibidem, p.287)
(27) Les Jeux Olympiques commencent/vont commencer le 20 juin. (idem)

すなわち，(26) の発話は，初めて，あらたな情報を告げるときに適するが，(27) は，たとえばオリンピックの準備に関して語る文脈で，既知とみなした情報として発するときに適するというのである．

以上の単純未来論をふまえて[6] Confais は条件法に論をすすめている．他者の言説をあらわす条件法 (Confais の用語では «conditionnel de reprise») についても論及しており，この用法において本質的なのは，内容に対して距離をとることなどではなく，《あらたな》情報を導入することであるといっている．彼の所説を引用しよう．

«[Ce type d'énoncés au conditionnel] introduisent dans la situation une information qui se présente comme «nouvelle» au sens où elle constitue une autre donnée, à laquelle il convient de «réagir», dont il faut déduire des des conséquences, qu'elles soient argumentatives—agir dans la construction d'un monde discursif—ou pragmatiques au sens d'agir dans le «monde». » (ibidem, p.299)

---

[6] 単純未来は本章の直接の対象ではないので，Confais (1990) の単純未来論の妥当性は論じないが，Confais に対しては住井 (1992, pp.25-26) が反論している．問題点のひとつは，Confais のように，単純未来を，《行為への方向づけ》という特徴によって近接未来や現在形から弁別しようとすると，
　(i) Là, tu vas faire des excuses, toi maintenant. (ibidem, p.26)
のように，近接未来にも命令的用法があることを説明するうえで困難が生じる，ということである．

第5章　他者の言説をあらわす条件法について

たとえば、つぎのような例において、

(28)　Le chauffeur s'était endormi. (idem)
(28')　Le chauffeur se serait endormi. (idem)
(29)　Aviez-vous peur? (quand c'est arrivé) (idem)
(29')　Auriez-vous peur? (idem)

　(28), (29) のような半過去の発話文が描写的 (descriptif) であるのに対して、(28'), (29') のような条件法の発話文は非描写的 (non-desriptif) であり、発言 (dire) に重点がある、ということである．Confais によれば、(28'), (29') いずれも、現在の状況に対して発話が関与的であることを示しており、このことは上で見た単純未来の遂行的機能とも共通している．さらに、

(30)　Il faudrait qu'on fasse des courses. (ibidem, p.294)
(31)　Tu serais gentil de fermer la fenêtre. (idem)

のような例に対しても、上の (25) でみた単純未来の用法と同様、《緩和》は本質的でなく、むしろ内容が現在の状況に対して関与的である、ということを重視している．これらの例で、《緩和》の効果があることも認めていないわけではないが、それは半過去形態素 -ait の脱現実化 (désactualisation) 機能に由来するとしている．

　Confais のこの分析は、《状況への関与性》という、語用論的要因に光をあてたものであり、従前の条件法論にない新しさをもっているが、しかし、そのことはそのまま弱点にもなっている．関与性という要因を強調するあまり、他のきわめて重要な側面を切り捨ててしまうことになるおそれがある．条件法を、関与性の概念だけで説明しようとすると、伝統的な条件法論でさかんに問題になった、より範列的な用法、たとえば、いわゆる時制的用法や、Si... の仮定に対する帰結節で用いられる用法を説明するのは困難である．すなわち、それらの場合、どこに《状況との関与性》を見いだせばよいのか、という問いに彼は答えきれていない．また、(30), (31) の例において、単純未来と共通の形態素 -r- を本質的なものとして優遇して、おなじように含まれている半過去と共通の形態素 -ait を軽視することを正当化するものは、なにもない．

第2部　事例研究

5.2.8. 証拠性マーカーとしての分析

　Dendale (1993) は，他者の言説をあらわす条件法を直接の対象とする，数少ない先行研究である．彼は，証拠性の概念を用いて，この用法の条件法 (彼の用語では «conditionnel épistémique») の分析をおこなっている．Dendale によると，先行研究によってなされてきたこの用法の条件法の記述には，大きくわけて，つぎの3つの要素があるという．(i) 情報の受けなおし (reprise)，または借用 (emprunt)．(ii) 情報の不確実性 (incertitude)．(iii) 話者の責任回避 (non-prise en charge)．その際，(iii) においては，Berrendonner (1981) による，L-vrai (話者にとっての真，という，断定主体を折り込んだ真偽値) の概念を参考にしている，と Dendale は明言している．これらの価値のうち，どれが条件法にとって基本的な価値であるか，というのが彼の問題意識である．

　まず，つぎの例においては,

(32) Les militaires de Buenos Aires seraient fort contrariés de la tournure qu'a prise l'affaire. Vraie ou fausse, l'annonce de leur réaction est significative de...

(ibidem, p.168)

　3つの価値が共存しているが，そのなかでも，vraie ou fausse の表現によって，(iii) の話者の責任回避の価値が強調されているとしている．しかし，話者の責任回避はつねにあらわれる価値ではなく,

(33) Ce matin le flotte britannique aurait quitté le port de Portsmouth. Le gouvernement britannique a déclenché ainsi le compte à rebours pour la guerre des Malouines.

(ibidem, p.171)

においては，話者は積極的に《真》として責任を引きうけている一方,

(34) Je réfute fermement sa suggestion selon laquelle l'action gouvernementale serait influencée par des considérations électorales. (idem)

においては，逆に完全に《偽》としてしりぞけており，いずれにしても話者の責任回避はみられないといっている．また，(ii) の不確実性の価値も,

(35) Selon la radio argentine, l'«Invincible» aurait été touché hier après-midi par un

190

第5章　他者の言説をあらわす条件法について

Exocet, ce qui est fort douteux / fort peu provable, si on sait comment le porte-avions est protégé de ses escorteurs. (ibidem, p.172)

のように，文脈によっては不確実からさらに進んで，疑念 (doute) に転ずる．以上のことから，Dendale は，(ii), (iii) は不安定な価値であり，(i) だけがつねに観察される基本的価値であるという結論づけている．また，概念的にも，「借用された価値」ということから，「不確実であり，話者は責任を負えない」ということに至る，という方向性で，因果関係によって導けるのであって，その逆ではないとし，(ii), (iii) は単に不安定な価値であるだけでなく，(i) から結果として出てくる派生的価値であるとしている．

しかし，借用された内容が (自らあみだした内容にくらべて) 不確実であると断ずる根拠は，どこにもない．

«Une information empruntée est par définition une information qui n'est pas crée par le locuteur lui-même, qui ne provient pas de lui, ce qui a pour conséquence que cette information peut parfaitement être incertaine pour lui.»　　(ibidem, p.174)

« [...] la certitude est une attitude personnelle et on ne peut être certain que de quelque chose qu'on a soi-même crée, de quelque chose qui vient de soi. »

(ibidem, p.175)

という議論も，「自らあみだした内容が確実であるから，借用された内容が不確実である」というだけで，証明するべき命題を裏返したものを断定しているに過ぎない．こうした議論は，見かたの違いでまったく異なった結論になりうるものである．

また，Dendale の条件法論全体にわたって，重大な問題点がある．あらかじめ観察の対象を他者の言説をあらわす条件法だけ (それも，具体的な人物・機関による発言・発表を伝える例文だけ) に局限しているかぎり，情報の借用という価値だけがつねに観察されるのはあたりまえのことであって，循環論法に近い．借用の価値がつねに観察されるのは，あくまでも，そうなるように観察の対象とする例をしぼりこんでいることから来る結果であるにすぎず，それが条件法の機能にとって本質的なものであるということには到底ならないのである．そして，他者の言説をあらわす用法における条件法の機能を解明することに目的を絞ってみても，このように循環論法に近い議論をしているかぎり，「その用法における条件法そのものの機能」を摘出しているとはいいがたいのである．

191

5.2.9. まとめ

　ここまで，先行研究を批判的に検討してきたまとめとして言うと，意識的にせよ，無意識的にせよ，条件法の一部の用法にのみ妥当する図式化をおこなっている場合があまりにも多かった[7]．本章では，すでに述べたように，他の用法とも整合的に説明できるような，条件法そのものの果たす本質的機能を抽出することを目ざしてゆきたい．まず，つぎの節であつかうのは，他者の言説をあらわす用法であるが，あくまでも条件法の他の用法との整合性も念頭において，仮説を立ててゆくことにする．

5.3. 他者の言説をあらわす用法 — 観察と仮説

5.3.1. 具体的な人物・機関の発言・発表を伝える例

　他者の言説をあらわす条件法について，《伝聞》をあらわすという記述がなされることがある (cf. Wilmet, 1997, p.406, 佐藤 et alii, 1991, p.280)．たしかに，この条件法が，いわゆる間接話法などと違い，本源的話者がだれであったのかを標示することはなく，内容が他者から来ていることだけを示すという意味では，《伝聞》とみなすこともできよう[8]．しかし，その機能は，問題となる用法において条件法自体が果たしている機能であるといえるであろうか．結論からいうと，そうではないと考えられる．その理由のひとつは，ただちに見てゆく

---

[7] Nølke (2001) は，本章の執筆後，あまりにも遅くに入手したため，本研究において体系的に参照することはできなかった．しかし，ひとつの問題点を指摘することができる．それは，仮定的用法に過度に重点をおいているということである．たとえばつぎの (i) のような他者の言説をあらわす用法について，
　　(i)　Le ministre accepterait de parler à la télévision. (ibidem, p.54)
つぎの (i') のような言いかえを用いて，
　　(i')　Si on écoutait ce que disent les gens, on apprendrait que le ministre accepte de parler à la télévision. (idem)
仮定的用法とは作用域ははことなるものの，暗黙にされた条件を想定している．さらに，本章ではのちに独自の説明をすることになる，いわゆる緩和的用法，
　　(ii)　J'aimerais / je voudrais m'asseoir un moment. (ibidem, p.52)
　　　　についても，つぎの (ii') のように言いかえ，
　　(ii')　Si je pouvais me permettre d'énoncer la demande suivante, j'exprimerais ma volonté / mon souhait de m'asseoir. (idem)
仮定的用法に帰着させている．これは，あまりにも仮定的用法に偏重した見かたであって，すでに批判した条件節の再構による分析と同様の問題点をかかえこむことになってしまう．

[8] 伝聞における本源的断定者の問題については，第4章でおこなった il paraît que... に関する議論を参照．

第5章 他者の言説をあらわす条件法について

ように，この用法の条件法の実例には，記事の見出し (大幅な省略をともなう)など特殊な例を除けば，すべて文脈上になんらかの形 (selon, d'après 句のほかにも，前後の文で本源となる主体や機関について言及しているなど，さまざまな場合もふくむ) で情報の本源の標示があったということである．そのことはかえって，条件法そのものは《伝聞》を示していないことの証明であるように思われる．条件法そのものでは《伝聞》を示すに足りないからこそ，さまざまな形で，内容が外部の情報源からきていることを示すことが必要なのである．また,《伝聞》でないとするもうひとつの理由は，それらの手段による本源の標示が，具体的な人や機関などをさしている場合であっても，思考の対象などの抽象的な構築物をさす場合であっても，条件法が無差別に内容をしめすことができ，その両方の例に連続性・均質性が認められる，ということである (5.3.2.節を参照)．

これに対して，典型的な《伝聞》マーカーと考えられるのは，前章であつかった il paraît que である．il paraît que は，第3者の人物・機関などから内容をつたえ聞いた場合にしか使えないという点で，これから見てゆく条件法とは異なっている．そうした典型的な《伝聞》の意味との違いを明確にするために，以下では il paraît que との比較を手がかりのひとつとする．

この節では，本源が具体的な人物・機関である実例を観察してゆこう．

(36) Cinq membres du commando ont été ensuite tués par la police qui les a pourchassés alors qu'ils fuyaient vers la montagne surplombant le temple. Quatre ou cinq autres **auraient réussi** à prendre la fuite, selon les témoins. [= (2)]

(37) Selon la presse algérienne de mardi, il [=le bilan du massacre] pourrait dépasser le chiffre de 400 victimes, Selon le quotidien *Liberté* de mardi, qui fait l'état de « sources bien informées », il **serait** de 428 morts et de 140 blessés. [= (1)]

これらの例 (ただし, (37) では第2文のみを問題にする．pourrait については 5.3.4. 節，および 6.6. 節を参照) は，いずれも，ほとんどの先行研究でこの用法の典型例としてあげられている例と性質をおなじくする．このような例だけを見ていると，条件法が《伝聞》をあらわすという (誤った) 結論にいたるのももっともである．これらの例を，il paraît que を使って言いかえてみればどうであろうか．

(36') (?)Selon les témoins, il paraît que quatre ou cinq autres ont réussi à prendre la

193

第 2 部　事例研究

fuite.
(36") Il paraît que quatre ou cinq autres ont réussi à prendre la fuite.
(37') (?)Il paraît, selon le quotidien *Liberté* de mardi, qu'il est de 428 morts et de 140 blessés.
(37") Il paraît qu'il est de 428 morts et de 140 blessés.

インフォーマントによると，(36'), (37') のように，selon 句を残したまま il paraît que... におきかえた例も，容認可能ではあるが，やや剰語的であるように感じられるという．それに対して，(36"), (37") のように，selon 句を取りはらってしてしまえば自然になるという．この (36'), (37') と (36"), (37") との相違は，これらの例文の特質ではなく，むしろ il paraît que 自体の性質によるものであろう．il paraît que は，典型的な《伝聞》マーカーであるため (すなわち，内容が他者に淵源することは，il paraît que があることによってすでにあきらかなので)，わざわざ本源をあきらかにしないほうが自然である，というように考えられる[9]．それでもなお，il paraît que による言いかえが可能ではあるということは，これらの例の《伝聞》的特質を示しているといってよいであろう．

つぎに，少しちがった例を見てみることにしよう．

(38) Selon les affirmations de la chaîne de télévision publique israélienne à l'origine de l'affaire, le premier ministre [Nétanyahou] **aurait monnayé** le soutien d'un parti de sa coalition parlementaire contre l'assurance d'arrêter certaines poursuites judiciaires contre le chef de cette formation. (*Le Monde*, 18/04/97)

この例文では，selon 句の中身は，affirmation という語を介しているものの chaîne de télévision と具体的である．つまり，selon 句の主要部は affirmation であるが，本源は具体的な機関である．その点で，この例は，5. 3. 2. 節で見てゆく例との推移例であるといえる．このような例の存在はまた，具体的な本源に対して条件法を用いる場合と，思考対象などの抽象的な本源に対して用いる場合との連続性のひとつの根拠にもなるであろう．ここでも，il paraît que のふる

9　第 4 章で論じたとおり，文脈上本源があきらかになることが排除されるのではない．しかし，同一文中でただちに selon, d'après などによって本源が示されている場合は，やや不自然になるようである．たとえば Nølke (1994) において適格文とされているつぎの文，
　(i) Selon Pierre, il paraît que Marie est malade. (ibidem, p.86)
を，まったく容認不能とする母語話者もいる．その反応は，il paraît que がそれ自体では本源の標示と相いれないことから来ていると考えられる．

第5章　他者の言説をあらわす条件法について

まいは，これまでの例に準ずる．

(38') (?)Il paraît, selon les affirmations de la chaîne de télévision publique israélienne à l'origine de l'affaire, que le premier ministre a monnayé le soutien...
(38") Il paraît que le premier ministre a monnayé le soutien...

つぎの例についても，(38) と同様の意味で，境界的な例であるといえる．

(39) [...] M. Nétanyahou, selon les fuites de presse qui se sont presque toutes révélées exactes depuis le début de l'affaire, **aurait fait** alors preuve de «mauvaise volonté» face aux enquêteurs. (*Le Monde*, 18/04/97)

5.3.2. 標示された本源が思考内容である例

つぎに，本源の標示として，人物・機関などの発言主体ではなく，思考内容をあらわす名詞がくる例について見てゆこう．

(40) Parallèlement, dix banques japonaises ont annoncé hier qu'elles allaient prendre des mesures pour permettre à Séoul de s'approvisionner en devises et de faire face à ses obligations financières. C'est un élément capital du plan de sauvetage du pays qui se met ainsi en place ; le retrait des banques japonaises **aurait**, de l'avis général, **précipité** la faillite de l'économie coréenne. (*Libération*, 27/12/97)

de l'avis général をともなうこの例は，不特定の一般の人びとの意見を引いているという点で，ひろい意味での他者に淵源するとはいえるかもしれないが，前節でのべたような意味での典型的な《伝聞》ではない．このことから予想できるのは，il paraît que による言いかえは困難であるということである．そして事実，つぎのような文は非常に不自然である．

(40') ??Il paraît, de l'avis général, que le retrait des banques japonaises a précipité la faillite de l'économie coréenne.

さらに，つぎのような例に進むと，il paraît que による言いかえは完全に排除されるようになる．

(41) La chute du won va renforcer la compétitivité de Séoul par rapport à Tokyo. Le

195

第 2 部　事例研究

Japon peut s'attendre à perdre des parts de marché. Tout cela va affecter la croissance mondiale. Selon nos estimations, elle ne **serait** finalement que de 3 % en 1988, alors qu'on prévoyait 4,2 % avant le déclenchement de la crise asiatique. (idem)
(41') *Selon nos estimation, il paraît qu'elle ne sera finalement que 3 % en 1988...
(42) Les banques japonaises pourrait être les premières victimes. Avec un encours de plus de 20 milliards de francs sur un système financier coréen qui ne cesse de s'effondrer avec une Bource qui chute, leur situation financière se dégrade. Certains analystes ont déjà écrit le scénario catastrophe : le Japon, premier détenteur de titres émis par le Trésor américain, **déciderait** de se désengager du marché obligataire de New York pour soutenir le marché d'actions de Tokyo. Et le domino suivant **serait** alors les Etats-Unis. (*Libération*, 13/12/97)
(42') * ... il paraît que le Japon, premier détenteur de titres émis par le Trésor américain, décidera de se désengager du marché obligataire de New York pour soutenir le marché d'actions de Tokyo. Et *il paraît que le domino suivant sera alors les Etats-Unis.

　　(41)の例文は，selon nos estimations をともなっていることから，典型的な《伝聞》でないばかりか，もはや叙述内容の本源は，外的な具体的人物・機関としては示されておらず，学的・数理的な思考内容として提示されていると見ることができよう[10]．この例においては，典型的な《伝聞》をあらわす il paraît que による言いかえ (41') は完全に容認不能である．しかし，注目するべきことは，条件法のほうは，そのような抽象的な本源に依拠してでも，内容を述べることができるということである．いいかえれば，この条件法の機能は，人物・機関などの具体的な本源に依拠する場合でも，抽象的な本源に依拠する場合でも，まったく無差別に内容を示しうる，ということである．このことは自明のことのようではあるが，この用法の条件法が《伝聞》をあらわすと仮定する接

10　ただし，本源を具体的な人物・機関として示しているか，思考・発言内容として示しているかには，前節でみた (38), (39) のような推移例があり，厳密には境界をさだめづらい連続的な区分であると考えられる．
11　この論点をうらづけるもうひとつの論拠は，たとえば，つぎの (i) のような文例が存在することである．(i) では，のべられている内容の源泉は Serguei Ignatiev であるとも，son estimation personnelle であるともいうことができ，この用法の条件法としては具体的源泉と抽象的源泉とのあいだで無差別に機能していることが察せられる．
　(i)　[ロシア経済の動向について] **Un autre vice-ministre des finances, Serguei Ignatiev, a indiqué que selon son estimation personnelle,** l'inflation, qui est descendue au début de l'été à environ 5 % mensuels, **devrait** remonter légèrement à l'automne, pour s'établir « entre 8 % et 10 % en octobre ». (*Le Monde*, 17 / 8/ 1994)

196

第5章　他者の言説をあらわす条件法について

近法では，往々にして見過ごされがちな点である[11]．本章ではこの点に着目することにより，他者の言説をあらわす条件法のより適切な一般化をこころみたい．

この考えかたの補強の意味で，ここでひとつ簡単な調査の結果を報告しておく．新聞・雑誌の報道記事で，selon 句とこの用法の条件法が共起している例にかぎってカウントしてみたところ，その内わけはつぎのとおりであった．

(43) Selon 句内の主要部名詞 [12]

(i)　人物... 27 例 (21,6 %)
(ii)　団体・機関.. 24 例 (19,2 %)
(i), (ii) の小計 .... 51 例 (40,8 %)
(iii) その他 (思考対象など抽象名詞).......... 74 例 (59,2 %)
(i) - (iii) の合計...125 例 (100,0 %)

データの量も小さく，統計学的な厳密さで論ずる用意もないが，それでも指摘に値すると思われるのは，(i), (ii) を合わせた小計でもなお (iii) に及ばない，という結果である．(iii) のタイプの例は，先行研究においてはほとんど問題にされてこなかった (このような例を同じ用法から除外しただけであって，他の用法のなかに位置づけて考察したというわけではない) が，現実の使用ではこのタイプが多い，ということを知るだけでもじゅうぶん意味のあることである．つまり，他者の言説をあらわす条件法を理解するためには，この節であつかっている (iii) タイプの例をも統合できるような一般化をおこなうことが不可欠であると思われる．

例文の観察にもどろう．(42) に関しては，後半に出てくる 2 例に注目することにする (pourrait, faudrait などについてはのちに 5.3.4. 節で論ずる)．それらの

---

[12] (38) のような推移例も，すべて表現レヴェルであらわれている名詞の性格によって分類した．ほかにも，たとえば témoin を (i) として témoignage を (iii) としているなど，機械的な分類である．しかしここでの目的は，これまでかえりみられなかった (iii) タイプが多いということを示すことであり，それも統合できるような図式化がのぞましいと主張することである．したがってその目的の範囲内で，一定の目安を得るという点では，この検索も無意味ではないと考えている．参考までに，それぞれの分類に比較的多く生起した語彙をいくつか拾いあげてみると，つぎのようになる (限定辞や単数・複数の区別は無視)．(i) journaliste, expert, témoin, 人名・役職名の固有名詞，それらをうける代名詞．(ii) syndicat, police, journal, radio, presse, 機関名・メディア名の固有名詞．(iii) affirmation, témoignage, sondage, rumeur, source, information, idée, calcul, prévision など．

第2部　事例研究

内容の本源は，le scénario catastrophe というかたちで，文脈的に示されているが，ここでもやはり，il paraît que による言いかえは完全に排除される．この例の条件法についても，(41) とまったく同様の指摘が可能であるが，加えて，《セナリオ》という語が本源を示す辞項としてもちいられている点が，きわめて示唆的である．すなわち，ここで条件法が依拠している本源が提供するものは，単一的な情報や，唯一のできごとの提示ではなく，内容の連鎖であり，継起する事態の総体である，ということである．この例に即していえば，《セナリオ》の内容は，「まず日本が，東京の株式市場を支えるために，ニューヨークから資金を撤退し，それによってアメリカが打撃をうけ…」という，**連続性におかれてはじめて意味をもつ**ものであり，個々に独立したできごとが問題になっているのではないのである．このように考えてくると，新聞などの報道文において，条件法が多く用いられることにも納得がゆく．つまり報道は，一般的に，孤立した情報を伝えているのではなく，時間的，あるいは概念的 (論理的，因果関係的) な前後関係の脈絡のなかで意味をもつことがらであるからこそ，それを伝えているということである．また，ひとつの記事の内部でも，あたかも物語におけるごとく，継起するできごとの《連鎖》として内容が示されているからこそ，ひとつの記事としてのまとまりが感じられるのではなかろうか．

　ついでながら，この点もまた，il paraît que との明確な対比点である．すでに前章で述べたように，il paraît que には起動相 (inchoatif) 的性格が認められる．すなわち，il paraît que の場合は，《伝聞》内容は単一的な情報として，その内容の前後に直接の連続性を想定せずに示されていると考えられる．たとえば，つぎの例をみよう．

(44) On va lui faire son premier Noël à la neige... **Il paraît que** les ... les Cormeau ont un chalet fantastique à Klosters. (scénario de «Ça n'arrive qu'aux autres»)

　たしかに，この例でも，「赤ちゃんのはじめてのクリスマスを雪のなかで祝おう」ということと，「コルモー一家が別荘をもっている」ということとは，脈絡がないわけではない．しかしながら，il paraît que に始まる文は，ひとまずそれだけで独立して意味をなしており，その上で事後的に，前文との関連性が成り立っている．つまり，条件法におかれた場合のような，連続性におかれてはじめて意味をもちうるような緊密さはない．実際，ここで条件法を用いることは不自然である．

(44') On va lui faire son premier Noël à la neige ... ?? Les Cormeau **aurait** un chalet fantastique à Klosters.

5.3.3. 他者の言説をあらわす条件法の機能に関する仮説

前節までの考察をもとにして，ここで，他者の言説をあらわす用法において条件法が果たしている機能に関して，本書の見解を仮説としてまとめてみることにしよう．

(45) 他者の言説をあらわす条件法の機能に関する仮説

この用法において，条件法は，他者の言説の連続性，ひいてはそれに表象される事態の連続性を，総体的に前提とし，条件法におかれた動詞の事行を，その連続性のなかに位置づけることを要求する．

この仮説は，これまでの考察を集約したものにすぎないので，あまり説明をくわえる必要はないが，いくつかの点について補足的に述べておきたい．

まず，すでに明らかなように，Dendale (1993, p.175) の，《情報の借用》をあらわす，という分析は不適切である，ということである．Dendale の考えかたでは，条件法は，発話文のいわば素材となる情報が他者に淵源することを示している，ということになる．しかしそれでは，条件法の作用域を，不当に狭く，また同時に，不当にひろく，概念化してしまうことになると思われる．「不当に狭く」というのは，条件法が他者の言説の連続性を総体的に示しているひろがりを無視しているからであり，また，「不当にひろく」というのは，前節のはじめで述べたように，条件法それ自体では，本源を局限し，指示する機能は認められないからである．

条件法そのものがこの用法で果たしている機能は，他者の言説であることをより総体的に示すことであり，たとえ継起するできごとが複数明示されていなくても，条件法で提示された事態の背後には，連続性があると思わせるものが多い．1例だけ見ておくと，つぎの例においても，

(46) Cinq membres du commando ont été ensuite tués par la police qui les a pourchassés alors qu'ils fuyaient vers la montagne surplombant le temple. Quatre ou cinq autres **auraient réussi** à prendre la fuite, selon les témoins. [= (2) = (36)]

条件法におかれているのは1か所だけであるが，文脈から，やはり一連の事件の連鎖，あるいは証言の連続性のひとこまとして意味をもつできごとが示さ

第2部 事例研究

れていると考えることができる.

また,(45) の仮説は,のちに 5. 4. 1.節で提唱する,条件法全般の本質的機能の仮説との整合性にも配慮しており,条件法の本質的機能の仮説の1特殊ケースとして説明がつくようにできる見とおしをもっている.そのことにより,これまでにも少し触れ,以下でも見てゆくような,他者の言説をあらわす用法とそれ以外の条件法の用法との連続性の存在や,推移的と考えられる例に対する説明も,可能になると思われる.

5. 3. 4. 他者の言説をあらわす条件法のさまざまな例

つぎに,これまでに見てきた例にくらべるとやや周辺的と思われるような例文を順次検討しながら,(45) の仮説の妥当性を確認してゆきたい.

(47) Certains experts commencent à imaginer une onde de choc qui **se propagerait** à l'économie réelle. Une baisse de 35 % en moyenne des devises asiatiques et une chute de la demande de cette région se traduira forcément par une baisse générale des prix. C'est le scénario de la spirale déflationniste. (*Libération*, 13/12/97)

例文 (47) では,条件法が関係節中にあらわれており,統辞的にこれまでの例と異なっている (il paraît que との比較自体,もはや不可能である). 一般に il paraît que などの伝聞表現は,文の階層構造においてもっとも外がわから働く機能であることを考えあわせると,(47) のような例は,《伝聞》的な考えかたではとらえることはむずかしい (この点についてはさらに, 4. 3. 4. 節における il paraît que... に対する統辞的制約に関する議論を参照).しかし本書の立場からいえば,条件法は《伝聞》を標示するのではなく,この例もこれまでの例と均質のあつかいが可能である.そして,(45) の仮説の有効性も,この例に即して確認することができる.この例においても,scénario の語が生起していることからわかるように,アジア経済の低迷のゆくすえの予測が連鎖において語られているのであり,条件法におかれた事行も,その連続性のなかで意味をもつことであるといえる.

(48) [文脈:イタリア国鉄で例外的に頻繁に事故がおきた] Depuis plusieurs mois, déraillements, incendies, collisions font la Une de la presse italienne. La fréquence des accidents est telle que des enquêtes ont été ouvertes sur d'éventuels sabotages, tandis que certains journaux évoque un « mystérieux virus assasin » qui **aurait déréglé** tout le

第5章　他者の言説をあらわす条件法について

système informatisé de la signalisation. (*L'Express*, 09 / 04 / 98, p.64)

　この例文 (48) でも (47) と同様で，コンピューターウイルス説が意味をもちうるのは，ウイルスが信号システムを狂わせ，信号が正常に機能しなくなったことから，事故がおきる，というできごとの連鎖のなかにおいてであろう．

(49) Ainsi, même si les résultats macro-économiques de Hong-Kong restent bons (une croissance attendue de 5,5 % cette année, une inflation de 6,5 %) le petit territoire se révèle trop cher. La solution **consisterait** à opérer une dévaluation, une fois la tempête passé, comme l'a fait récemment Taiwan. [...] L'autre solution **consisterait** à serrer le vis, mais ces mesures risquent de ressentir sur les salaires, [...]　(*Libération*, 29 / 10 / 97)

　例文 (49) では，意味的な本源が主語位置をしめているが，やはりこれまでと同様の考えかたができる．香港の地価が高すぎることに対して，ありうるふたとおりの解決策が，条件法をもちいて示されているが，それらの解決策は，そもそも政策的操作と効果のつながりがもたらす，事態のなりゆきの連続性のうえにおかれてこそ意味をもつものであり，連続性のなかのひとこまというとらえかたができるからこそ，条件法がもちいられていると考えられる．

(50) En France, certains hommes politiques, au plus haut sommet de l'Etat, croient encore que les Français ont besoin d'être convaincus de l'utilité de l'Europe. Ils les prennent donc, à la fois, pour des simples qui ne **comprendraient** rien à leurs intérêts, et pour les couards qu'il **faudrait** rassurer.　(*Le Journal du Dimanche*, 19 / 04 / 98)

　例文 (50) では，統辞的には，前置詞句のなかの関係節という，文の階層構造のかなり下層で条件節がもちいられているが，やはりこれまでの例と同様の説明が可能である．すなわち，条件法 ne comprendraient rien は，「フランス人はヨーロッパ統合の利点を理解できていなくて，ヨーロッパ統合にはまだ納得がゆかなくて…」という，「フランスの政治家たち」による一連の見かた (この記事の筆者によれば誤解) の一環として，内容を提示しているといえる．その意味で，他者の言説の連続性が，そのひとこまの提示の背後に想定されているのである．
　(50) では，最後に出てくる il faudrait についても考えるべきであろう．先行研究では圧倒的に《緩和》用法とされ，すくなくとも他者の言説をあらわす用

第2部 事例研究

法と同一視する研究は管見のおよぶかぎり存在しないが，この例文で，直前の comprendrait と見比べると，等位におかれたふたつの pour 句のなかの関係節どうしであり，まったく対等の位相で用いられているように思われる．したがって il faudrait もやはり「フランスの政治家たち」という他者の言説のわく内にあると見るほうが自然ではなかろうか．

関連する問題として，pourrait の形についての考えをのべておきたい．

(51) Selon la presse algérienne de mardi, il [= le bilan du massacre] **pourrait** dépasser le chiffre de 400 victimes, Selon le quotidien *Liberté* de mardi, qui fait l'état de «sources bien informées», il serait de 428 morts et de 140 blessés. [= (1) = (37)]

この用例においても，pouvoir は他者の言説であること（「アルジェリアの新聞によると」）が作用して条件法におかれていると考えることができる．もちろん pourrait のあらゆる生起を他者の言説をあらわす用法に関する仮説で説明できるわけではないが，それは他の動詞についても同様である．つまり，たとえば Imbs (1960, p.78 :«atténuation») や Tasmowski et Dendale (1994, pp.49-53)[13] がしているように，faudrait, pourrait, devrait といった形を，特別扱いする理由はとくにないと思われる．再引用はしないが，5.3.2. 節でみた (42) の例についても同様である．

さらにちがうタイプの例を見よう．

(52) Ryutaro Hashimoto serait-il en train de vivre ses derniers jours à la tête du Japon ? Sur la scène politique intérieure comme dans l'arène internationale, le premier ministre japonais est désormais montré du doigt comme le mauvais élève de l'Occident et de l'Asie réunis. (*Le Figaro*, 15/04/98)

この例では，条件法は疑問文中に生起している．そこで想起されるのは，5.2.4. 節でみた，Diller (1977) による発語内的分析である．彼によると，疑問文中の条件法の機能は，「条件法におかれた命題が真であると信じさせる徴候を前提

---

[13] Tasmowski et Dendale (1994) による devrait, pourrait に関する議論は，条件法そのものの本質的機能の探究という視点が欠如しており，devrait などの用法を理解する目的に限ってみても不十分であると思われる．たとえば，devrait における条件法の機能は，彼らの分析では，«si les données prises en considération ne se rélèvent pas m'avoir trompé» ou «ont été bien interprétés» (ibidem, p.49) という留保をつけることであり，それを断定の「有効性の枠 cadre de validité」(idem) とするということである．これは 5.2.2. 節で批判した「条件節の再構」による分析の域を出ない．なお，devrait については 6.6. 節を参照．

第5章 他者の言説をあらわす条件法について

する」ことであった(くわしくは 5.2.4. 節を参照). その指摘は, 徴候を言語化した文との共起可能性にもとづいており, 正当なものであると思われる. この例でも, 記事を読みすすんでゆくと,「橋本首相に対して, 経済政策の失敗の責任を問う声が, 国際的・国内的にひろがっている」という趣旨であり, そのことがまさに Diller のいう「命題が真であると信じさせる徴候」にあたるといえよう. すなわち, そうした状況からすれば,「橋本首相はもはや退陣まぢかということであろうか」という疑問が, 論理的前後関係として出てくるのである. その前後関係が, 仮説 (45) でいう, 言説の連続性ということなのである. なお, (52) の例が生起するのは記事の冒頭であり, まだその徴候は言語文脈的には明らかでないが, そのことは本書の仮説による説明をさまたげるものではない. 条件法が生起していることで, 言語外的に前提されている脈絡のうえに, この疑問がおかれていることが暗示されていると見ることができよう.

ところで (52) の例を, 他者の言説をあらわす用法と見ることには, 反論があるかもしれない. 本書の立場は, すでに述べたように, 条件法のさまざまな用法は連続体をなしており, そもそも用法の区別も截然とすることはできない (そのゆえにこそ, 条件法のさまざまな用法に妥当する, 本質的機能の究明が必要である) というものであり, 用法の分類は究極的には問題にならない. しかしもう少し手まえでいうと, ここでいう《他者》は, かならずしも具体的に限定された個人や機関でなくてもよい. 具体的人物・機関にかぎらず, 抽象的本源に依拠して述べる例も均質のあつかいが可能であることはすでに見てきた. その延長線上で, (52) の例でも, 個人的意見や立場からは離脱した, いわば,《客観性》という抽象的な他者[14]への移行が起きていると考えることができる[15].

他者のステイタスはさまざまで, 口語的用法では, 対話者が他者に対応する場合もある. この用法の検討の最後に, 口語における受けなおし (reprise) にあ

---

[14] 「抽象的な他者」とは, 概念としては, Berrendonner (1981, pp.59 sqq.) のいう «agent vérificateur Ø (zéro)», あるいは, 有名な比喩的呼称では, «le fantôme de la vérité» に近いものと考えられるが, ここでの議論にとっては, 彼がしているように, 独立した主体としてそうしたものを仮定する必要はない. 要するに, この例において, 客観的な位相において述べるということは, すでに発話者の外部への移行を意味しているわけであり, そのことを本書では他者の言説への指向のうちの 1 事例として統合して考えることである.

[15] (52) の例を自然な日本語に訳そうとすると,「橋本首相はもはや退陣まぢかということであろうか」のように, やはり, なんらかの不定の他者への移行を思わせる文になる. このような「という」については, Kawaguchi (1988) が, 発話次元 (plan énonciatif) の移行を示すという仮説をたてており, きわめて興味ぶかい.

らわれる条件法の例をいくつか見ておきたい．

(53) A : Paul se cache à Paris avec Sophie.
　　 B : Ainsi il **se cacherait** à Paris. [= (7)]

(53 B) の例は，独特の陰影のついた音調で発音され，«！» をつけてもよいくらいである[16]．この例で条件法がもちいられているのは，対話者 (A) の発した内容をそのまま受け入れるのではなく，«En admettant que tu as raison, ...» という含みにおいて受けなおしているからであろう．ただし，その含みが意味するものは，条件節を再構する分析ではない．もう少しくわしく考えてみよう．対話者の発した内容をそのまま受け入れる場合は，その内容を単独で有効なものとして受け入れることになるが，条件法をもちいた場合は，「きみの話のながれでは...」というように，対話者の言説の総体を想定しておいて，その総体 (が表象する事象の連鎖) の脈絡のなかに置くことによってはじめて，条件法におかれた事行が意味をもちうる，という受けとりかたをしていることになる．この場合，条件法のかわりに，

(53') A : Paul se cache à Paris avec Sophie.
　　　B : *Ainsi, il paraît qu'il se cache à Paris.

のようにいうことはできない．母語話者によると，このように il paraît que をもちいると，対話者の発する内容を信じない，と面とむかっていうような失礼さが感じられる．しかし，条件法にすればなぜそのような失礼さは感じられないのであろうか．それは，条件法をもちいれば対話者を信じていることになるからではないことに注意すべきである．まさに，対話者の言説の総体，あるいはその言説が表象する事象の連鎖の脈絡のなかにおくことによって意味をもつとしか言っていないから，il paraît que のような失礼さは感じられないのである．いわば異質の連続性に移行することにより，現実の真偽を問題にすること自体を避けているのである．

(53) に関してはさらに，もうひとつ指摘にあたいすることがある．それは，(53) と (53') の容認可能性の差にもまた，条件法は他者の言説を，あくまでも

---

[16] このような例で音調を変化させるということも，《他者》への移行をあらわすひとつの手段として関係しているのではないかと考えているが，いまのところこの考えは思弁の域を出ず，また，音調について論ずる用意もないので，本書では立ち入らないことにする．

その「連続性」においてあらわすのに対して，il paraît que... は単独的(孤立的)な伝聞をあらわすという，すでに述べた対照がはっきりとあらわれているということである．したがって，この例によってもまた，(45) の仮説は強くうらづけられると考えられる．

つぎも口語の受けなおしの例である．

(54) Pourquoi **serait**-il allemand? [= (11')]

この例においても，条件法をもちいることによって，対話者が「ヨーロッパ統合軍の長官がドイツ人である」ということにいたるなんらかの脈絡が想定されている．Pourquoi はその脈絡(論理的関係)をたずねることに適合している．

すこしちがった例をみよう．

(55) En plus de vaisselle, il **faudrait** / tu **voudrais** que je fasse des courses!
(Confais, 1990, p.294)

この種の例は，Imbs (1960, p.70) の分類では，conditionnel d'indignation という，もうひとつ別の用法ということになるが，本質はこれまでの例と通底しており，Confais は正当にも，《伝聞》的な例とひとしく conditionnel de reprise としてあつかっている．この (55) の例では，発話者は，対話者の一連の発言の脈絡のなかでは，「皿洗いだけでなく買い物までわたしに行けということ」かと反発しているのである．indignation の価値は，本書の仮説でいう《他者》の位置に対話者を置いているため，発話者とのへだたりが生まれることからくる意味効果であると考えられる．

5.4. 条件法の本質的機能 — 仮説と検証

5.4.1. 条件法の本質的機能に関する仮説

これまでおこなってきた，他者の言説をあらわす用法に関する考察から出発して，以下では，他者の言説をあらわす用法もふくめ，さまざまな条件法の用法を包括的に理解できるような，条件法の本質的機能に関する仮説を立て，それによって他のさまざまな用法における条件法の機能が説明できることを確認してゆきたい．こんどは，まず仮説を提唱することからはじめることにする．

第2部　事例研究

(56) 条件法の本質的機能に関する仮説
　条件法は，本質的に，現行の発話文連鎖（およびそれに表象されることがらの展開）の連続性とは異なる連続性を前提とし，条件法におかれた動詞の事行を，後者の連続性のなかに位置づけることを要求する．

　この仮説[17]について敷衍して述べる．
　ここにいう《連続性》とは，時間にそって示された事態が展開してゆくという時間的前後関係や，あることがらのつぎにあることがらが考慮されるという概念的前後関係（しかがって，論理的，因果的関係から，単なる話題の進展も含まれる）によってもたらされる，発話文間のイゾトピーであり，テクストの結束性である．発話文の連鎖と，それに表象されることがらの展開には，当然ながら，きわめて密接な関係がある．《連続性》の概念は，それら両者を統合する次元において用いたい．そのような統合的次元を想定することによって，半過去・条件法などの動詞形態や，alors などの連結辞の機能もうまく説明できると考える[18]．
　異質な連続性への移行ということについては，すでに前節でもふれるところがあったが，なにからみて異質で，なにから出発しての移行なのか，ということが重要である．上で「現行の発話文連鎖」としたのは，「現在の」，すなわち，発話時点への事行の位置づけの概念を本来的にふくむものではない．現行の発話文連鎖とは，たとえばそれが物語における文の連鎖（したがって，典型的には過去への位置づけがなされることがらの連鎖）であったとしても，現に語られ，展開しつつある，基調となる文の連鎖であると理解すればよい．つまりそれは，現在を指示して「いまに関して」語る連鎖ではなく，「いま語りつつある」連鎖

---

[17] この仮説は，実は，他者の言説をあらわす用法に関する考察から出発して，その延長線上で構築されたものであるが，この観点からながめると，他の用法に関する説明も，存外うまくゆくということが，研究の過程であきらかになった（他の用法に対する適用については，5.4.3. 節以降を参照のこと）．あたかも条件法全般が，ひろい意味では「他者の言説をあらわす」ものであるかのようである．このことは，他者の言説をあらわす用法が，条件法全体からみてけっして特殊な用法ではなく，むしろ条件法の本質的機能が明確にあらわれた用法であることを示しているように思われる．さらに，よりひろく言えば，このことは機能的形態素の研究にとってきわめて示唆的である．つまり，一見周辺的に見える用法は，その形態素の，いわば持ちまえの潜在的可能性を最大限に生かすことによって出てきている用法であり，そういう用法にこそ本質的機能が明確にあらわれていることがある，ということである．
[18] 渡邊(1994, pp.91-103, pp. 113-115)においては，この《連続性》の概念をもちいて，連結辞 alors の受けなおす時間的・概念的定位の問題に関して，また alors による受けなおしの機能と半過去の機能との(時間的照応という点での)協調に関して考察した．

第5章 他者の言説をあらわす条件法について

である[19]. 言語 (の現象形態としての言説の連続性) が存在すること自体によって保証される, 自己指示的 (sui-référentiel) な位相である. このように述べるだけではきわめて思弁的で具体性がないが, このあとすぐに形態論との関係について述べるとき, 半過去の事例に即して具体的にみてゆくことにする.

以上にのべてきたことを視覚化して示すと, つぎの(57)のようになる.

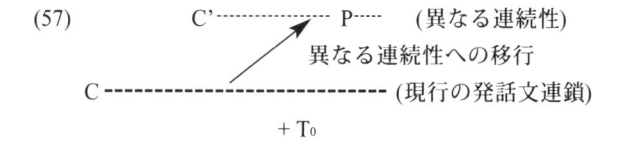

(57)　　　　C'·················· P······　(異なる連続性)
　　　　　　　　　↗
　　　　　　　異なる連続性への移行
　　　C ―――――――――――― (現行の発話文連鎖)
　　　　　　　　　　+ T_0

C として示した線が現行の発話文連鎖 (およびそれに表象されることがらの展開) の連続性である. C は, その下に T_0 として示した発話時点に, 直接位置づけられる連鎖ではなく, 言説そのものが自己指示的に想定する連続性である. つぎに, C' として示した破線が, 現行の発話文連鎖とは異なる連続性である. C' は, 多かれ少なかれ C に相似的な連続性として想定される. 条件法は C' のなかに動詞の事行 P を位置づけるはたらきを果たす, というのが本書の仮説である.

ななめの矢印によって示した, C から C' への移行は, 文脈的に明示されている場合もある. 他者の言説をあらわす用法における Selon 句をはじめとする本源の標示, あるいは仮定的用法における Si 節などによる仮定の標示は, C' への移行を明示することにより, 解釈をたすけているといえよう.

また, C' として示した, 「異なる連続性」が, どれほどの具体性をもつかは, 場合によってことなる. 他者の言説をあらわす用法におけるごとく, (現行の発話文連鎖と対等に対比することのできる) 具体的な発話文連鎖として発現している場合もある一方で, 因果関係や事象間の前後関係など, たんなる概念的な連鎖化の関係にとどまる場合もある. のちに実例を検討するときに, この「異なる連続性」がそれぞれどのような性格のものであるかについても, あわせて見てゆくことにしたい.

---

[19] もちろん, 現行の発話文連鎖が産出されているのは, ほかならぬ発話時点であるから, T_0 は C の定位 (repérage) に際して原点となることはたしかであるが, そのことが意味しているのは, C はその原点からみて確定しうるなんらかの位置をしめるということであり, 直接 T_0 に位置づけられるわけではない. 春木 (1999, p.21) が強調しているとおり,「あくまでも「定位される」être repéré というのは「位置づけられる」être localisé という意味ではない」のである.

5.4.2. 形態論的事実との整合性

以上の仮説は，5.2.1.節でみた《形態論の四辺形》の事実とも整合的である．すなわち，条件法形態素 -rait は，不定法語尾 -r と，半過去形態素 -ait があわさって成ったものであるという事実である[20]．一見遠回りではあるが，本書の仮説 (56) の形態論的妥当性を確認するためには，これらについて論ずるべきであると思われる．

まず，半過去形態素から見てゆこう．半過去の機能はそれだけでもひじょうに大きな問題であり，細かに論ずることはできないが，結論だけを簡単にいえば，つぎの (58) に示すようになると思われる．

(58) 半過去形態素の機能
半過去形態素は，現行の発話文連鎖の連続性を (自己指示的に) 前提とし，半過去におかれた事行をその連続性のなかに位置づけることを要求する．

このことは，半過去が基準点，ないしは時間的定位 (repère temporel) をみずから設定せず，その設定を文脈にたよっているとする多くの先行研究とおなじ方向性にあるといえる．発話文連鎖のなかでみれば，半過去をふくむ発話文が，基準点を変えずに，ただ，受けついでいるということであり，本論文でいう《連続性》と均質のあつかいが可能であると思われるからである．とくに半過去を照応的時制とみる一連の研究，たとえば Tasmowski (1985), Anscombre (1992), Moeschler (1993), Berthonneau et Kleiber (1993) (1994) (1997) などの接近法は，本書の立場に近いものである[21]．

半過去と条件法を形態論的にくらべると，条件法はさらに不定法語尾 -r をふくんでおり，条件法を異なる発話文連鎖にふりむける作用は不定法語尾が果たすものと考えられるが，不定法語尾についてはあとで論ずることとして，ここ

---

[20] これはもちろん，共時的にみた形成のされかたであり，通時的には，第2章でみたように，ラテン語の迂言的時制形式 –re habebam (すなわち，不定法 + 動詞 habere の未完了過去) に由来する．

[21] 渡邊 (1994, pp.91-98) においては，Berthonneau et Kleiber (1993) の仮説にふれながら論じた．また，Berthonneau et Kleiber (1994) は，丁寧表現とされる別の用法について追究したものであるが，その結果，半過去が結束性 (cohésion) に属する現象であるという結論にいたっている．ひとくちに結束性といっても，その意味合いはより深く検討されるべきものがある (その意味で，「半過去は断絶をあらわすか，結束性をあらわすか」という議論も，前提をととのえておかないと，むなしい議論になるおそれがある) が，すくなくとも方向性としては本書の考えかたを支持する結論であるといえよう．

第5章 他者の言説をあらわす条件法について

で,「半過去が現行の発話文連鎖を前提とし,条件法が異なる発話文連鎖を前提とする」という対比がもっとも顕著にあらわれている事例をみておこう.それは,「条件法で他者の言説を受けなおすことができる (5.3.節を参照) のに対し,半過去で自己の言説を受けなおすことができる」ということである[22].

(59) Vous m'avez interrompu ; je **disais** donc que...
(Larousse de base : Dictionnaire d'apprentissage du français)
(60) — J'ai lu le nouveau bouquin de Patrick Chamoiseau. C'est vachement bien.
　— Mais c'est lui dont je te **parlais** l'autre jour. Je cherchais son nom.
(前島, 1997, p.126)

　(59) では,対話者が発話者の発言をさえぎるまえ (たとえば数十秒前) の,(60) ではいく日か前の,発話者自身の発言を受けなおすために,半過去がもちいられている.これらの例における《連続性》とは,まさに半過去が作用することによって生みだされる連続性である.どちらの例においても,半過去が生起しているからこそ,以前の発言に対する連続性であるにもかかわらず,現行の発話文連鎖としての連続性が樹立されるということに注目したい.
　なお,受けなおしにもちいることができるのは半過去だけではなく,つぎのような文脈では複合過去がもちいられる.

(61) — J'ai lu le nouveau bouquin de Patrick Chamoiseau. C'est vachement bien. Tu connais cet auteur ?
　— Ben oui, c'est lui dont je t'**ai parlé** l'autre jour. T'as oublié?　(ibidem, p.125)

　しかしこの場合は,(60) のように Patrick Chamoiseau に関する話柄の《連続性》を問題にしているのではなく,発話者が対話者に以前にそのことを話したという事実に重点がある (前島 (idem) のことばでいえば,je t'ai parlé de lui l'autre jour という事態の成立を問題としている) のであり,あきらかに半過去の場合とは異なる.

---

[22] より厳密にいえば,半過去で受けなおすことができるのは,自己=発話者の言説とはかぎらず,同一主体の言説であるということができる.たとえば,
　(i) C'est contradictoire avec ce que tu **disais** tout à l'heure / l'autre jour. (前島, 1997, p.127)
のような場合には,対話者 (tu) の言説が受けなおされているので,その言説の主体である tu をもちいた受けなおしが可能であるということである.いいかえれば,この場合は,「現行の発話文連鎖」が tu の言説である場合なので,条件法が受けなおしの対象にするような,「異なる発話文連鎖」ではない,ということである.

第2部　事例研究

半過去のごく標準的な例にも，現行の発話文連鎖の連続性は読みとることができる．たとえば，つぎのような例を見てみよう．

(62) Toujours dans le salon et toujours couvé du regard par la mère, M. Jo **apprenait** à Suzanne l'art de se vernir les ongles. Suzanne était assise en face de lui. Elle **portait** une belle robe de soie bleue qu'il lui avait apportée, parmi d'autres choses, depuis le phonographe. Sur la table, **étaient** disposés trois flacons de vernis à ongles de couleur différente, un pot de crème et un flacon de parfum.

(Duras, *Un barrage contre le Pacifique*, p.99)

半過去が多く生起するこの例では，過去に設定された時間的定位が，ずっと変わらずに受けつがれていることがわかる．すなわち，設定された発話文連鎖の連続性のなかに事行を位置づけるために apprenait, était, portait といった半過去が用いられているのである．

つぎに，条件法形態素のもうひとつの要素である不定法語尾 -r について見ておこう．不定法語尾の機能は，つぎのようなものであると考える．

(63) 不定法語尾の機能

不定法語尾 -r は，その動詞の語彙的表象を指示する．《表象》であることから，《事実》のレヴェルと対立し，現行の発話文連鎖とは相いれない．

条件法とおなじく不定法語尾 -r をもつ単純未来や，あるいは不定法そのものについて論ずることは，やはりそれだけでも大きな問題になってしまうが，必要な範囲で概略的に述べることにする．

まず不定法について言えば，当然のことながら，辞書などで動詞の語彙を代表する法である．そのことは，不定法が表象を示すので，言語記号として言及する場合に適しているからであると考えられる．ほかに，やはり表象を示すということから，心像 (image mental) をあらわすにも適しているといえる．つぎのような，願望をあらわす例は，心像をえがき出している端的な例であろう．

(64) Ah! dormir seulement une heure! (Mauger, 1968, p.261)

また，つぎのような言い返しの例がある．

(65) Moi, avoir fait ça! (idem)

第5章 他者の言説をあらわす条件法について

　この例は，受けなおしに感情的な反発の価値がくわわっており，Imbs のいう conditionnel d'indignation の例 (5. 3. 4. 節参照) と共通する機能であるといえる (ただし，条件法の場合との相違は，(65) のほうがより断片的，反射的な反応をあらしているということであり，不定法語尾にさらに半過去形態素がつけ加わった条件法のほうが，表象を連続性においてとらえているという本書の仮説と一致する).《表象》として示すことにより，外在的な言及になっているのである．不定法語尾 -r のこの外在化作用は，条件法形態素においても同様に発現しており，現行の連続性から異なる連続性への移行を可能にする作用であるといえる．

　同様に，単純未来も，形態論的に不定法語尾 -r をふくんでおり，表象レヴェルにおいて機能する．青木(1998) は，多数のこれまで重視されてこなかったタイプの用法を考察し，単純未来が表象の成立をあらわすという分析をおこなっている．本書の不定法語尾に関する仮説に近いので，以下，その趣旨を簡単に見ておくことにする．

(66) Cette année ton anniversaire tombera / tombe un dimanche. 　(青木, 1998, p.117)
(67) Le prochain train vous fera / fait arriver à Paris 6 h 13. (idem)
(68) Trèfle. Dame renversée. Femme.-On se fera inconsciemment une ennemie acharnée d'une brune, qui fera beaucoup de tort et portera le trouble dans l'existence.
　　　　　　　　　　　　　　　　　　(*L'avenir par les cartes*, cité 青木, 1998, p.118)

　(66) のような，未実現ではあるが絶対的確実性をあらわす例では，単純未来と現在形であまり違いは感じられない．しかし，それはたまたま文脈がそのように感じさせるだけで，単純未来と現在形の違いがあらわれるような文脈もある．たとえば (67) のような例であれば，単純未来をもちいると，駅員や案内所による公的予告，現在形をもちいると，個人的におしえているように感じられるという．また，(68) はカード占いの例であるが，占いでは圧倒的に単純未来が使われる．また，天気予報の文も単純未来にかぎられる．青木 (1998) は，上記に代表される例を見てゆくことにより，単純未来は，発話者が，カレンダー・時刻表・カード・計算・気象情報などの参照体系に依拠して，そのことにより表象を成立させていることを標示すると結論している．つぎのような例では，参照体系はより主観的なものであるが，やはり同様の図式で説明できるという．

211

第2部　事例研究

(69) [自転車屋さんが修理しながら] Oui, oui, il sera bientôt réparé.[23]
(70) La décision est prise : je terminerai ma thèse cette année. （青木, 1998, p.126）

　　(69) の例文は，時間がかかりそうかとたずねられて，対話者をなだめるような意味合いであるが，いわば「発話者の心像では，もう自転車はなおっている」ことを示している．ここでは，その発話者の確信が参照体系になっているが，やはり表象が成立していることを示しているといえる．(70) は決定 (décision) という審級が先だっており，それに依拠して表象を成立させている例である．以上が青木 (1998) で述べられていることの概略であるが，このように，単純未来の機能は，表象レヴェルに関わるものであるといえよう．
　　以上で，半過去形態素 -ait が，現行の発話文連鎖の連続性を想定すること，不定法語尾 -r が表象をあらわしているということを見てきた．その両者の統合により，条件法の「異なる発話文連鎖の連続性」をしめす機能が出てくるということが理解できるのである．
　　つぎの節からは，これまでに見てこなかった，条件法の他のいくつかの用法について，便宜的に時制的用法，仮定的用法，その他の用法の3つにわけて順に検討し，各用法の例を仮説(56) に沿って説明できることを確認してゆこう．

5. 4. 3. 時制的用法

　　条件法の時制的用法は，que 補足節でもちいられることが多い．このことがすでに，異なる発話文連鎖への移行を想起させる事実である．また，すでに見てきた他者の言説をあらわす用法に関する説明 (これももちろん，本質的機能の仮説に1事例として包摂されるものである) だけでも，比較的容易に説明できる用法であると思われる．実例を見てみよう．

(71) Le secrétaire aux Finances, Donald Tsang, a certifié que le dollar de Hong-Kong **resterait** fixé au dollar américain et le porte-parole du gouvernement chinois, Tang Guoqian, a estimé que la crise **serait** de courte durée. (*Libération*, 29 / 10 / 97)

　　que 補足節は，そのなかに取りこまれた文が，発話者とは別の主体 (この例に即していえば，D. Tsang, Tang G.) に帰せられる言説であることを示している．したがってこうした例は，本来的に，他者の言説をあらわす用法ときわめて近

---

23 この例は，青木 (1998) のもとになった口頭発表 (青木三郎 (1996) : «Les emplois du futur simple», 日本フランス語学会第147回例会発表) のハンドアウトから引用した．

第5章　他者の言説をあらわす条件法について

い用法であるといえる[24]．つぎのような例も，分類的観点からみれば（主節の動詞が過去時制であることから，時制の一致をおこした）「時制的用法」になるが，ますます他者の言説をあらわす用法に近く，境界的な例であるといえる．

(72) [サッカーのワールドカップでイランチームの滞在地となる村での噂]
«Dès qu'on a su que l'équipe d'Iran venait s'installer à Yssigeaux, un collègue commerçant m'a appelé pour me dire que la vente d'alcools allait être interdite», s'amuse Alain Pissavy, barman et arbitre de football à ses heures perdues. D'autres langues bien aiguisées ont fait croire qu'une mosquée **serait** érigée dans la ville spécialement pour les Iraniens ou que les femmes n'**auraient** plus le droit de sortir dans les rues. Purs fantasmes! (*Le Parisien*, 17 / 01 / 98)

この例は，たやすく«D'après certaines rumeurs, une mosquée serait érigée...»のように言いかえることができ，条件法そのものの機能が5.3.節で見てきた他者の言説をあらわす用法と均質であることは明らかである（おわりの，Purs fantasmes! という部分も，他者の言説としての解釈を示唆している）．

では，独立節での時制的用法についてはどのように説明できるであろうか．

(73) Il pleuvait. Le match **aurait** donc lieu en salle. (Confais, 1990, p.294)

この例のauraitも，他者の言説をあらわす用法の延長線上で考えられるものである．なぜならば，時制的用法としての価値である「過去からみた未来」「過去における未来」は，過去からみる別の視点を導入することによって可能となるからであり，そうした視点を導入することは，そこに位置する異なった潜在的主体を導入することに他ならないからである．発話者からその潜在的主体への移行があると考えれば，これも他者の言説をあらわす用法の延長で考えることができる例であり，また，より広く条件法全般に対する仮説からいえば，現行の連続性から，過去の視点にもとづくという意味で異なった連続性への移行が認められるのである．

5. 4. 4. 仮定的用法

事実に反する仮定のもとでの帰結をあらわす条件法の用法は，条件法 (condi-

---

[24] したがってこの例においては，que... にはじまる補足節も，条件法も，言説の他者性をあらわしており，註(2)でふれた，複数のマーカーの重複使用にあたる．

tionnel) という名称のもとにもなった，典型的とされる用法である．そのなかでも，「Si + 半過去 (大過去) ..., 条件法」という文型は，規準的 (canonique) な形式である．つぎの例がこれにあたる．

(74) Toute affaire que l'on me propose est mauvaise, car *si elle était bonne, on ne me la proposerait pas*. (Maurois, *Bernard Quesnay*, p.6)

　(56) の条件法の機能に関する仮説と，(58) による半過去 (形態素) の機能に関する仮説とを対比したうえでこのような用法を見ると，疑問が起こるかもしれない．すなわち，(74) のような例では，斜字体にした部分が，全体として事実に反する文であるという意味で，すべてが異なる発話文連鎖とされてもよさそうなところであるにも関わらず，si 節内では現行の発話文連鎖をあらわす半過去がもちいられていて，帰結節中でのみ条件法がもちいられているのはなぜか，という疑問である．この疑問に対しては，仮定を設定する側である si 節と，その仮定をうけて帰結をのべる側である帰結節とでは，位相がちがっていると答えたい．5.4.1. 節で，仮説を視覚化した (57) にもとづいて述べたことであるが，si 節は，異なる発話文連鎖への移行があることを明示する (そして，そのことによって仮定を設定する) はたらきを果たす．それとは違って，条件法であらわされる帰結こそが，異なる発話文連鎖のなかに位置づけられているのである．si 節中で条件法でなく半過去がもちいられているのは，異なる連鎖への移行が現行の発話文連鎖から発している以上，si 節が，現行の発話文連鎖と矛盾なく共存することができるからである．それに対して，その仮定のもとでの帰結をのべる側は，いわば，別世界のことにしかなりえないのである．
　しかし，周知のごとく，仮定の文型はさまざまで，つぎの (75) のように，仮定節，帰結節ともに条件法がもちいられていて，統辞的には並置 (parataxe) されている例もある[25]．

(75) J'**aurais** un peu d'argent, je m'**achèterais** l'intégrale de Mozart.
　　　　　　　　　　　　　　　　　　　　　　　　(Riegel et alii, 1994, p.318)

この例では，仮定節も帰結節もともに「異なる発話文連鎖」におかれていて，

---

[25] 佐藤 et alii (1991, p.278) はこの文型を，「対立・譲歩のニュアンスが加わった非現実仮定文」としているが，(75) のように，かならずしも「対立・譲歩」がなくとも使うことができる．

第5章 他者の言説をあらわす条件法について

その発話文連鎖のなかで，仮定節・帰結節間に連続性が成立しているといえる．さきにみた (74) の文型では，発話者は，仮定節は現行の発話文連鎖の側から出発させておいて，帰結節のみを異なる発話文連鎖として提示していたのに対し，(75) の場合，発話者は仮定節の段階から異なる発話文連鎖のなかに視点をおいている．いいかえれば，この相違は，前者の場合は客観的に仮定をおこなっているのに対して，後者の場合は，いわば，はじめから空想の世界に身をおいていることを示しているということになる．その分 (75) のほうは客観性が薄れ，個人的な言説に適するようになると予想される．その予想どおり，(75) の文型は口語的とされる．

なお，(75) は，二肢的な並置であるために仮定・帰結として解釈されるが，本質は，Togeby (1985, vol.2, p.390) のあげる「夢想の条件法 (conditionnel du rêve)」と変わらないように思われる．Togeby があげるつぎの例でも，

(76) Je t'aime tellement que je pourrais vivre avec toi, avoir des enfants de toi. Nous **construirions** une maison, nous nous **aurions** un garçon et une fille à qui j'**apprendrais** à lire et à écrire. Nous nous **querellerions** à propos de leur éducation. (idem)

連綿とつづく夢想の内容を条件法があらわしており，条件法が異なる発話文連鎖の連続性を示すという本書の仮説に一致する．

ところが，Lebaud (1994) の指摘によると，(77) のように仮定節・帰結節ともに半過去におかれている実例も存在する．

(77) On **appelait** à voter non, Maastricht c'**était** dans la poche. (texte associé à un dessin de Passin paru dans le journal *Le Monde* du 01/09/ 92, cité dans Lebaud, 1994, p.218)

しかしこれは，文脈に (この例の場合は言語外的文脈に) 緊密に依拠してしか使えない文型である．マーストリヒト条約への批准を国会で採決したとき，社会党が賛成投票を呼びかけた結果 (あるいは，風刺漫画のイロニックな趣旨からいえば，呼びかけたにもかかわらず，かろうじて)，可決されたというニュースを背景としたうえで，ふたりの社会党代議士が風刺漫画に描かれ，(77) のように言っているのである．(77) は，こうした明確な背景がなければ用いることができない形であり，その点は，(75) のように，いわば独立した空想とは異なっている．半過去による仮定文は，あくまでもそうした文脈との緊密な連続性によってしか発せられないのであり，その意味で「現行の発話文連鎖」に位置すると見るべき性質のものである．したがって，この例も，本書の仮説に対

215

第2部　事例研究

する反例にはならず，逆に有利な例であるといえる．

つぎに，副詞句によって仮定が設定されている例を見てみよう．

(78) Sans la présence d'esprit du mécanicien, le train **aurait déraillé**.

(Wilmet, 1997, p.390)

(78') Sans la présence d'esprit du mécanicien, le train **déraillait**.　(ibidem, p.384)

(79) Un peu plus et je **serais** maintenant milliardaire. (ibidem, p.390)

(79') Un peu plus et j'**étais** maintenant milliardaire. (ibidem, p.384)

　　これらの例においては，条件法をもちいるほうが通常で，半過去はそのヴァリアントであるとWilmetは言っている (Les passés 2 [= imparfaits] de [(78'), (79') etc.] élaborent les variantes expressives de [(78), (79) etc.], ibidem, p.390)．彼によると，これらの例で半過去をもちいた場合には，表現性 (présentation dramatique des événements, ibidem, p.391) が高まることになる．このことは，本書の仮説から説明できることである．すなわち，条件法は，「異なる連続性」をあらわすため，事実に反する仮想的な事象をあらわすのにもっとも適しているということである．本来そのように条件法が適合するこれらの例において，半過去をもちいると，あたかも「現行の連続性」においてことが運んでいるような効果がもたらされ，Wilmetのいうような表現性が得られると考えられる．また，そのように半過去をもちいても，これらの例の場合は，sans la présence d'esprit du mécanicienやun peu plusといった副詞句の生起により，仮定的解釈であることは保証されているのである．

　　仮定の文型はひじょうに多様で，ここで扱うことができたのは一部でしかないが，以上で，条件法・半過去が，さまざまな構文中において，それぞれの存在理由をもっていること，そしてそれぞれの機能を本書の仮説に沿って説明できることは，確認できたと思われる．

5. 4. 5. その他の用法

　　条件法のその他の用法としては，一般に《緩和》や《ていねいな表現》(たとえば，«conditionnel de l'énonciation atténuée», Imbs, 1960, p.78) とされる一連の用法がある．

(80) On **dirait** que tu es malade. (Confais, 1990, p.294)

(81) Ça te **dirait** d'aller au cinéma ce soir? (idem)

(82) Il **faudrait** qu'on fasse des courses. [= (30)]

第5章　他者の言説をあらわす条件法について

(83) Tu **serais** gentil de fermer la fenêtre. [= (31)]

　(80), (81) は, 一般に, 慣用表現とされるが, 条件法の使用については, 本書の仮説によって説明できる. (80) においては, on であらわされるような, 不特定の汎称的主体への移行がおきており, その主体の視点から語るならば, きみは病気のようだという言明をなすことになる, ということである. その言明が, 「異なる発話文連鎖」ととらえられることにより, 条件法がもちいられているのである.《緩和》は, 異なる発話文連鎖としての提示が, 間接的であるというところからくる効果であると考えられる. (81) も, 提案の《緩和》とされるが, これも, 提案者のステイタスを, 発話者以外の, 不特定の主体にずらすことによって得られる効果であると考えられる. 発話者は, 一般に (不特定の主体によって) 想定される可能性のひとつとして「映画にゆくこと」を提示しているのであり, いわば, その一般性の名において語ることにより, 提案を婉曲にしているのである (一般的な不特定の主体に関しては, 註 (14) をふたたび参照).

　(82), (83) は, すでにみた Confais による「状況への関与性」「行為への方向づけ」説の (そして,《緩和》を標示するという Imbs に対する批判の) 足がかりになった例であるが, これらの条件法についても, 同様に本書の仮説によって説明することができる. たとえば, (82) では, 発話者は,《Il faut qu'on fasse des courses》というのではなく, 条件法をもちいることにより,「〜しなければならない」という判断をくだす主体を, 不特定の主体にずらしていると考えられる. 不特定の主体による判断とは, ここでは, 潜在的にはだれもが依拠するような一般則であり, その一般則の名において語ることにより, 直説法の直接性をやわらげているだけではなく, Confais のいうような《関与性》の意味合いも出てくるのである. なぜなら, 一般則には,「このような状況ならば, 買い物に行かなければならない」というような推論過程が存在するからであり, その推論過程が取りむすぶ関係が《関与性》であるからである. つまり, 緩和, 関与性の解釈は, 一見あい矛盾するように見えるが, 実はそうではなく, どちらも (82) で認めることのできるものである. そしてそれらの解釈はともに, 条件法が「異なる発話文連鎖」をあらわすという本質的機能の仮説から, 上に示したように導くことができるのである[26].

　(83) においては, 一般則とよびうるほど強いものではないが, やはり異なる

---

[26] 他者の言説をあらわす用法として既出の indignation の価値も, 一見《緩和》とは正反対のように思えるが, 本書の仮説によれば,「異なる発話文連鎖」の標示という点でまったく共通であり, 統一的にとらええる. このこともまた, 本書の仮説の利点であると思われる.

発話文連鎖として提示していることには違いはない．そのことにより，発話者の依頼の直接性がやわらげられていると理解できる．

おわりに，文法家がよく問題にしてきた，ごっこ遊びの条件法 (conditionnel (pré-)ludique) (あるいは子どもの条件法 conditionnel enfantin, Togeby, 1985, vol. 2, p.390) の例を見ておこう[27]．

(84) On **aurait** un oncle, il **serait** en Amérique, il **s'appellerait** l'oncle Victor. (Aymé, cité dans Togeby, idem)

もはや明らかなように，この種の例は，本書の仮説から見ればなんら特殊な用法ではなく，むしろ条件法の本質的機能がむきだしの形であらわれているものである．すなわち，ごっこ遊びの設定を (あるいは，場合によっては，初めのうちのできごとの連鎖をも)，現行の発話文連鎖とは異なる連続性として提示することにより，ごっこ遊びの世界のなかへの移行をあらわしているのである．

5. 5. il semblerait que..., il paraîtrait que... について

この節においては，第3章，第4章で，それぞれ条件法の機能の解明を待ちつつ懸案としていた il semblerait que..., il paraîtrait que... をとくにとりあげて論ずることにする．

5. 5. 1. il semblerait que...

まず，il semblerait que... から検討してゆこう．すでに本章では，5.3.4節，および5.4.5節において，il faudrait などの形式に関してふれるところがあったが，il semblerait que... についても，それらの場合と平行的なしかたで，すなわち，il semble que... の機能 (に関する本書の仮説) と，条件法の機能 (に関する本書の仮説) とを交叉させることによって，比較的たやすく理解することができる．

他者の言説のわく内におかれた，つぎのような例からみてゆこう．

(85) Au Japon et en Suède, où les taux de chômage sont respectivement de 3 % et de 8,1 %, le nombre de «travailleurs découragés», disponibles mais lassés par des recher-

---

[27] Wilmet (1997, p.391) によると，「ごっこ遊びの半過去 imparfait (pré-) ludique」はベルギーのフランス語でさきに確認されたものであるが，同様の場合に条件法を用いることは，フランスでももともと一般的であったとのことである．

第5章　他者の言説をあらわす条件法について

ches infructueuses, représenteraient une «plus forte proportion» que dans d'autres pays. Au Japon, **il semblerait que** le nombre de ces chômeurs absents des statistiques officielles égale le nombre de demandeurs d'emploi effectivement comptabilisés, alors que, dans la plupart des pays, il ne représente qu'environ « 15 % à 20 % du nombre de chômeurs ». (*Le Monde*, 26 / 11 / 1994)

　この例文は，雇用に関するOCDEの報告書を紹介する記事からとったものである．随所にギユメでくくられて引用されているのは，その報告書にあらわれる表現であると思われる．このなかで il semblerait que... のなかで使われている条件法の機能は，まさしく，そのOCDEの報告書という他者の言説の脈絡のなかにおくことである[28]．もとの報告書においては，il semble que... に類する表現が用いられていたのかもしれないが，それを紹介する際に，他者の言説への移行がおき，叙法を条件法にかえて，il semblerait que... という形式が用いられるにいたったと考えられる．

(86) De sources diplomatiques, **il semblerait que** les deux instances internationales [=ONU et OTAN] aient réussi [29] à aplanir leurs divergences de vues quant au contrôle global des opérations par une formule de compromis. Aussi la riposte de l'Alliance atlantique sera désormais plus rapide, comme le demandait l'OTAN, mais le camp concerné restera averti de l'imminence de la frappe, toutefois la cible ne lui sera plus notifiée. (*Le Monde*, 29 / 11 / 1994)

　この (86) の例は，「外交筋」(sources diplomatiques) からの聞き書きの内容である．本源的断定は，il semble によって行なわれていたとしても不思議ではな

28　したがって，ギユメと条件法とで，他者の言説であることを重複的 (剰語的) に示していることになる．この点については，註(2)をふたたび参照．
29　ここで，il semblerait que... の補足節中での叙法について註記しておきたい．それについては，Brunot (1926, p.535) によると，«l'indicatif se conserve dans la subordonnée» と，直説法が規範的であるとのことであるが，実際の例を観察していると，この節でみる (85)/(90) の例でも，直説法現在と接続法現在が同型になって見わけのつかない (85) と (87) とを除外すると全部が接続法であるというように，正反対の結果がでる (もちろん，例を収集し引用する際には，叙法の点では無作為である)．(87) の Hugo の例も接続法におかれていることからすれば，Brunot 以降に慣用が変化したという説明もなり立たない．これは，第3章でものべたように，フランス語の慣用のゆれであり，一貫した原理的説明をあたえることは困難であるが，規範の存在に反して il semblerait que... のあとで接続法が多くもちいられることについては，「他者の言説」，ないし「異なる連続性」におかれることで，断定が間接的になり，内容が不確かであるという意識が出てくるからであるとしてよいと思われる．

いのであるが，(85) の例と同様に，他者の言説という脈絡におかれていることから，il semblerait と条件法が用いられていると考えられる．

(87) [市長マドレーヌ氏に対する尊敬や祝福が市民のあいだにひろがっていたが，ひとりだけ冷ややかなまなざしを向ける男がいた]
Un seul homme, dans la ville et dans l'arrondissement, se déroba absolument à cette contagion, et, quoi que fît le père Madeleine, y demeura rebelle, comme si une instinct, incorruptible et inperturbable, l'éveillait et l'inquiétait. **Il semblerait**, en effet, **qu'**il existe dans certains hommes un véritable instinct bestial, pur et intègre comme tout instinct, qui crée les antipathies et les sympathies, qui sépare fatalement une nature d'une autre nature, qui n'hésite pas, qui ne se trouble, ne se tait et ne se dément jamais [...] (Hugo, *Les Misérables*, Pléiade, p.177)

この例では，本源(的断定者)こそあきらかではないものの，一般にいわれていること，不特定の他者に由来する見解が提示されているということができる．ここにいう不特定の他者とは，註(14) にいうような抽象的な他者とはまったく別のものであって，はっきりと画定することこそできないものの，実際に存在する世間一般のひとびとに流布している《衆の声》(vox publica) である[30]．

また，(87) においては，もうひとつ，条件法をもちいる動機を指摘することができる．それは，il semblerait que... によってみちびかれる文が，ひとびとから祝福をうけているマドレーヌ氏に対して，冷徹にその出自を見さだめようとしている男が存在することを，一般にありうることとして，いわば裏書きするように機能しているということである．その論証的関係は，en effet によっても示されているのであるが，そうした論証的関係という脈絡のうえにおかれていることもまた，連続性をあらわす機能をもった条件法の使用を動機づけていると思われる．

つぎに，せまい意味での「他者の言説」をあらわす用法からは外れるが，よりひろい意味での発話文の異質性によって説明される例について見ておこう．
(88) [イタリア会社の対アルジェリア貿易について]

---

[30] 「他者の言説」のありかたは多岐にわたっている．たとえばいま問題にしている《衆の声》のなかにも，より細かにみるとさまざまなものがある．(87) の例にあらわれているのは，だれがいうともなくいわれているうちに蓄積してきた一般的言明であり，《民衆智》(sagesse populaire, Anscombre 1994, pp.99 sq.) といえるようなものである．しかし《衆の声》には，さらに5.5.3.節でもみてゆくように，ほかのタイプも存在する．

第5章　他者の言説をあらわす条件法について

Le bateau, dont c'était le cinquième voyage en Algérie, avait quitté Cagliari, le 10 juin, avec en soute deux mille tonnes de semoule, pour le compte de la société Sem Molini Sardi, le troisième groupe italien de producteurs de céréales. **Il semblerait que** la compagnie ait demandé une protection policière aux autorités algériennes.

(*Le Monde*, 9 / 7 / 1994)

　この例もまた，条件法の使用だけに着目すると，不特定の他者からの伝聞として処理できるものであるかもしれない．しかしながら，il semblerait que... にはじまる文が，談話のなかで果たしている機能を考えると，アルジェリアの危険な状況にもかかわらず，イタリアの会社 (société Sem Molini Sardi) が貿易をつづけ，船をかよわせていることの「背景説明」として，会社がアルジェリア当局に護衛を依頼しているらしいという内容を提示していると見ることができる．その「背景説明」が，貿易の続行を説明するという論理的関係が，条件法のあらわす「連続性」に対応していると考えられる．

(89) [Valence にモスクが創設されたとき，市長らが招待された]
Des personnalités invitées se sont décommandées, notamment le préfet de la Drôme et M. Labaune, premier vice-président du conseil général. **Il semblerait** — est-ce la raison? — **que** l'imam de Valence soit, comme nombre de ses collègues en France, en situation administrative irrégulière. Sa carte de séjour n'aurait pas été renouvelée dans les délais. Mais pas pour des motifs politiques. (*Le Monde*, 18 / 11 / 1994)

　例 (89) のなかで il semble が条件法におかれているのは，«est-ce la raison?» という挿入節にあらわれているように，県知事がモスクのこけら落としに招待されなかったことのありうる理由として，イマーム (イスラーム教の導師) が不法滞在状態にあるということを提示するためである．すなわち，(88) と同様に，理由を因果関係という脈絡におくために，「異なる連続性」を想定する機能をもつ条件法がもちいられていると見ることができる．
もうひとつ同様の例を見てみよう．

(90) [トゥールーズでの飛行機事故の原因について]
L'équipage n'a pas parfaitement respecté les paramètres qui auraient dû présider à l'essai d'un décollage cabré avec pilote automatique et panne d'un moteur sur deux : la vitesse plus élevée que prévu, le centrage de l'avion trop à l'arrière et la position des

221

volets ont contribué à rendre l'appareil moins manœuvrant. En outre l'équipage ne savait pas que le mode de pilote automatique choisi ne lui permettait pas de surveiller et de maintenir la vitesse de l'appareil, élément vital à basse altitude (660 mètres). Montant selon une pente trop forte, sur un seul moteur et en rotation, l'Airbus a décroché. **Il semblerait qu'**une péparation insuffisante du vol n'ait pas permis de répartir précisément les tâches au sein de l'équipage, le copilote étant un instructeur d'Air Inter. (*Le Monde*, 5 / 8 / 1994)

　この例においては，事故の原因を考察している文脈のなかで，ありうる原因を提示するために il semblerait que... が用いられている．したがって，これまでの例と同様，il semble que... という推定の表現を，因果関係の連続性のなかにおく機能を条件法が果たしているといえる．
　以上，il semblerait que... が，il semble que... を条件法によって「他者の言説」や「異なる連続性」におくかたちで機能していることを見てきた．
　ところで，従来の研究では，il semblerait que... に関しては，それが il semble que... の断定の度合いをやわらげた，緩和表現であるとするのが一致した見解であり，それ以外の見解は管見では存在しない．たとえば，Brunot (1926, p.535) は，«On affaiblit encore la vraisemblance, en mettant *il semble* au conditionnel» といっている．しかしこれは，「他者の言説」であることや，より抽象的な場合には「異なる連続性」であるために，発話者の断定が間接的になることから，結果的にでてくるひとつの意味効果にすぎず，必然的なことではないと考えている．たとえば，(89), (90) の例では，ほかの例にくらべると，かならずしも緩和が明確には感じられず，副次的に緩和がみとめることも不可能ではないにしても，条件法の使用動機としてはむしろ因果関係という脈絡におくことが主眼にあるので，緩和は，談話全体の解釈のうえでは関与的ではないと思われる．

5. 5. 2. il paraîterait que...

　つぎに，il paraîtrait que... について考えてみることにしよう．この形式に関して説明してゆくうえでは，前節であつかった il semblerait que... の場合とは事情がちがっており，独特のむずかしさがある．というのは，6. 3. 節で il paraît que... と条件法との比較をおこなったときに述べたように，それらはたがいに対照的な性質をもったマーカーであり，したがって，その両者をあわせもつ il paraîtrait que... という表現は，一見すると，それ自体矛盾した存在であるようにも思われるからである．言説の「連続性」を示すという条件法の機能と，

第5章　他者の言説をあらわす条件法について

「独立」した伝聞をあらわす il paraît que... とが重なりあっているのであるから，とりわけ，それらの兼ねあいかたがどのようなものであるかを見さだめる必要があるといえよう．

ここでは，ほかのすべての場合においても，条件法におかれた動詞(句)の内容を「異なる連続性」に置くというかたちで理解してきたこととの整合性にも配慮して，つぎのような仮説をたてることにしたい．すなわち，il paraît que... があらわす単独的伝聞が，条件法形態素 –rait によって「異なる連続性」のなかへと移動され，結果として，il paraîtrait que... は，「異なる連続性」の内部における「伝聞」の孤島をかたちづくっている，ということである．そのことを図にあらわすと，つぎの(91)のようになる．

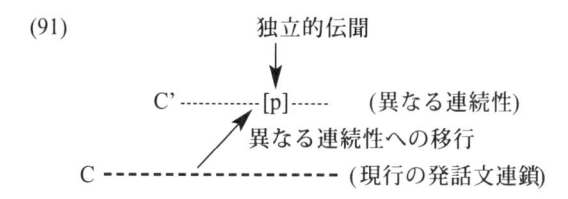

(91)　　　　　　　独立的伝聞
　　　　　　　　　　↓
　　　C'･････････[p]･･････　　(異なる連続性)
　　　　　　　　↗
　　　　　　　異なる連続性への移行
　　　C ━━━━━━━━━━━　(現行の発話文連鎖)

この図は，条件法の本質的機能をあらわす図の(57)に手をくわえたものであって，「異なる連続性」へと位置づけられる動詞の事行が，il paraît que... のあらわす独立的伝聞 ([p]) におきかわっただけである．しかしこのように，それぞれのマーカーの機能のレヴェルの相違を想定することによって，「連続性」と「独立性」とのあいだの見かけ上の矛盾関係は，前者が後者を包含するようなかたちで解消されるのである．

「異なる連続性」が，より具体的にはどのような性質のものであるのかについては，場合によってちがいがあるが，その点もまた条件法全般と同様である．そしてその違いが，il paraîtrait que... にはじまる発話文全体の解釈の変異を大きく決定している．くわしくはのちに実例に即して見てゆくことになるが，たとえば，「異なる連続性」が，それ自体「伝聞」に似た，せまい意味での「他者の言説」をあらわす場合には，il paraît que... のあらわす「伝聞」と，条件法のあらわす「他者の言説」とがかけあわさって，il paraîtrait que... 全体としては，「他者の言説のなかにあらわれた伝聞」，すなわち，二重伝聞や，それ以上の媒介者を介する多重伝聞，噂に類するようなことをあらわすようになる．また，「異なる連続性」が，もっと抽象的な，言説のなんらかの異質性に対応している場合には，「伝聞」そのものがある種の仮構性を帯びるにいたり，談話の全

223

第2部　事例研究

体としては阻却することになる観点を仮に提示するような解釈が出てくる場合もある (その場合には，il paraîtrait que... 全体としては，もはや通常の「伝聞」の埒内にはないことになるが，それは上記で示した仮説とは矛盾しない．というのは，条件法の標示する「異なる連続性」への移行が，il paraît que... のあらわす「伝聞」から逸脱させているからである)．いずれの場合にしても，(91) のように示した仮説によって，それぞれの解釈について説明することができるという見とおしをもっている．以下では，il paraîtrait que... のさまざまな例を観察することにより，仮説の有効性を検証してゆこう．

　まず，ひろい意味での「伝聞」に類する事例から検討してゆくことにしよう．il paraîtrait que... の「伝聞」的な例を観察してゆくと，すぐに気づくことは，伝聞の本源の標示が明示的になされている例がほとんど皆無に近いということである．他者の言説をあらわす条件法の例で selon... 句などによる標示が多かったのとくらべて少ないのはもちろん，il paraît que... において文脈的に伝聞の本源の標示が場合によって観察されたのにくらべても，あきらかに少ない．もちろん，ある程度どのような出どころから来ているのかを漠然と想像することは可能であるが，本源的断定 (assertion originelle) が誰によってなされたかを画定することはまったく不可能であると言ってよい．

　たとえば，つぎの収集例をみてみよう．

(92) Et pourtant, elle tourne. Encore, mais de moins en moins vite. C'est une grande nouvelle à consulter d'urgence page 11. Notre bonne vieille et molle Terre freine, flane, batifole, prend son temps pour faire son tour complet. **Il paraîtrait même que** sa vitesse de rotation dépendrait[31], comme l'âge du capitaine, de la vitesse des vents. Le Service international de la rotation terrestre, nom-gag pour un organisme tout à fait sérieux, vient donc de décider un « saut de seconde ». Un grand saut de seconde dans le vide, un saut à l'élastique du temps. Le 30 juin, jeudi, la dernière minute de la dernière heure du dernier jour comptera 61 secondes. Juillet devra patienter devant ce hoquet du sablier. (*Le Monde*, le 29 / 6 / 1994)

　ここで，il paraîtrait même que... によってみちびかれている内容の本源はどこ

31　Il paraîtrait que... の que... にはじまる補足節中の動詞の時制は，«*il paraîtrait que* suivi de l'indicatif» (Le Grand Robert, s.v. *paraître*) と，直説法が規範的であるが，実例を観察すると，他者の言説をあらわす用法においては条件法 (例 (92), (94), (95), (96) など)，蓋然性が低いと感じられる例の一部では接続法 (例 (100), (104), (107) など) も見られる．

第5章　他者の言説をあらわす条件法について

にあるかと考えると，«le Service international de la rotation terrestre» であるかもしれないが，もっと一般にいわれていることかもしれない．すくなくとも明示はされていないと見てよいであろう．

つぎの例でも，本源を具体的に画定することは，まったく不可能である．

(93) [新しい脚本での Hamlet の上演について]
Terry Hands n'a pas cherché la complexité. Il a sabré la pièce, gardant seulement l'ossature des péripéties — nulle part n'est indiqué de qui est l'adaptation. **Il paraîtrait que** les versions connues ont été modifiées, rallongées au cours des siècles. C'est peut-être vrai, mais alors ceux qui ont trafiqué le texte savaient ce qu'ils faisaient et le faisaient bien. En tout cas, la version du Marigny est franchement schématique. C'est du mélo de cape et d'épée — avec un duel final presque parodique.

(*Le Monde*, le 15 / 3 / 1994)

　この例で il paraîtrait que... にみちびかれている内容は，観客をはじめとする，世間が，一般に演劇に対する評価として言っていることの一環としてある．前節で (87) の例にまつわって言及した《衆の声》(vox publica) のひとつのタイプである．ただし，(87) における《衆の声》とは，こまかに見ればちがいがある．(87) における《衆の声》は，だれがいうともなくいわれるうちに蓄積してきた一般的言明であり，《民衆智》(sagesse populaire) であったが，(93) においては，個別の判断対象について，ひとがくちぐちに言いあっていることであり，《評判》(réputation) とよべるような集団的評価の一環をなしているものである．しかしここでも，発話内容の本源が画定できないという点は，(92) と共通している．

(94) [自然博物館の開館を報ずる記事]
Il paraîtrait, note un quidam effacé, **que** les singes de Gibraltar n'auraient plus de queue depuis qu'ils n'ont plus besoin de se suspendre aux arbres, n'ayant d'autre souci que de se mirer, contre cacahuètes, dans les rétroviseurs des cars d'excursion.

(*Le Monde*, le 29 / 6 /1994)

　(94) では，戯語的に «un quidam effacé» といいあらわされているのは，博物館で見てきた内容を語った来館者のひとりであると思われるが，それはもちろん発話内容の本源的断定者ではなく，発話者 (この場合はこの記事の筆者) へと内容を媒介伝達した者であるにすぎない．したがってこの場合も，本源はあき

225

第2部　事例研究

らかではない伝聞であるといえる (そしてこの例については，記事の筆者もま
た，媒介的発話者であることを考慮すると，本源から複数の媒介者を介する多
重伝聞という特徴も指摘することができる．多重伝聞についてはあとで述べ
る)．

　以上でみてきたように，il paraîtrait que... の場合，「伝聞」としてとらえるこ
とができる例でも，その伝聞のもととなった本源的断定者が画定できず，しか
も，伝聞の媒介者が，直接には本源的断定のなされた発話状況を把握していな
いという特徴があるといえる．この特徴は，より直接的な伝聞であった il
paraît que... の場合との明確な相違点であるといえる．そして，まさにこの点が，
本節の初めに提示した仮説のなかにあった，il paraîtrait que... が単なる伝聞では
なく，伝聞を「異なる連続性」においたものであるという点に対応しているの
である．

　「伝聞」をさらに「異なる連続性」のうえにおくということが，より具体的
にどういうことであるかは，本節初めの仮説提示の際にのべたように，「異な
る連続性」の性質に左右されることになる．もっとも端的なのは，「異なる連
続性」自体もまた，(「伝聞」によってもたらされる他者性とは別の) 言説の他
者性に対応している場合であろう．すなわち，マーカーの重複によって二重の
他者性がもたらされることになり，二重伝聞，あるいはそれ以上の，多重伝聞
の価値が出てくることになる．それについては，例文(94) に関連してすでに少
しふれたが，より明白な別の例によって確認してみることにしよう．

(95) Qui plus est, selon le développeur (Systran Translation Software), ce logiciel aurait
été adopté entre autres par la CEE, Xerox, Ford Motor, Dow Corning. Et **il paraîtrait
que** la CEE et l'Advanced Research Project Agency (défense américaine) auraient dé-
terminé que les produits Systran étaient parmi les plus précis du monde !
(http://www.quebecmicro.com/5-06/5-06-53.html)

　まず第1文では，開発会社 «Systran Translation Software» を本源とする「単
純な伝聞」を，他者の言説をあらわす条件法 aurait été adopté がしめしている．
問題は第2文の il paraîtrait que... であるが，これは，ヨーロッパ経済共同体と
«Advanced Research Project Agency» が断定者となった本源的断定を，上記の開
発会社が (自社製品の宣伝に有利な論拠として) 媒介的に報告し，その報告を発
話者 ((95) の文の筆者) がさらに二次的に報告しているのである．したがって，
il paraîtrait que... にはじまる部分は，二重伝聞をあらわしているといえる．この

第5章　他者の言説をあらわす条件法について

ようなことが可能になるのは，il paraîtrait que... において，他者の言説をあらわす条件法と，il paraît que... というふたつの手段が重ねて用いられているからこそである．

　この例を全体の流れにおいて理解してゆくうえで，とくに，第1文においても他者の言説をあらわす条件法がもちいられていることはきわめて啓示的である．第1文の条件法は，第2文の il paraîtrait que... において paraître が条件法におかれていることと対等の関係にあり，それらふたつの条件法は，開発業者の言説の連続性におかれている．そしてさらに第2文においてのみ，ヨーロッパ経済共同体などからの伝聞をあらわす il paraît que... と，開発業者の言説をあらわす条件方とが重ねて使われていることにより，その部分のみが二重の伝聞であるということになるのである．

　つぎに，二重伝聞より多く媒介者を介していると思われる，多重伝聞の例をいくつか見ておこう．

(96) Alors Mme Magloire recommença toute l'histoire, en l'exagérant quelque peu, sans s'en douter. **Il paraîtrait qu'**un bohémien, un va-nu-pieds, une espèce de mendiant dangereux serait en ce moment dans la ville. Il s'était présenté pour loger chez Jacquin Labarre qui n'avait voulu le recevoir. On l'avait vu arriver par le boulevard Gassendi et rôder dans les rues à la brune. Un homme de sac et de corde avec une figure terrible.
— Vraiment ? dit l'évêque.
Ce consentement à l'interroger encouragea Mme Magloire ; cela lui semblait indiquer que l'évêque n'était pas loin de s'alarmer ; elle poursuivit triomphante :
— Oui monseigneur. C'est comme cela. Il y aura quelque malheur cette nuit dans la ville. Tout le monde le dit.　　　　　　　　　(Hugo, *Les Misérables*, Pléiade, p.77)

　(96) の例では，話を聞きおよんだマグロワール夫人が，その内容を紹介しているところである．地の文に il paraîtrait que... があらわれていることから，機械的な理解のしかたによるなら，それは，(95) の例における il paraît que... と同様に，マグロワール夫人を一次的報告者とし，発話者 (作者) を二次的報告者とする二重伝聞をあらわしていると考えることも可能であるかもしれない．しかしながら，マグロワール夫人がだれから話をきいたのかということを考えると，事情が異なることがわかる．

　すなわち，(95) の場合には，一次的報告者 (開発業者) が媒介する対象となる言説の担い手 (ヨーロッパ経済共同体など) が，その言説の内容の本源的断定者

227

第2部　事例研究

であったのに対して，(96) の場合は，一次的報告者 (マグロワール夫人) が，内容を本源的断定者から聞いたわけではないということである．下線をほどこした «Tout le monde le dit» からもわかるように，街なかにひろがっている噂の一部として聞きおよんだにすぎないということである．聞きおよんだ時点で，すでに何人ものひとを介しているのであり，多重伝聞として理解するべきゆえんである．

そのようなわけで，伝聞的解釈においては，原理的には二重の他者性をあらわすマーカーである il paraîtrait que... が，一次的報告者がかならずしも本源的断定者から内容を聞いているとは限らないということから，二重以上の，多重伝聞をあらわすことができるのである．

多重伝聞は，本源的断定者から遠ざかることであるから，その際，言説は「噂」(rumeur) と解釈できるようになるのが通常である．そのことは，つぎの例においても確認される．

(97) Le jeune âge du bassiste (18 ans) aura d'abord amusé un peu l'assistance mais seulement quelques secondes lui auront suffi pour convaincre et conquérir le public. Je me souviens de Jean-Marc littéralement hypnotisé par le jeu de mains de ce jeune prodige. 18 ans et il fait ce qu'il veut avec sa basse. Un futur grand, à n'en point douter ! **Il paraîtrait que** c'était son premier concert ; on a tous eu du mal à le croire.
(http : // users. skynet.be / pierre. romainville / pieromusic / Old_reviews / galahad_review. htm)

この例は，ロックコンサートの批評文であるが，これまでの例とちがい，一次的報告者がだれであるかさえ，もはやさだかではなく，ただ発話者 (この批評の筆者) が，なんらかの形で二次的に聞きおよんだということがわかるだけである．それはたとえば，コンサートの会場で，より事情に詳しいひとから話が伝わってきたり，あるいはその場でみんなの噂になっていたというような形であろう．

多重伝聞の例は，本源もさだかではないし，伝達の過程での不正確さも積みかさなっているかもしれないということから，内容の信頼性が低いものと見なされるのが一般的である．マーカーの機能から出発して考えても，il paraît que... による他者性と，条件法による他者性によって，発話者は，il paraîtrait que... のみちびく内容から二重にへだたっているので，その内容にはまったく関知せず，きわめて不確実なものと扱うことになる．以下に列挙する (98) — (102) の例も多重伝聞の例であるが，文中の，それぞれ下線をほどこした部分に

第5章　他者の言説をあらわす条件法について

みるように，«à confirmer»，«à vérifier» などといった，内容の信憑性に関する保証がないことをわざわざ明示する表現をともなっていることが特徴的である。

(98) **Il paraîtrait que** les furets américains tombent davantage malades que les furets européens et qu'ils vivent moins longtemps; <u>information à confirmer, si vous possédez un furet américain n'hésitez pas à donner votre avis sur ce sujet.</u>
(http://lokita.free.fr/fiche_sante1.htm)

(99) Aspirine : **Il paraîtrait que** l'aspirine agit favorablement sur le mal des montagnes. <u>Testez et n'oubliez pas de nous tenir au courant.</u>
(http: // www.zlm-concept.org / voyages / maladies / pharma. html)

(100) Les programmes classiques que vous pouvez utiliser sont 'tar', 'dd' et 'cpio'. Vous devrez aussi utiliser 'mt' pour exploiter complètement le potentiel de vos bandes et de l'interface ftape. Pour commencer, il est recommandé de choisir 'tar', qui permet d'archiver un ensemble de répertoires et de récupérer de manière isolée des fichiers d'une sauvegarde précédente. **Il paraîtrait que** 'cpio' crée des archives plus compactes, et soit plus souple que 'tar', <u>mais l'auteur n'a pas essayé.</u>
(http: // linux.uhp-nancy.fr / HOWTOFRENCH / Ftape-HOWTO/Ftape-HOWTO-3.html)

(101) [Galapagos 諸島の案内]
Bien que déjà passablement aguerris aux lenteurs administratives de l'Amérique du Sud, il faut énormément de patience pour effectuer les formalités aux Galapagos, pour nous 3 jours, par contre les autorités, comme l'ensemble de la population sont très agréables.

　Les formalités d'entrée se font soit à San Cristobal soit à Santa Cruz. Actuellement nous avons droit à une escale de 1 mois et pouvons mouiller dans 3 îles différentes : San Cristobal, Santa Cruz et Isabella et uniquement dans les ports d'arrivée. **Il paraîtrait que**, sur demande préalable, il est possible de se rendre également sur l'île de Floreana, <u>à vérifier</u>... (http: // lereseauducapitaine.qc.ca / Infos_Galapagos. html)

(102) [Porsche の自動車について]
Parti pour sortir 500 exemplaires, c'est finalement 1590 RS qui sortiront de l'usine en un an, répartis comme suit : - Pour l'homologation version RSH 17 exemplaires . - Une cinquantaine de RSR 2.8 . - et le reste réparti en Touring et Sport. Numéros de série : 911 360 0001 à 911 360 1590. **Il paraîtrait que** les 500 premiers exemplaires fabriqués étaient équipées de tôles plus minces et d'éléments plus allégés que les dernières, à mesure que l'on s'approche des derniers exemplaires de Touring plus elles seraient

229

第2部　事例研究

lourdes !, à vérifier. (http://www.club 911. net / article. php? sid = 44)

つぎに，il paraîtrait que... があらわしうる多重伝聞の，さらに特殊なタイプについても見ておこう．それは，発話内容が，伝説 (légende)・伝承 (tradition) によってつたわっているという了解を示すタイプである．

(103) [ラングドック地方で醸造される発泡白ワイン blanquette について]
Cette blanquette a un mystère soigneusement entretenu dans la région de Limoux. En effet, **il paraîtrait que** la mise en bouteilles doit se faire en mars et exclusivement à la lune descendante. Quiconque a essayé à une autre période s'en mord encore les doigts. La manifestation, visible !, d'une telle imprudence est que la pauvre blanquette ne mousse plus !!
　Les légendes, mystères, secrets et autres événements inexpliqués sont tout le charme des bons produits du terroir.
(http : // www.espritduvin.com / special / lafetecontinue / bllimoux.htm)

(103) において il paraîtrait que... がみちびいているのは，リムーのワイン醸造関係者や，付近のひとびとに伝統的につたわる内容である．そのことは，前後の文にあらわれる «mystère soigneusement entretenu»，«légendes» といった表現によっても明らかである．il paraîtrait que... は，上述のように，多重伝聞をあらわしうるが，伝説もまた，多くの媒介的報告者を介するという意味では，世代を超えた一種の多重伝聞であるというように考えると，il paraîtrait que... が伝説を示しうることはすぐに得心がゆく．

(104) D'après une ancienne légende souvent entendu raconté par des veillards, un nommé SURETTE, un Acadien, paraît-il, y aurait fait naufrage vers 1750 (1755 ?) et y serait demeuré un certain nombre d'années avant de pouvoir trouver une occasion de traverser. <u>La légende rapporte que</u>, lorsqu'il arriva chez lui, la femme de son voisin dit à son mari : « Si SURETTE n'était pas mort, je dirais que c'est lui que je viens de voir passer». **Il paraîtrait que** ce fût lui qui suggéra aux premiers colons d'aller s'y établir. (D'après Placide VIGNEAU)
(http : // www 3. sympatico. ca / christ. dube / Grindley. html)

(104) も，伝説をみちびく例である．文中の下線部にも，«légende» であるこ

230

第5章 他者の言説をあらわす条件法について

とが示されている.おわりに «D'après Placide VIGNEAU» と出ているが,これはもちろん本源的断定者ではなく,中途の媒介者であるにすぎない(例(96)におけるマグロワール夫人の役割と同断である).

これまでは,il paraîtrait que... のなかでも,おもに伝聞的な用例を検討してきたが,以下では,条件法全般の機能である,「異なる連続性」を標示するという側面が,なんらかの言説的異質性 (hétérogénéité discursive) の形をとって,質的にあらわれている例をみてゆこう.

(105) [大学教授 Frans (François) の生活]
8h 00 : Frans prend son train et se dirige vers Liège. Il prend son livre préféré dans son sac qui n'est autre que la Bible et se met à lire pour la énième fois la Genèse. Il y a quelques années, un professeur dont nous tairons le nom pour des raisons évidentes, a fait courir un bruit sur Frans : **il paraîtrait que** c'est lui—Frans donc— qui aurait écrit la Bible dans son jeune temps (il y a très très longtemps donc) et que c'est pour cela qu'il la connaît si bien.　　(http : // www. geocities. com / siteceg / vanelmbt. html)

(105) の例においても,il paraîtrait que... がみちびいている内容の本源的断定者は,具体的な他者として存在していないとは言いきれないが[32],この文脈ではそれは問題とはならず,単なる伝聞とはちがった他者性,ないし異質性が問題になっていると考えたほうがよいと思われる.ここで重点がおかれているのは,意図的に荒唐無稽な噂がながされているというところである.まさにその,荒唐無稽な内容であるということが,il paraîtrait que... の部分に独特な脈絡をなしているのであり,そこに「異なる連続性」が質的な意味であらわれていると考えることができる.

(106) Si jadis les pages cartonnées de nos albums illustrés étaient confites de bons sentiments et de réalisme niaiseux, Melanie Klein ayant révélé depuis longtemps déjà

---

[32] ここにいう本源的断定者は,もちろん «un professeur dont nous tairons le nom...» ではない.言語的に示されているのが中途の媒介者にすぎないということは,すでにみた (96), (104) の例と同様であるが,(105) ではさらに複雑な点がある.というのは,«un professeur...» は,実は噂をながした («...a fait courir un bruit sur Frans») 張本人なのであるから,その意味では結局は il paraîtrait que... の内容の本源と言ってもよいような存在である.しかし,マーカーとして明示されたレヴェルでは,「このようなことを言うものもいる」というぐあいに,あたかも多重伝聞であるかのように噂をながしているのであって,il paraîtrait que... が用いられる条件としては,やはり本源的断定者がはっきりと姿をあらわしてはいけないのである.

231

que les bébés ne sont pas bégueules, les années 1970 ont marqué l'avènement de l'abstraction, de la violence et de la scatologie. Un des sommets de ce dernier genre est par exemple le *Roi PipiCaca* d'Alex Saunders (Gallimard, 2000), histoire d'un roi qui vit dans un palais dont les murs sont de merde, qui fait cadeau de ses étrons à ses amis et passe une mauvaise journée s'il a chié de travers. C'est drôle et bien foutu, mais le parent soucieux peut se demander si le stade anal c'est vraiment ça, si filer ce bouquin à ses gosses n'est pas une sorte de renoncement à poser l'interdit et la loi. Y a-t-il des risques d'empoisonnement par la tête? Les ouvrages pour bébés sont-ils stérilisés par des psys compétents, ou faut-il les faire bouillir soi-même? Non qu'il faille interdire au regard d'un préjugé moral quelconque, mais **il paraîtrait que** la levée de l'interdit est en même temps suppression de la jouissance qu'on trouve à le transgresser. La même question, pour rester dans l'analité, se pose à propos des gros mots. Les petits en raffolent. Un titre parmi d'autres, *les Gros Mots de la sorcière* (de Clair Arthur et Jean-François Martin, Nathan, 2001) choisit une solution modérée : «coffre à baffes!», «oreille d'otite!». Ce déluge de « gros mots » donne le frisson de la transgression et invite à la fois à la création poétique. (*Libération*, le 29 / 1 1/ 2001)

(106) においても，il paraîtrait que... がみちびいている内容を，なんらかの他者の言説として理解するとしてもまったくなんの問題もない (実際，その内容は，「どこかで聞いた話」であるにちがいない) が，文脈のながれを総体として観察すると，ここでもまた，「異なる連続性」の質的な側面に重点がおかれているととらえられることがわかる．子どもに対して，好ましからざることを禁止するのが必要かどうかについて語っていて，その際，禁止が，まずは規範的・倫理的な観点から扱われていたのに対して，il paraîtrait que... がもちだしてくるのは，それとは異なる観点，すなわち，禁止をとりはらうことは，子どもが禁止をやぶる快楽を奪うことでもあるという新たな論理である．このような，異なる観点，新たな論理への移行が，まさしく，条件法のあらわす「異なる連続性」への移行に対応しているのである．

おわりに，少数ながら，もはや「伝聞」とはとらえられない例も存在するので，それを見てみよう．

(107) [2001年7月，テルアヴィヴでおきた飲用水の汚濁について]
A la Ména aussi, on se veut extrêmement prudent, quant aux origines de cette catastrophe. Parce que la Conduite nationale n'est pas contaminée (voir le commentaire de

第5章　他者の言説をあらわす条件法について

notre article précédent), **il paraîtrait que** le pire ait été évité. Il semblerait que c'est un incident technique, qui soit à la base de l'introduction d'engrais chimiques dans le réseau d'eau potable mais aucune information en notre possession ne peut, à l'heure actuelle, confirmer cette hypothèse. (http : // www. crif marseilleprovence. com / REVUE%20PRESSE / revue%20presse%20 semaine%2025 /)

　この例において，il paraîtrait que... がみちびいている内容は，もっともひろい意味での「他者の言説」であるとはいえるかもしれないが，「伝聞」からはほど遠い．かりに Dendale et Tasmowski (1994) の「直接経験 / 推論 / 伝聞」の (あまり有効ではない) 3分法によるなら，むしろ「推論」にあたるであろう．すなわち，国有水道の水道管が汚濁されていないことを考慮にいれた場合に，そこから推論される結論を提示しているのである．しかし得られている情報はたいへん限られていることから，全体を通して，さまざまの不確かな推論を，確信度の低いまま述べるというぐあいになっている．il paraîtrait que... や，その直後にあらわれる il semblerait que... も，一連の不確かな推論のなす「異なる連続性」におかれていることから，条件法がもちいられているのである[33]．

　ところで，このように，あきらかに「伝聞」ではない内容を il paraîtrait que... がみちびきうる[34] という事実は，この節の初めで提唱した，「「伝聞」を異なる連続性におく」という仮説とは，一見あい容れないように見えるかもしれない．しかしながら，ここで重要なのは，「異なる連続性におく」ということである．その異質性はさまざまであるが，ここでは，強いタイプの異質性であると考えられる．5.4.4. 節でみたとおり，条件法は，仮定的用法や，「夢想の条件法

---

[33] なお，ここで il paraîtrait que... と il semblerait que... との微妙な対比がなりたつ．それらは一見，同様にもちいられているようにも見えるが，みちびかれている内容を見くらべると，il paraîtrait que... のほうが，単に「最悪の事態は避けられた」という，単一的な内容の独立した言明であり，il semblerait que... の内容が，どのような技術的偶発事故であるかをこまかに展開することによって，さまざまに関係づけられているのとは対照的である．ここにも，第4章でおこなった il semble que... と il paraît que... の対比がうけつがれているのである．

[34] 先行研究では，il paraîtrait que... は，il paraît que... を「緩和をあらわす条件法」(5.4.5. 節を参照) によって弱めたものとして扱うのがほとんど一致した見解である．たとえば，Kawaguchi et Koishi (1990) は，«Le conditionnel [...] marque une distance que prend le rapporteur par rapport à P, et non par rapport au fait que P est bien ce qui a été affirmé. Il semble bien qu'il s'agisse là de ce qu'on appelle le conditionnel d'atténuation » (ibidem, p.69) といっている．しかしながら，における条件法に「緩和」をみる考えかたでは (たとえそれが，命題内容に作用する緩和であろうが，伝聞自体に作用する緩和であろうが)，のあらわす「伝聞」からは質的にことなった解釈になっている (107), (109) のような例を扱うことはできなくなってしまう．

233

第2部　事例研究

(conditionnel du rêve)」におけるごとく，まったくの仮構への移行をあらわすことができるのであった．ここでもまた，「伝聞」という言語的行為は，異なる連続性への移行によって仮構化されているのであって，単に不確かな観点をあらわすだけになっているのである．それはたとえば，つぎのような例において，

(108) On **dirait** que tu es malade. [= (80)]

«dire» があらわすような言語的行為が仮構化されているのと同様である．したがって，(107) のような例に対しても，「「伝聞」を異なる連続性におく」という仮説は維持することができるのである．
　つぎの例文も，非伝聞的な例である．

(109) [遺伝子組みかえ作物の危険性について]
Le cas du Roquefort est édifiant. Ce fromage est toujours produit selon des méthodes traditionnelles, en portant également une grande attention à l'origine du lait, issu de brebis élevées en plein air et qui se nourrissent dans les pâturages de la région. Jusque là, **il paraîtrait que** le produit serait libre de toute contamination transgénique, mais, en creusant un peu, la réalité est plus mitigée. En effet, les brebis qui fournissent l'ingrédient de base ne sont pas uniquement nourries des herbes de la région, mais on leur donne également quelques compléments, essentiellement des céréales et des oléagineux, dont du soja. Or, en s'intéressant à l'origine de ce soja, on découvre des choses déconcertantes. Il faut savoir que la plupart du soja consommé en Europe est importé des Etats-Unis, où les cultures modifiées génétiquement de cette plante sont courantes.
　　　　　　　　　　　　　(http: // www. unige. ch / ses / geo / pl s / pls10 / Nature1. html)

　(109) の例では，ロクフォールのチーズの製造過程や，原料調達のうちのある部分を見ているならば，そこから推論される内容として，「製品は遺伝子組みかえ作物からくる危険性をまぬかれているということになるかもしれない」という観点を提示している．したがってこの例もまた，「伝聞」をあらわすとはいえないものであるが，il paraîtrait que... に関してはやはり (107) と同様のしかたで説明することができる．すなわち，il paraîtrait que... における条件法が「伝聞」を「異なる連続性」におくことから，伝聞を仮構化しているのであり，単に不確かな(そして，この例においては，のちに阻却されることになる) 観点を示すにいたっているのである．

第5章　他者の言説をあらわす条件法について

　以上，この節では，il paraîtrait que... について，本章で提唱した条件法の機能に関する仮説と，第4章で提起した il paraît que... の機能に関する仮説を用いることで，そのいくつかの解釈について説明できることを見てきた．

　なお，これまでにおこなってきた観察から，「他者の言説」のありかたの多様性についても確認できたと思われるので，この章にとっては副次的なテーマではあるが，おわりにその点についても触れておきたい．他者の言説の表象はきわめて多様で，それらの網羅的なリストを編成することはほぼ不可能である[35]が，これまで見てきた範囲でまとめておくと，すくなくともつぎに示すようなタイプの存在がみとめられる．

(110)「他者の言説」のさまざまなタイプ
(a) 具体的な第3者からの伝聞
(b) 思考内容の借用
(c) 二重・多重伝聞，噂
(d) 《衆の声》(vox publica)
　(i) 評判
　(ii)《民衆智》(sagesse populaire)
(e) 伝説・伝承
(f) 抽象的他者，客観性 («agent vérificateur Ø (zéro)»)

　これらは相互排他的な分類ではなく，さまざまな点で相互に関係しあっている．たとえば，(c) の「噂」と，(d) - (i) の「評判」は，かなりの程度重なりあうものであるといえる (ただし，(c) のほうが，内容がつぎつぎと別の言語主体に伝わってゆくさまに重点があるという点でことなっている)．また，(e) の「伝説・伝承」も，時代をへだててはいるものの，多重伝聞のひとつの変種ととらえられるものであろう．さらに，時代をこえて伝えられるという点では，(d) - (ii) の《民衆智》も一定の共通性をもっているといえる．

---

[35] このことは、Bakhtine (1984) の「言説のジャンルには無数の変異がある」というテーゼを思わせるほどである．彼はつぎのように言っている．«La richesse et la variété des genres du disours sont infinies car la varieté virtuelle de cette activité comporte un répertoire de genres du disours qui va se différenciant et amplifiant à mesure que se développe et se complexifie la sphère donnée» (ibidem, p.256)．「他者の言説」もまた「言説」であることには変わりないので、そのなかにさまざまなジャンルが想定できることは当然のことであると思われる．なお、Bakhtine のこのテーゼについては、さらに、Adam (1999, pp.88-89), Hige (2001, vol.1, pp.50-51) を参照．

5.6. おわりに

　以上，本章では，5.3.節で他者の言説をあらわす条件法について，5.4.節で条件法全般について，その機能を考察してきた．関心の中心は他者の言説をあらわす用法にあったが，その用法だけではなく，条件法のさまざまな用法に通底する本質的機能に注意をはらい，整合的に説明できるような方向をめざしてきた．第2章でものべたように，条件法は，言語形式としてはたんなる動詞語尾であり，すぐれて機能的な(すなわち，きわめて文法化がすすんだ)マーカーである．このようなマーカーを分析する際にはとくに，個々の用法のみの結果的解釈にとらわれずに，本質的機能を探究することが有効である．他者の言説をあらわす用法に関しても，その条件法の本質的機能から出発してとらえようと試みてきたことにより，その用法における条件法のさまざまな特質がなぜ出てくるのかを，よりよく理解することができたと思われる．

第6章

devoir の認識的用法について

6.1. はじめに

　この章は，つぎの例文 (1), (2) に代表されるような，フランス語の準助動詞[1] devoir の認識的用法 (emploi épistémique) について考察することを目的とする．

(1) Il avait l'intention d'installer un bureau à Paris qui traiterait ses affaires sur place, et directement, avec les grandes compagnies et il voulait savoir si j'étais disposé à y aller. Cela permettrait de vivre à Paris et aussi de voyager une partie de l'année. « Vous êtes jeune, et il me semble que c'est une vie qui **doit** te plaire. »

(A. Camus, *L'Etranger*, p.68)

(2) Les Allemands de l'Est **doivent** avoir beaucoup souffert si on en juge par ce que cette famille est-allemande a subi. (Dendale 1994, p.32)

　(1) においては「きみの気にいる生活にちがいない」というように，< cette vie – te plaire > という命題が，(2) においては，「東ドイツ人たちは，おおいに苦しんだにちがいない」というように，< Les Allemands de l'Est – souffrir beaucoup > という命題が，それぞれ推定の対象となっていることが，devoir によって標示されていると考えられる．このように，推定をあらわすタイプの devoir の用法を，認識的用法とよぶことにする．

　近年，Dendale (1994, 1999, 2000, 2001), Kronning (1996) など，devoir に関する

---

[1] フランス語の規範文法では，助動詞 (auxiliaire) は，複合時制をつくる場合の avoir, être のふたつしか認めず，本章であつかうような devoir もまた，動詞 (verbe) のひとつにすぎない．しかし，動詞の不定法を直接後続させるという明確な分布的特徴があるので，その場合の devoir を，Feuillet (1989), 佐藤 (1992) にならって，とくに準助動詞 (para-auxiliaire) とよぶことにする (したがって，«Je lui dois cent francs» のような，本動詞としての用法は対象としない)．ほかの先行研究では，動詞 (verbe) (Huot 1972), 法的動詞 (verbe modal) (Sueur 1983, Kronning 1996), 法的助動詞 (auxiliaire modal) (Riegel et alii 1994), 付動詞 (coverbe) (Wilmet 1997) など，さまざまによばれているが，そうしたカテゴリーに関しては，ほかのさまざまな助動詞的要素との比較をとおして考えるべき問題であり，本書の目的から外れてしまうので，ここではあつかわないことにする．しかし，devoir を準助動詞とよぶかどうかは，本章の論旨の当否には影響しない．

237

研究にはいくつかのあらたな進展がみられるが，認識的用法については，まだ明確になっているとはいいがたい点がある．とくに，devoir のような多義的かつ機能的なマーカーを研究するにあたっては，そのマーカー自体が本質的に果たす機能がどのようなもので，個々の用法ないし解釈が，当該のマーカーの本質的機能からどのように派生したものであるのかをしめすことができる方途をさぐることがのぞましい(第2章でおこなった議論を参照)．しかし，のちに批判するように，最近のいくつかの研究では，その道すじが明確でない場合が少なくない．したがって，以下の考察では，主たる対象は認識的用法とするが，あくまでも devoir に本質的な機能の考察を背景とし，それと整合的なかたちでの説明ができることをめざして，論述をすすめてゆきたい．

以下における論述の手順は，つぎにしめすとおりである．
6.2. devoir は本質的に証拠性を標示するか
6.3. devoir 三義説とその問題点
6.4. devoir の本質的機能
6.5. 認識的用法のさまざまな例
6.6. devoir の認識的用法と条件法
6.7. おわりに

まず 6.2. で，Dendale (1994) など，証拠性の観点からの先行研究について概観するとともに，批判的に検討する．6.3. では，Kronning (1996) の分析について同様に検討し，本章の予備的考察とする．つぎに，6.4.で，devoir の本質的機能に関する仮説を提起し，各用法の実例への適用をこころみる．さらに，6.5. で，devoir の認識的用法のさまざまな実例をみてゆくことにより，仮説の有効性を検証するとともに，さらなる分析をこころみる．おわりに，6.6. では，devoir が条件法におかれた形式(devrait などの形)の機能について考察する．

6.2. devoir は本質的に証拠性を標示するか

伝統的にも，また比較的最近の先行研究 (Sueur 1983, Kronning 1996 など) においても，ほとんど一致して，モダリティ (modalité) の問題として考えられてきた devoir の認識的用法を，あらたに証拠性 (évidentialité) の問題としてとらえかえしたのが，Dendale (1994, 1999, 2000, 2001), Dendale et De Mulder (1996) による一連の研究である．以下では，それらの研究の出発点となった Dendale (1994) の所説を概観し，批判的に検討してゆく．

第6章 devoir の認識的用法について

　Dendale (1994) は，devoir の認識的用法の背後には，彼の考える証拠性の下位カテゴリーのひとつである，推論 (inférence) による情報創出の操作があると主張している．彼はまず，つぎのような例文を引き，

(3) Caroline a mauvaise mine. (Dendale 1994, p.27)
(4) Elle **doit** être malade. (idem)

　(3) から (4) にいたる推論の背後には，(5) という暗黙の前提があるといっている．

(5) Si quelqu'un a mauvaise mine, (c'est qu') il est malade. (idem)

　一方，この推論とならんで，(6), (7) のような，競合するほかの暗黙の前提・ほかの結論もある．

(6) Si quelqu'un a mauvaise mine, (c'est qu') il a mal dormi. (idem)
(7) Elle **doit** être mal dormi. (idem)

　しかし，devoir の特徴は，可能ないくつもの結論のうち，ただひとつしか採用しないことである．したがって，(8) のような過程が考えられる，とする．

(8) **Devoir の情報創出操作** (ibidem, p.37)
　(i) recherche ou activation des prémisses
　(ii) inférence
　(iii) évaluation de conclusions avec rejet des conclusions concurrentes sauf une

　このうち，(i)-(ii) は，遠くポール＝ロワイヤル文法 (Arnaud et Nicole 1662, p.226) にまでさかのぼる，「省略三段論法 (enthymème)」の考えかたであると見ることができる．また，つぎの節でみる Kronning のいう「推論的合成 (composition inférentielle)」も，内容的には同様の考えかたであるといえる．推論 (的合成)，省略三段論法，あるいはほかにどのように呼ぶにしても，こうした推論的な要素は，devoir の認識的用法に関する先行研究のほとんどすべてに見られるものであるが，はたして常に推論的要素が見いだされるのかについては，実はいささか疑義がある．この問題については，実例の観察に即して，のちに

239

第2部　事例研究

検討することにする．

　さて，devoir の認識的用法に，証拠性を標示するという機能をあらたに認めるには（しかも，それが主たる機能であると主張するには），モダリティをあらわすとする従来の説と斬りむすぶことが不可欠である．Dendale もその点は意識していて，devoir の認識的用法における証拠性とモダリティとの関係について，概略，つぎのように述べている．

　Dendale (1994, p.34) によれば，(9) — (11) にみるように，認識的 devoir のモダールな価値は多様で，不安定である．(9) のモダールな価値は必然性 (nécessité)，(10) のモダールな価値は確信 (certitude)，(11) のモダールな価値は蓋然性 (probabilité) というように，それぞれことなっていることから，認識的 devoir の全般に共通して認めることのできるモダリティはないという．

(9) Cette figure **doit** être un cercle puisque la distance de chaque point de la circonférence au centre est partout identique. (idem)
(10) Cette jeune femme **a dû** avoir des rapports sexuels avec un séropositif ou avoir été en contact avec du sang contaminé puisqu'elle est séropositive. (idem)
(11) Oui, l'enfer **doit** être ainsi : des rues à enseignes et pas moyen de s'expliquer.

(Camus, cité idem)

　それに対して，推論などによる，(8) の情報創出過程は，認識的 devoir のあらゆる例に共通しており，つねに観察されることから，認識的 devoir の基本的な価値であると Dendale は考える．また，因果的な前後関係からしても，前提の性質など，(8) のさまざまな部分に不確実性が混入することにより，モダールな価値の多様性が出てくるのであるから，認識的 devoir に関しては，証拠性が基本的価値で，モダリティはそこからの派生的価値である，と彼は考えている．

　しかし，この主張には，いくつかの問題点がある．まず，(9) — (11) に関して認定されているモダールな価値は，一貫した方法によることなく，その場かぎりであれこれと付与されているにすぎないということである．モダールな価値の不安定性なるものは，実は Dendale 自身の価値認定の方法の不安定性によって，いわば，つくりだされたものではなかろうか．たとえば，「必然性」と「確信」とでは，同じ次元でならびたつ価値であるというよりは，むしろ，事態のがわに付与される性質に着目して認定されるものと，発話者のがわの心的態度に着目して認定されるものであり，別次元の問題であると思われる．これ

第6章 devoir の認識的用法について

らをひとしく「モダールな価値」とのみ一括することは，広きに失する．このことからもわかるように，「モダリティ」，「モダールな価値」とかんたんに呼ばれているものの内実を，よりつまびらかに考えなければならない．本書ではすでに，第2章で，モダリティの類型について考えてきたが，6.4.節ではそれをふまえて，devoir のかかわるモダリティについての議論をおこなうことにする．

さらに，Dendale の分析のより本質的な問題点は，観察の範囲を，認識的 devoir に局限しているということである．認識的用法だけしか考慮しないでいれば，証拠性の価値が「つねに観察される」のはあたりまえではないか．証拠性が基本的価値のように見えるのは，みずからそうなるように観察の範囲をしぼりこんでいる結果にすぎず，なんら devoir に本質的なことではない．

しかも，因果関係として証拠性がモダリティに先だっているとする説には，議論の余地がある．この点については，のちに仮説を提示するなかで反論を展開することにしたい．

6.3. devoir 三義説とその問題点

Kronning (1996) は，1冊を devoir の意味論についやした重要な研究であり，その所説を検討しておくことは参考になると思われる．彼の定式化は，「発話層位化理論 (théorie de la stratification énonciative)」[2] に依拠したものであり，独特の技術的側面は煩瑣であるが，以下ではなるべく devoir の記述に核心的にかかわる部分のみを概観してゆくことにする．

---

[2] 発話層位化理論は，Ducrot (1984) に由来するポリフォニー理論の Nølke (1994, 2001) らによる改変版と，Hengeveld (1990), Dik et alii (1990), Nuyts (1993) ら，オランダの機能主義者たちの層位化表示 layered representation の理論とを折衷することによってなりたっている．この理論によれば，発話文 énoncé は，焦点 foyer と基層 substrat にわかれる．焦点は文の主張にあたる部分であり，ゲシュタルト心理学でいうところの《図 figure》をなす．基層は文の前提にあたる部分であり，《地 fond》をなす．発話主体の点でいえば，焦点はポリフォニー理論でいうところの「話者としての話者 locuteur-en-tant-que-tel」によってになわれ，基層は「個人としての話者 locuteur-en-tant-qu'individu」または《衆の声 vox publica》(《on》であらわされるような汎称的主体)によってになわれる．焦点，基層はそれぞれ，様相 modus と所言 dictum にわかれる．所言は真偽判断可能 véridicible であるのに対して，様相は提示可能 montrable であるにとどまる．基層の所言は，さらに主題 thème，説述 rhème にわかれる．Nølke (1997) の祖述によるわかりやすい例をあげると，《Pierre est peut-être parti hier》という発話文において，《Pierre》は主題，《partir à un moment donné》が説述，複合過去はその説述に

第2部　事例研究

　Kronning (1996) による devoir の意味論は，従前の研究でみとめられてきた拘束的意義 (signification déontique，略号 D) [例(12)]，認識的意義 (signification épistémique，E) [(13)] のふたつと対等にならぶ基本的意義として，真理的意義 (signification aléthique[3]，A) [(14)] をみとめることが特徴的である．

(12) Pierre, tu **dois**_D_ m'écouter! (Kronning 1996, p.26)
(13) Croyez-vous qu'on me donnera une chambre? – J'crois. – Le 43 **doit**_E_ être libre.
　　　　　　　　　　　　　　　　　(Proust, cité dans Kronning 1996, p.132)
(14) Tous les hommes **doivent**_A_ mourir. (Kronning 1996, p.31)

　3つの基本的意義の定義 (ibidem, pp. 26-27) をみてゆこう．
　1) 拘束的意義は，NECESSITE DE FAIRE ETRE véridicible (ibidem, p.26) と定義される．定式で書くと，[vér : N (FAIRE (Ag) (ETRE (p)))] (ibidem, pp.78 et 108；ただし，vér = véridicible, N = nécessité apodictique (下記参照), Ag = agent) となる．この定式を読みくだすと，「行為者 Ag が事態 p を存在させることの確然性が真偽判断可能」となる．
　ここでいう確然性 (nécessité apodictique または apodicticité) とは，devoir のすべての用法に共通する意味的要素であり，概略的には，「推論的合成 (composition inférentielle) の積として出てくる，可能世界の全称性 (universalité mondaine)」と定義される (ibidem, p.30)．推論的合成とは，前節でみた省略三段論法にあたるものであり，前提をかけあわせることにより命題をうみだす操作である．可能世界の全称性とは，概略的には，すべての可能世界 (monde possible) において命題が成立することである．
　2) 真理的意義は，NECESSITE D'ETRE véridicible (ibidem, p.27) と定義される．定式のかたちで書くと，[vér : N (0 (ETRE (p)))] (ibidem, pp.78 et 108；ただし，0 は FAIRE が生じうる位置が空隙であることの明示) となる．すなわち，「p が存

　　かかる「説述修飾操作子 opérateur ad-rhématique」で，これら3つの要素が基層の所言をなす．«hier» が焦点の所言で，«peut-être» が焦点の様相である．Devoir の各用法も，Kronning (1996) によれば，それぞれに違ったかたちで，この層位的モデルに位置づけられる．拘束的用法は，焦点または基層の，いずれにしても所言に包摂され，「所言内的モダリティ modalité intradictale」をあらわす (ibidem, p.53)．真理的用法は，上述の「説述修飾操作子」である (ibidem, p.71)．認識的用法は，焦点の様相をなす「焦点修飾助動詞 auxiliaire adfocal」である (ibidem, p.66)．なお，発話層位化理論の萌芽の形態は，Vet (1988) にも見られる．
3　Aléthique を「真理的」と訳しておいた理由は，ギリシア語 ἀλήθεια (真実，真理) に由来することと，後出の「存在的 ontique」と区別するためである．

在することの確然性が真偽判断可能」ということである.

3) 認識的意義は,NECESSITE D'ETRE non véridicible mais montrable (ibidem, p.27) と定義される.定式では [*mon* : N (0 (ETRE (p)))] (ibidem, pp.78 et 108 ; ただし,*mon* = montrable),すなわち,「p が存在することの確然性が提示可能」ということになる.

Kronning によれば,認識的意義においては,必然性 (nécessité ; あらゆる場合に [すなわち,いかなる可能世界でも] 命題が真であること) から,蓋然性 (probabilité ; 当該の場合にかぎって確からしい) に至る弱化 (affaiblissement) がみとめられることが特徴的である.弱化は,彼の説では,提示可能という地位からくるものである.認識的意義では,命題の真偽判断ではなく,提示を対象とすることから,真理として妥当する度合いが問題にはならないからである,とする.

しかし,度合いのあるなしではなく,「弱化」をみずから問うているのに,それにこたえていないという点で,この議論はかみあっていない.「弱化」とは強弱の度合いの問題であるはずなのに,度合い自体がないというのでは,矛盾している.もっというと,そもそも「弱化」というとらえかたが devoir にとって本質的ではないと考えられる.この点については,6.5.節でふれる.また,「弱化」という概念は,必然性と蓋然性を強弱の関係,すなわち程度の差としてとらえていることになると思われるが,この点は前節で批判した Dendale による「モダルな価値」の認定にまつわる問題点ともむすびつくものである.

つぎに,意義区分の正当性を検証するべく,Kronning のあげる,3つの意義をわける統辞的特徴をみておこう.まず,(15)—(17) の例文にみるように,拘束的意義・真理的意義は基層化可能 (substratifiable) であるが,認識的価値は基層化不能である (ただし,基層化とは,Kronning が基層 substrat (註 2 をふたたび参照) とよぶ,文の前提的部分に入れることをいう).

(15) Quand Pierre **doit**_D-il partir? (ibidem, p.65)
(16) Quand Pierre **doit**_{A-Fut}-il (va-t-il) partir? (idem)
(17) *Quand Pierre **doit**_E-il partir? (idem)

また,(18) — (20) にみるように,拘束的意義は焦点化可能 (focalisable) であるが,真理的意義・認識的意義は焦点化不能である (ただし,焦点化とは,devoir 自体を文の焦点にすることをいう).

第 2 部　事例研究

(18) Est-ce vrai, Roger, que les jeunes gens avant d'être soldats, doivent se mettre nus ... — Naturellement, ils le doivent_D. (Apollinaire, cité dans Kronning 1996, p.63)
(19) Pierre doit partir demain. > *Il le doit_{A-Fut}. (ibidem, p.65)
　cf. Pierre va partir demain. > *Il le va. (idem)
(20) Pierre doit être malade. > *Il le doit_E. (ibidem, p.66)

以上をまとめると，つぎのようになる．

(21) 表：3 つの意義をわける統辞的特徴 (ibidem, p.73 をもとに表に改変)

	基層化可能	焦点化可能
拘束的意義	＋	＋
真理的意義	＋	−
認識的意義	−	−

以下，Kronning (1996) の分析の問題点を批判する．

　まず，(15) — (20) の統辞的テストでそれぞれがしめす特性により，一見，形式的に 3 つの意義は区分できるように見えるかもしれないが，このテストには，おのずから限界がある．たとえば (16) でテストの対象になっているのは，真理的価値のなかでも，未来時制的なもの (A-Fut と略記されている) であって，(14) のような，汎時間的・汎空間的な一般的言明は，quand による疑問にかぎらず，基本的に部分疑問全般と適合しないことから，そもそもこのテストを適用すること自体が不可能になってしまう．

　また，真理的意義は，はたして認識的意義や拘束的意義と同レヴェルでみとめることができるのであろうか．Kronning は，3 つの意義をひとしいレヴェルでならびたつ意義であるとしているが，説得的根拠は示されていないように思われる．実際，実例を観察すると，真理的意義には，ほかのいずれかの意義との混淆とも考えられる例が多い．そのような例を，順次見てゆこう．

(22) [文脈：エイズ検査の過程の説明] Nous avions chacun dans la poche un carton avec un numéro, auquel nous avions refusé de prêter, une semaine durant, aucune superstition bonne ou mauvaise. Un médecin **devait** ouvrir l'enveloppe qui portait ce numéro, et dans laquelle le verdict était inscrit, il avait la charge de la répercuter en usant de certains recettes psychologiques.

(H. Guibert, *A l'ami qui ne m'a pas sauvé la vie*, p.155)

第6章　devoirの認識的用法について

　(22)におけるdevoirは，Kronningの3つの意義のあいだでは，検査の手順・過程をあらわす，未来時制的な真理的意義なのか，「医者がこのようにしなければならない」という義務をあらわす拘束的意義なのか，どちらとも決めがたい例である．

(23) Il se savait atteint d'une grave maladie de foie, liée à un germe africain, qui mettait peut-être ses jours en danger, dès son retour il **devait** entrer à l'hôpital pour subir une ablation, il avait décidé de faire auparavant ce voyage dont il rêvait depuis longtemps, [...] (ibidem, p.200)

　(23)の例では，病状が彼に対して余儀なくさせるところとしての拘束的意義にならんで，彼の予定をあらわす，未来時制的な真理的意義による解釈も排除できないであろう．

(24) J'avais consulté quelques jours plus tôt, dans le Vidal[4] de mes grand-tantes ex-pharmaciennes, les doses en gouttes de la Digitaline, que m'avait conseillée le docteur Nacier, et qui **devait** permettre de me supprimer dans une prétendue douceur.

(ibidem, p.215)

　(24)では，「ディジタリーヌという薬によって，のちに自殺ができるようになる」という，未来時制的な真理的意義を見ることができる一方で，そのような事態を推定する，認識的意義も排除できない．

(25) N'y avait-il pas entre lui et ce chercheur qui devait assurer sa fortune autant de relations, quasiment surnaturelles, malgré la différence d'âge qui **devait** être la même, qu'entre lui et moi? (ibidem, p.190)

　(25)でも，(24)と同様で，「その研究者がやがて財産をなすようになる」という真理的意義とならんで，そうした事態を推定する，認識的意義も両立するように思われる．
　実は，Kronning自身も，(おそらくは意図的に) きわめて周辺的なあつかいしかしていないものの，つぎのような例に関して，真理的意義と拘束的意義の「共発動 (coactivation)」(ibidem, pp.126-130) をみとめている．

4　ピルブック，すなわち，医薬品の名称・形状・効能・用法などが一覧された図鑑形式の書物のことをいう．

第2部　事例研究

(26) Eve avait demandé un accouchement sous anesthésie... Le moment sacré était venu? Eve ne voyait rien puisque cela se passait dans le dos. Mais on lui avait expliqué cent fois le processus. Pour parvenir jusqu'au nœud de nerfs qui forme la sensibilité du bassin, l'aiguille **devait**A-Anan(D-Pr) se frayer un chemin parmi les ligaments.

(Hocqenghem, cité dans Kronning 1996, pp.115 et 129)

　Kronning (1996, p.129) によると，ここでdevoir がもちうるひとつめの意義は真理的意義であり，よりこまかにいえば，文中の指標に A-Anan と略記されている，「必要条件としての必然性 (nécessité anankastique)」である．すなわち，「～するためには (pour...)」という目的とのかかわりで，その目的との関係において，論理的な「必要条件 (condition nécessaire)」としてとらえられる必然性である[5]．もうひとつの解釈は拘束的意義であり，よりくわしくいうと，文中の指標に D-Pr と略記されている，「実際的義務 (obligation pratique)」，すなわち，現実的な目的にてらして課せられるタイプの強制である[6]．
　Kronning が「共発動」をみとめる，もうひとつの例を見てみよう．

(27) Nous **devions**A-Fut(D-Th) nous rencontrer au studio Film 13, avenue Hoche. Marcel Cardan était à l'heure.　(*Le Matin*, cité dans Kronning 1996, p.130)

　Kronning (idem) によると，この例では，「未来時制としての真理的意義 (futur aléthique，略号 A-Fut)」と，「理論的義務 (obligation théorique，D-Th)」なる拘束的意義とが共存しているという．理論的義務とは，この場合でいえば「待ちあわせをしたら，その時間，その場所に行くものだ」というような，「格言的前提 (prémisse nomique)」から出発する推論的合成 (上述) がはたらく場合をさしている[7]．
　このように，意義の混淆がみられるということから考えられることは，複数の意義のあいだの境界が，それらを截然と分かつ性質のものではなく，むしろ，ある意義とほかの意義とのはざまに推移的な例が分布しているような，連続体

---

[5] 奥田 (1998, pp.83 sqq.) は，フランス語では，このタイプの必然性が，典型的にはfalloir に認められるとしている．もちろん，devoir が，必要条件としての必然性をあらわさないというわけではない．
[6] 「必要条件としての必然性」と「実際的義務」との相違は，前者は目的と，当該の命題との関係が肯定の対象になっているのに対して，後者は当該命題によってあらわされる内容を実際に義務として課しているところにある．
[7] 「理論的義務」の特徴であるこの点は，(26) における「実際的義務」が，現実的な目的を出発点とする推論的合成をもつことと対比することができる．

をなしているということである．そうであれば，devoir をいくつかの用法にわけて，それらの用法ごとに理解しようとすること自体に，限界があることは明らかである．上記でみてきた真理的意義とほかのふたつとの混淆のみならず，のちにみるように，実は，認識的意義／拘束的意義の別さえ不分明な場合があり，不確かな用法分類にはこだわりなく，devoir の本質的機能を統一的に理解することが必要である．以下では，そのことをこころみてゆくことにする．

6.4. devoir の本質的機能

この節では，devoir の本質的機能に関する本論文の仮説を提示してゆくことにする．その際，前提としてふまえたいのは，第2章の 2.4.1. 節で示した，モダリティの類型に関する考えかたである．すなわち，つぎの (28) として再掲するような，3つの類型をみとめるということである．

(28) モダリティのおもな類型
  (i) 存在的モダリティ (modalité ontique)
    / nécessaire /, / possible /, / impossible /, / contingent /
  (ii) 認識的モダリティ (modalité épistémique)
    / certain /, / probable /, / exclu /, / contestable /
  (iii) 拘束的モダリティ (modalité déontique)
    / obligatoire /, / permis /, / défendu /, / facultatif /

これらの類型のあいだでの区別を導入することは，Dendale (1994) のモダリティ論の混在性に対して 6.2. 節で示した批判とも関連している．
　一方，Kronning (1996) の「真理的意義」を本章の 6.3. 節で批判してきたのに，ここで「存在的モダリティ」をたてるのは，矛盾しているのではないかという反論が予想される．しかし，確認しておかなければいけないことは，Kronning (1996) における「真理的意義」と，本書における「存在的モダリティ」とでは，地位のことなる概念であるということである．
　Kronning は，devoir の「真理的意義」を，ほかの意義と対等にならびたつ意義であるとしながらも，概略的にいえば，拘束的意義から「真理的意義」，さらには「真理的意義」から認識的意義へといたる意味的な派生関係を想定している（さらに一般的にも，devoir のみならず，拘束的なタイプのモダリティか

ら,「真理的」なモダリティ,「真理的」なモダリティから認識的なモダリティへの派生を想定している).

しかし本書では,すくなくともそのような順での派生関係は想定していない.それどころか,そもそも派生関係というものは,マーカーごとにことなったかたちで(当該マーカーと文脈との相互作用によって)決まってくることであって,マーカーを特定せずに,モダリティの各類型のあいだに一般的な派生関係を想定すること自体にあまり意味がないと考えられる.それでもあえて前後関係を想定するとするならば,すくなくともdevoirに関するかぎり,むしろ存在的モダリティのほうが始原的であり,認識的モダリティも拘束的モダリティもそこから派生するものであると考えている.

もちろん,ここにいう派生とは,意義の歴史的な変遷に対応するものではなく,あくまでも共時的な操作としての連関のことである[8].Devoirにおける意味の派生についてはとくに,6.4.3.節以降の実例の観察のなかで明らかにする.

6.4.1. 本質的機能に関する仮説

さて,以上を前提としてふまえて,仮説を提唱しよう.

(29) devoirの本質的機能に関する仮説

Devoirは,本質的に,devoirのかかわる命題の必然性(nécessité)という「存在的モダリティ(modalité ontique)」を標示する.そのモダリティとは,より分析的にいえば,当該の命題以外の可能性を排除することである.

すなわち,認識的用法において,devoirがほんらい「推論による情報創出」

---

[8] Kronning (1996, pp.135-136) は,拘束的意義から「真理的」意義,「真理的」意義から認識的意義への派生をいうとき,devoirの前身であるラテン語のdebereにおける3つの意義の出現年代がその順であったことと重ねあわせて,自説の補強にしている.また,Sweetser (1990) も,英語の法的助動詞に関して,根源的モダリティ (root modality; 拘束的モダリティに相当) から認識的モダリティへという方向での派生を想定し,それらの助動詞の通時的な意味変化のデータを論拠のひとつとしてあげている.しかし,共時態において多義的なマーカーを,その複数の意義のあいだに派生関係を想定することによって説明しようとする場合,その派生の前後関係は,それらの意義の歴史的な変遷の前後関係とは,かならずしも同一になるものではなく,原理的に別問題であると考えている.たとえば川口 (1993) も,多義的な副詞plutôtの「好ましさ」の解釈と「言い直し」の解釈のあいだの前後関係について,同様の議論を展開している.このことは,多義性の記述方法全般に関する重要な問題であり,第2章でも議論してきたとおりである.なお,Cervoni (1987, pp.74-76) は,Kronning (1996) らとはちがって,「真理的」モダリティから,拘束的モダリティおよび認識的モダリティへという方向での派生を想定している点で,本書の考えかたに近い.

第6章　devoirの認識的用法について

という証拠性を標示していて，モダリティはそこからの派生であるとするDendale (1994) の説は，顛倒した議論であると思われる．証拠性がモダリティに先だっているのではなく，逆に，モダリティが証拠性に先だっていると考える．たとえば，Dendale が，devoir がいかに証拠性をあらわしているかをしめすために提起しているはずの，(8) の「情報創出過程」のなかで，(iii) の唯一の結論を選択する過程も，さらにもとをただせば，実は，「他の可能性を排除する」という，「必然性」の存在的モダリティに由来するものであると考えられる．また，(8)-(iii) の「唯一の結論の選択」以前の過程 (8)-(i), (ii) は，あとで (6.5.2. 節から 6.5.3. 節，とくに 6.5.3. 節) みるように，その存在がうたがわしい場合もある．

以下，さらに (29) の仮説の，とくに「当該の命題以外の可能性を排除する」ということについて，その意味合いを敷衍して説明しておくことにする．必然性が，ほかの可能性の排除にあたるというのは，いうまでもなく，命題論理学における，

(30) $\Box p \equiv \sim \Diamond \sim p$

すなわち，「p が必然的であることは，non-p が可能でないこととひとしい」という基本図式と，論理的には等価な言明であるにすぎない．しかし，言語学的な文脈では，必然性を「他の可能性の排除」と明示的にむすびつけて論じている研究は存外すくない．

たとえば，Brunot (1929) は，

«Nous marquons que l'enchaînement des faits est certain, inévitable, à l'aide des locutions adverbiales, qui renferment cette idée de certitude, *sûrement, nécessairement, inmanquablement* [sic] : *Vous serez le vent, vous récoltez nécessairement la tempête.* Il arrive aussi qu'on use d'une périphrase : *ne pouvoir pas manquer de : il travaille, il ne peut pas manquer d'arriver.*»　　(ibidem, p.840)

といっている．このなかで，nécessairement と同列にあつかわれているのが，immanquablement や，迂言形 ne pouvoir pas manquer de といった，まさしく，「ほかの可能性の排除」を透明にあらわしている形式であることが注目される．また，Culioli (1985) は，「排他的唯一性」（«un chemin et un seul»または «fortement unique»）と，「単なる唯一性」（«un sans plus» または «faiblement

249

unique») とを対置して,

  «Si en relais nous abordons le problème de la modalité nous allons retrouver *un chemin et un seul*, et vous avez alors le chemin *nécessaire*.» (ibidem, p.43)

といっている．ここで必然性の図式とされている「排他的唯一性」は,「単なる唯一性」とはちがって,まさに,ほかの可能性をすべて意識的にしりぞけることによってはじめて得られるタイプの唯一性なのである．

しかし,Brunot (1929), Culioli (1985) ともに,devoir を直接対象としているわけではない．Devoir の先行研究のなかでは,Dendale (1994) があげている過程のなかで,(8)-(iii) の「唯一の結論の選択」という部分は,「ほかの可能性の排除」に対応すると考えられるが,Dendale は,それをあくまでも推論過程の一部として位置づけており,認識的 devoir があらわしているのはその過程全体であるとしている．そのことは,もちろん,証拠性の標示が認識的 devoir に本来的な機能であるという,彼の考えとつながっている．それに対して,本書の仮説は,必然性,すなわち「ほかの可能性の排除」という存在的モダリティを devoir の本質的機能であるとする考えかたである．このように考えるほうが,さまざまな点で有利であることは,次節以降でみてゆくことにする．

そのまえに,ここで少し,フランス語学以外にも目を転じて,「ほかの可能性の排除」という考えかたに適合する記述や現象をみておこう．英語学においては,法助動詞 must に関する研究は多くあるが,その意味分析は,«*entail*» (Perkins 1982, Groefsema 1995, Papafragou 1998), «*demand*» (Tregidgo 1982), «*compel*» (Sweetser 1990) など,なんらかの含意や強制関係を想定することによるものが多い．しかし,少数ながら「ほかの可能性の排除」による分析もみられる．たとえば,杉山 (2001) も依拠している Klinge (1993, p.351) による must のパラフレーズは,«The situation representation does **not** turn out **not** to be true description of a world situation» (強調渡邊) となっており,このなかにみられる二重否定的構造は,まさに「ほかの可能性の排除」であると考えられる．杉山 (2001) は,must の総称的用法 (上記でみた Kronning 1996 のいう真理的意義の一部に対応する用法) に関する議論のなかで,つぎのような容認可能性の相違について,

(31) a. Men **must** die. (杉山 2001, p.356)
    b. *The sun **must** rise in the east. (idem)

第6章　devoirの認識的用法について

(32) a. Sons **must** stand against their father. (ibidem, p.357)
　　 b. *Wives **must** argue for their husbands. (idem)

　(31 a), (32 a) におけるごとく，総称的 must が容認されるためには，「否定命題に対する願望」((31 a) においては，「永遠に死にたくない」など, (32 a) においては，「息子が父親に対立しないでほしい」など) という条件があるといっている．すなわち，must の機能は，これらの否定命題をふたたび否定することにあるということであり，本書のdevoirに関する仮説とも方向性をおなじくする．
　つぎに，日本語では，「～にちがいない」における「ちがい」+「ない」，「～しなくてはいけない」における「なくては」+「ない」のように，必然性や，それに類するモダリティをあらわす形式そのものがはっきりと二重否定的な構造を呈しており，「ほかの可能性の排除」という意味構造が透明にあらわれているといえる[9]．日本語のように，「ほかの可能性の排除」を明示することによって，必然性やそれに類するモダリティを表現する言語が存在するということも，本書の仮説にとっては有利な事象であると思われる．

6.4.2. 文脈的観察による例証

　以下，devoir の本質的機能の仮説を例証するため，認識的意義に限定せず，さまざまな用例で，文脈的な観察をこころみることにする．

---

[9] この点に着目した研究としては，田村 (1997) がある．田村 (1997) は，様相論理学に由来する論理矩形 carré logique (モダリティ論でもたいへん多くもちいられている) の4つの頂点に，それぞれ，「～なくてはいけない」「～てはいけない」「～てもいい」「～なくてもいい」のような，接続表現をふくむモダリティ形式を配することによって，それらの相互関係を明らかにしようとするこころみであるが，その研究は，おどろいたことに，フランスですすめられている Oswald Ducrot らの「言語内論証理論 théorie de l'argu-mentation dans la langue」による最近の研究で，論理矩形から，「論証矩形 carré argu-mentatif」にいたる展開が提案されていることと，実質的にはほとんど同じ形式化をおこなっているものである．言語内論証理論の最近の進展については，Carel (1995), Kida (1998), 大久保 (1999, 2000), Carel et Ducrot (1999), Ducrot et Carel (1999) などを参照．もちろん，田村 (1997) と Ducrot らは，たがいにまったく独立して研究をすすめているが，それにもかかわらず同じ形式化にいたるということは，「必然性」「可能性」など，一見それ以上こまかには分析しようがないように思える概念についても，さらにその内部構造 (Carel 1995 のことばでいえば，「内部論証 argumentation interne」) を明らかにしうることを，強く示唆していると思われる．本章の分析は，言語内論証理論にもとづくものではないが，「必然性」という概念を，それ以上分析不能なブロックとしてあつかうのではなく，さらに内部構造をみることによって明らかにしようとしているという点では，ひろい意味で問題意識を共有している．さらに一般的に，語彙を「意味の原子」としてみるのではなく，Franckel (1992), Franckel et Lebaud (1992) のように，操作 opération(s) をあらわすととらえる考えかたとも，方向性をおなじくしているといえる．

第2部　事例研究

(33) Nil avait le cœur serré de **devoir** abandonner son petit amant dans la fosse aux lions, mais **comment faire autrement ?**　　(G. Matzneff, *Ivre du vin perdu*, p.236)

　(33) があらわしている拘束的意義は，おわりの«comment faire autrement?»にあらわれているように，ほかにどうしようもないという状況が強いるものであると考えられる．

(34) La Presse de Londres n'a pas sur le monde la même action que celle de Paris : elle est en quelque sorte spéciale à l'Angleterre, qui porte son égoïsme en toute chose. Cet égoïsme **doit** s'appeler patriotisme, car le patriotisme **n'est pas autre chose** que l'égoïsme du pays. Aussi doit-on faire observer l'immense différence qui existe entre les journalistes anlgais et les journalistes français. Un Anglais est Anglais d'abord, il est journaliste après. Le Français est avant tout jounaliste, il n'est Français qu'après.
　　　(Balzac, *Monographie de la presse parisienne*, dans *Œuvres diverses*, III, p. 603)

　(34) では，car 以下に，«n'est pas autre chose» と，「ほかの可能性の排除」が明示されている．この部分は，推論的な考えかたでいえば，(大) 前提にあたる内容をあらわしているが，その場合，この前提のとっている「ほかの可能性の排除」という構造が，devoirをともなって示されている結論にも転移してくると考えられ，本書の仮説をうらづける例であると思われる．
　ついでながら，この例もまた，Kronningの分類でいえば，拘束的意義と真理的意義との境界に位置するものであると考えられるが，本質的機能の仮説で一貫した説明をあたえようとする本書の接近法によるならば，ひとつの解釈をえらぼうとする必要もないのである．この例において，devoirは，「この利己主義は愛国心と呼ぶほかない」というぐあいに，拘束的でもない，真理的でもない，まさに「ほかの可能性の排除」こそを標示しているのであり，いわば，本質的機能がむきだしのかたちであらわれている例であるといってよいであろう．

(35) C'est l'anxiété qui me constipait, je crois. Mais étais-je réellement constipé ? Je ne le crois pas. Du calme, du calme. Et pourtant je **devais** l'être, car **comment expliquer autrement** ces longues, ces atroces séances aux cabinets, aux water ?
　　　　　　　　　　　　　　　　　(S. Beckett, *Premier amour*, p. 14)

　(35) は認識的用法であるが，«comment expliquer autrement ...» にあらわれているように，< moi – être constipé > という命題が，ほかの可能性を排除して，

252

第6章 devoir の認識的用法について

唯一の説明として提示されているのである.

つぎにみる,(36),(37)の例においてはどうであろうか.

(36) La justice **doit** être attachée aux régles, ferme et constante : **autrement** elle est inégale dans sa conduite ; et, plus bizarre que réglée, elle va selon l'humeur qui la domine. (Bousset, *Politique tirée de l'écriture,* VIII, IV, 1)
(37) **Léa**. Et si elle apprenait que je lui pique son mec, elle en mourait!
Alexandre. Mais je ne suis pas son mec! Je ne le serai jamais, hein! Cette histoire est ridicule. **A moins d'être idiote**, elle **doit** comprendre qu'elle n'a aucune chance.
(E. Rohmer, *L'Ami de mon amie,* p.72)

これらふたつの例においては,文脈のなかで,ほかの可能性はしめされているものの,それはよほど不都合であったり,現実的にとりあげがたい可能性でしかないことから,結局,実質的にはdevoirをともなって提示されている命題だけしかないということになると考えられる.つまり,これらの例の文脈にほかの可能性がしめされていることは,本書の仮説に抵触するものではなく,むしろ,そうしたほかの可能性をたてておいたうえで,それを積極的にしりぞけるというメカニズム,すなわち,前節6.4.1.でみたCulioli (1985)のことばでいえば,「排他的唯一性」が,ここでなりたっていることを示しているのである.

(38) Elle ne tarda pas, épaulée par son avocat, à l'intervenir au journal télévisé de 20 heures pour couper court à la rumeur, affirmer, un témoignage médical à l'appui, qu'elle n'était pas malade, mais qu'en même temps elle était navrée de trahir le camp des malades, et de **devoir** s'afficher comme ça dans celui des bien-portants.
(H. Guibert, *A l'ami qui ne m'a pas sauvé la vie,* p.138)

(38)の例では,«elle était navrée ...» からはじまる部分により,このようにせざるを得ないことはこころぐるしい,ということで,ほかの可能性をとることができればそのほうがよかった,という含意が明らかにあるといえる.このことからわかることは,devoirがあらわしているのは,ここでもやはり,「単なる唯一性」ではなく,あくまでも,ほかの可能性をたてておいたうえで,それを積極的にしりぞけることによって得られる「排他的唯一性」である,ということである.

ところで,Kronning (1996) は,さきにみたように,「可能世界の全称性」に

253

第 2 部　事例研究

よって必然性を処理しているので,「ほかの可能性の排除」に積極的に言及している個所はないが, 記述の一角にいやおうなく「ほかの可能性の排除」があらわれている場合がある. たとえば, つぎの例,

(39) Pour atteindre le boulevard Montparnasse, j'**ai dû** me frayer un chemin à travers les couples dansants.　(Mauriac, cité dans Kronning 1996, p.127)

は, 6.3. 節でみた「実際的義務」をあらわしているとされているものであるが, その背後には, Kronning によると, つぎの (39') のような推論があるということである.

(39') But : Je veux atteindre le boulevard Montparnasse.
Moyen : Je considére que **je n'atteindrai pas** le boulevard Montparnasse **sans** me frayer un chemin à travers les couples dansants.
Conclusion : Je dois me frayer un chemin à travers les couples dansants.

(idem；強調渡邊)

このうち, «Moyen» のところには, «je n'atteindrai pas...» + «sans me frayer ...» というような二重否定的な構造がみられることから, devoir の基本的な機能のなかに, まさしく「ほかの可能性の排除」がふくまれていることを, Kronning も結果的にはみとめていることになるといえる.
　つぎに, 認識的意義か, 拘束的意義かさえも不分明な例に関しても,「ほかの可能性の排除」という本質的機能の仮説によるならば, 一貫した説明ができることについてみてゆこう.

(40) Si le trésor a [pour toi] de l'importance, alors la vie humaine n'en a pas. Tous ceux qui pensent comme toi **doivent** admettre ce raisonnement et compter leur vie pour rien puisqu'ils tiennent l'argent pour tout.　(Camus, cité dans Dendale 1994, p.29)

　(40) は, Dendale が, (「きみのように考えるひとは, こう認めるにちがいない」というように推定する) 認識的解釈とならんで, (「認めなければならない」という) 拘束的解釈も可能であるとしている例である (ちなみに, 2 義説をとるにしても, (40) においては, それらふたつの優先順位は逆ではなかろうか). しかしここでも, devoir は, 命題を排他的唯一性として提示すること, すなわち,「ほかの結論にはいたりようがない」ことをあらわしていると考えれば, 用法分類にまどわされることなく, こうした例を統一的に理解することができるの

である．おのおのの用法にわけることのできる場合は，あくまでも，たまたま文脈が解釈を精緻化 (élaboration) することを可能にしているだけのことであり，いつもそうした精緻化が可能なわけではない．(40) のような，どの用法であるかが不分明な例においてこそ，devoir そのものの機能が未分化の相であらわれており，さきにみた (34) などの例と同様，本質的機能による統一的説明が有効なのである．(40) の例で devoir によってみちびかれているのが，«compter leur vie pour rien» という，極端な，常軌を逸した内容であることも，意味のあることであって，その結論へと，やむなく，いやおうなくいたりつくこと，その結論に向かうことを余儀なくされていることが看取されるのである．

(41) On entend la voix d'un élève qui **a dû** appliquer sa bouche au trou de la serrure. Il crie :
　　Panicault! Oh! Panicault!
　　Tu l'as mangé l'haricot?　　(Pagnol, cité dans Sten 1954, p.264)

　(41) は，Sten (idem) が，認識的用法かどうか躊躇させる例としてあげているものである．しかし，本書のたちばからいえば，この文は，「声がきこえるには，子どもがかぎ穴にくちをあてているほか方法がない」ということであり，認識的か否かにかかわらず，その排他的な唯一性としてとらえられるようなしかたを，「ほかの可能性の排除」をあらわす devoir によって示しているのである．

(42) **Natacha**. Alors, tu ne l'as pas vu?
Jeanne. Et si, parce que je ne sais pas quelle idée m'est passé par la tête de me précipiter dans la chambre pour chercher mes affaires.
Natacha. Toute nue?
Jeanne. Presque. Enroulée dans ma serviette. Je ne sais pas ce qu'il **a dû** penser. Mais à ce moment-là je ne l'ai pas regardé et je pense qu'il ne m'a pas regardée.
　　　　　　　　　　　　(E. Rohmer : *Conte de printemps,* p.25)

　(42) もまた，認識的用法かどうか躊躇させる例である (Kronning なら，真理的意義と扱うかもしれない) が，ここで問題になっているのは，彼 (ナターシャの父親) が考えていたことはなにかひとつであって，それ以外ではなかったという意味での「唯一性」である[10]．もちろん，発話者には，それがなにかはわ

10　ここで，Martin (1983, pp.133 sqq.) が，単純未来と条件法のあらわす事行の位置づけを論じるなかでたてている仮説をみておきたい．Martin によれば，過去・現在の時間が

からないのであるが，それでも，いわば，「唯一の本当の事態の存在」を念頭においているからこそ，devoir の使用が説明できると思われる．

(43) J'imaginais son vertige : lui persécuté par l'obligation de raccompagner un ami en voiture, avec quelle terreur **devait**-il se sentir harcelé, maintenant qu'il était en passe d'en avoir les moyens, qu'il le croyait en tout cas ou que son ami le croyait, par l'obligation insupportable de sauver la vie d'un ami ?

(H. Guibert, *A l'ami qui ne m'a pas sauvé la vie*, pp.198-199)

(43) では，拘束的意義がまず想定されるかもしれないが，ここでもまた，そ

属する，現実世界 (monde de ce qu'il est) における時間のながれかたは，直線的時間 (temps linéaire)，すなわち，その時間のながれの要素となる諸命題の真偽値がすでにすべて確定しており，ひととおりにさだまった連鎖があるだけである．それに対して，発話時点以降の時間のながれかたは，分岐的時間 (temps ramifié)，すなわち，まだ真偽値がさだまっていない命題の連鎖であるため，それらの命題に真偽に応じてさまざまな可能性へと枝わかれをくりかえすような時間として形象化される．それらのさまざまな可能性がなす複数の連鎖をまとめて，可能世界 (mondes possibles) とよぶ．そして，可能世界のうち，相対的に蓋然性が高いなどのために，ひととおりだけ優遇される連鎖を期待世界(monde des attentes) とよぶ．そして，単純未来は期待世界へと事行を位置づけ，条件法 (のうちの一部) は可能世界へと事行を位置づけるというのが Martin の仮説である．この仮説は，過去・現在が「直線的時間」，未来のみが「分岐的時間」であるという，いささか機械的な形象化の点において疑問があるものの，その適用のしかたに留意すれば，可能世界／期待世界の区別は，devoir の議論においても有効であると考えられる．すなわち，(42) では，過去の状況が問題になっており，したがって事態そのものは「既成」ではあるものの，発話者の認識にとっては「未知」であるという点で，さまざまな可能性として想定されうることから，むしろ，ある種，分岐的時間に類する時間としてもとらえることができるのではなかろうか．それをみとめるならば，devoir の認識的用法は，「期待世界」に類する唯一性をおびた事態を呈示するために用いられると考えてよいと思われる．ただ，そこにいう唯一性とは，単純未来における唯一性よりも強い，排他的唯一性であるという点 (これは，もちろん，未来の場合とちがい，事態が既成であることとも関連している) で違いはあり，完全に「期待世界」と同一視することはできないので，ここでは，関連づけの可能性を示唆するにとどめる．devoir の認識的用法と，単純未来の推量的用法との対比については，6. 4. 3. 節を参照のこと．また，ついでながら，Langacker (1991, pp.275-281) は，動的進展モデル (Dynamic Evolutionary Model) とみずから名づけるモデルをもちいて，英語の法助動詞のいくつかを説明しようとしていることにも言及しておきたい．このモデルは，未来における事態の展開の認知のされかたを，潜在的現実(potential reality)／投射された現実(projected reality) にわけて形象化している．そして，Langacker (1991, p.278) は，未来の事行に関する判断をあらわす用法において，may は事行を潜在的現実の領域に位置づけ，will は投影された現実の領域に位置づけるとしている．しかし，このモデルは，すくなくとも図式自体を比較するかぎりでは，Martin (1983) の可能世界／期待世界という概念化を，粗雑に模倣したかのようである．

れだけに解釈をかぎることはできず，認識的意義による解釈も排除できないであろう．しかし，devoir 自体があらわしているのは，やはり，彼がさいなまれることが「避けることのできない事態である」という存在的モダリティであり，その本義から派生してくる結果として拘束的意義・認識的意義が説明できるものと思われる．

6.4.3. 単純未来の推量的用法との対比

Devoir の機能は，一見類似の機能をはたしている，単純未来の推量的用法 (emploi conjectural) との対比において検証してみると，よりきわだたしく確認できる．以下では，そのことをみてゆくことにしよう．Devoir と単純未来は，たとえばつぎのような例においては交替可能で，ほとんど違いは感じられない．

(44) Notre ami est absent.
 a. Il **aura** encore sa migraine. (Sten 1952, p.61 et Dendale 2001, p.2)
 b. Il **doit** avoir sa migraine. (Schrott 1997, p.304 et Dendale, idem)

しかしもちろん，それらふたつはいつも交替しうるわけではなく，文脈によってどちらかしか容認されないこともある．たとえば，つぎのような場合である．

(45) [un ivrogne pue l'alcool]
 Il **doit** être / ***sera** tombé dans un tonneau de vodka, <u>une telle odeur ne peut pas s'expliquer autrement</u>. (Schrott 1997, p.305 et Dendale 2001, p.3；下線渡邊)

この例において，devoir のみが容認されることは，下線をほどこした部分が，まさしく「ほかの可能性の排除」に対応しており，それが devoir の本質的機能に適合することによって説明できると思われる[11]．

つぎに，逆に devoir が排除され，単純未来が許容される場合をみてみよう．

(46) **Peut-être** qu'il se **sera** dit [/ *il **doit** se dire] :《Je suis ouvrier du pauvre monde :

---

[11] Schrott (1997) および Ulvestad (1984) は未見のため，本稿での言及は Dendale (2001) の紹介による．こうした例について，Schrott の説明は，「話者の経験の世界での検証可能性 (vérifiabilité dans le monde des expériences du locuteur)」をかぎ概念とし，単純未来のみがその内容が検証可能性であることをあらわしているというものである．ただし，Dendale は，(45) を，単に単純未来のみが容認不能になる場合があることを示すためにあげているだけである．なお，(45) は《tonneau de vodka》が誇張法的表現であることから，6.5.3 節でみるタイプの例であると考えられる．

si je travaille pour les messieurs, les pauvres n'auront plus personne qui travaille pour eux.» (Lamartine, cité dans Dendale 2001, p.10)

(46) は,「単純未来のほうが devoir よりも確信度が高い」とする Schrott (1997) に反論するために Dendale があげている例である. しかし, 本書のたちばからいえば, この例における相違は, 確信度の比較の問題としてではなく, peut-être が, 積極的にほかの可能性を想定する機能をもっている[12] ために, ほかの可能性を排除する devoir とはあいいれないと理解したほうが, より本質的であると思われる.

つぎの (47), (48) の例はさらに明確に, 複数の可能性を等位接続している例である. いずれも単純未来がくりかえし用いられており, これらも, devoir におきかえることはできない.

(47) Roger n'est pas venu. Il **sera** malade ou il **aura** des ennuis.
(Kahn, cité dans Schrott 1997, p.302 et Dendale 2001, p.14)
(48) Je dégageai mes deux mains et, m'étant levé pour donner toute la gravité possible à mes paroles :
– Madame, dis-je, je me **serai** mal expliqué chez moi ou je vous **aurai** mal comprise ici. (A. France, cité dans Dendale, idem)

Dendale は, 6. 2. 節で見たように, devoir は証拠性のマーカーであり,「前提の探索, 狭義の推論, 結論の評価」という情報創出過程をあらわすと考えている. そこからさらに,「注意深い, あるいは困難な, 真実の探究 (quête soigneuse ou pénible de la vérité)」(ibidem, p.13) のマーカーであるといっている. それに対して, 単純未来は, のちに事実として確認される (Schrott 1997 のいう「検証可能性」) ことではあるが, いまのところかりに真とみなすことをあらわすことから,「いささか急ごしらえの仮説 (hypothèse quelque peu rapide)」(idem) を提示する, といっている. そして, Dendale は, 単純未来が (47), (48) のように複数の仮説をならべうることも, その仮説が「急ごしらえ」で, 暫定的であることから説明しようとしている.

しかし, 本書の観点からいうと, このような例もまた,「ほかの可能性の排除」を devoir の本質的機能と考えれば, 提示される可能性は当然ただひとつにしぼられていないといけないということになることから, より直接的に説明で

---

[12] Nølke (1993, pp.145-180) は, そのことを, ポリフォニー理論をもちいて記述している.

きるのである．

　また，devoir がつねに，推論を中心とする「注意ぶかい真実の探究」を背景にしているかといえば，かならずしもそうではないと思われる．それについては，のちにさまざまな例を見るなかで明らかにする．

　つぎに，(49) にみるように，反語法 (ironie) の場合は，単純未来を devoir におきかえることは不自然であるという．

(49) Tous sortirent, et Lise, à la vue de la bête qui boitait, le pied gauche de devant meutri, ensanglanté, eut une brusque colère, un de ces éclats bourrus dont elle bousculait sa sœur, quand celle-ci était petite et qu'elle se mettait en faute. – Encore une de tes négligences, hein ? ... tu te **seras** endormie [/ ? tu **as dû** t'endormir] dans l'herbe, comme l'autre fois. (Zola, cité dans Dendale 2001, p.3)

　このことについて，Dendale (2001, p.17) は，«Les affirmations avec *devoir* [épistémique] étant «trop sérieuses», ce verbe se prête moins bien à l'expression du burlesque et de l'ironie» と，やはり，devoir が推論を中心とする「注意ぶかい真実の探究」をあらわすとする説を維持したうえで，その機能があまり反語法にはあわないと説明している．

　しかし一方で，Dendale の説では，「のちに事実として確認されるであろうことを，さしあたり真とみなす」機能をはたすとされていた単純未来が，のちに事実として確認もされないし，内容を真ともみなしていない反語法にまったく問題なく適合することは，うまく説明できないと思われる．このことからして，「注意ぶかい真実の探究」と「急ごしらえの仮説」という特徴によって devoir と単純未来を対比しようとすること自体がうたがわしくなってくる．

　ここで単純未来の機能について深入りする余裕はないが，比較のためにいうと，青木 (1998) に依拠しながら第5章でも述べたように，単純未来は，より本質的には，表象 (représentation) の成立をあらわしており，その表象レヴェルでの機能が，反語法の「言及 (mention)」的な機能と適合すると考えられる．Dendale の「のちに事実として確認される」という考えかたは，単純未来の時制的用法に引きずられた見かたであり，ひろく単純未来のモダールな用法を視野におさめきれないと思われる．一方，devoir は，本質的に反語法とあいいれないというよりは，むしろ，単純未来がもっている表象レヴェルの機能のように，反語法にとくに適するという性質をもってはいないだけではなかろうか．

　つぎに，やや特殊な文脈であるが，命題内容のなかに数値があらわれている

第2部　事例研究

場合は，(50)，(51) のように devoir のみがもちいられ，これらを単純未来におきかえることはできない．

(50) Mais il n'est pas jeune, et je suppose qu'il **doit** avoir au moins **cinquante ans**.
(Verne, cité dans Dendale 2001, p.4)
(51) C'est une belle bête, murmura le piqueur avec admiration, qui **doit** avoir bien près de **quinze** ans, et peser **quatre cents** livres.
(Ponson de Terrail, cité dans Dendale, idem)

　そのことの説明として，Dendale (2001, p.18) は，«L'examen sérieux de plusiuers hypothèses en vue d'en arriver une seule hypothèse finale fait que *devoir* [épistémique] modalisera en principe des informations qui sont objectivement plus solides» といっており，devoir に関して彼が仮定している推論過程 (6. 2. 節参照) のなかでも最後の，唯一の結論をえらびだすための評価の過程が，数値などの客観的に堅固な情報に適するからであるとしている．これこそまさに，「ほかの可能性の排除」であり，本書の仮説からみれば，devoir の本質的機能から直接的に説明できることである．数値的なデータは，年齢であれ，重さであれ，問題となる対象がとるほんとうの値はひとつしかないということから，「ほかの可能性の排除」をあらわす devoir が適合すると考えられるのである．
　つぎの例においてもまた，「ほかの可能性の排除」は明確にあらわれている．

(52) Les Français assurent qu'il n'ont vendu que quatre missiles Exocet aux Argentins. Ceux-ci en ont déjà lancé deux contre des navires anglais. Ils ne **doivent** plus en avoir que deux. (Dendale 1994, p.32)

　限定をあらわす ne ... que がもちいられていることからもわかるように，ここで devoir をともなって示されていることは，アルゼンチンがなお2発をこえる数のミサイルをもっている可能性をうち消すこと，すなわち，まさしく「ほかの可能性の排除」なのである．

6. 5. 認識的用法のさまざまな例

　以下では，devoir の認識的用法のさまざまな文例を観察し，仮説 (29) によってそれらの例を説明できることを確認してゆく．その際，おおむね，(かりに

推論的なとらえかたをしようとする場合) 推論の前提が示されている場合から，そうでないものへという順に，おおきく3つにわけて例を検討してゆくことにする．ただし，分けかたは相対的なものであり，はっきりと相互排他的に分類できるわけではない．

6.5.1. 推論の前提 (のいずれか) が示されている場合

まず，前提とみなしうる要素が，文脈上明示されている場合からみてゆこう．

(53) Si le trésor a [pour toi] de l'importance, alors la vie humaine n'en a pas. Tous ceux qui pensent comme toi **doivent** admettre ce raisonnement et compter leur vie pour rien puisqu'ils tiennent l'argent pour tout. [= (40)]

この例は，Dendale によると，3段論法の大前提 («Si le trésor a de l'importance, alors la vie humaine n'en a pas»)，小前提 («Ils tiennent l'argent pour tout») がともにあらわれているめずらしい例である．しかし，このような例がめずらしいこと自体，むしろ，6.2 節で見たような三段論法的な推論過程がほんとうに devoir の背後にあるのかを疑問に付す事象であるといえよう．そればかりか，devoir が推論をあらわすと考えるたちばにとって，もっとも典型的な例であるはずの (53) のような例においてさえ，かならずしも前提が推論の出発点になっているとは言いきれないと思われる．

この例では，devoir は，前節でもみたように，命題を排他的唯一性として提示すること，すなわち，「ほかの結論にはいたりようがない」ことをあらわしていると考えられる．Dendale のいう情報創出過程の考えかたでは，前提を出発点として推論をしたあと，複数の結論をなにか別の評価によって唯一にしぼりこんでいるかのように思われるが，そうではなくて，まさしく，ほかの結論にいたる可能性を排除するためにこそ，前提が役だっているのではなかろうか．じっさい，つぎの例も，

(54) La Presse de Londres n'a pas sur le monde la même action que celle de Paris : elle est en quelque sorte spéciale à l'Angleterre, qui porte son égoïsme en toute chose. Cet égoïsme **doit** s'appeler patriotisme, car le patriotisme n'est pas autre chose que l'égoïsme du pays. [= (34)]

一見したところでは，大前提 («Le patriotisme n'est pas autre chose que l'égoïsme du pays»), 小前提 («L'Angleterre porte son égoïsme en toute chose») がともに あらわれた「十全な推論」のように思われるかもしれないが，大前提からして すでに «...n'est pas autre chose que...» と，排他的唯一性を帯びていることから もわかるように，やはり，ほかの可能性を排除するためにこそ前提が役だって いると考えることが妥当であろう．

　また,「推論の出発点としての前提」というとらえかたに問題があるもうひ とつの理由として，前提とみなされるもののなかには，前提の真理性が結論へ と転移するといった，厳密に論理的な関係にあるものよりも，むしろ，そう思 わせるような手がかり，あるいは，間接的な兆候という程度のものが少なくな いことがあげられる．たとえばつぎの (55) は，Dendale が，三段論法の小前提 にあたるものだけがあらわれているとしている例であるが，

(55) Les Allemands de l'Est **doivent** avoir beaucoup souffert **si on en juge par** ce que cette famille est-allemande a subi. [= (2)]

　前提のようにとらえられている文脈上の要素は，«si on en juge par ... » によっ てみちびかれていることからもわかるように，じっさいには，印象的な判断の 手がかりであるにすぎないと思われる．そうした手がかりからして,「このよ うにしか思えない」というところをdevoir によってしめしているのである．
　つぎの例においてはどうであろうか．

(56) Les Français assurent qu'il n'ont vendu que quatre missiles Exocet aux Argentins. Ceux-ci en ont déjà lancé deux contre des navires anglais. Ils ne **doivent** plus en avoir que deux. [= (52)]

　算術的計算によって結論をみちびいていることから，厳密な意味での推論で あるかと思われるかもしれないが，さきにものべたように，ここでは，アルゼ ンチンがミサイルを2発をこえる数もっているという可能性をうち消すために こそ計算がなされているのである．ここでもやはり,「ほかの可能性の排除」 という本質的機能は通底していると考えられる．

(57) [文脈：病院で採血容器のとりちがえが判明したあと]
Mon nom fut recouvert par le sien sur les premiers tubes, et l'infirmière fit de nouvelles étiquettes pour couvrir les tubes marqués au nom de Margherita. On image quels

第 6 章 devoir の認識的用法について

malentendus aurait [sic] pu entraîner l'inversion. Le tiroir de la petite table sur laquelle on serrait le poing restait ouvert en permanence avec son coussinet de gaze vert-gris de poussière, son vieil élastique pour le garrot, et la seringue avec son tube de plastique flexible dans lequel s'acheminait le sang, trait par un système de pression sous vide. Je pensais souvent, en retrouvant ce matériel tout préparé, qu'il **avait dû** servir à mon prédécesseur, d'autant plus que l'infirmière n'avait pas l'air de se presser de le jeter à mon départ.　　　　　　　　(H. Guibert, *A l'ami qui ne m'a pas sauvé la vie*, p.258)

　(57) においては，前提的にとらえられる文脈的要素が，ふたつあらわれている．(i) まず，道具がいい加減におかれていたことが，引用のなかほどで述べられていて，(ii) さらに，devoir のかかる命題のあとでは，d'autant plus que によって，論拠とおもわれるものがみちびかれている．このうち，(ii) は，「ほかの可能性の排除」に役だっているものと考えられる．すなわち，「道具の使いまわしをしていないならば，わたしの番がおわったときに捨てようとするはずであるが，看護婦はそうはしていない」ということによって，道具の使いまわしをしている以外の可能性を排除しているのである．また，(i) は，推論の前提（あるいは，判断の根拠）というよりは，文中で ce matériel とまとめられている，「判断の対象」の描写にすぎないと考えられる．実例をみてゆくと，文脈にあらわれている状況は，判断の根拠というより対象である場合が多い．そうしたタイプの例を，次節でみてゆくことにしよう．

6.5.2. 推論の前提が示されていない場合
　まず，つぎの例からみよう．

(58) Inquiété par la menace que j'avais laissé sourdre lors de notre dernière entrevue, à savoir que je choisirais entre le suicide et l'écriture d'un nouveau livre, le docteur Chandi me dit qu'il ferait tout son possible pour ça, mais que la délivrance de AZT ne pouvait passer que par un commité de surveillance. Je rapportai cette conversation à Bill, après avoir déjeuné avec mon éditeur et passé l'après-midi à l'hôpital avec ma grand-tante, et Bill me dit : « Ils **doivent** avoir peur que tu revendes ton AZT, à des Africains par exemple. »　　　(H. Guibert, *A l'ami qui ne m'a pas sauvé la vie*, pp.59-60)

　ここでは，devoir のあらわれているせりふにさきだつ記述は，推論の前提というよりは，ils であらわされている医療関係者全般の描写であるにすぎない．

263

第2部　事例研究

すなわち，判断の根拠というよりは，むしろ，対象であると考えられる．このような場合はかなり多く，つぎの例もそれにあたる．

(59) Quand il revint de chez l'ophtalmo, Jules m'annonça qu'il n'avait pas de conjonctive mais un voile blanc sur la cornée, et que ce **devait** être une manifestation du sida, il avait peur de perdre la vue, et moi, devant sa panique, sans lui opposer aucun frein, J'étais prêt à me dissoudre sur place. (ibidem, p.165)

　　ce devrait と直示語 ce でさししめされているのは，前文脈にもあらわれているジュールの病状である．現象の提示から，その解釈にいたる談話の進行のなかにあって，前文脈にあらわれている状況は，やはり，判断の対象であると考えられる．そして，その判断のしかたは，「結膜炎ではなく角膜の白濁」という現象に対するものであることから，エイズ以外の可能性を排除することになっており，ここでもまた，「ほかの可能性の排除」という，devoir の本質的機能にかなっていることは明確である．

(60) [文脈：レストランで，ひと目があるので，エイズの話はできない]
Mais Bill n'avait que lui aux lèvres et, une fois les deux trois mots banals échangés sur le film, je décidai, malgré mon renoncement, ce qui était peut-être son abandon, de cuisiner Bill sur le sujet qui nous préoccupait pour des raisons différentes, et je l'abordai immédiatement de façon codée, le bombardant de questions : comment on fabriquait le Ringeding, et à partir de quel moment les Ringedings pouvaient prendre du Ringeding, nos voisins **durent** penser que nous étions des magnats de la drogue.
(ibidem p.194)

　　(60) では，「われわれの話すようすについて，となりの席のひとたちは，麻薬とりひきのもとじめだと思ったにちがいない」というように，まえにあらわれている描写は，判断の対象の一部として入っているといってよい．それでは，devoir のかかる命題の判断の根拠はどのようなものかというと，かなり薄弱であり，ほとんど根拠はないといってもよいであろう．こうした例に関して，なんらかの省略三段論法の大前提を再構築して記述しようとすることは，まったく意味のないことである．この例は，つぎの節であつかう例にちかづいてくるが，ほとんど根拠はなくても，発話者がかなり思いきってほかの可能性を排除している発話であり，その「ほかの可能性の排除」が，devoir によって標示されているのである．

264

第6章　devoirの認識的用法について

(61) Quand j'ai voulu me dégager de cette entreprise, en la dénonçant, il **a dû** se sentir démasqué, et craindre de perdre sa place de maître du jeu dans ce réseau de relations amicales qu'il a savamment tissés entre toi et moi, ton frère, Gustave, Chandi, et tout le petit clan, en confidant aux uns ce qu'il cachait aux autres. (ibidem, p.265)

　(61)では，ビルという友人に関する判断がくだされていることから，ふだんのつきあいから知っている彼の人格や，これまでの経緯が前提になっての推論であるとする解釈も不可能ではないが，明示的な文脈にはそうしたことはあらわれていない．すくなくとも，ビルに関する描写は，やはり判断の対象の一部をなしていると考えられる．

(62) Il avait l'intention d'installer un bureau à Paris qui traiterait ses affaires sur place, et directement, avec les grandes compagnies et il voulait savoir si j'étais disposé à y aller. Cela permettrait de vivre à Paris et aussi de voyager une partie de l'année. «Vous êtes jeune, et il me semble que c'est une vie qui **doit** te plaire.» [= (1)]

　(62)では，「若者はパリのような大都市が好きだ」というような，ステレオタイプ的な常識を大前提とする推論というとらえ方も可能ではあるが，ここでdevoirの使用にとって重要なのは，上司としてはムルソーをパリに赴任させたかったのであり，どうにかしてそれ以外の可能性を排除しようとしているということである．そのことがdevoirの本質的機能と相即しているからこそ，devoirがもちいられているのである．

(63) **Léa**. Je n'aurais pas dû te dire brutalement comme ça !
Blanche. Oh, si, c'est mieux !
Léa. Tu **dois** me détester, non ?
Blanche. Toi, non ! Mais c'est lui ! Mais il est fou, ce type, hein !
　　　　　　　　　　　　　(E. Rohmer : *L'Ami de mon amie*, p.77)

　(63)では，レアは自分が相手にいったことやその言いかた，それに対するブランシュの反応や表情などから，「ブランシュが自分を嫌っているとしか思えない」という，排他的唯一性をみちびき出しているのである．しかし，これも推論というには距離があって，こうした例に対しても，大前提を想定する分析をこころみることは困難である．それでも，あらわれている命題に応じて，大前提をむりやり再構築することも不可能ではないかもしれないが，アド・ホッ

265

クな分析といわざるを得ない．この例では，発話者は，相手のようすをみているとはいえ，実はこれといった根拠もなくきめつけているのではなかろうか（そのことは，«non?»という付加疑問にもあらわれていると思われる）．この点は，つぎの節でみる例とつながってゆく特徴である．

6.5.3. 推論過程の存在自体がうたがわしい場合

以下では，推論過程の存在そのものがうたがわしく，むしろ発話者の「決めつけ」によって，ほかの可能性を排除し，必然性が構築されている場合があることをみてゆく．

(64) J'affichais le plus grand détachement, sérénité et émotion devant ce beau conte de fées. Je lui dis : «Ça **a dû** être un moment très bouleversant... C'est peut-être toi qui lui as fait l'injection ?»　　　(H. Guibert, *A l'ami qui ne m'a pas sauvé la vie*, p.281)

この例では，事態と，それを経験した者の感情とのあいだの，漠たる常識的な結びつきが背景になっているといえるかもしれないが，それよりは，単なる当てこみ，決めつけがなされていると見たほうが自然であろう．後続文で，そのときの状況を質問しているくらいであるから，発話者にあっては，devoir で示した内容をじゅうぶんに推定しうるほどの根拠も，とぼしいと考えられる．直接の根拠はなくても，発話者が，いわば「ちからづく (coup de force)」で，ほかの可能性を排除しているのである．ここにいう「ちからづく」とは，ある種の拡大使用ということであり，そこまでは言えないことを無理やりに言いきってしまっているという点で，「誇張法 (hyperbole)」として解することができる．その意味では，Kronning (1996, p.74) が devoir の認識的用法に想定した「弱化 (affaiblissement)」ということは不適当であり，むしろ Sten (1954, p.264) のいう「誇張 (exagération)」というとらえかたのほうがよいと思われる．しかし，誇張法によって達せられるものであるとはいえ，「ほかの可能性の排除」であることにはちがいなく，devoir は，まさにその「ほかの可能性の排除」をあらわすことから，ここで用いられているといえる[13]．

(65) [文脈：コンクリートの，いかにも無機質の近代建築の集合住宅にまねき入れられて言う]

---

[13] この節であつかっているタイプの用法は，柏野 (2002, p.136) が英語の法助動詞 must の認識的用法についていう「とっさの判断」をあらわすということと，結果的解釈の点では類似している．柏野は，つぎのような例において，

第6章　devoirの認識的用法について

Léa. Pfff, dis donc, ça **doit** être triste, hein, de vivre ici...
Blanche. Oh non ! Tu sais, je me sens moins seule ici, dans un grand immeuble, que dans une petite maison, hein...　(E. Rohmer : *L'Ami de mon amie,* p.25)

　この例でも，推論説によるなら，家の特徴から，そのに住む感覚へといたる，漠たる常識的結びつきが大前提になっているということになりそうであるが，ほんとうにそんな前提はあるのか，という疑義がのこる．命題の身のたけに応じて，背景的知識を大前提として再構築してゆけば，その場の説明にはなるかもしれないが，三段論法的な推論にとらわれるあまり，無数にそんなものをふやすことは，きわめて不合理である[14]．それに対して，devoir のなかに推論をみるのではなく，(この節でみている例に関しては誇張法的な)「ほかの可能性の排除」をみる本書の考えかたによれば，こうした場合についても，ほかの場

(i) She was about to step into the hot water when she heard someone calling her name. It **must** be room service, she thought. (K. Follett, cité dans 柏野 2002, p.134)
じゅうぶんな証拠もなく must をともなった発言がなされていることに注目している．しかし，柏野の想定する must が「とっさの判断」をあらわすにいたる道すじは，devoir が「決めつけ」の価値をもちうる過程とはまったくことなっている．柏野は，Leech (1987) や Westny (1995) の主張をうけついで，英語の認識的 must は，話し手による推測を示すが，証拠は明白であってもなくてもよいとし，それに対して，かならず明白な証拠のある推論を示すのは have (got) to であるといっている (柏野 2002, p.132)．それをさらに押しすすめて，「とっさの判断」を示すことこそが認識的 must に本来的な機能であって，実際に確かな証拠のある判断に must がもちいられる場合は，決めつけたような感じを排除するための，語用論的な「控えめ表現 (understatement)」であるとしている (ibidem, p.141)．しかし，フランス語においては，英語における must と have (got) to との競合にあたるようなものがないことからも，かなり事情がちがっていることは当然のことである．フランス語において devoir が「決めつけ」をあらわしうるのは，「控えめ表現」とは正反対の「誇張法 (hyperbole)」によるものであって，devoir の本義はあくまでも「ほかの可能性の排除」という強いタイプの存在的モダリティであると考えられる．

14 この点に関しては，註9でふれた「言語内論証理論」の最近に進展においても類似の考え方がある．それはとくに，従来，論証の前件から後件への移行を可能にする言語外的知識として想定されてきた「トポス topos」の概念を破棄したことである．言語内論証理論を紹介する喜田 (1996, p.59) はつぎのようにいっている．「ある論拠に接続可能な結論は，現実には際限がない．Max est riche という論拠の可能な結論は，il est donc très occupé / il a donc des problèmes / les célibataires lui courent après / il peut faire de la linguistique など，枚挙に暇がない．論証構造が観察されるところにはかならずトポスがある，という考え方を字義通りに取れば，riche という語の中に上記のような構造を全て可能にするトポスが無数にストックされている，と言わざるを得ないが，これでは理論的に破綻する」

第2部　事例研究

合と一貫して理解することができるのである．すなわち，発話者であるLéaは，「こんなところに住むのは，さびしいことであるという以外の可能性はない」という判断をくだしているのであり，その意味でも，「ほかの可能性の排除」は貫徹しているのである．

(66) *La voix*. A la peur des grosibous [= grand-duc] et des bruits de la nuit succéda alors la peur que mon père ait découvert ma lettre et surtout qu'il en ait parlé a ma mère.
Lili. Fan de lune, la chambre est allumée !
Marcel. Ils **doivent** être en train de s'habiller.
Lili. Alors, peut-être qu'ils n'ont rien vu. (M. Pagnol : *La gloire de mon père*, p.53)

　(66) でも，devoir が用いられているのは，まったくの決めこみでしかなくて，「こうに決まっている」「それ以外ではない」と，いきおいで言ってしまっているような感がある．Dendale (2001, p.13) のいう，「注意深い，あるいは困難な，真実の探究 (quête soigneuse ou pénible de la vérité)」からはほど遠い．こうした例においては，根拠はなくても，発話者が，「ちからづく」でほかの可能性を排除していると理解することが適当であると思われる．しかしそういう例に関しても，devoir の本質的機能を「ほかの可能性の排除」であるとする本書の観点によれば，うまく説明することができるのである．

(67) **Léa**. Et toi, tu me reconnais?
Blanche. Oui, tu as un peu bronzé, c'est tout.
Léa. Eh bien, toi aussi. C'est ça qui **doit** te changer. Tu es allée te baigner?
Blanche. Oui, j'ai fait un peu de planche. (E. Rohmer : *L'Ami de mon amie*, p.66)

　(67) においても，推論というよりは，発話者による決めつけがなされていると思われる．命題内容に直接の根拠などなく，さしあたり思いいたることはそれだけであるという程度のことでしかない．
　ここで疑問が起きるかもしれない．この「それしか想起しない」ということもまた，それ自体ある種の「唯一性」であることから，「ほかの可能性の排除」の図式からの派生の限界的可能性としてありうると考えられないわけではないが，「ほかの可能性をたてておいたうえで，それを意識的にしりぞける」という，前述の devoir の本質的機能とはかなり違うのではないかという疑問である．

第6章　devoirの認識的用法について

たしかに，決めつけるタイプの例においては，発話者は，具体的にほかの可能性を想定して，それをしりぞけるという過程をふんではいないといわざるを得ない．そして，程度の差ではあるが，この点はとくに(67)において目だって認められる点であるように思われる．

しかし，「ほかの可能性の排除」という操作を実際上していないにもかかわらず，あたかもその操作をおこなったかのように語ってしまう強引さが，決めつけの決めつけたるゆえんであるともいえるのではなかろうか．実際には順を追ってはいない操作を，あたかも実行したかのように語るところに，まさしく「誇張法 (hyperbole)」によって乗り越えられるへだたりがあるのである．その意味で，このタイプの例での，厳密な意味での「ほかの可能性の排除」の不在が，かりに，本質的機能からの「逸脱」ととらえられるものであるとしても，その逸脱は，語用論的なレヴェルで起きていることなのであって，devoirの意味論には直接影響しない派生的現象であると考えられる．

以上，この節では，「決めつけ」ととらえられる例をみてきた．おわりにつけくわえると，この事例にあたるのは，会話文で，それも遠慮をおかないスタイルの話しかた(多くはたいへん親しいものどおしの対話)であるということも，誇張法的表現をもちいても丁寧さ(politesse)の点で不適切な場面ではないという意味で，誇張法とする説の傍証にはなると考えている[15]．

---

[15] フランス語は，とくに口語では，誇張法的な表現を好む傾向があるように思われる．たとえば，地下鉄駅で，電車を10分くらいしか待っていなくても，«Sur cette ligne, les trains n'arrivent jamais.»と言ってしまうような表現のしかたである．これはまた，日本語が直喩的表現を使うところで，フランス語は隠喩的表現を使うことが多いという現象にもあい通じるように思われる．日本語では，たとえば，「バケツをひっくりかえした<u>ような</u>雨」というところで，フランス語では，«Il pleut des cordes (綱がふっている)»というのも好例であろう．これらをくらべると，直喩よりも隠喩のほうが，たとえをたとえとして明示するマーカーがないぶんだけ，誇張法的な表現であると思われる．あるいは，罵詈として，日本語では，あだ名として定着しているときをのぞけば，ひとをたんに「豚」というよりは「豚<u>野郎</u>」のようにいうことのほうが多いが，フランス語では un cochon (豚) とだけいう (大久保朝憲氏の個人談話より)．それどころか，«C'est un vrai cochon.»というように，隠喩を隠喩でさえないかのようにさえいってしまう慣用があり，これはさらに誇張法的であると思われる．認識的 devoir の「決めつけ」的に用いることも，フランス語のこうした表現方法の傾向と同列に，誇張法の一環としてとらえることができるのではなかろうか．ただし，上記の例文における vrai の機能は，さらに深く考察されるべきものがある．たとえば，Tamba (1991) は，隠喩表現にともなう vrai などの表現を，«*littéralement, vrai, véritable* etc. renforcent l'exactitude d'une interprétation figurative» (ibidem, p.26) としている．しかし，vrai は，Tamba が tout, entier などの別のマーカーにみとめる誇張 (exagération ; idem) をあらわすとみることもできるのではなかろうか．さらに，vrai の分析については，Okubo (1997) が示唆的である．

6.6. devoir の認識的用法と条件法

　この節は，つぎの(68)，(69)の例にみられるように，devoir の認識的用法が，条件法におかれたときの機能について論ずることを目的とする．

(68) «La femme de journée **devrait** être là d'un moment à l'autre et, d'après ce qu'elle m'a dit hier soir, Maman ne tardera pas non plus. Tâche d'avaler quelque chose, quand même.» (H. Bazin, *Cri de la chouette*, p. 276)
(69) Il est cinq heures de l'après-midi, la fête **devrait** battre son plein.

(G. Bienne, *Les jouets de la nuit*, p.95)

　これらの例文に関するかぎりでは，つぎの(68')，(69')のように，自然さをそこなうことなく条件法を直説法に入れかえることができる．もちろん，入れかえが可能であるからといって，devoirがそれらふたつの叙法におかれた場合に違いがないというわけではないが，その差異はかなり微妙であることがうかがわれる．

(68') La femme de journée **doit** être là d'un moment à l'autre et, d'après ce qu'elle m'a dit hier soir, Maman ne tardera pas non plus.
(69') Il est cinq heures de l'après-midi, la fête **doit** battre son plein.

　両者の微妙な意味効果の差異については，すでにDendale (1999, 2000) などで記述されているものの，それらの意味効果をどのように説明するかという点では，まだ満足のゆく結果は得られていないように思われる．とくに，devoirと条件法といった形式が，多様な用法のなかで共通して果たしているとみとめられる，本質的機能がどのようなもので，それらの本質的機能から，さまざまな意味効果がどのようにみちびき出されてくるかを見とおすことができるような説明をこころみなければ，多かれ少なかれその場かぎりの説明ということになってしまうであろう．以下では，Dendale (1999, 2000) に対する批判から出発して，問題となっている形態のさまざまの意味効果を，これまでにおこなった条件法やdevoirの本質的機能に関する考察と整合的に説明できるような方途をさぐってゆきたい．
　なお，以下，簡便のために，直説法におかれたdevoirをdoit，条件法におかれたdevoirをdevraitという形態で代表してよぶことにする．

6.6.1. doit / devrait の意味効果と使用制約

この節では，Dendale (1999) によるまとめにしたがって，doit と devrait の意味効果と使用制約を見ておくことにする．

6.6.1.1. まず，伝統的にいわれてきたことであるが，devrait は，doit にくらべて「確信度 (degré de certitude)」が低い[16]．直観的に，(70) は (71) よりも，不確かであると感じられる．

(70) Si les conditions sont bonnes, la toute nouvelle piste des Arcs, tracée spécialement pour les Jeux, **devrait** permettre – cela a été calculé par l'ordinateur – de frôler les 240.
(*Nouvel Observateur,* cité dans Dendale 1999, p.19)

(71) Si les conditions sont bonnes, la toute nouvelle piste des Arcs, tracée spécialement pour les Jeux, **doit** permettre – cela a été calculé par l'ordinateur – de frôler les 240.
(Dendale 1999, idem)

6.6.1.2. devrait は，状況の操作，準備を含意することがある．

(72) [La fenêtre est restée ouverte toute la soirée et la lumière allumée]
　a. Il **doit** y avoir beaucoup de moustiques dans la chambre.
　b. Il **devrait** y avoir beaucoup de moustiques dans la chambre. (idem)
(73) [On sonne à la porte]
　a. Ça **doit** être le facteur.
　b. Ça **devrait** être le facteur. (idem)

(72 b) では，話者が故意に窓をあけはなして，明かりをつけっぱなしにしていたという含意があるのに対して，(72 a) ではそのような含意はない．(73 b) には，あらかじめ郵便屋さんと約束していたような含みが感じられるが，それが (73 a) にはない．

6.6.1.3. devrait の場合は，言われたことの確認がただちになされるという印象がある．たとえば，(74 b) を発する話者は，(74 a) の話者よりも，油田の掘削

---

16 「確信度」という概念は，さまざまな研究でことなった意味でもちいられており，ともすると混乱のもとになるので，慎重なあつかいが必要な概念である．しかし，(68), (68') ; (69), (69')の比較にかんするかぎりでは，発話者・対話者が感じる，命題内容の蓋然性の高さの度合いの差であるといってよいであろう．

をちかいうちにこころみるように感じられる.

(74) a. Il **doit** y avoir du pétrole ici. (Dendale 1999, p.20)
　　b. Il **devrait** y avoir du pétrole ici. (idem)

6. 6. 1. 4. devrait をもちいると，なんらかの時間的なずれがあるように感じられる.

(75) [Un biologiste en pleine manipulation génétique pourrait s'écrier, enthousiaste, à propos de ses créations]
Celui-là **devrait** être un incectivore! (idem)

　時間的なずれは，(75) においては，現在の遺伝子操作と未来の結果とのあいだにあるが，(73 b) のように，過去の前提と現在の結果とのあいだにあることもある.

6. 6. 1. 5. devrait をもちいると，ひきだされる結論に対する話者の関与，関心が強いと感じられることがある．たとえば，(74) の場合がそうである.

6. 6. 1. 6. Dendale (1999, p.21) によれば，devrait はおもに未来の事行にかかわるものであり，現在の事行にかかわる例には使用制約があるという.

(76) [En classe]
　a. Cet étudiant **doit** être intelligent. (idem)
　b. Cet étudiant **devrait** être intelligent. (idem)

　(76 a) は，たとえば学生の教室での発言(より一般的には，発話時点に収集される情報，すなわち，prémisses «in præsentia») を根拠にしている場合にもいうことができる一方で，たとえば，学生に関する書類をみながら (prémisses «in absentia») いうこともできる．それに対して，(76 b) を発することができるのは，後者のような状況にかぎられる.

(77) [A propos d'un individu qu'on surprend l'oreille collée à la porte]
　a. Ça **doit** être un psychopathe. (idem)

b. # Ça **devrait** être un psychopathe. (idem)
(78) [A propos d'un passant]
   a. Quelle antiquité ! # Ce type **devrait** avoir dans les 80 ans au moins. (idem)
   b. **A en juger par son allure**, ce type **devrait** avoir dans les 80 ans au moins.
(ibidem, p.22)

　(77 b) や (78 a) は，それぞれ，かかげられた文脈のなかでは，不自然な発話文であるが，それらの不自然さの背景にも，prémisses «in præsentia» と prémisses «in absentia» の区別がある．

　一方，(78 b) のように手をくわえると，devrait もふたたび自然になる．そこで付加されている à en juger par son allure は，Dendale の説では，のちにみる「有効性のわく (cadre de validité)」の明示的なあらわれであるという．

　Dendale は，(78 b) のように「有効性のわく」が表現のレヴェルでも明確にあらわれている例だけでなく，推論をあらわす devrait 全般に「有効性のわく」を見ようとしており，それを devrait の特質に関する説明の中心においている．以下，その説明について検討してゆくことにしよう．

6.6.2. 従来の説明とその問題点

　Dendale (1999) もふくめて，先行研究では，devrait が doit より確信度が低いという印象を，「条件づけられた推論 (inférence conditionnée)」(Tasmowski et Dendale 1994, p.50)，「仮定的関係 (relation hypothétique)」(Kronning 1996, p.40) など，「有効性のわく (cadre de validité)」(Tasmowski et Dendale 1994, p.49) となる潜在的仮定にむすびつけて説明する考えかたが多い．その潜在的仮定とは，メタ言語的には，«Si les données ne se révèle pas m'avoir trempé, ont été bien interprétés... » (Tasmowski et Dendale 1994, p.51) / «Si toute les données pertinents ont bel et bien été prise en compte... » (Dendale 1999, p.23) のようにあらわされるものであり，devrait のしめす結論の有効性にかかる「条件」である．

　その条件はときおり，normalement, en principe, en toute logique などの副詞類で凝縮的に示されることがあり (cf. (79))，また (78 b) のように明示される場合もある．

(79) Nous allons faire le tour du monde dont je rêve depuis longtemps. Notre voyage **devrait normalement** commencer au début d'avril.
(Tristan, cité dans Kronning 1996, p.140 et Dendale 1999, p.18)

第2部　事例研究

　Dendale (1999, pp.23-25) は,「有効性のわく」から出発して, devrait のいくつかの意味効果を, つぎのように説明しようとしている.

　まず, devrait が doit より確信度が低いこと (6.6.1.1.) は, 前者の意味作用にだけ存在する,「可謬性 faillibilité」(«Si les données ne se révèlent pas m'avoir trompé / Si toute les données pertinentes ont bien été prises en compte») に起因する. (78 b) では, 可謬性の明示により条件法の容認度が改善している. 可謬性があるのは, (i) 言語外的状況からしてただちには真偽確認ができない場合, すなわち, prémisses «in absentia» にもとづく結論である場合 (cf.(11)) か, (ii) 話者がだす結論がよって立つ有効性のわくに明示的に言及している場合 (cf.(78)) である.

　可謬性に言及するということは, 話者が, 自分の言っていることの真偽に意識的にかかわっているということであり, そこから話者の関与・関心のニュアンス (6.6.1.5.) も説明できる. さらに, その関心から, 話者がすぐにでも確認したがっているという感覚 (6.6.1.3.) もでてくる.

　時間的なずれ (6.6.1.4.) は, 条件法が, prémisses «in absentia» をもつことに由来する. さらに, Kronning (1996) があらゆる devrait に想定する条件節, とくに «si tout se passe comme prévu» (cf. (80)), «s'il n'y a pas entre-temps d'obstacle ou de contretemps» (cf. (81)) も, 前提の発動とその結果の確認とのあいだの間隔を生む.

(80) **Si tout se passe bien et si les vents ne sont pas contraires**, la flotte anglaise, forte d'une quarantaine de bêtiments, **devrait** s'approcher des îles Falkland aux alentours des 20 et 21 avril. (*Nouvel Observateur*, cité dans Dendale 1999, p.8)

(81) **A moins d'une surprise**, la résolution de la direction […], conçue de telle sorte qu'elle laisse au chancelier et aux partis une marge de manœuvre raisonnable, **devrait** remporter une majorité au congrès.

　　　　　　　(*Le Matin*, cité dans Kronning 1996, p.139 et Dendale 1999, p.25)

　以上のような説明のしかたに対しては, すでに第5章で批判した.「有効性のわく」の考えかたは, 条件法全般に仮定節が潜在しているとして, それを再構してみせるという, 伝統的におこなわれてきた分析[17] とあい通じるものであるが, もとより, いたるところで «Si les données ne se révèlent pas m'avoir trempé / Si toute les données pertinentes ont bien été prises en compte» のような潜在

17　この分析は,「条件法 mode conditionnel」という名称のもとになったものでもある. その経緯に関しては, Yvon (1952) を参照のこと.

第6章　devoir の認識的用法について

的仮定をみることは困難であり，また，伝統的におこなわれてきた仮定とのかかわりでの解釈よりもさらに限定的なタイプの仮定であるため，その射程はかぎられ，他の用法とのかかわりにおいて，条件法を統一的に理解することをさまたげるものである．

じっさい，Dendale (1999) の条件法の理解のしかたは，時制的用法 (過去における未来)，仮定的用法，緩和的用法，引用的用法の4つにわけて，それらをいわば同型異義のようにあつかう方法である．devrait においても，そのように分類されたうちのどの用法の条件法が devoir と組みあわさっているかという問題設定をしている．そして，時制的用法，緩和的用法との組みあわせをみとめる一方で，推論をあらわす devrait に関しては，仮定的用法 (の一種) との組みあわせであるとしている．しかし，この接近法は，条件法のどの用法が devoir と組みあわさっているかがいかに画定でき，その組みあわせがなぜ可能なのかを説明できないかぎり，説得力がない．

たとえば，引用的用法に関して，«lorsque *devoir* est mis au conditionnel, celui-ci ne sera jamais intereprété ni interprétable comme un conditionnel de citation» (Dendale 1999, p.16) といっているが，根拠はとくに示されていない．かりに用法ごとのとらえかたをみとめるとしても，devoir と引用の条件法との組みあわせを排除することは，誤りであるとおもわれる．

その論点は，つぎのような実例を，全体的な文脈のながれを考えながら観察すればわかりやすい．

(82) Ces nouvelles satisfaisantes coïncident avec la publication par l'Ifo de Munich, l'un des six grands instituts de conjoncture, de précisions économiques optimistes qui rejoignent celles - récentes - du Hwwa, un autre institut basé à Hambourg. Le produit intérieur brut (PIB), **selon l'Ifo**, **devrait** croître de 2 % en 1994 et de 3 % en 1995. Tirée par les exportations, la reprise *irait* de pair avec une inflation assagie. L'inflation *reviendrait* à 2,5 % l'an fin 1994, rythme qu'elle *conserverait* en 1995 tandis que le chômage *se stabiliserait*. Dans la partie ouest de l'Allemagne, il **devrait** toucher 8,4 % de la population active en 1994 et 1995, contre 8,3 % actuellement.

(*Le Monde*, le 6 août 1994)

このなかで，ふたつの devrait の生起は，斜字体にしたほかの条件法の生起 (4か所) と同等に，Ifo という経済研究所による一連の予測の連続性のなかにおか

れており，devoir もまた，Ifo の言説であることが作用して条件法におかれていると考えるほうが，devrait だけを「引用の条件法」(本書の用語では，「他者の言説をあらわす条件法 conditionnel du «discours d'autrui»」) ではないとして別あつかいするよりも，はるかに自然である．したがって，この例における devrait は，他者の言説をあらわす条件法の最たるものであると考えたい[18]．

さて，以上でみてきたように，用法分類による理解のこころみには，おのずから限界があることから，第5章では，他者の言説をあらわす用法をふくめて，条件法の機能を包括的に説明できると思われる仮説を提起した．本章であつかう devrait に特有の機能を理解するうえでも，その仮説は有効であると思われる．

6.6.3. 条件法の機能に関する仮説からの説明

以下では，devrait の実例を観察しながら，第5章で提唱した，他者の言説をあらわす用法における条件法の機能に関する仮説，および，条件法全般に対して有効な，条件法の本質的機能に関する仮説による説明をこころみてゆくことにする．それらの仮説をここに再掲しておこう．

(83) **他者の言説をあらわす条件法の機能に関する仮説**

この用法において，条件法は，他者の言説の連続性，ひいてはそれに表象される事態の連続性を，総体的に前提とし，条件法におかれた動詞の事行を，その連続性のなかに位置づけることを要求する．

(84) **条件法の本質的機能に関する仮説**

条件法は，本質的に，現行の発話文連鎖 (およびそれに表象されることがら

---

[18] この例は，Ifo という機関の発表をつたえているものであるが，第5章でものべたように，「他者の言説をあらわす条件法」というカテゴリーには，個人の発言以外に，組織・機関の発表をつたえるものもふくまれる．さらには，具体的な人物・機関のみならず，とくに具体的な情報源が明示されていなくても，一定の分析や予測，考えかたなどといった抽象的な源泉に依拠しているときでもまったく同様に，条件法は当該の発話内容を示すことができることから，そうした抽象的な源泉による場合も，「他者の言説をあらわす条件法」として同等のあつかいをするべきであると考える．たとえば，つぎのような文例をみれば，

(i) [ロシア経済の動向について] **Un autre vice-ministre des finances, Sergueï Ignatiev, a indiqué que selon son estimation personnelle,** l'inflation, qui est descendue au début de l'été à environ 5 % mensuels, devrait remonter légèrement à l'automne, pour s'établir «entre 8 % et 10 % en octobre». (*Le Monde*, le 17 août 1994)

のべられている内容の源泉は Sergueï Ignatiev であるとも，son estimation personnelle であるともいうことができ，この用法の条件法としては具体的源泉と抽象的源泉とのあいだで無差別に機能していることが察せられる．

第6章　devoir の認識的用法について

の展開)の連続性とは異なる連続性を前提とし，条件法におかれた動詞の事行を，後者の連続性のなかに位置づけることを要求する．

　実例をみてゆくと，(6.2.節でみた Dendale の考えとはちがって)他者の言説のわく内にあることによって devoir が条件法におかれている場合が意外と多いことに気づく．すなわち，仮説(84)のなかに1ケースとして包摂される(83)だけでも説明できる場合である．以下では，仮説(83)および(84)にいう「連続性」が，どのようにあらわれているかを文脈的に観察してゆくことにより，これらの仮説が devrait に対しても有効であることを検証してゆきたい．

6. 6. 3. 1. まず，条件法の複数の生起が文脈上連鎖している例から検討してゆこう．

(85)[あたらしいワクチンの治験について] On **devrait** avoir des résultats presque définitifs six mois plus tard, c'est-à-dire à la rentrée, à la suite de qui, s'ils sont aussi favorables que le laissent présager ceux de la tranche 2A, on devrait mettre en place sur la France une expérimentation de ce genre, qui devrait permettre, disait Bill, de repêcher des gens comme Eric, ou comme ton frère à toi Robin.

(H. Guibert, *A l'ami qui ne m'a pas sauvé la vie*, p.186)

　(85)では，devrait の3つの生起がみられるが，後半に disait Bill とあることからわかるように，ワクチンの治験にまつわる(推測まじりの)手順に関する，Billによる説明が devrait の連鎖によって示されている．したがって，この例は，devrait が他者の言説をあらわす条件法におかれていると考えることができ，(83)の仮説に沿って説明することができる．すなわち，たとえば，«On devrait avoir des résultats presque définitifs...» という(予想的)事態は，devrait のほかの生起とあいまって，あくまでも Bill の一連の言説の連続性，そして，それに表象される一連の治験の手はずの流れのなかにおいてこそ意味をもちうるものである．

(86) Ces nouvelles satisfaisantes coïncident avec la publication par l'Ifo de Munich, l'un des six grands instituts de conjoncture, de précisions économiques optimistes qui rejoignent celles - récentes - du Hwwa, un autre institut basé à Hambourg. Le produit intérieur brut (PIB), **selon l'Ifo**, **devrait** croître de 2 % en 1994 et de 3 % en 1995. Tirée par les exportations, la reprise *irait* de pair avec une inflation assagie. L'inflation *reviendrait* à 2,5 % l'an fin 1994, rythme qu'elle *conserverait* en 1995 tandis que le

277

chômage *se stabiliserait*. Dans la partie ouest de l'Allemagne, il **devrait** toucher 8,4 % de la population active en 1994 et 1995, contre 8,3 % actuellement. [= (82)]

(86) では，devrait のふたつの生起は，6.6.2. 節でもみたように，Ifo という経済研究所による一連の予測の一環として，関係する事行を提示している．«Le PIB devrait croître...», «il devrait toucher 8,4 % de la population active ...» という事態は，斜字体でしるした，ほかの条件法の生起とともに，経済動向の予測が構成する連続性 (すなわち，その予測にふくまれる各事象のあいだの因果関係や時間的前後関係によってもたらされるテクストの結束性，言説のイゾトピー) のなかに位置づけられるものである．Devoir が条件法におかれているのは，まさしく，その連続性のなかへの事行の位置づけのためであり，(83) の仮説によってうまく説明できる例であるといえる．

(87) [ヨーロッパの報道業界の市場開放について] Le groupe de Gütersloh estime que la part de marché autorisée ne **devrait** pas être inférieure à 30 %, ce qui lui **laisserait** les coudées franches pour élargir son influence en Allemagne.

(*Le Monde*, le 26 septembre 1994)

(87) では，devrait は単独で生起しているが，ほかの条件法 (laisserait) があり，それとの連鎖におかれている．それらの条件法の生起は，«le groupe de Gütersloh» が市場の開放に関して予想する一連の言説の一環として，各事行を位置づけるはたらきを果たしているものと考えられる．この文は，que... 補足節をもつが，主節の動詞は現在形であり，いわゆる時制の照応による時制的条件法ではない[19]．従属節 (補足節) 中にあらわれているか否かという統辞論的な差異を超えて，こうした条件法も，「他者の言説をあらわす条件法」としてあ

---

[19] 相対時制のひとつとされる時制的条件法は，que... 補足節のなかでは，いわゆる時制の照応によって出てくるものとされるが，(87) のような例をみると，補足節中の条件法が，かならずしも時制の照応というメカニズムとはかかわりなく出てきているように思われる．それでは，このような例を時制的条件法から除外すればこと足りるのであろうか．そうではないと思われる．そもそも que... 補足節は，間接話法においてもちいられるものであり，時制の照応の規則にしたがっているように見える例であれ，(87) のような例であれ，ひろい意味での「他者の言説をあらわす条件法」としてとらえると共通してあつかえるように思われる (第 5 章では，時制的条件法を，ひろい意味での「他者の言説をあらわす条件法」にふくめることを提唱した)．Berthonneau et Kleiber (1997) は，半過去に関する考察であるが，時制の照応の規則の存在そのものをうたがっており，補足節中にあらわれる半過去を，時制の照応による «変換» を介することなく，直接的に説明しようとこころみているという意味で，本書筆者の補足節中の条件法のあつかいと方向性をおなじくする．

第6章　devoir の認識的用法について

つかうと，これまでにみてきた例と同様であると理解することができる．

6. 6. 3. 2.　つぎに，devrait, そして条件法の生起は単独である例をみてゆくことにしよう．あらかじめ論点をあきらかにしておくと，たとえ形態的に明示された生起のレヴェルでは「単独」であっても，devrait がもちいられている場合には，その背景に，仮説 (83) のタイプの，他者の言説の連続性であれ，(84) のような，よりひろい意味での「異なる連続性」であれ，なんらかの独特の脈絡を読みとることができる，ということである．

(88) A Paris, la consigne officielle est claire : la crise asiatique est grave, certes, mais elle ne **devrait** avoir qu'un impact limité sur la croissance française. **C'est le message que martèlent inlassablement les membres du gouvernement,** à commencer par le ministre de l'Economie et des Finances, Dominique Strauss-Kahn. A l'appui de leur thèse, le fait que le commerce avec la zone Asie-Pacifique ne représente qu'une petite partie des exportations françaises — entre 5 et 6,7 % selon les sources.

(*Libération,* le 13 décembre 1997)

(88)では，後続文に C'est le message... とあることからわかるように，経済金融省をはじめとする政府関係者の言説の一環として，経済予測の内容が提示されており，devoir が条件法におかれているのも，その想定される一連の言説の連続性のなかに，予測的事態を置くためであると考えられる．すなわち，仮説 (83) の射程にはいる例であるといえる．

つぎに見る例も同様の例である．

(89) Deuxième crainte, à moins court terme : l'effondrement des monnaies va rendre les produits asiatiques bien meilleur marché. Exemple : le won coréen ayant baissé de 50 % environ, il faut s'attendre à une chute des prix des automobiles (Kia, Samsung et autre Hyundai...). Les prix ne baisseront pas pour autant de 50 % : en effet, la plupart des biens exportés par la Corée du Sud sont fabriqués grâce à des produits eux-mêmes importés... Or, la chute du won a mécaniquement renchéri les importations. L'un dans l'autre, les prix des automobiles coréennes **devraient** baisser de 20 %, **estiment les experts**. Sans attendre, Daewoo a lancé « le mois du blanc » en France, à grand renfort de publicité. (*Libération,* le 13 janvier 1998)

279

第2部 事例研究

(89) では，devraient のかかわる命題 < les prix des automobiles coréennes – baisser de 20 % > は，(les experts とあらわされている) 専門家たちの，経済動向を予測する言説の連続性，そして，その予測のなかにあらわれる事態間の連続性の脈絡のなかにおいてこそ意味をもつものである．その連続性，脈絡とは，この (89) の例に即してより具体的にいうと，全文脈に明示されているふたつの与件的，原因的事態 (すなわち，「ウォンの為替価値の50 % 低下」と，それにともなう「材料輸入価格の上昇」というふたつの事態) があわさったところから出発して，「韓国車の価格の20 % 低下」という予測される結果へといたる，概念的・時間的前後関係である．

(90) En Chine, pour l'instant épargnée par la crise, ce sont 11 millions de personnes qui **devraient**, selon des prévisions officielles, perdre leur emploi en 1998 du fait de la réforme des entreprises d'Etat. (*Libération,* le 9 janvier 1998)

(90) においては，devraient は，prévisions officielles とあらわされている「他者」の言説[20] がもつ連続性のなかへと，devraient のふくまれている内容を位置づけるはたらきを果たしている．その連続性とは，(89) におけるほどは明示されていないが，du fait que... 以下に原因のひとつがあらわれており，それをふくめた諸状況 (政策のみならず，背景となるいっそう全般的な経済状況) の脈絡のことである．
つぎに見てゆくのは，(83) の仮説の範囲には入らないが，(84) の仮説で説明できるタイプのdevrait の例である．

(91) L'objectif du gouvernement [égyptien] est de parvenir à un taux de croissance de 7 à 8 % qui, seul, permettrait d'absorber les 500 000 jeunes qui, chaque année, arrivent sur le marché du travail. Ce défi est le plus important qui attend l'Egypte dans les années à venir. Seul un afflux de capitaux étrangers **devrait** permettre d'atteindre un tel but. (*Libération,* le 18 novembre 1997)

この例はどのように考えればよいであろうか．伝統的分析 — 実は Dendale (1999) もその延長線上にあると考えられるのであるが — によると，主語 un afflux de capitaux étrangers のなかに，潜在的仮定を読みとって，その仮定に対する叙述を条件法があらわしていると考えることになるであろう．その分析も，

---

20 こうした例を他者の言説とみなすことについては，註 18 をふたたび参照.

第6章　devoir の認識的用法について

もちろんアプリオリに排除されるわけではないかもしれないが，こうした devrait も，もし，これまでみてきた例と同様に理解できるとすれば，説明としてはより斉一的であり，好ましいと思われる．そして実際，この例においても，devrait の生起こそ単独であるものの，やはりその背景には，概念的に一定の脈絡があると考えられる．すなわち，devrait のふくまれる文に即していえば，外国資本の流入ということから，エジプト政府の雇用促進の目標を達成することへといたる因果関係が想定できるのであり，さらには，その外資流入を，目標達成の唯一の方途 (Seul un afflux...) とするような状況が背景にあって，そこからはじまる脈絡のうえにこの devrait が置かれているのである．そうした脈絡がまさに，(84) の仮説でいう「異なる連続性」なのである．その，「異なる」という部分にあたる異質性は，この例においては，エジプトの当局の計画，もくろみの次元 (つまり，ひろい意味での「他者の言説」といってもよい) への移行によってもたらされていると考えられる．

(92) Le 3 octobre, les syndicats ont appelé les routiers du transport de marchandises à des actions «dures et longues» à partir du dimanche 2 novembre à 22 heures, l'heure à laquelle les poids lourds sont autorisés à circuler le dimanche. En région parisienne, les blocages **devraient** être plus tardifs. Les syndicats ont proclamé leur intention de laisser passer les voitures particulières. Mais rien ne garantit qu'un barrage « filtrant » ne se transforme pas en bouchon indépassable. (*Libération*, le 1er novembre 1997)

　(92) でも，devrait (および条件法全般) の生起自体は単独であるが，事態としては孤立したものとして提示されているのではない．トラック運転手の組合による高速道路をバリケード封鎖してのストライキの予想されるなりゆきの一環として，「パリでの封鎖は遅くなるはずだ」という見とおしがしめしされているのである．その見とおしは，パリ付近での組合の活動の，そしてさらにはフランス全土にわたるトラック運転手組合の活動全体の動向という独特の脈絡のなかにおかれている．したがってこの例も，(84) の仮説で説明できる例であるといえる．
　以上，文脈的な観察を通じて，devrait の用例を，(83)，(84) の仮説によって説明できることを見てきた．つぎの節においては，こうした例以外でも，全般に devrait を「異なる連続性」としてとらえる仮説でよりうまく説明できることを示すため，devrait の意味効果や使用制約の動機づけをこころみることにする．

281

6.6.4. 意味効果・使用制約への連関

6.6.1. 節でみたdevraitの意味効果や使用制約は，すべて(83)，(84) の仮説から出発して統一的に説明することができる．

まず，(83)，(84) の仮説が，条件法におかれた動詞のあらわす事行の背後に「連続性」を想定していたことを想起しよう．この「連続性」が文脈上でとる，より具体的な形として，いくつかの意味効果は直接的に (すなわち，複数の意味効果間の派生過程を途中に想定することなく) 説明できる．条件法の事行から見て，因果的・時間的にそれ「以前」に位置する連続性が，とりもなおさず，「状況の操作・準備」(6.6.1.2.) である．また，それ「以降」に位置する連続性が，まさに「直後の確認」(6.6.1.3.) の意味効果である．「時間的なずれ」(6.6.1.4.) は，場合によって，その両者にわたる連続性に直接対応する．

つぎに，話者の関与・関心の意味効果 (6.6.1.5.) は，Confais (1990, p.286) のいう「話者の参加 engagement du locuteur」の概念に対応するものであると考えられる．「話者の参加」とはまた，Confaisによれば，聞き手の関心を惹起したり，「行為への方向づけ (orientation vers l'agir)」(idem) をおこなうことでもある．つまりこれは，発話内容によって提示される事態と，そこから因果関係で結ばれれる帰結である「関心」「行為」へといたる概念的な連続性の問題なのであり，やはり(83)，(84) の仮説でいう「連続性」によって説明できることである．

一方，低い確信度 (6.6.1.1.) は，仮説(83) でいう言説の「他者性」，さらには仮説(84) でいう連続性の「異質性」に帰せられるものと考えられる．他者の言説であること，あるいは，現行の発話文連鎖とは異なる連続性であることから，発話者による発話内容の引きうけ (prise en charge) は間接的にならざるを得ない．そのことが結果的に，確信度の低い発話であるという意味効果を生んでいると考えられる．

ただし，devraitの場合には，動詞が「必然性」をあらわしている，すなわち，典型的には高い確信度とむすびついていると考えられるdevoirであることとの兼ね合いが問題であろう．この点については，次節でdevoirの本質的機能とのかかわりで考察することにする．

最後に，6.6.1.6. でみたdevraitの使用制約については，つぎのように説明したい．Devraitが，prémisses «in præsentia» の文脈とはあいいれず，prémisses «in absentia» の文脈には適合するという事実は，(84) の仮説でいう，条件法が「現行の発話文連鎖」ではなく，それとは「異なる連続性」へと事行を位置づけるということと，直接にかかわることである．つまり，prémisses «in absentia» とは，発話状況からは確認できないという意味での懸隔であり，まさ

第6章　devoirの認識的用法について

しく「異質性」なのである．
　6.6.1.6. でみた使用制約には，さらに，devrait はおもに未来の事行にかかわるものであるということがあった．実際，採集例をみても，ほとんどが未来の事行にかかわるものであり[21]，現在・過去の事行にかかわるものは例外的であるといってよい．このことはどのように考えればよいのであろうか．それは，現在の事行にかかわる例の場合にくわわっている制約とも統一的にとらえなおすことができると思われる．たとえば，採集例のなかで，現在の事行にかかわっている数すくない例である(93)では，

(93) Il est cinq heures de l'après-midi, la fête **devrait** battre son plein. [= (69)]

　発話状況から直接に確認することのできない事態(すなわち，概略的には，Dendale (1999) のいう prémisses «in absentia» の文脈)が問題になっている．未来の事行もまた，発話状況から直接には確認することのできない事態であるという点が，(93) のような例と共通しているといえる．このことは，いままでにみてきたように，devrait があらわす連続性の「異質性」とむすびつけることができると考えられる．したがって，やはり，(84) の仮説から出発することで，devrait が未来の事行と親和性が高いことも説明できると思われる．
　ところで，ここまで示してきた本書の説明との比較考量のためにいうと，Dendale (1999) があげている「有効性のわく」という潜在的条件は，すでにみた «Si les données ne se révèlent pas m'avoir trompé / Si toute les données pertinentes ont bien été prises en compte» のようなメタ言語的表示から察せられるところによれば，発話内容の推論による導出に対する限定，ないしはその内容の妥当性の判断に対する限定のはずであるが，じっさいに言語表現として明示的にあらわれた条件を観察してゆくと，むしろ事態そのもののなりゆきに対する限定であることが多く，性質がことなる．Dendale 自身があげている，つぎの3つの例においてさえそうである．

(94) **Si tout se passe bien et si les vents ne sont pas contraires**, la flotte anglaise, forte d'une quarantaine de bâtiments, **devrait** s'approcher des îles Falkland aux alentours des 20 et 21 avril. [= (80)]
(95) **A moins d'une surprise**, la résolution de la direction […], conçue de telle sorte

---

[21] ただし，物語ではふつう，物語の現段階（典型的には過去）からみた未来である場合が多い．(85) の例を参照．

283

第2部　事例研究

qu'elle laisse au chancelier et aux partis une marge de manœuvre raisonnable, **devrait** remporter une majorité au congrès. [= (81)]

(96) **Si les conditons sont bonnes,** la toute nouvelle piste des Arcs, tracée spécialement pour les Jeux, **devrait** permettre – cela a été calculé par l'ordinateur – de frôler les 240. [= (70)]

　これらの例のなかで，明示されている条件を順に検討してみよう．(94) においては，もし，イギリスの艦隊の進行をとりまく洋上の気象などの条件が好ましければ，という仮定が問題になっている．(95) では，会議の議事進行や討論などが順調にすすめば，という条件がしめされている．(96) では，(おそらくスキーの) 競技場の設備の調子や，競技当日の気候条件などがよければ，という仮定がなされているといえる．いずれの場合も，あくまでも事態の進行のしかたにこそ限定がかかっているのであって，推論や判断に対する限定ではないことは明らかであろう．もちろん，二次的な結果として，推論や判断に対しても限定が及ぶということはあるが，それは表現にあらわれた条件が直接に限定しているわけではない．

　このことは，Dendale の説には不都合な事実であるが，(83), (84) の仮説によると，きわめて自然なものとして理解できる．つまり，(94) — (96) で条件のかたちをとってあらわれているものは，事態の進展のしかた，すなわち，まさしく (83), (84) でいう「連続性」がどのようなものであるかを規定するはたらきを果たしているのである．明示的条件のこの機能は，そのように限定された連続性へと事行を位置づけるという，本書の仮説が措定する devrait の機能と，たがいに協調しあっているといえる．

　ついでながら，Dendale (1999) による意味効果の説明のもうひとつの問題点は，「有効性のわく」から「可謬性」へ，「可謬性」から「確信度の低さ」，および「話者の関心」へ，そこからさらに「直後の確認」へ，というぐあいに，いくつもの別の意味効果を介在させつつ2重3重の派生を想定しているために，説明が直接的ではないということである．使用制約の説明についても，Dendale が devrait に関して仮定する「有効性のわく」から出発して，使用制約として観察される prémisses «in absentia» へいたりつくには，「可謬性」を介した間接的なつながりがあるにすぎず，明快ではない．

　以上のことから，本書の仮説による意味効果や使用制約の説明は，「有効性のわく」による説明とくらべても，より直接的で，簡明な理路をなしており，好ましいものであると思われる．

第6章 devoirの認識的用法について

6.6.5. devoirの本質的機能とのかかわり

　これまでの論述では，条件法の本質的機能に関する仮説から出発して，devraitの機能についても説明をこころみてきた．それは，条件法に関する仮説が，devoirの認識的用法の中で，devraitの機能がもっている独自性を説明する際に，もっとも関与的であったからである．しかし一方で，そのdevraitの独自の機能と，devoirの本質的機能とのかかわりについても，考察する必要があるであろう．とくに，devoirが「必然性」，すなわち，典型的には高い確信度にむすびつく動詞であるとすれば，それとは合致しないように思われる条件法との組みあわせが可能になっていることは，どのように理解すればよいのか，という問いが当然立ちうる．以下では，その問いにこたえることをこころみる．

　結論的にいうと，devoir自体は，devraitにおいても一貫して，「ほかの可能性の排除」をあらわしていると考えられる．「ほかの可能性の排除」のなかには，かならずしも明確な根拠や，堅固な推論によって立たない場合があったことを想起しよう．そうした場合は，かならずしも確信度が高いというわけではないが，devoirの使用は可能であった．「異なる連続性」へと事行を位置づける条件法の機能ゆえに，確信度がさがったときであっても，いま述べたような意味での排他的唯一性は保たれているのである．そのように考えるなら，「確信度の低さ」は，かならずしもdevoirとは矛盾しないことが理解できるようになる．Devraitの場合であっても，devoirの，「ほかの可能性の排除」という本質的機能は十全に発現しているのであり，その「ほかの可能性の排除」のなかでも，確信度の低いタイプの解釈へと限定するはたらきを条件法が果たしているのである．

　じっさい，これまでにみてきたdevraitの例のなかにも，「ほかの可能性の排除」が文脈上明示的なかたちで観察できる場合が少なくない．たとえば，(91)における《**Seul** un afflux de capitaux étrangers...》や，(88)における《elle **ne** devrait avoir **qu'**un impact limité...》のような限定表現は，「ほかの可能性の排除」の最たるあわわれであるといえよう．

　また，判断対象たる命題が，百分率，人数，年齢，金額，スポーツの記録など，数値であらわされる要素がふくまれる例が多いことも注目にあたいする．本節でみたdevraitの例のなかでは，(70), (79), (82), (87), (88), (89), (90) および註18の(i)がこれにあたる．さらに，日づけにかかわる(79), (80), 会議の過半数を問題とする(81)も，ひろい意味での数値がふくまれており，それに準ずるといえる．6.4.3.節でものべたように，数値的なデータは，問題となる対象がとるほんとうの値がひとつしかないということから，「ほかの可能性の

285

排除」をあらわす devoir との親和性が高いと考えられる．そしてそのことは，devrait の場合でも変わりないということは，上記に引いた多くの例をみれば明らかであろう．

　以上，この節においては，devrait における条件法の機能，とりわけ，確信度の低さというその意味効果と，devoir の本質的機能とがどのようにかかわっているかを考察した．そして，devoir の本質的機能である「ほかの可能性の排除」は，devrait の場合にも観察でき，また，低い確信度とも矛盾しないという主張をおこなった．

　以上の 6.6. 節全体の議論から，devrait においても，条件法，および devoir の本質的機能はそれぞれ貫徹されていると理解することができ，アド・ホックな道具だてをとくに用意しなくても，整合的な説明が可能であることが示されたと思われる．

6.7. おわりに

　本章では，6.4. 節で devoir の本質的機能が「ほかの可能性の排除」にあるという仮説を提示し，6.5. 節で認識的用法のさまざまな例に即して，とりわけ，推論をあらわすとする説と対置することによって，本書の仮説の有効性を検証してきた．推論をあらわすとする説は，Dendale (1994, 2001) におけるごとく，devoir が証拠性のマーカーであるという考えかたにつながるものである．もちろん，認識的用法にかぎっていえば，なんらかの推定がはたらいているという点では，結果的に証拠性もあらわしていることにはなるが，本章においては，かならずしも推論的なモデルが妥当しないような認識的用法のさなざまな実例の存在に着目し，さらには devoir のほかの用法にも通底する，本質的機能の探究に注意をはらった結果，devoir は，本質的には存在的モダリティのマーカーであると考えるにいたった．

第3部

総括と展望

第7章

マーカーの本質的機能から証拠性への連関

7.1. はじめに

　第2部 (第3章から第6章) においては，フランス語における証拠性の事例研究として，il semble que...，il paraît que...，他者の言説をあらわす条件法，devoir の認識的用法という4つのマーカーをとりあげ，つまびらかに分析をおこなってきた．その際，留意してきたことは，直接目標とする用法のみに観察の対象を局限することなく，ひろくさまざまな用法を視野におさめることによって，それぞれのマーカーの本質的機能を抽象することであった．そして，それらの本質的機能 ── その機能は，かならずしも直接には証拠性を標示することではなかった ── が明らかになったと同時に，証拠性の点からいうと，各マーカーがあらわしうる証拠性的価値はきわめて多様であることが明らかになった．たとえば «il me semble que...» や，«il paraîtrait que...» というぐあいに，こまかな形式までひとつにしぼってみても，その形式が具体的にどのような発話文のなかにおかれているかによって，解釈はことなってくるということが観察された．そこで，この第7章においては，それぞれのマーカーの本質的機能から出発して，どのような道すじをたどることによって，それらの多様な証拠性的価値が構築されるかという点について考察してゆくことにする．その過程については，これまで文例に即して場合ごとの説明はおこなってきたが，ここであらためて，マーカーごとにまとめておくことにしたい．

　以下の論述は，つぎに示すような手順によってなされる．

　7.2. sembler の本質的機能から証拠性への連関
　7.3. paraître の本質的機能から証拠性への連関
　7.4. 条件法の本質的機能から証拠性への連関
　7.5. devoir の本質的機能から証拠性への連関
　7.6. 構築される価値としての証拠性

　このうち，7.2. 節から 7.5. 節にかけては，それぞれのマーカーの本質的機能から，多様な証拠性的価値へとどのような過程を経て意味的な展開がなされるかを考えてゆく．そのなかで，いずれのマーカーに関しても，証拠性はアプリ

289

オリにあたえられた固定的な意味ではなく，むしろそれぞれの場合ごとに，マーカーに内在する機能が，文脈的要素(マーカーがおかれる構文の変異もふくむ)とあわさることによって出てくる結果的な解釈であるということが明らかになる．その延長で，7.6. 節において，マーカーと証拠性との関係を再規定することをめざしてゆくことにする．

7.2. Sembler の本質的機能から証拠性への連関

まず，sembler から考えてゆこう．第3章で考察してきたように，sembler が本質的に示しているのは，命題と実質とのあいだの《類似性》であった．したがって，sembler の本質的機能から証拠性へといたる連関は，概略的にいえば，《類似性》から，叙述内容をみちびき出す推論の間接性への派生であるといえる．また，根拠と叙述内容との関係がもっている間接性も，結局は同様に対象とされることになる．というのも，根拠は，事実・現実の表象というレヴェルにあるため，実質の表象とおなじく，叙述内容という言語的レヴェルとは対置される次元をなしているからである．

以下，構文(人称・非人称など) の分類とは直接関係なく，それらを横断してみとめられる解釈ごとにわけて，それらの解釈がいかにみちびきだされるのかを考えてみることにしよう．第3章における観察をもとにして，それをまとめておくと，つぎの(1) のようになるであろう．

(1) Sembler の本質的機能から証拠性的な各解釈への連関
 (i) **隠喩的解釈**で確認できるのは，命題と，それに対応する実質 (の表象) とを操作対象(opérande) とする類似性である．
 (ii) **推論の解釈**で確認できるのは，命題と，推論の出発点となる徴候的事実とを操作対象とする類似性である．
 (iii) **外観の解釈**で確認できるのは，命題の一要素としてあらわされた外観(の表象) と，その外観の叙述が付与される対象の実際のありようとを操作対象とする類似性である．
 (iv) **断定緩和の解釈**において確認できるのは，命題と，それに対応する実質(の表象) とを操作対象として，談話の方略 (stratégie discursive) として擬制された仮構的類似性である．

第7章　マーカーの本質的機能から証拠性への連関

それぞれの解釈のあいだの差異は,《類似性》が,よりくわしく見るとどのような実体へと適用されているのかという差異に由来するものであると考えられる.統一的図式への還元を主張しているのは,いずれの場合でも,《事実(の表象)》レヴェルと,《命題内容》レヴェルとのへだたりという点においては,共通しているからである.

ここで,(iv) の断定緩和の解釈だけには,ほかのケースとはちがう特殊な部分があるので,補いを述べておきたい.ほかとちがうところは,《類似性》が,「談話の方略として擬制された仮構的類似性」であるということである.そこにいう「擬制」や「仮構」とは,発話者は命題内容を全き事実として確信しており,現実とその言語化である命題との関係からいうと,それらのあいだを調整する sembler (もちろん il me semble をも一事例としてふくむのであるが) をわざわざもちいる必要はないのに,あえて sembler をもちいるところにある.そしてそれが談話の方略であるのは,命題が直截に断定された場合,対話者にあたえるかもしれない衝撃をやわらげる点にあるといえる.

しかしその場合もふくめて,《類似性》は解釈の出発点として共通しており,それをどのような実体に対して,いかに適用するかという態様の部分で,個々の場合によるちがいがあると見ることができるのである.

ところで,sembler の本質的機能である《類似性》からいくつかの証拠性的な意味への派生に関しては,もうひとつ重要な問題があると思われる.それは,構文によっても,派生のしかたは異なってくるということである.とくに,il semble que... のときは,推論をあらわす用法で確認できるタイプの類似性がかなり優勢になる.それは,il semble que... の基底にある意味的構造,すなわち,sembler がもっとも外がわから作用する構造をもっているからであると考えられる.佐藤 (1992) も指摘するように,

(2) Il semble que Paul en soit content. (ibidem, p.90)

は,メタ言語的にあらわすと,つぎの (3) ような構造に帰せられる.

(3) *que Paul en soit content* semble. (idem)

すなわち,que... にはじまる補足節全体を意味上の主語として,sembler がはたらいているということである.あるいは,Guillaume 的に言いかえるならば,sembler の「投射」(incidence) が,que Paul en soit content 全体におよんでいると

291

第3部　総括と展望

いうことである．

一方，3. 5. 3. 節であつかった不定法構文，すなわちつぎの (4) のようなタイプの構文では，

(4) Paul semble être content.

Paul のみを意味上の主語として semble が作用している (Guillaume 的にいえば，Paul のみが sembler の「支持項」(support) である) のであり，(2) の場合とは異なっている．統辞論においては，(2) と (4) のあいだには，主語上昇 (montée du sujet) の名において対応関係が想定されていたが，それはあくまでも可能な構文どうしの形式的な対応関係であるに過ぎず，意味構造からすればまったくちがうものである．

このような構文の相違 (したがって，構文の基底にある意味的構造の相違) もまた，《類似性》の適用先に変異をもたらすものであるから，解釈の差異に影響していると考えられる．

以上，この節では，sembler が本質的に標示している《類似性》が，どのような実体へと適用されているのかという差異によって，さまざまな証拠性的解釈が生じるということを見てきた．

7. 3. Paraître の本質的機能から証拠性への連関

つぎに，paraître の本質的機能から証拠性への連関について考えてみよう．
Paraître の場合は，sembler の場合にもまして，構文の相違が決定的に解釈の変異に反映している．とくに，伝聞の解釈が観察されるのは，paraître のとる構文のなかでも，厳密に il paraît que... の場合のみにかぎられており，そのことが，従来の研究における，il paraît que... を例外的な固定表現であるとする考えかたのもとにあったと思われる．

しかし，本書の第 4 章でおこなった考察により，il paraît que... の場合もふくめて，paraître の本質的機能から出発して証拠性的な各解釈をみちびき出すことができ，それぞれの場合がたがいに同型的な関連におかれているということが明らかになった．その関連性は，paraître の語彙的用法と，文法化のすすんだ形式と考えられる非人称構文における用法とのあいだにみられるだけでなく，定位先をあらわす間接目的補語 à qqn. が生起する場合と生起しない場合の

第7章 マーカーの本質的機能から証拠性への連関

別に応じてさだまっているものであった.

　Paraître のあらわすいくつかの証拠性的意味に関しても, ほかの意味と同様に, いずれも paraîte の本質的意味である《発現》(émergence) の図式に由来するものであると考えられる. 発現の図式が, どのような構文に適用されるかによって, 発現する実体, その発現の定位先などの, 関与する項目の地位が, 具体的になにによって占められるかがことなっていることから, 証拠性的解釈の変異も出てくるのである.

　そのことを, 場合ごとにまとめておくと, つぎの (5) のようになると思われる (なお, 出現などの語彙的意味は, 証拠性マーカーとしての用法ではないので, ここでは省くことにする. それらについては第4章を参照).

(5) **Paraître の本質的機能から証拠性的な各解釈への連関**
(i) **伝聞の解釈**: paraître が《発現》を標示することから, il paraît que p は, 命題内容 p が, 明らかにされない本源から伝聞によって得られたことをあらわす. ただし, 伝聞のなかでも, 発現の態様と相似した, 断片的伝聞のみをあらわす.
(ii) **(外観的) 推定の解釈**: paraître が《発現》を標示することから, il paraît à qqn. que p および X paraître (à qqn.) Y (ただし X は主語, Y は不定法または属詞) は, 命題内容 p または X-Y が発現的に知覚ないし感知されることをあらわす. したがって発現の単項的性格をうけつぎ, その場かぎりの外観, 反射的な第1印象という意味合いをおびることになる.

　このように, paraître の意味的構造の証拠性的解釈への反映のされかたは, たんに伝聞や推定というだけでなく, それらがどのようなものであるかを, きめこまかに規定してゆくかたちをとっている. その理由として考えられることは, (5)-(i) においては他者の言説をあらわす条件法や間接話法, (ii) においては sembler という, 端的に競合する類義表現もあるなかで, 伝聞や推定がそれぞれどのような態様であるかをよりこまかく指定するかたちであってこそ, 証拠性マーカーとしての存在理由があるということである.

7.4. 条件法の本質的機能から証拠性への連関

　第5章では, 他者の言説をあらわす用法における条件法の機能に関する考察

293

から出発して，それをより一般化し，拡張するかたちで，条件法の本質的機能へと遡行的に探究をすすめてきたが，ここでは逆に，条件法の本質的機能から出発して，他者の言説をあらわすという証拠性的解釈がいかに出てくるかを確認しておくことにしたい．

条件法の本質的機能は，「現行の発話文連鎖」の連続性からは異なる連続性を想定し，動詞の事行を後者の連続性のなかに位置づけることであった (詳細については第5章を参照)．この「異なる連続性」が，条件法の用法によってさまざまの地位をしめることになるのであるが，もし，「異なる連続性」自体も具体的な言説として存在し，しかもその「異質性」が，問題となる言説をになう主体が発話者とはことなる主体であるという「他者性」のかたちをとってあらわれていれば，その場合，条件法があらわすのは他者の言説の連続性であるということになる．

このことからもわかるように，条件法の場合は，ほかの場合にくらべると，マーカーの本質的機能から証拠性的解釈までの距離があまりない．というのも，条件法の本質的機能は，発話文 (から) の異質性という，もとより言語的な要因をもっており，ひろい意味での言説自体への関説という，自己指示的位相を有しているからであると考えられる．この自己指示的位相は，第2章でものべたように，証拠性というカテゴリーにとって特徴的な位相でもある．したがって，条件法という叙法には，もともと証拠性に対する高い親和性がそなわっているといえる．

このようにしてみてくると，条件法が証拠性をあらわすにいたる過程は，前節でみた paraître (il paraît que...) が機能するしかたとはまったくちがっていることがわかる．そうであればこそ，il paraîtrait que... という形式において，条件法と il paraît que... という，証拠性を表現するふたつの手段を，兼ねあわせて用いることができるのである．

7.5. devoir の本質的機能から証拠性への連関

つぎに，devoir の本質的機能から証拠性への連関について考えてみよう．

devoir を，推論過程によって導出された命題を提示する証拠性マーカーであるとする分析に対しては，第6章において，積極的に反対した．この論文では，devoir の本質的機能は，むしろ存在的モダリティの標示にあるという考えかたをとった．すなわち，devoir というマーカーに内在する本質的機能から証拠性

第7章　マーカーの本質的機能から証拠性への連関

へのへだたりは大きく，本書で扱ったマーカーのなかではもっともそのへだたりが大きいと考えられる．

しかしながら，傾向としては，比較的多くの場合に，命題が推論から導出されたものであることも事実である (6.5.1. 節から 6.5.2. 節における例文の観察を参照)．その事実は，どのような理由からきているのであろうか．

それは，定言的断定との対比によって説明することができると考えられる．たとえばつぎの (6) において，devoir が認識的用法であるものとして，(7) と比較してみよう．

(6) Pierre doit faire ce travail. (Sueur 1983, p.170)
(7) Pierre fait ce travail. (idem)

(6) は (7) にくらべると，devoir がつけ加わることによって，命題に修整 (retouche) が加えられている．そしてその修整は，日常言語においては，定言的断定にくらべて，命題の言明を間接的にするものであると解釈される[1]．

形式としてより簡単な，直截な言明をえらぶよりも，わざわざ devoir を付加するということは，その労力に見あうだけの発話意図があるということであり，それだけでは規定不足 (sous-détermination)[2] ではあるものの，断定のなんらかの間接性を示しているものである．その間接性はどのようなものかといえば，推論的な devoir の例にあっては，推論を介する間接性であると考えられる．そしてその場合には，モダリティ表現を介する間接性と，推論を介する間接性とが，類像的 (iconique) に動機づけられているとみなすことができる．まさにその類像性 (iconicité) によってこそ，devoir の本質的機能から証拠性への連関がなり立っているのである．

しかし，忘れてはならないことは，認識的 devoir のなかでも，推論的解釈はつねになり立つわけではないということである．6.5.3. 節でみたような「決めつけ」の devoir の例においては，これといった根拠(への関係づけ) もないまま，

---

[1] Sueur (1983, p.170) は，まさにこの点が，様相論理学における命題 p と，その必然性 □p とのあいだの関係とは逆であることを指摘している．すなわち，様相論理学においては，□p は p を含意するが p は □p を含意しないという意味において，□p は p にくらべて「より強い」表現であるといえるのに対して，日常言語においては，認識的 devoir を付加した命題は，もとの命題にくらべて，同様の意味で「より強い」とはいえない，ということである．

[2] 規定不足 (sous-détermination) は，言語表現のいたるところに観察される，きわめて普遍的な現象である．Reboul et Mœschler (1998 b, pp.90-95) を参照．

いわば，ひとり合点で断定をくだしているにすぎないのであった．そうした場合は，本書で根拠への関係づけとして規定した「証拠性」のカテゴリーからは離れているといわざるを得ない．

したがって，devoir から証拠性への連関は，文脈上，推論的な解釈が可能な場合に限って存在する，類像的関係によるものであると考えられる．

7.6. 構築される価値としての証拠性

以上，第7章では，それぞれのマーカーに内在する本質的機能から，どのような過程を経ることによって，証拠性的な解釈が生じてくるのかを跡づけることをこころみた．

これまでの観察をまとめていうと，証拠性のカテゴリーに属するさまざまな解釈の変異は，意味の祖型となるマーカーの本質的機能が，いかなる統辞的，意味的，ないしは談話的実体へと適用されているかという差異に由来しているといえる．したがって，証拠性は，それぞれのマーカーがアプリオリに結びつくような固定的な価値として理解することはできない．証拠性はむしろ，マーカーがもちいられる環境となる発話のなかで，動的に構築される価値であり，達せられる効果であると考えられる．

従来の研究の大勢をしめる考えかたによると，マーカーの使用にあたって，発話者は，発話内容の根拠がどのようなタイプのものであるかに応じて，その根拠のタイプを標示するマーカーをえらびとっているという前提があった．しかし，本書における考察の結果からいうと，発話内容の根拠のタイプに，一定のマーカーがぴったりと対応しているわけではない．もちろん，あるひとつのマーカーが，どんな根拠のタイプによる発話内容でもみちびけるのではなく，ある一部のものしかあらわせないという程度の，ゆるやかな対応関係は存在する．しかし，根拠のタイプとマーカーのあいだに，一意的な対応関係はなく，より複雑な関係がなり立っていると思われる．

たとえば「伝聞」によって得られた発話内容をあらわすにも，この論文で分析対象としたマーカーだけでも，他者の言説をあらわす条件法や，il paraît que...，さらにはそれら両者をかねあわせた il paraîtrait que... がある．それらのマーカーは，たんに発話内容の根拠が「伝聞」であるというだけでなく，よりきめこまかく，言及される言説の形態がどのようなものであるかに応じて選択されるのであった．その選択に際しては，マーカーの本質的機能が提供する意

味的な祖型が，問題となっている発話内容の根拠づけに適合するかどうかが考慮されているのである．

　それでは，マーカーの身のたけに応じて，よりこまかに根拠を分類しておけばよいのであろうか．そうではないと思われる．というのも，たとえば，まったくの直接経験によって得られた発話内容について，断定を緩和するために，il me semble que... というマーカーが用いられるような場合 (3.3.2. 節を参照) は，どんなに根拠のタイプをこまかに分節したとしても，拾いきれない例である．この用法は，根拠のタイプの差異を超えたところでこそ機能しているからである．したがって，本書では，マーカーに固有の本質的機能から，根拠のタイプ以外の要素も派生しうることを示すことによって，こうした場合も視野におさめることができるような扱いを提案した．

第8章

証拠性と発話行為

8.1. はじめに

　本章では，これまで展開してきた証拠性に関する研究の，今後の進展の可能性を展望するべく，証拠性とその関連領域との多面的なかかわりについて考えてゆくことにする．本書における考察は，第2章で示したようなマーカー研究のわく組みに依拠しておこなってきたが，証拠性に関係する現象はたいへん多様であり，どのような側面を追究するかによって，証拠性そのものの性質の規定もことなってくると思われる．モダリティとの関係については，すでにふれるところがあったが，以下では，それ以外のさまざまなカテゴリーとの関係について，ひろい範囲での議論をおこなっておきたい．

　以下の論述の手順は，つぎに示すとおりである．
　8.2. 隠喩との関係
　8.3. 近似表現 (approximatif) との関係
　8.4. 論証 (argumentation) との関係
　8.5. 報告話法・引用との関係
　8.6. 言語活動全般との関係

　このうち，8.2. から 8.5. にかけては，研究対象や研究領域として証拠性と隣接し，密接な関係にあると思われるいくつかのカテゴリーについて，順次考察してゆく．8.6. においては，それまでの議論を綜合するような意味で，発話行為，ひいては言語活動全般に対する証拠性のかかわりについて考察する．

8.2. 隠喩との関係

　隠喩 (métaphore) という概念は，現代言語学においては，大きくわけてふたとおりの意味あいで用いられる．ひとつは，修辞論的，ないし文体論的な意味でいわれる隠喩であり，いまひとつは，認知言語学の文脈でいわれる隠喩である．これらふたつは，もちろん，たがいに無関係というわけではない．文体的効果をねらってのある種の文彩的技法，あるいはより直接的な表現のなかに適

第8章 証拠性と発話行為

切なものがない場合の便宜的な語法としてとらえられる前者の隠喩を,そのような文体論的に有標の事例に限定するのではなく,語義の発生や変化の動因の説明へと適用したものが,後者の隠喩であるといえる.

前者の,修辞論的・文体論的な意味あいでいう隠喩は,ある対象や事態に言及する際に,その対象や事態と《類似性》(第3章を参照) を介する関係でむすばれた別の対象や事態をさししめす辞項をもちいる表現のしかたをいう.この隠喩に関しては,アリストテレスにさかのぼる厖大な研究史がある[1]が,現代の研究のなかでいうと,Genette (1970), Henry (1971), Le Guern (1973), Ricœur (1975), Tamba-Mecz (1981), Reboul (1991), Charbonnel et Kleiber (éds.) (1999) などが欠かせない.

修辞論的・文体論的隠喩が証拠性に深くかかわっていることは,証拠性の標示と隠喩の標示を兼務するマーカーが存在することによって示される.たとえば,第3章であつかった il me semble que... の隠喩的解釈がそれにあたる.つぎの例をふたたび見ることにしよう.

(1) Abandonner la comédie, confier ma vie, me mettre entre ses mains jusqu'à la fin de mes jours. Je n'avais jamais ressenti une faiblesse aussi envahissante, aussi violente. Je fermai les yeux. **Il me semblait** que mon cœur cessait de battre.

(F. Sagan, *Bonjour tristesse*, p.77)

ここでは,il me semblait は,間接目的補語 me が生起していることに助けられて,知覚主体 (ここでは発話者に一致) の感覚や心理状態をあらわしている.ところが,que... 以下の内容は,心臓の鼓動がとまるということであり,そのままでは感覚や心理状態の描写とみなすことはむずかしい.そこで,自然な解釈として,心臓の鼓動がとまることにたとえられるほどのくるしい心理状態であるという,隠喩的解釈がなり立つのである.この例にかぎらず,心理状態 (あるいは感覚) は,具象性がなく,そのままでは表現しづらいことから,隠喩の仮象をもちいてあらわされることが多い.

ところで,ここで (1) のような例を「隠喩」ということには,反論があるかもしれない.たんに «Mon cœur a cessé de battre» といってしまう場合とちがって,(1) の場合は,il me semblait という媒介的マーカーがはいっているので,むしろ「直喩」(comparaison) ではないかという反論である.もちろんそのよう

---

[1] 隠喩の研究史に関しては,Tamba-Mecz (1981) の第一部を参照.

な解釈も可能で，(1) が隠喩と直喩の境界的な例であることはみとめられるが，ここでは，il me semblait の部分は，かならずしも comme... のような直喩標識 (indice de comparaison) と同列にあつかうことはできないと考える．(1) における il me semblait は，たとえばつぎの (2) における il m'avait semblé と同じく，感覚や心理状態をあらわしていると見ることができる．

(2) Marguerite : Vous ne croyez à rien ?
　　Henri : Oh, si ! Je crois au diable.
　　Marguerite : Ne prononcez pas son nom ! **Il m'avait semblé** que quelqu'un était là, qui nous épiait... (Scénario de « La beauté du diable »)

　(2) が (1) とちがうところは，que... 以下で提示されている命題が現実的で，なんら隠喩的でないということである．したがって，il me semble que... が直喩標識であるというのはあたらない．むしろ，il me semble que... は感覚や心理状態をみちびく機能を果たしているだけであり，(1) のような例においては，que... 以下の内容自体が隠喩的であると考えたほうが，整合性があると思われる．

　しかしいずれにしても，証拠性のカテゴリーの一部が，隠喩的表現と高い親和性があり，関係が深いのは確かなことである．その背景には，《類似性》という基本的概念が両者に共通していることがあると思われる．《類似性》は，さらにひろい意味でいうと，sembler の本質的機能にあらわれるばかりではなく，証拠性全般に対しても関与的な概念である．発話内容に対して証拠性がおよぼす操作は，その発話内容になんらかの偏差をもたらすものであるから，そこには《同一性》と《他者性》の組みあわせとしての《類似性》が生じるのである．発話内容に対する偏差の問題に関しては，さらに 8.3. 節を参照されたい．

　つぎに，「隠喩」のもうひとつの意味あいである，認知言語学における隠喩論についても見ておきたい．おもにアメリカ系の認知言語学においては，意味の生成や変化を動機づける要因として，「隠喩」を本質的なものであるとする考えかたがある．この研究の流れは，Lakoff et Johnson (1980) および Lakoff (1987) によって基礎づけられたものであるが，多義的なマーカーのもつ複数の解釈を相互に関連づけて理解するためのひとつの方途として，注目にあたいする．その具体的な理路については，本書のなかでも，すでに第 4 章において確認した．そこでは，Lakoff et Johnson (1980) の考えかたをうけついだ研究である Matlock (1989), Norvig et Lakoff (1987) の知見を参照しながら，paraître と il paraît (à qqn.) que... との連関について考察した．この種の隠喩論の射程はたい

へんひろく，意味論全般におよぶほどであるが，もちろん，証拠性マーカーの記述に対しても，重要な手がかりを与えてくれるものである．そのことは，すでに第4章における考察からも明らかであろう．

8.3. 近似表現 (approximatif) との関係

ある命題に，証拠性による一定の変異がくわわっている場合，その偏差の存在によって，命題は精確さの度合い (1.2.3. 節でみた Mithun (1986) のいう «degree of precision») を減じ，近似的な表現であると解される場合がある．たとえば，il semble que... のつぎのような例や，

(3) **Il semble que** les Français n'aiment pas le vert : les trois quarts de la salade partent pour l'alimentation animale ou la poubelle.　　(Antenne 2 - magazine, février 1991, p.34)

他者の言説をあらわす条件法のつぎのような例は，

(4) Selon la presse algérienne de mardi, il [= le bilan du massacre] pourrait dépasser le chiffre de 400 victimes. Selon le quotidien Liberté de mardi, qui fait l'état de «sources bien informéess», il **serait** de 428 morts et de 140 blessés. (*Le Monde*, 14/01/98)

いずれも，それらの証拠性マーカーのない場合にくらべて，命題の精確さは低くなっており，その意味において近似的な表現と解することができる．

近似表現 (approximatif) とは，もっとも一般的な用語法では，(5) のような概数や，(6) のような，適用可能性に幅のある概念の周縁的な生起をあらわすためにもちいられる表現のことをいう．

(5) Je gagne 3 500 francs par mois. (Reboul 1991, p.90, 一部改変)[2]
(5') Je gagne 3 545 francs et 50 centimes par mois. (idem)
(6) J'habite à Paris. (Reboul et Mœschler 1998 b, p.168)
(6') J'habite à Neuilly. (idem)

月収が精確に 3500 フランなのではなく，概数として 3500 フランであるとしても，(5) のような発話は可能である．その際，精確な数字を提示する (5') の

---

[2] この例は，もともとは Sperber et Wilson (1986) に由来する．Sperber et Wilson は，近似表現をもちいた話しかたを，loose talk とよんでいる．

第3部　総括と展望

ような発話との対比において，(5) は近似表現であるといえる．また，(6) の発話文も，パリの 20 区内に住んでいなくても，パリ近辺に住んでいるという趣旨でも可能である．その場合も，(6') のような精確な行政区画に言及する発話にくらべて，(6) は近似表現であるといえる．

　(5), (6) にみた発話文は，それが近似表現であること自体は言語的に明示されていない．しかし，つぎの (5''), (6'') をみよう．

(5'') Je gagne environ 3 500 francs par mois.
(6'') J'habite aux environs de Paris.

　これらの例にみられる environ のほかにも，presque, à peu près, à peine, pratiquement (Jayez, 1987) ; pour ainsi dire, une espèce de (Tamba, 1991, p.26) などの，みちびかれる表現が近似的であることを明示するマーカーを帯びている場合もある．これらの，近似表現の近似性を明示するマーカーを，「留保表現」(clôtures)³ とよぶことにしよう．

　ここでは，(5''), (6'') のように，留保表現をともなっている場合も，「近似表現」にふくめることにしよう．こうした近似表現は，一般には，概数や，概念のある程度の妥当性を示す表現，すなわち，なんらかのひとつの辞項を作用域とする表現と解せられるが，よりひろい射程として，発話文総体の近似性をも対象とすることができる．

　たとえば，留保表現 en quelque sorte は，場合によってさまざまなことなったレヴェルの作用域に対してはたらきうる．つぎの (7) — (9) のような例においては，en quelque sorte は，名詞句 [(7), (8)] や属詞形容詞 [(9)] など，ひとつの項としてとらえられる単位を作用域としているが，

(7) On comprend que le mendiant soit **en quelque sorte** le pur bourgeois ; car il n'obtient que par un art de demander, par des signes émouvants ; les haillons parlent. Et le chômeur, par les mêmes causes, est aussitôt déporté en bourgeoisie.

(Alain, *les Arts et les Dieux*, p.1235)

3　Clôtures という用語は Tamba (1991, p.28) による．英米の言語学で hegde とよばれるものに相当する．留保表現に関する研究としては，Jayez (1987) がある．また，Lakoff (1972), Prince et alii (1982) など，英米系にすぐれた研究が多い．とくに Prince et alii (1982) は，留保表現をよりこまかく分類し，それらを関連づけているところが興味ぶかい．(5'), (6'), のような近似表現をみちびく留保表現を approximator，命題全体の有効化に対する発話者の関与を留保する表現を shield とよんで区別している．この節で，近似表現と証拠性とのかかわりが深いといっているのは，Prince et alii の用語法では，approximator と shield のあいだの関連の問題であるも言いかえることができる．

第8章　証拠性と発話行為

(8) Quel est le but de nos travaux ? Proposer aux écrivains de nouvelles «structures», de nature mathématique ou bien encore inventer de nouveaux procédés artificiels ou mécaniques, contribuant à l'activité littéraire : Des soutiens de l'inspiration, pour ainsi dire, ou bien encore, **en quelque sorte**, une aide à la créativité.
(Queneau, *Batons, chiffres et lettres*, p.321)
(9) L'épisode hypnotique, dit-on, est ordinairement précédé d'un état crépusculaire : le sujet est **en quelque sorte** vide, disponible, offert sans le savoir au rapt qui va le surprendre. (R. Barthes, *Fragments d'un discours amoureux*, p.225)

その一方で，つぎの (10) — (13) のような例では，(さきだつ，または後続する) 発話文総体を対象としている．

(10) Il y a trois semaines, j'avais résolu de me saisir d'un discours qu'il venait de prononcer à Gannat (je crois) et de le dépiauter, de le découper phrase par phrase : je rêvais d'anatomiser le mensonge, **en quelque sorte**.
(Mauriac, *Bloc-notes 1952-1957*, p.289)
(11) Bref, nous ne parvenons à vivre, disent nos hédonistes, que tant que l'insupportable et profonde horreur du vivre se dissimule sous le voile sucré du plaisir. **En quelque sorte**, le plaisir est notre seul recours pour supporter la vie.
(Annie Leclerc, *Parole de femme*, p.175)
(12) Malgré mes préocupations, j'étais parfois tenté d'intervenir et mon avocat me disait alors : «Taisez-vous, cela vaut mieux pour votre affaire.» **En quelque sorte**, on avait l'air de traiter cette affaire en dehors de moi. (Camus, *L'étranger*, p.153)
(13) En surprenant nos voyageurs, nous agissons pour que le temps de transport soit un moment vécu positivement par tous! **En quelque sorte**, nous réinventons le transport et le rapport entretenu avec nos clients. Les stations de métro deviennent de véritables lieux de vie, qui proposent aux voyageurs des événements culturels liés à l'actualité de la ville et de la société, à l'histoire, à l'art ou à la science. (Publicité de RATP)

すなわち，(7) — (9) のような場合の留保表現が，ある項を単位として，その意味を近似的なものとする機能をはたしているのとまったく平行的に，(10) — (13) のような場合の留保表現は，発話文総体を近似的なものとする機能をはたしていると考えられるのである．
証拠性が作用することにより，発話文全体が近似表現のように理解されうる

第3部　総括と展望

場合もまた，(10) — (13) の例と同様である．その際，証拠性マーカーは，一種の留保表現として機能していると考えられる[4]．

8. 4. 論証 (argumentation) との関係

論証 (argumentation) は，8. 2. 節であつかった隠喩とおなじく，修辞論に源泉をもつ概念であるが，現代言語学にも，さまざまの形でうけつがれている[5]．

なかでも注目にあたいするのは，第6章の註9，14 でも言及した，言語内論証理論 (théorie de l'argumentation dans la langue) の潮流の研究である．この理論の基本発想は，論証するという行為 (acte d'argumenter) を，言語活動のもっとも根幹にある営為であるとみなすことである．そして，その結果として，ある発話文や辞項のもちうる意味を，その発話文や辞項から出発していうること，すなわち，可能な論証のなかにみようとすることになる．

多くの研究者が参加し，また，長期にわたって発展してきている理論[6]であるので，その研究領域は多岐にわたっているが，ここではその一例として，Ducrot (1995) による，脱現実化修飾語 (modificateur déréalisant) に関する研究についてみておきたい．ある述語 X が一定の結論をみちびきうることをもって，その X には論証効力 (force argumentative) がそなわっているといえる．そして，この論証効力には，高低の度合いがみとめられる．そのことは，つぎの(14) のように規定することができる[7]．

(14) **論証効力** (force argumentative)
　　ある述語 X がある結論 Z をみちびくことを認めれば，かならず，別の述語

4　なお，命題の近似性に関しては，Sperber et Wilson (1986) による関連性理論でよく論じられている．関連性理論においては，ふたつの命題形式が相互に類似している場合，一方が他方の表示となりうる．こうした命題間の類似性にもとづいて命題形式を使用することを，解釈的用法 (interpretive use) という (ibidem, pp. 224-231)．この，解釈的用法における命題間の類似性は，本書でいう「命題の近似性」と，理論のわく組みこそちがっているものの，均質のあつかいができると思われる．このような解釈的用法の概念を応用した，関連性理論にくみする研究としては，さらに Blass (1990), Blakemore (1992), Itani (1996) などを参照．
5　その概観については Plantin (1996) を参照．
6　言語内論証理論の最近の進展については，Carel (1995), Kida (1998)，大久保 (1999, 2000), Carel et Ducrot (1999), Ducrot et Carel (1999) などを参照．
7　Ducrot (1995) においては，(階梯的) 論証効力の明示的な定義はしめされていないが，(14) は、大久保 (1999, p86), (2000, pp.28-29) を参考にしつつ，本書筆者の解釈によってまとめたものである．

第8章　証拠性と発話行為

X^+ もまた Z をみちびくことを認めざるを得ず，かつ，その逆はなり立たないとき，X^+ は X より論証効力が高い．

たとえば，つぎの例では，

(15) Le changement de Paris est lent ; tu ne seras pas dépaysé. (Ducrot 1995, p.151)

《Le changement de Paris est lent》は，《 tu ne seras pas dépaysé 》を結論としてみちびいている．この前半に手をくわえて，つぎの (15') のようにしたものを，(15) とくらべると，

(15') Le changement de Paris est très lent.

(15) の論証を認めれば (15') からもおなじ結論がみちびかれる論証をかならず認めざるを得ないが，その逆はなり立たない．したがって，(15') の論拠は (15) における論拠より論証効力が高いといえる．

この論証効力の高低を調整するマーカーとして概念化されているのが，脱現実化修飾語，およびその逆の現実化修飾語 (modificateur réalisant) である．Ducrot (1995) によるそれらの定義をみよう．

(16) **脱現実化修飾語** (modificateur déréalisant, MD と略する) **と現実化修飾語** (modificateur réalisant, MR と略する)
語彙 Y が述語 X にかかる MD であるのは，連辞 XY が，
(i) 矛盾しているとは感じられず，
(ii) X の論証効力の方向性を逆転させるか，X の論証効力よりも低い論証効力をもつときであり，そしてそのときのみである．
　XY が X の論証効力とおなじ方向性で，それよりも高い論証効力をもつとき，X は MR である[8]．

8　提示の都合で和訳した．原文は以下のとおり．
　《Un mot lexical Y est dit «MD» par rapport à un prédicat X si et seulement si le syntagme XY :
(i) n'est pas senti comme contradictoire
(ii) a une orientation argumentative inverse ou une force argumentative inférieure à celle de X.
Si XY a une force argeuemtative supérieure à celle de X, et de même orientation, Y est un MR》
(Ducrot 1995, p.147)

第3部　総括と展望

　MDを認定する形式的基準として，特別な状況を想定することを必要とせずに«X, mais XY»といえること，MRを認定する基準として，おなじく特別な状況を想定しなくても«X, et même XY»といえることがあげられる．たとえば，MDに関しては，つぎのような連鎖のペアーが例としてあげられる．

(17) @Pierre est un parent, mais (un parent) éloigné. (ibidem, p.148)
(18) #Pierre est un parent, mais (un parent) proche. (idem)

　(17)に付されている«@»の記号は，特別な状況を想定しなくても，自然に解釈できる論証であることをしめす．逆に，(18)に付された«#»の記号は，特別な状況[9]を想定しないかぎり解釈が困難であることをしめす(したがって，非文法性や，統辞的な容認度とは，なんの関係もない)．このことから，éloignéはparentに対するMDであるといえる．
　さらに，MRに関しては，つぎのような例がある．

(19) @Pierre est un parent, et même (un parent) proche. (ibidem, p.148)
(20) #Pierre est un parent, et même (un parent) éloigné. (idem)

　ここでもまた，(19)は«@»でしめされる事例，すなわち，特別な状況を想定しなくても自然に解釈できる論証であるが，(20)はそうではなく，«#»をつけることが適当である．このことから，procheは，parentに対するMRであるといえる．
　以上で概観してきたようなMDとMRに関する議論は，証拠性とも関連が深いものであると思われる．MDやMRの作用がおよぶ対象は，直接的にはもちろんそれらが統辞的にかかっている述語であるが，MDやMRがなにを「現実化」(réaliser)したり「脱現実化」(déréaliser)したりしているかといえば，やはり論証効力や，ひいてはその論証の結論であるといえよう．証拠性マーカーもまた，発話内容とその根拠との関係づけを通して，談話のなかでの適正な地位を発話文に付与する機能をもっているものであった．そこにいう「談話のなかでの適正な地位」とは，言語内論証理論のわく組みでいうなら，なによりもまず論証効力を意味しているということになるであろう．

9　ここにいう「特別な状況」の一例をあげるとすると，Pierreのことを発話者の遠縁の親類ではなく，近い親類であると思っている相手の誤解をとりのぞくために(18)を発するような場合が，これに該当するであろう．

306

第8章　証拠性と発話行為

　大きくわけると，言説の他者性，推論，断定緩和などの証拠性は，MDに類するものである．8.3.節で，留保表現のひとつとしてみた，つぎのような例においても，

(21) Il semble que les Français n'aiment pas le vert : les trois quarts de la salade partent pour l'alimentation animale ou la poubelle. [= (3)]

« il semble » の，« les Français n'aiment pas le vert » に対する機能は，やはりある種のMDとして理解することができる[10]．また，つぎの例のような，いわゆる緩和表現としての il me semble も，論証的にとらえかえすと，同列に扱うことができる．

(22) — Monsieur le secrétaire, **il me semble que** M. Gayaud avait dit, il y a un an : «Aucun sport n'est vraiment contre-indiqué... »

(A. Blodin, Ma vie entre les lignes, p.277)

　この例自体，発話者はスポーツをしたいという結論をみちびこうとしているのは明確であり，もともと典型的に論証としての解釈がきわだっている例であるといえる．この « il me semble » は，« M. Gayaud avait dit... » の論証効力を低くするMDとして理解できる．
　しかし，ここで疑問が起きるかもしれない．(22)において，スポーツをしたいという結論にむかう論証が目的であるとするなら，なぜわざわざその目的を達する論証効力を弱めるようなことをするのか，という疑問である．それは，対話者との関係において，かならずしも高い論証効力にうったえることが，説得の成功につながるとはいえないからであると思われる．みずからの発話内容をよりよく相手に受け入れてもらうために，あえて控えめに，衝突をやわらげるかたちで提示することもまた，ありうる方略である．もちろんそのことだけがMDをもちいる理由ではないが，MDとしての扱いは，証拠性のなかで，機能の一定の方向性を見さだめることのできるひとつの方法として注目にあたいする[11]．

10　この例においては，それ以上の論証的連関は明示されていないが，たとえば，生野菜サラダを商品化しようとしているような文脈であると想定すれば，論証効力を問題にすることができる．

11　ただし，その方法の限界も意識する必要はある．とくに，論証効力が高いか低いかという2極的な対立軸にのせることにより，証拠性的に有標な複数のケースを，それら相互のちがいを無視してひとしくMDの問題として一括してしまうということである．この点はまた、1.4.3.節で，「情報のなわ張り理論」に対しておこなった批判ともあい通じる．

証拠性のなかには，MR として扱うことができるものもある．それは，知覚動詞など，基本的に語彙的なマーカーであるため，本稿では扱わなかったが，直接経験を明示する系列の証拠性マーカーである．たとえば，口語的表現で，つぎのような発話文において，

(23) Le professeur Leclerc est à l'université, j'ai vu.　　(Dendale et Tasmowski 1994, p.5)

« j'ai vu » は，« Le professeur Leclerc est à l'université » に対する MR として理解できる．これがくわわることによって，たとえば，«Allons le voir» というような結論への論証効力が強められているのである．
　以上で見てきたように，証拠性は，論証効力に作用する MD や MR としてとらえなおすことができ，そのことからも，論証というカテゴリーと密接にかかわっているといえる．

8.5. 報告話法・引用との関係

　本論文で観察してきた証拠性の重要な機能のひとつに，発話内容の根拠として，他者の言説に依拠していることを示す機能があった．なかでも，個別の証拠性マーカーの機能として見てきたものとしては，il paraît que... の，せまい意味での伝聞をあらわす機能と，条件法の，他者の言説を，その総体性を前提しながらさししめす機能があった．
　一方で，報告話法 (discours rapporté) や，引用 (citation) も，他者の言説に言及するという機能があり，証拠性とは密接に関連しているといえる．なかには，Rosier (1999) のように，il paraît que... や条件法を，報告話法の一形態とみなしている研究もある．もちろん，報告話法そのものも，研究の目的やわく組みのちがいによって，さまざまな規定のしかたが可能であり，それによって証拠性との関係もちがってくるので，Rosier の考えかたもひとつの可能性として認められる．しかし本書では，伝聞などの証拠性に属する機能と，報告話法や引用とのあいだで，密接な関連はあるが，包含関係はないと考えている．伝聞と報告話法との相違については，すでに第4章で論じたように，本源的断定者を構造的に標示するかどうかという点にあった．他者の言説をあらわす条件法もまた，本源的断定者をそれ自体では示さないという点が，報告話法とは違っていると考えられる．

つぎに引用との違いを考えると，引用は，本源的発話文に対して忠実な再現であり，「文字どおりであること」(littéralité) が決定的に重要な特徴であるが，伝聞などの証拠性的機能にあっては，そのようなことはない．証拠性は，あくまでも発話内容から出発して，その根拠への関係づけをおこなうという方向性によって特徴づけられる．引用は，むしろ本源的断定から出発して，その発話文を文字どおりに再現するという，証拠性とは逆の方向性をもっているのである．

しかし，話法や引用との相違点は上記のように把握しておいたうえでいうと，今後，ひろい意味での「発話の他者性」(altérité énonciative) という統合的視点で，それらをいわば同じ土俵において比較する研究をすすめてゆくことは，たいへん興味ぶかいと思われる．フランスやフランス語圏では近年，おそらくAuthier-Revuz (1995) のきわめて詳細な研究がひとつのきっかけとなり，Vion (éd.)(1998), Rosier (1999), Bres et alii (éds.)(1999) など，発話の他者性に関する研究が多く公刊されている．それらを見ても，この視点からの研究には，きわめて広汎な可能性があるということがわかる．

8.6. 言語活動全般との関係

証拠性は，以上で指摘してきたようなさまざまな領域と関連している．しかし当然ながら，以上で関連領域に関する議論は尽くせたわけではなく，ほかにも証拠性がかかわると思われる領域はひろく存在する．

たとえば，相手になんらかの衝撃をあたえたり，衝突をもたらしかねないような発話内容の場合，証拠性マーカー (たとえばこの場合は，sembler や条件法など) をもちいて断定をやわらげることにより，峻厳な発話を回避するという事例は，上記では近似表現や，論証の問題に関連づけてきたが，もうひとつの可能性として，丁寧さ (politesse) の問題としても考えてゆくことができる．すなわち，証拠性による断定の緩和は，発話者の主張を通すための方略としてだけではなく，対話者に対する配慮としても存在するのである．これは，Leech (1983, § 6.1.2.) のいう「是認の公準」(Approbation Maxim) すなわち，「他者の非難を最小限にせよ，他者の賞賛を最大限にせよ」という丁寧さの原則に沿うものである．ただしもちろん，丁寧さもまた，対話を円滑にすることを通じて発話者自身の利益にもなるものであるので，発話者の主張を通すための方略という意味あいから截然とへだてられているわけではない．

第3部　総括と展望

さて,本章においてこれまで議論してきたいくつかの点もふくめて,さらに証拠性と関連しうると思われる領域のひろがりを,より包括的な視点から見るなら,それはGumperz (1989) のいう「文脈化」(contextualisation) の問題としてとらえかえすことができると思われる.「文脈化」とは,つぎのように規定される概念である.

«J'entends par contextualisation l'emploi par des locuteurs / auditeurs de signes verbaux et non verbaux qui relient ce qui se dit à un moment donné et en un lieu donné à leur connaissance du monde» (ibidem, p.211)

すなわち,発話文やその内容を,世界の状況 (それには,発話文によって言及される事態のみならず,さまざまな他者の存在や,その他者との関係の態様もふくまれる) へと関連づける操作として理解することができる.証拠性はまさに,発話文やその内容と,その根拠とのあいだの関係の調整であることから,すぐれて「文脈化」の問題であると考える.
そして,発話文を状況へと位置づける「文脈化」こそは,一定の発話状況のなかで言語を行使するという意味での発話行為の,もっとも根幹的な要素であるといえる.その意味において,証拠性の問題には,発話行為の根本問題のひとつとしての重要性がある.発話者は,証拠性もふくめた文脈化を通して,みずからの発話行為そのものの存在理由を明らかにしようとしているのである.さらに,本章において見てきたさまざまな隣接領域とのかかわりがあることを勘案すると,証拠性の研究には,言語活動全般にわたる発話者の営為を解明するという意義をみることができる.
本書の中心をなす第2部でおこなってきた各論的な考察は,具体的に,機能的・文法的マーカーに対象をしぼっての語意義論 (sémasiologie) 的な分析であった.しかし,それらのマーカーの分析によって見いだされた機能は,発話者によるさまざまなレヴェルの操作を標示することであった.したがって,マーカー研究を通じて,きわめて広汎な言語活動のありかたを,部分的にではあるが,示すことができたと考えている.

結 論

　本書においては,まず第1部で,研究対象の画定と,研究指針の確立をめざして,予備的考察をおこなった.
　そのうち,第1章では,証拠性に関する先行研究を批判的に検討した.Chafe et Nichols (éds.) (1986), Dendale et Tasmowski (1994) などの従来の研究には,「直接経験・推論・伝聞」という,発話にさきだって,あらかじめ外在するなんらかの情報源というとらえかたが多かった.しかし,たとえば通例は「推論」のマーカーとされる il me semble が,つぎの例におけるごとく,

(1) — Monsieur le secrétaire, **il me semble** que M. Gayaud avait dit, il y a un an : «Aucun sport n'est vraiment contre-indiqué... »
(A. Blondin, *Ma vie entre les lignes*, p.277)

　あきらかに直接経験によって得られた情報を提示する場合にも,あえて語調緩和のために用いられることがあるなど,たんなる「情報源の標示」としてはとらえきれない現象が存在する.すなわち,発話者は,先験的にあたえられた情報源を示すのではなく,かなり自由に発話の根拠や,その信頼性のほどを示していると考えられる.そこで,第2章では,証拠性を,「発話から出発して,それを根拠へと関係づける操作」として再規定した.
　第2章ではさらに,証拠性を標示するとみられる機能的(文法的)マーカー,すなわち,il semble que..., il paraît que..., 条件法, devoir を研究対象としてえらび,それらを語意義論(sémasiologie)的な方向性で研究することをさだめた.その際,たとえ証拠性的とみられる用法は当該マーカーの用法の一部でしかなくても,それに観察の範囲を局限せず,ひろく多様な用法を視野にいれ,各用法に共通する,マーカーに固有の本質的機能を抽出することにより,ほかの用法とも整合的な説明ができることをめざすこととした.この接近法は,一般に,多くの機能的マーカーにおいて,各用法を截然とはわけられない連続性が観察されることによって正当化される.
　つぎに,第2部では,事例研究として,それぞれのマーカーの具体的な分析をすすめてきた.そのうち,第3章では il semble que..., 第4章では il paraît que..., 第5章では他者の言説をあらわす条件法,第6章では devoir の認識的用法をそれぞれ中心的な考察の対象とした.
　第3章では,il semble que... について検討した.つぎの例文にあらわれている

311

結論

ように,

(2) **Il semble que** les Français n'aiment pas le vert : les trois quarts de la salade partent pour l'alimentation animale ou la poubelle.

(*Antenne 2 - magazine*, février 1991, p.34)

　il semble que... の機能は, que... 以下の命題内容を, 間接的徴候から推論によってみちびきだしたことをあらわす証拠性的部分 (composante évidentielle) と, (2) を書きかえた (2') にあらわれているように,

(2') Apparemment / Vraisemblablement, les Français n'aiment pas le vert ...

　命題内容に認識的モダリティを付与するモダールな部分 (composante modale) をあわせもつ. このうち, 証拠性的部分は, 動詞 sembler の,《類似性》(similitude) をあらわす本質的機能に由来する. この仮説について, 論拠となるさまざまな統辞的・意味的現象を提示し, また人称用法もふくむ, sembler のさまざまな用法において検証した.
　また, il semble que... にともなう間接目的補語 à qqn. の機能についても議論し, それは, il semble que... の場合は暗示的であった, 命題内容を感知する主体, すなわち知覚主体 (sujet percepteur) を明示することであるとした. そのことから, 知覚レヴェルがきわだち, 感覚・感情をあらわす内容と親和性が高いことを, うまく説明することができた.
　つぎに, 第4章では, (3) にみられるような, il paraît que... の分析をおこなった.

(3) Jeannine : Tu sais qui a téléphoné ce matin? Ton «successeur», comme tu dis... Vous étiez étudiants tous les trois ensemble, n'est-ce pas, Messieurs?
Michel Aubert : Oui...
Jean : Qu'est-ce qu'il voulait?
Jeannine : S'excuser. Il paraît qu'il était obligé d'accepter.

(scénario de «Mon oncle d'Amérique», p.37)

　先行研究では, この表現は, もっぱら「伝聞 (ouï-dire)」という価値を標示する特例的な固定表現としてあつかわれることが多かった. しかし, たとえ特例

的とあつかうにしても，この表現が「伝聞」という特定の価値を標示することができるのはなぜかという点に関しては，説明がなされるべきことには変わりはない．

ここでは，paraître の語彙的用法をも検討し，「出現」，「顕在」をあらわす用法に共通する図式として，《発現》(émergence) の標示が paraître に本質的な機能であると考えた．この動詞は，通常の運動動詞とちがって，運動の起点を示すことができない．このことが，伝聞における (引用や報告話法とは異なる) 本源の不定性とつながっており，発話者にとって伝聞内容が《発現》的にとらえられることが，il paraît que... による伝聞の標示の基底にあると考えた．

また，《発現》に内在する起動相・点括相的な語彙アスペクトは，il paraît que... の伝聞内容の単一性・孤立性につながっており，第5章でみる他者の言説をあらわす条件法との対比点となる．

第5章では，つぎの (4)，(5) の例文にみられるような用法の条件法 (条件法現在および条件法過去) を主たる対象とした．

(4) Selon la presse algérienne de mardi, il [= le bilan du massacre] **pourrait** dépasser le chiffre de 400 victimes, Selon le quotidien Liberté de mardi, qui fait l'état de «sources bien informées», il **serait** de 428 morts et de 140 blessés. (*Le Monde*, 14 / 01 / 98)

(5) Cinq membres du commando ont été ensuite tués par la police qui les a pourchassés alors qu'ils fuyaient vers la montagne surplombant le temple. Quatre ou cinq autres **auraient réussi** à prendre la fuite, selon les témoins. (*Libération*, 18 / 11 / 97)

この用法の条件法については，多くの先行研究で，「伝聞」や「情報の借用」，すなわち，「発話内容が，情報の出どころとなる具体的な第三者から来ていること」を示す機能が認められてきた．

しかし実例を観察してゆくと，(4)，(5) のような例ばかりではなく，「伝聞」的なモデルでは説明のつかないものも少なくない．たとえばつぎの (6) の例のように，叙述内容の本源が，具体的な人物・機関ではなく，抽象的な思考内容 (推論，思弁など) として提示されている場合も，条件法はまったく同様に内容をのべることができる．

(6) La chute du won va renforcer la compétitivité de Séoul par rapport à Tokyo. Le Japon peut s'attendre à perdre des parts de marché. Tout cela va affecter la croissance mondiale. Selon nos estimations, elle ne **serait** finalement que de 3 % en 1998, alors

結論

qu'on prévoyait 4,2 % avant le déclenchement de la crise asiatique.

(*Libération*, 27 / 12 / 97)

　(6) のような例以外にも，これまであまり注目されてこなかったさまざまなタイプの例について検討し，この用法における条件法の機能は，単に内容が，外部の情報源に淵源することを示すだけではなく，より広く，他者の言説の連続性，ひいてはそれに表象される事態の連続性を，あくまでも総体的に仮定し，その連続性の中に事行を位置づけることを要求するものであると主張した．
　さらに，他者の言説をあらわす用法に関する仮説から出発すれば，その延長線上で，条件法の他の用法についても均質の説明をくわえることが可能であり，条件法というマーカーに通底する本質的機能を理解しうることについても触れた．
　第6章では，つぎの例に代表されるような，いわゆる認識的用法を主たる対象として，準助動詞 devoir の機能を探究した．

(7) Il avait l'intention d'installer un bureau à Paris qui traiterait ses affaires sur place, et directement, avec les grandes compagnies et il voulait savoir si j'étais disposé à y aller. Cela permettrait de vivre à Paris et aussi de voyager une partie de l'année. «Vous êtes jeune, et il me semble que c'est une vie qui **doit** te plaire.»

(A. Camus, *L'Etranger*, p.68)

　認識的 devoir については，ほとんどすべての先行研究が《推論》(inférence)，より細かにいえば《省略三段論法》(enthymème) を標示するとしている．しかし，つぎのような例をみると，

(8) [コンクリートの，いかにも無機質の近代建築の集合住宅にまねき入れられて言う]
Léa. Pfff, dis donc, ça **doit** être triste, hein, de vivre ici...
Blanche. Oh non! Tu sais, je me sens moins seule ici, dans un grand immeuble, que dans une petite maison, hein ... 　　　(E. Rohmer : *L'Ami de mon amie*, p.25)

　まったくの決めつけ，当てこみで判断をくだす場合にも devoir を用いることができることがわかる．この種の実例の観察にもとづいて，先行研究が仮定するような推論過程はつねにみとめられるとはかぎらず，むしろ「他の可能性の

排除」という操作こそがdevoirの本質的機能であると主張した.

　第3部では総括と展望を提示した. 第7章で, マーカーの本質的機能から出発して, どのような過程をたどることで, 多様な証拠性的な解釈が生ずるのかを跡づけ, それにもとづいて, マーカーと証拠性の関係を再規定した. 証拠性のカテゴリーに属するさまざまな解釈の変異は, マーカーの本質的機能が, いかなる統辞的・意味的実体へと適用されるかの差異に由来している. 証拠性は, それぞれのマーカーがアプリオリに与える固定的な価値ではなく, 発話のなかで動的に構築される価値であると考えた.

　おわりに第8章で, 証拠性と, いくつかのその関連領域とのかかわりについて論じ, 発話行為, ひいては言語活動全般に対する証拠性のかかわりについて考察した.

　証拠性の問題は, 発話行為のさまざまな側面と深い関連をもっており, 証拠性を考察してゆくことは, 言語活動そのものの探究にも寄与しうるものと考えられる.

参考文献

Abouda, L. (1997) : «Le conditionnel : temps ou mode? Arguments syntaxiques», *Revue romane*, 32, 2, pp.179-198.

Adam, J. -M. (1999) : *Linguistique textuelle*, Nathan.

Anderson, L. B. (1986) : «Evidentials, paths of change, and mental maps», W. Chafe et J. Nichols (eds.), pp.273-312.

Anscombre, J.-Cl. (1980) : «Voulez-vous dériver avec moi?», *Communication*, 32, pp.61-124.

Anscombre, J.-Cl. (1992) : «Imparfait et passé composé : des forts en thème et en propos», *L'Information grammaticale*, 55, pp.43-53.

Anscombre, J.-Cl. (1994) : «Proverbes et formes proverbiales», *Langue françaiase*, 102, pp.95-107.

Anscombre, J.-Cl. et O. Ducrot : *L'argumentation dans la langue*, Margada.

Aoki, S. et F. Dhorne (1992) : «Le grand enfermement : la forme verbale TE SHIMAU en japonais», *L'Information grammaticale*, 55, pp.8-11.

Arnaud, A. et P. Nicole (1662) : *La logique ou l'art de penser*.

Arrivé, M. et alii (1986) : *La grammaire d'aujourd'hui*, Flammarion.

Auroux, S. (1992) : «La philosopie linguistique d'Antoine Culioli», *La théorie d'Antoine Culioli*, Ophrys, pp.39-59.

Authier-Revuz, J. (1995) : *Ces mots qui ne vont pas de soi, Boucles réflexives et non-coïncidences du dire*, 2 volumes, Larousse.

Bakhtine, M. (1977) : *Le Marxisme et la philosophie du langage*, Minuit.

Bakhtine, M. (1984) : *Esthétique de la création verbale* (traduction française par A. Aucouturier), Gallimard.

Barnes, J. (1984) : «Evidentiality in the Tuyuca verb», *International Journal of American Linguistics*, 50, pp.255-271.

Baylon, Ch. et P. Fabre (1973) : *Grammaire systématique de la langue française*, Nathan.

Berrendonner, A. (1981) : *Eléments de pragmatique linguistique*, Minuit.

Berthonneau, A.-M. et G. Kleiber (1993) : «Pour une nouvelle approche de l'imparfait : l'imparfait, un temps anaphorique méronomique», *Langages*, 112, pp.55-73.

Berthonneau, A.-M. et G. Kleiber (1994) : «L'imparfait de politesse : rupture ou cohésion?», *Travaux de linguistique*, 29, pp.59-92.

Berthonneau, A.-M. et G. Kleiber (1997) : «Subordination et temps grammaticaux : l'imparfait en discours indirect», *Le français moderne*, 65, 2, pp.113-141.

参考文献

Blakemore, D. (1992) : *Understanding utterances*, Blackwell.
Blanchet, Ph. (1995): *La pragmatique*, Bertrand-Lacoste.
Blass (1990) : *Relevance relations in discourse,* Cambrige University Press.
Bolinger, D. (1972) : «The syntax of *parecer*», A. Valdman (ed.) : *Papers in Linguistics and Phonetics to the Memory of Pierre Delattre*, Mouton, pp.65-76.
Bondy, L. (1960) : «Définition d'abord, nomenclature ensuite», *Le français moderne*, 28.
Bonnard, H. (1980) : *Code du français courant*, Magnard.
Bourdin, Ph. (1988) : ««Sembler» et «paraître», ou les deux visages de l'apparence», *Semantikos*, 10, 1-2, pp.45-67.
Bres, J. et alii (éds.) (1999) : *L'Autre en discours*, Université Paul Valéry — Montpellier III.
Brunot, F. (1926²) : *La pensée et la langue*, Masson et Compagnie.
Brunot, F. et C. Bruneau (1965³) : *Précis de grammaire historique de la langue française*, Masson et Compagnie.
Buffier, Cl. (1709) : *Grammaire française sur un plan nouveau.*
Cadiot, A. et alii (1985) : «Sous un mot une controverse : les emplois pragmatiques de *toujours*», *Modèles linguistiques*, 7, 2, pp.105-124.
Cadiot, P. (1997) : *Les prépositions abstraites en français*, Colin.
Cadiot, P. et F. Nemo (1997) : «Pour une sémiogenèse du nom», *Langue française*, 113, pp.24-34.
Camargo, E. (1996) : «Valeurs médiatives en caxinauá», Guentchéva (éd.), pp.271-284.
Carel, M (1995) : «*Trop* : argumentation interne, argumentation externe et positivité», J.-Cl. Anscombre (éd.) : *Théorie des topoï*, Kimé, pp.177-206.
Carel, M et O. Ducrot (1999) : «Le problème du paradoxe dans une sémantique argumentative», *Langue française*, 123, pp.6-26.
Cervoni, J. (1987) : *L'énonciation*, Presses universitaires de France.
Chafe, W. (1986) : «Evidentiality in English conversation and academic writing», Chafe, W. et J. Nichols (éds.) (1986), pp.261-272.
Chafe, W. et J. Nichols (éds.) (1986) : *Evidentiality. The Linguistic Coding of Epistemology*, Ablex.
Charaudeau, P (1992) : *Grammaire du sens et de l'expression*, Hachette.
Charbonnel, N. et G. Kleiber (éds.) (1999) : *La métaphore : entre philosophie et rhétorique*, Presses universitaires de France.
Chevalier, J.-Cl. et alii (1990, «édition 1990») : *Grammaire du français contemporain*, Larousse.
Confais, J.-P. (1990) : *Temps, mode, aspect*, Presses universitaires du Mirail.

Crédat, L. (1910) : « Futur dans le passé et conditionnel », *Revue de philologie française et de littérature*, 24, pp.141-149.

Culioli, A. (1985) : *Notes du séminaire de DEA* 1983-1984, Université de Paris 7.

Culioli, A. (1990) : *Pour une linguisitique de l'énonciation*, 1, Ophrys.

Culioli, A. (1999 a) : *Pour une linguisitique de l'énonciation*, 2, Ophrys.

Culioli, A. (1999 b) : *Pour une linguisitique de l'énonciation*, 3, Ophrys.

Curat, H. (1991) : *Morphologie verbale et référence temporelle en français moderne*, Droz.

Damourette, J. et E. Pichon (1911-36) : *Des mots à la pensée*, 9 vols, d'Artrey.

Danon-Boileau, L. (1987) : *Le sujet de l'énonciation*, Ophrys.

David, J. et G. Kleiber (éds.) (1983) : *La notion sémantico-logique de modalité*, Klincksieck.

De Boer, C. (1954) : *Syntaxe du français moderne*, U.P.L.

Deguy, M. (1999) : « Et tout ce qui ressemble... », N. Charbonnel et G. Kleiber (éds.), pp.17-31.

Delamotte-Legrand, R. (1998) : « *Les pairs sont-ils des mêmes ou des autres ?* », J. Brès et alii (éds.), pp.261-285.

Dendale, P. (1993) : « Le « conditionnel de l'information hypothétique » : marqueur modal ou marqueur évidentiel ? », Hilty, G. (éd.) : *Actes du 20ème Congrès International de Linguistique et Philologie Romanes*, Francke, pp.163-176.

Dendale, P. (1994) : « *Devoir* épistémique, marqueur modal ou évidentiel ? », *Langue française*, 102, pp.24-40.

Dendale, P. (1998) : « Compte-rendu de Kronning (1996) », *Verbum*, 20, 3, pp.341-346.

Dendale, P. (1999) : « « Devoir » au conditionnel : valeur évidentio-modale et origine du conditionnel », *Cahier Chronos*, 4, pp.7-28.

Dendale, P. (2000) : « *Devoir* épistémique à l'indicatif et au conditionnel : inférence ou prédiction ? », A. Englebert et alii (éds.) : *Actes du 22ème Congrès International de Linguistique et Philologie Romanes, Max Niemeyer*, 7, pp.159-169.

Dendale, P. (2001) : « Le futur conjectural versus *devoir* épistémique », *Le français moderne*, 69, 1, pp.1-20.

Dendale, P. et W. De Mulder (1996) : « Déduction ou abduction : le cas de *devoir* inférentiel », Guentchéva (éd.), pp.305-318.

Dendale, P. et L. Tasmowski (1994) : « Présentation. L'évidentialité ou le marquage des sources du savoir », *Langue française*, 102, pp.3-7.

De Vogüé, S. (1993) ; « Des temps et des modes », *Le gré des langues*, 6, pp.65-91.

Dik, S. C. et alii (1990) : « The hierarchical structure of the clause and the typology of adverbial satellites », J. Nyuts et alii (éds.) pp.25-70.

Diller, A.-M. (1977) : «Le conditionnel, marqueur de dérivaion illocutoire», *Semantikos*, 2, 1, pp.1-17.

Donaire, M. L. (1998) : «La mise en scène du conditionnel ou quand le locuteur reste en coulisse», *Le français moderne*, 66, pp.204-227.

Dubois, J. et R. Lagane (1973) : La nouvelle grammaire du français, *Larousse*.

Ducrot, O. (1984) : *Le dire et le dit*, Minuit.

Ducrot, O. (1995) : «Les modificateurs déréralisants», *Journal of Pragmatics*, 24, pp.145-165.

Ducrot, O. et M. Carel (1999) : «Les propriétés linguistiques du paradoxe : paradoxe et négation», *Langue française*, 123, pp.27-40.

Ducrot, O. et J.-M. Schaeffer (1995) : *Nouveau dictionnaire encyclopédique des sciences du langage*, Seuil.

Feuillet, J. (1989) : «Problématique de l'auxiliation», R. Boucher et J.-L. Duchet (éds.) : *La question de l'auxiliaire* (= *Travaux linguistiques de CERLICO*, 1), pp.1-38.

Feuillet, J. (1996) : «Réflexions sur les valeurs du médaitif», Guentchéva (éd.), pp.47-70.

Franckel, J.-J. (1989) : *Etude de quelques marqueurs aspectuels du français*, Droz.

Franckel, J.-J. (1992) : «De l'invariance opératoire à la polysémie », Cahiers de lexicologie, 61, pp.18-39.

Franckel, J.-J. et D. Lebaud (1990) : *Les figures du sujet : A propos des verbes de perception, sentiment, connaissance*, Ophrys.

Franckel, J.-J. et D. Lebaud (1992) : «Lexique et opérations. Le lit de l'arbitraire », *La théorie d'Antoine Culioli*, Ophrys, pp.89-106.

Furukawa, N. (1994) : «*Ce que je crois, c'est que...* : séquence thématique et ses deux aspects, cohésion et ruprure», *Travaux de linguistique*, 29, pp.21-37.

Gardies, J.-L. (1983) : «Tantatives d'une définition de la modalité», J. David et G. Kleiber (éds.), pp.13-24.

Genette, G. (1970) : «La rhétorique restreinte », *Communications*, 16, pp.158-171.

Givón, T. (1982) : «Evidentiality and epistemic space », *Studies in Language*, 6, 1, pp.23-49.

Gosselin, L. (1999) : «Les valeurs de l'imparfait et du conditionnel dans les systèmes hypothétiques », *Cahiers Chronos*, 4, pp.29-52.

Gougenheim, G. (1939) : *Système grammatical de la langue française*, d'Artrey.

Greenbaum, S. (1969) : *Studies in English Adverbial Usage*, Longman.

Grevisse, M. (1986^{12}) : *Le bon usage*, Duculot.

Grevisse, M. et A. Goosse (1993[13]) : *Le bon usage*, Duculot.

Grice, P. (1975) : «Logic and conversation», P. Cole et J. L. Morgan (éds.) : *Syntax and semantics*, 3, Academic Press, pp.41-58.

Grœfsema, M. (1995) : «*Can, may, must* and *should*», *Journal of linguistics*, 31, pp.53-79.

Guentchéva, Z. (1993) : «La catégorie du médiatif en bulgare dans une perspective typologique», *Revue des études slaves*, 65, 1, pp.57-72.

Guentchéva, Z. (1994): «Manifestation de la catégorie du médiatif dans les temps en français», *Langue française*, 102, pp.8-23.

Guentchéva, Z. (éd.)(1996) : *L'énonciation médiatisée*, Peeters.

Guillaume, G. (1964) : *Langue et science du langage*, Nizet.

Guillaume, G. (1970) : *Temps et verbe*, Honoré Champion.

Gumperz, J. J. (1989) : *Sociolinguistique interactionnelle, Une approche interprétative*, Harmattan

Hagège, Cl. (1995 a) : «Le rôle des médiaphoriques dans la langue et dans le discours», *Bulletin de la Société de Linguistique de Paris*, 90, 1, pp.1-17.

Hagège, Cl. (1995 b[4]) : *La structure des langues*, Presses universitaires de France.

Haillet, P.-P. (1995) : *Le conditionnel dans le discours journalistique*, Bref.

Haillet, P.-P. (1998) : «Quand un énoncé en cache un autre : le conditionnel et les relatives appositives», J. Brès et alii (éds.), pp.213-238.

Hasselrot, B. (1973) : «Répartition des modes après «*il semble que*». Essai de statistique linguistique comparée», *Revue romane*, 8, pp.70-80.

Hengeveld, K. (1990) : «The hierarchical structure of utterances», J. Nyuts et alii (éds.) : *Layers and levels of reprensatation in language theory*, Benjamins, pp.1-23.

Henry, A. (1971) : *Métonimie et métaphore*, Klincksieck.

Hige, I. (2001) : *Dialogue, interprétation et mouvement discursif*, 2 vols, Presses universitaires du Septentrion.

Hopper, P. J. et S. A. Thompson (1980) : «Transitivity in grammar and discourse», *Language*, 56, p. 251-299.

Hopper, P. et E. Traugott (1993) : *Grammaticalization*, Cambridge University Press.

Huot, H. (1974) : *Le verbe « devoir »*, Klincksieck.

Imbs, P. (1960) : *L'emploi des temps verbaux en français moderne*, Klincksieck.

Itani, R. (1996) : *Semantics and pragmatics of hegdes in English and Japanese*, Hitsuji Shobô.

Jacobsen, W. H. Jr. (1986) : «The heterogeneity of evidentials in Makah», Chafe et Nochols (éds.), pp.3-28.

Jakobson, R. (1957) : *Shifters, verbal categories, and the Russian verb*, Russian Language Project, Harvard University.

Jakobson, R. (1963) : *Essai de linguistique générale*, Minuit.

Jacquesson, F. (1996) : «Histoire du médaitif en Sibérie orientale», Guentchéva (éds.), pp.215-232.

Jayez, J. (1987) : «Sémantique et approximation», *Lingvisticæ investigationes*, 11, 1, pp.157-196.

Kamio, A. (1994) : «The theory of territory of information : the case of Japanese», *Journal of Pragmatics*, 21, pp.67-100.

Karttunen, L. (1972) : «Possible and Must», J. Kimball (éd.) : *Syntax and Semantics*, 1, Seminar Press, pp.1-27.

Kawaguchi, J. (1988) : «A propos du rapporté en-*to-iu* déterminant le nom en japonais», *Hommage à B. Pottier*, 1, Klincksieck, pp.421-445.

Kawaguchi, J. et Koïshi, A. (1990) : «A propos de «il paraît que» : Approche contrastive français-anglais-espagnol-japonais», *Equinoxe*, 5, pp.47-78.

Kerbrat-Orecchioni (1980, 1997³) : *L'énonciation. De la subjectivité dans le langage*, Colin.

Kida, K. (1998) : *Une sémantique non-véritative des énononcés conditionnels*, thèse, EHESS.

Kleiber, G. (1993) : «Faut-il banaliser la métaphore?», *Verbum*, 1-2-3, pp197-210.

Kleiber, G. (1999 a) : *Problèmes de sémantique : la polysémie en question*, Presses universitaires du Septentrion.

Kleiber, G. (1999 b) : «Une métaphore qui ronronne n'est pas toujours un chat heureux», N. Charbonnel et G. Kleiber (éds.), pp.83-134.

Klinge, A. (1993) : «The English modal auxiliaries», *Journal of linguistics*, 29, pp.315-357.

Kratzer, A. (1977) : «What 'must' and 'can' must and can mean», *Linguistics and philosophy*, 1, pp.337-355.

Kronning, H. (1996) : *Modalité, cognition et polysémie : sémantique du verbe modal devoir*, Acta Universitatis Upsaliensis.

Lakoff, G. (1987) : *Women, Fire and Dangerous Things*, The University of Chicago Press.

Lakoff, G. (1972) : «Hegdes : a study in meaning criteria and the logic of fussy concepts», *Berkeley Linguistic Society*, 8, pp.183-228.

Lakoff, G. et M. Johnson (1980) : *Metaphors we live by*, The University of Chicago Press.

Lamiroy, B. (1994) : «Les syntagmes nominaux et la question de l'auxiliarité», *Langages*, 115, pp.64-75.

Langacker, R. W. (1991) : *Foundations of Cognitive Grammar*, 2, Stanford University Press.

Larreya, P. (1984) : *Le possible et le nécessaire*, Nathan.

Lazard, G. (1956) : «Caractère distinctif de la langue tadjik», *Bulletin de la Société de Linguistique de Paris*, 52, 1, pp.117-196.

Lebaud, D. (1994) : «L'imparfait, analyse linguistique en vue d'une conceptualisation en classe de FLE», *Le français langue étrangère à l'Université*, Instytut Romanistyki Uniwersyteit Warszawski, pp.217-230.

Le Bidois, G. et R. Le Bidois (1935-38) : *Syntaxe du français moderne, ses fondements historiques et psychologiques*, 2 vols, Picard.

Leech, G. (1983) : *Principles of Pragmatics*, Longman.

Leech, G. (1987^2) : *Meaning and the English Verb*, Longman.

Le Guern, M. (1973) : *Sémantique de la métaphore et de la métonimie*, Larousse.

Le Goffic, P (1993) : *Grammaire de la phrase française*, Hachette.

Le Goffic, P. (1995) : «La double imcomplétude de l'imparfait», *Modèles linguistiques*, 31, pp.133-148.

Lehmann, A. et F. Martin-Berthet (1998) : *Introduction à la lexicologie*, Nathan.

Le Querler, N. (1996) : *Typologie des modalités*, Presses universitaires de Caen.

Lyons, L. (1980) : *Sémantique linguistique*, Larousse.

Maingueneau, D. (1981) : *Approche de l'énonciation en langue française*, Hachette.

Maingueneau, D. (1994, 1999^2) : *L'énonciation en linguistique française*, Hachette.

Maingueneau, D. (1998) : *Analyser les textes de communication*, Dunod.

Martin, R. (1983) : *Pour une logique de sens*, Presses universitaires de France.

Martin, R. (1987) : *Langage et croyance*, Margada.

Martinon, Ph. (1927) : *Comment on parle en français*, Larousse.

Matlock, T. (1989) : «Metaphor and the grammaticalization of evidentiality», *Berkeley linguistic society*, 15, pp.215-225.

Matte, E. J. (1989) : *French and English verbal systems*, Peter Lang.

Mauger, G. (1968) : *Grammaire pratique du français*, Hachette.

Maynard, S. K. (1993) : *Discourse modality*, John Benjamins.

Merleau-Ponty, M. (1945) : *Phénoménologie de la perception*, Gallimard.

Michailovsky, B. (1996) : «L'inférentiel du népali», Z. Guentchéva (éd.), pp.109-124.

Milner, J. et J.-Cl. Milner (1975) : «Interrogations, reprises, dialogue», J. Kristeva et alii (éds.) : *Langue, discours, société*, Seuil, pp.122-148.

参考文献

Mithun, M. (1986) : «Evidential Diachrony in Northern Iroquioan», W. Chafe et J. Nichols (éds.), pp.89-112.

Mœschler, J. (1993) : «Anaphore et deixis temporelles : sémantique et pragmatique de la référence temporelle», Moeschler, J. et alii (éds.) : *Langage et pertinence*, Presses Universitaires de Nancy, pp.39-104.

Mœschler, J. (1996) : *Théorie pragmatique et pragmatique conversationnelle*, Colin.

Mœschler, J. (1998) : «Les relation entre les événements et l'interprétation des énoncés», Moeschler, J. (éd.) : *Le temps des événements*, pp.293-321.

Mœschler, J. et A. Reboul (1993) : *Dictionnaire encyclopédique de pragmatique*, Seuil.

Molinier, Ch. (1990) : «Une classification des adverbes en -*ment*», *Langue française*, 88, pp.28-40.

Mørdrup, O. (1976) : *Une analyse non-transformationnelle des adverbes en* -**ment**, Akademisk Forlag.

Nølke, H. (1983) : *Les adverbes paradigmatisants : fonction et analyse*, Akademisk Forlag.

Nølke, H. (1993) : *Le regard du locuteur - Pour une linguistique des traces énonciatives*, Kimé.

Nølke, H. (1994) : «La dilution linguistique des responsabilités», *Langue Française*, 102, pp.84-94. [増補版がNølke (2001) に再録されている]

Nølke, H. (1997) : «Compte rendu de Kronning (1996)», *Studia neophilologica*, 69, pp.267-270.

Nølke, H. (2001) : *Le regard du locuteur 2 - Pour une linguistique des traces énonciatives*, Kimé.

Norvig, P. et G. Lakoff (1987) : «Taking : a study in lexical network theory», *Berkeley linguistic society*, 13, pp.195-206.

Nuyts, J. (1993) : «Epistemic modal adverbs and adjectives and the layered representation of conceptual and linguistic structure», *Linguistics*, 31, pp.933-969.

Nyuts, J. et alii (éds.) (1990) : *Layers and levels of reprensatation in language theory*, Benjamins.

Nyrop, Ch. (1979[4]) : *Grammaire historique de la langue française*, 6 vols, Slatkine.

Okubo, T. (1997) : «L'épithète «vrai» et la catégorisation du niveau de l'énonciation», *Bulletin d'études de linguistique française*, 31, pp.1-14.

Palmer, F. R. (1986) : *Mood and modality*, Cambridge University Press.

Papafragou, A. (1998) : «Inference and word meaning : the case of modal auxiliaries», *Lingua*, 105, pp.1-47.

Parret, H. (1987) : *Prolégomènes à la théorie de l'énonciation*, Peter Lang.

Perkins, M. R. (1982) : «The core meanings of the English modals», *Journal of linguistics*, 18, pp.245-273.

Péroz, P. (1992) : *Systématique des valeurs de* bien *en français contemporain*, Droz.

Perrot, J. (1996) : «Un médaitif ouralien», Guentchéva (éd.), pp.157-168.

Petitot, J. (1991) : «Syntaxe topologique et grammaire cognitive», *Langages*, 103, pp.97-128.

Picoche, J. (1988) : «Le signifié de puissance des verbes *pouvoir, devoir, falloir*», *Bulletin de l'Association internationale de Psychomécanique du langage*, 5,b pp.413-422 [article repris dans Picoche (1995)].

Picoche, J. (1995) : *Etude de lexicologie et dialectologie*, Conseil international de la langue française.

Plantin, Chr. (1996) : *L'argumentation*, Seuil.

Prince, E. F. (1976) : «The syntax and semantics of neg-rising, With evidence from French», *Language*, 52, 2, pp.404-426.

Prince, E. F. et alii (1982) : «On Hedging in Physician-Physician Discourse», R. J. Di Pietro (éd.) : *Linguistics and the professions : Proceedings of the Second Annual Delaware Symposiun on Language Studies*, Ablex, pp.83-97.

Ramat, P. (1996) : ««Allegedly, John is ill again» : stratégies pour le médaitif», Guentchéva (éd.), pp.287-298.

Reboul, A. (1991) : «Comparaisons littérales, comparaisons non littérales et métaphores», *Travaux neuchâtelois de linguistique*, 17, pp.75-96.

Reboul, A. et J. Mœschler (1998 a) : *Pragmatique du discours*, Colin.

Reboul, A. et J. Mœschler (1998 b) : *La pragmatique aujourd'hui*, Seuil.

Reichenbach, H. (1947) : *Elements of symbolic logic*, Macmillan.

Ricœur, P. (1975) : *La métaphore vive*, Seuil.

Riegel, M. et alii (1994) : *Grammaire méthodique du français*, Presses universitaires de France.

Rivière, C. (1981) : «Is *should* a weaker *must*?», *Journal of lingusitics*, 17, pp.179-195.

Rosier, L. (1999) : *Le discours rapporté*, Duculot.

Roulet, E. (1980) : «Modalité et illocution», *Communication*, 32, pp.211-239.

Ruwet, N. (1975) : «Montée du sujet et extraposition», *Le français moderne*, 43, pp.97-133.

Salkie, R. (1996) : «Modality in English and French : a corpus-based approach», *Language Studies*, 18, 1-2, pp.381-392.

Sarfati, G.-E. (1997) : *Eléments d'analyse du discours*, Nathan.

参考文献

Schrott, A. (1997) : *Futurität im Französichen der Gegenwart*, Gunter Narr.

Silca-Corvalan, C. (1995) : «Contextual conditions for the interpretations of *poder* and *deber* in Spanish», J. L. Bybee et S. Fleischman (éds.) : *Modality in Grammar and Discourse*, John Benjamins, pp.67-105.

Sirbu-Dumitrescu, D. (1988) : «Contribución al estudio de la semántica de los verbos modales en español», *Hispania*, 71, 1, pp.139-147.

Sperber, D. et D. Wilson (1986) : *Relevance : Communication and Cognition*, Blackwell.

Sten, H. (1952) : *Les temps du verbe fini (indicatif) en français moderne*, Munksgaard.

Sten, H. (1954) : «*Devoir* + infinitif», *Le français moderne*, 22, 4, pp.263-265.

Sueur, J.-P. (1979) : «Analyse sémantique des verbes *devoir* et *pouvoir*», *Le français moderne*, 47, pp.97-120.

Sueur, J.-P. (1983) : «Les verbes modaux sont-ils ambigus?», J. David et G. Kleiber (éds.), pp.165-182.

Sweetser, E. (1990) : *From etymology to pragmatics*, Cambridge University Press.

Tamba-Mecz, I. (1981) : *Le sens figuré*, Presses universitaires de France.

Tamba, I. (1991) : «Une clé pour différencier deux types d'interprétation figurée, métaphorique et métonimique», *Langue française*, 101, pp.26-34.

Tasmowski-De Ryck, L. (1985) : « L'imparfait avec ou sans rupture », *Langue française*, 67, pp.59-77.

Tasmowski, L. et P. Dandale (1994) : «PouvoirE : un marqueur d'évidentialité», *Langue française*, 102, pp.41-55.

Togeby, K. (1985) : *Grammaire française*, 5 vols, Akademisk Forlag.

Touratier, C. (1996) : *Le système verbal en français*, Colin.

Tournadre, N. (1996) : «Comparaison des systèmes médiatifs de quatre dialectes tibétains», Guentchéva, Z. (éd.), pp.195-213.

Trigidgo, P. S. (1982) : «*Must and may* : demand and permisson», Lingua, 56, pp.75-92.

Ulvestad, B. (1984) : «Die epistemischen Modalverben *werden* und *müssen*», G. Stickel (éd.) : *Pragmatik in der Grammatik*, Schwann.

Vet, C. (1988) : «Compte rendu critique », *Revue canadienne de linguistique*, 33, 1, pp.65-77.

Victorri, B. et C. Fuchs (1996) : *La polysémie : construction dynamique du sens*, Hermès.

Vigh, A. (1975) : «Comparaison et similitude», *Le français moderne*, 43, 3, pp.214-233.

Vion, R. (éd.) (1998) : *Les sujets et leurs discours, Enonciation et interaction*, Presses universitaires de Provence.

Vogeleer, S. et alii (éds.) (1999) : *La modalité sous tous ses aspects* (= *Cahier Chronos*, 4), Rodopi.

325

Wagner, R. L. et J. Pinchon (1962, édition revue et corrigée en 1991) : *Grammaire du français classique et moderne*, Hachette.
Wartburg, W. v. et P. Zumthor (1958) : *Précis de syntaxe du français contemporain*, Francke.
Watanabe, J. (1999 b) : «Pour une nouvelle conception de l'évidentialité : à partir de l'énonciation», *Bulletin de linguistique et de littérature françaises de l'Université de Tsukuba*, 14, pp.51-94.
Watanabe, J. (2001 a) : «Le conditionnel du «discours d'autrui »», *Etudes de langue et de littérature françaises*, 78, pp. 216-230.
Weinrich. H. (1982) : *Textgrammatik der französischen Sprache*, Kohlhammer.
Westney, P. (1995) : *Modals and Periphrastics in English*, Niemeyer.
Willems, D. (1969) : «Analyse des critères d'auxiliarité en français moderne», *Travaux de linguistique*, 1, pp.87-95.
Willett, T. (1988) : «A cross-linguistic survey of the grammaticalization of evidentiality», *Studies in language*, 12, 1, pp.51-97.
Wilmet, M. (1976) : *Etudes de morpho-syntaxe verbale*, Klincksieck.
Wilmet, M. (1997) : *Grammaire critique du français*, Hachette.
Yvon, H. (1952) : «Faut-il distinguer deux conditionnels dans le verbe français?», *Le français moderne*, 20, pp.249-265.

青木三郎(1998):「現代フランス語の単純未来形の「多変性」について」『文芸言語研究・言語篇』(筑波大学) 34, pp.115-133.
青木三郎(2003):「フランス語の伝聞形式」『言語』32,7, pp.36-42.
市川雅己 (1988):「半過去の本質的機能について―「物語の半過去」(imparfait narratif) を通して―」『筑波大学フランス語・フランス文学論集』5, pp.81-93.
市川雅己(1999):「半過去形の機能について」『フランス語学研究』33, pp.65-69.
大久保朝憲 (1999):「「XはXだ」/「このXはXでない」の言語内論証理論にもとづく考察」『大阪大学言語文化学』8, pp.77-91.
大久保朝憲 (2000):「擬似同語反復文と擬似矛盾文」『関西大学文学論集』49, 4, pp.23-40.
大野晃彦 (1977):「動詞 sembler のシンタクスについて」『フランス語学研究』11, pp.1-29.
奥田智樹 (1994):「日仏語の助動詞比較 ―「べし」と「devoir」を中心に」『仏語仏文学研究』東京大学, 10, pp.49-66.
奥田智樹 (1998):「Falloir と devoir の表現する必然性の意味構造」『フランス語フランス文学研究Plume』名古屋大学, 2, pp.83-91.
柏野健次(2002):『英語助動詞の語法』研究社.

参考文献

神尾昭雄(1990):『情報のなわ張り理論』大修館書店.
川口順二(1988):「報告文について」『芸文研究』(慶応義塾大学), 53, pp.99–112.
川口順二(1993):「plutôt と多義性について」『フランス語学研究』27, pp.1–18.
川口順二・阿部宏(1993):「文法化」『フランス語学研究』30, pp.51–58.
喜田浩平(1996):「語彙意味論と「論証」理論」『フランス語学研究』30, pp.59–65.
北原保雄(1982):『日本語助動詞の研究』大修館書店.
金田一春彦 (1953):「不変化助動詞の本質」『国語国文』22, 2, pp.1–18 ; 22, 3, pp.15–35.
古石篤子(1989):「il semble que vs. il me semble que をめぐって ― データと仮説」『流通経済大学論集』23, 3–4, pp.34–48.
甲田直美(2001):『談話・テクストの展開のメカニズム』風間書房.
佐藤淳一(1992):「フランス語の不定詞構文と準助動詞について」『筑波大学フランス語・フランス文学論集』7, pp.87–104.
佐藤房吉(1990):『フランス語動詞論』, 白水社.
佐藤房吉 et alii (1991):『詳解フランス文典』, 駿河台出版社.
佐藤正明(1986):「未来形と modalité」『東北大学教養部紀要』46, pp.288–308.
塩田明子 (1996):「半過去と話の「場」」『ふらんぼー』(東京外国語大学) 23, pp.23–40.
杉山桂子(2001):「Must の総称的用法について」中右実教授還暦記念論文集編集委員会(éd.)『意味と形のインターフェイス 上巻』くろしお出版. pp.351–362.
住井清高 (1992):『現代フランス語における単純未来形の時間性とアスペクト性』千葉大学大学院文学研究科修士論文.
曽我祐典 (1996):「モダリティ・マーカー je crois, il me semble の用法」『年報フランス研究』(関西学院大学) 30, pp.331–342.
田村直子 (1997):「必然系と可能系のモダリティ」『日本語と日本文学』筑波大学, 24, pp.32–40.
土屋俊 (1999):「モダリティの議論のために」『言語』28, 6, pp.84–91.
寺村秀夫(1984):『日本語のシンタクスと意味』2, くろしお出版.
時枝誠記(1941):『国語学原論』岩波書店.
戸部篤 (2000):「独立不定詞の用法について ― Lui, avoir fait ça! ―」『フランス語フランス文学研究』77, pp.72–83.
鳥居正文 (1989):「modalité の論理とフランス語」『吉沢典男教授追悼論文集』東京外国語大学, pp.394–404.
Dhorne, F. (1995):「AUSSI ― フランス語の「同/他」の論理」, つくば言語文化フォーラム (éd.):『「も」の言語学』, ひつじ書房.
中右実(1994):『認知意味論の原理』大修館書店.
仁田義雄・益岡隆志(éds.) (1989):『日本語のモダリティ』, くろしお出版.
芳賀綏 (1954):「"陳述"とは何もの?」『国語国文』23, 4, pp.47–61.
林四郎(1960):『基本文型の研究』明治書院.

林迪義 (1997)：「Pouvoir のモダリティについて」東京外国語大学グループ《セメイオン》『フランス語を考える』三修社, pp.45–57.
林田遼右(1982)：「条件法の諸問題」『千葉大学文学部人文研究』11, pp.69–85.
早瀬尚子(2002)：『英語構文のカテゴリー形成―認知言語学の視点から』勁草書房
春木仁孝 (1983)：「フランス語の非人称構文 ― 副詞的要素の機能と énonciation」『フランス語学研究』17, pp.18–35.
春木仁孝 (1988)：「非人称発話における状況補語について」『言語文化研究』(大阪大学) 14, pp.245–261.
春木仁孝(1992)：「時制・アスペクト・モダリティー ―フランス語の半過去の場合」『言語文化研究』(大阪大学) 18, pp.293–309.
春木仁孝(1999)：「半過去の統一的理解をめざして」『フランス語学研究』33, pp.15–26.
細野真理子 (1998)：「フランス語の条件法現在の語用論的分析」『筑波大学フランス語・フランス文学論集』13, pp.23–48.
細野真理子(1999)：「条件法と疑問表現」『筑波大学フランス語・フランス文学論集』14, pp.1–14.
前島和也 (1997)：「時制と人称 ― 半過去の場合」『慶応義塾大学日吉紀要・フランス語フランス文学』25, pp.117–144.
益岡隆志・田窪行則(1989)：『基礎日本語文法』くろしお出版
三上章(1970)：『文法小論集』くろしお出版
南不二男(1993)：『現代日本語文法の輪郭』大修館書店.
三宅知宏(1994)：「認識的モダリティにおける実証的判断について」『国語国文』(京都大学) 63, 11, pp.20–34.
森山卓郎(1989)：「認識のムードとその周辺」, 仁田・益岡 (éds.), pp.57–120.
山田小枝(1990)：『モダリティ』同学社.
山梨正明(1988)：『比喩と理解』東京大学出版会.
山梨正明(1995)：『認知文法論』ひつじ書房.
六鹿豊 (1983)：「動詞 devoir にあらわれる時・アスペクトの問題」『フランス語学研究』17, pp.18–35.
若桑毅 (1984)：「テクスト記号論の地平」『東京学芸大学紀要・第 2 部門』35, pp.75–110.
若桑毅 (1985)：「テクスト記号論の地平 II」『東京学芸大学紀要・第 2 部門』36, pp.113-159.
渡邊淳也 (1993)：「連結辞 donc の機能について」『筑波大学フランス語・フランス文学論集』8, pp.15–42.
渡邊淳也 (1994)：「連結辞 alors の機能について」『筑波大学フランス語・フランス文学論集』9, pp.86–123.
渡邊淳也(1995 a)：「連結辞と発話の階層的構成 ― donc, alors, aussi, ainsi の比較から」『フランス語学研究』29, pp.25–37.

渡邊淳也 (1995 b)：「証言性のマーカー il semble (à qn.) que...」『筑波大学フランス語・フランス文学論集』10, pp.1-31.
渡邊淳也 (1996 a)：「証言性とモダリティ — il semble (à qn.) que... をめぐって」『フランス語フランス文学研究』69, pp.73–84.
渡邊淳也 (1996 b)：「出現・推定・伝聞 — il paraît que... と paraître」『筑波大学フランス語・フランス文学論集』11, pp.131–148.
渡邊淳也 (1997 a)：「推論マーカーと連結辞の諸問題」『フランス語学研究』31, pp.40–46.
渡邊淳也 (1997 b)：「知覚される現象とその文法化」『筑波大学フランス語・フランス文学論集』12, pp.59–70.
渡邊淳也 (1998)：「他者の言説をあらわす条件法について」『筑波大学フランス語・フランス文学論集』13, pp.109–155.
渡邊淳也 (1999 a)：「証拠性 (évidentialité) の概念について」『フランス語学研究』33, pp.58-64.
渡邊淳也 (1999 b) = 前掲 Watanabe (1999 b)
渡邊淳也 (2000 a)：「「証拠性」研究の新しい波」『言語』29, 1, pp.96–101.
渡邊淳也 (2000 b)：「連結辞 ainsi の機能について」『玉川大学文学部論叢』41, pp.161–184.
渡邊淳也 (2001 a) = 前掲 Watanabe (2001 a)
渡邊淳也 (2001 b)：「多義性をとらえる (1) — (4)」『ふらんす』(白水社) 76, 8 から 76, 11 まで連載.
渡邊淳也 (2002 a)：「Devoir の機能について — 認識的用法を中心に —」『玉川大学文学部論叢』43, pp.105–139.
渡邊淳也 (2002 b)：「Devoir の認識的用法と条件法」『筑波大学フランス語・フランス文学論集』17, pp.189–219.
渡邊淳也 (2003)：「動詞 Sembler の機能について」『玉川大学文学部論叢』44, pp.93–112.
渡辺実 (1953)：「叙述と陳述 — 述語文節の構造 —」『国語学』13, 14, pp.20–34.

フランス語における証拠性の意味論

著者
©

<ruby>渡邊<rt>わたなべ</rt></ruby> <ruby>淳也<rt>じゅんや</rt></ruby>

著者略歴
1967 年　大阪市生まれ
1992 年　筑波大学第 1 学群人文学類卒業
1997 年　筑波大学大学院博士課程文芸・言語研究科退学
1997 年～ 2000 年　日本学術振興会特別研究員
2000 年～現在　玉川大学文学部専任講師
2003 年　筑波大学にて博士 (言語学) の学位を取得

主要論文
« Le conditionnel du «discours d'autrui» »,
Etudes de langue et littérature françaises, n° 78, 2001 年.
「「証拠性」研究の新しい波」『言語』第 29 巻第 1 号, 2000 年.
「連結辞と発話の階層的構成」『フランス語学研究』第 29 号, 1995 年.

2004 年 9 月 24 日　初版発行

定価本体 4800 円

発行者　山　崎　雅　昭
印刷所　倉敷印刷株式会社
製本所　愛千製本有限会社

有限会社 早美出版社

〒 162-0042　東京都新宿区早稲田町 80 番地
TEL.03(3203)7251 FAX.03(3203)7417
振替　東京　00160-3-100140
sobi@ma.neweb.ne.jp

ISDN4-86042-022-5　C3085　¥4800E